抗日战争时期中国人口伤亡和财产损失调研丛书

主　编　李忠杰

副主编　李　蓉　姚金果
　　　　霍海丹　蒋建农

山东省百县(市、区)抗日战争时期
死难者名录

2

山东省委党史研究室　编

中共党史出版社

山东省抗日战争时期人口伤亡和
财产损失课题研究办公室

（2006 年 9 月）

主　　任（重大专项课题组组长）　　常连霆
副主任（重大专项课题组副组长）　　席　伟

成　员　　岳绍红　张绍麟　丁广斌　于文新　王成华
　　　　　陈金亮　李清汉　郑世诗　宋继法　亓　涛
　　　　　张启信　范伟正　李秀业　崔维志　张宜华
　　　　　刘如峰　李双安　苗祥义　韩立明　刘桂林
　　　　　魏子焱　张艳芳　王增乾

山东省抗日战争时期人口伤亡和
财产损失课题研究办公室

（2008 年 2 月）

主　　任（重大专项课题组组长）　　常连霆
副主任（重大专项课题组副组长）　　席　伟

成　员　　岳绍红　张绍麟　丁广斌　侯希杰　张开增
　　　　　陈金亮　李清汉　郑世诗　秦佑镇　亓　涛
　　　　　张启信　范伟正　李秀业　李克彬　李凤华
　　　　　刘如峰　李双安　魏玉杰　韩立明

山东省抗日战争时期人口伤亡和
财产损失课题研究办公室

(2010 年 7 月)

主　任（重大专项课题组组长）　　常连霆

副主任（重大专项课题组副组长）　　席　伟　韩立明

成　员　　岳绍红　张绍麟　丁广斌　张开增　褚金光

　　　　　李清汉　郑世诗　秦佑镇　亓　涛　张启信

　　　　　范伟正　李秀业　李克彬　李凤华　刘如峰

　　　　　李双安　魏玉杰

山东省抗日战争时期人口伤亡和
财产损失课题研究办公室

(2014 年 8 月)

主　任（重大专项课题组组长）　　常连霆

副主任（重大专项课题组副组长）　　席　伟　韩立明

成　员　　刘　浩　冯　英　司志兰　张开增　褚金光

　　　　　杨仁祥　郑世诗　崔　康　牛国新　肖　怡

　　　　　肖　梅　李秀业　李洪彦　刘宝良　张绪阳

　　　　　李文进　李允富　张　华

《山东省百县（市、区）抗日战争时期死难者名录》编纂委员会

（2014 年 8 月）

主　任　常连霆

副主任　邱传贵　林　杰　席　伟　李晨玉

　　　　韩延明　吴士英　臧济红

成　员　姚丙华　韩立明　田同军　郭洪云　危永安

　　　　许　元　刘　浩　冯　英　司志兰　张开增

　　　　褚金光　杨仁祥　郑世诗　崔　康　牛国新

　　　　肖　怡　肖　梅　李秀业　李洪彦　刘宝良

　　　　张绪阳　李文进　李允富

主　编　常连霆

副主编　席　伟　韩立明

编　辑　赵　明　李　峰　吕　海　李草晖　邱吉元

　　　　王华艳　尹庆峰　郑功臣　贾文章　韩　莉

　　　　姜俊英　曹东亚　高培忠　刘佳慧　韩百功

　　　　李治朴　李耀德　宋元明　李海卫　封彦君

　　　　韩庆伟　刘　可　邵维霞　潘维胜　郭纪锋

　　　　刘兆东　吉薇薇　杨兴文　王玉玺　宁　峰

　　　　陈　旭　罗　丹　焦晓丽　赵建国　孙　颖

王红兵	张　丽	樊京荣	曾世芳	田同军
郭洪云	危永安	许　元	肖　夏	张耀龙
闫化川	乔士华	邱从强	刘　莹	孟红兵
王增乾	左进峰	马　明	潘　洋	吴秀才
张　华	张江山	朱伟波	耿玉石	秦国杰
王小龙	齐　薇	柳　晶		

编纂说明

本名录以 2006 年山东省抗日战争时期人口伤亡和财产损失大型调研活动收集的见证人、知情人口述资料为基础整理编纂而成。

按照中央党史研究室关于开展抗日战争时期中国人口伤亡和财产损失调研方案的总体要求，在中央党史研究室的精心组织和科学指导下，山东省于 2006 年开展了抗日战争时期人口伤亡和财产损失大型调研活动。调研期间，全省组织 32 万余名乡村走访调查人员，走访调查了省内 95% 以上的行政村和 80% 以上的 70 岁以上老人，收集见证人和知情人关于日军屠杀平民的证言证词 79 万余份。此后，在中央党史研究室的指导下，山东省委党史研究室组织各市、县（市、区）委党史研究室以县（市、区）为单位认真梳理证言证词等调研资料，于 2010 年整理形成了包括 140 个县（市、区）和 16 个经济开发区、高新技术开发区的《山东省抗日战争时期伤亡人员名录》，共收录现山东行政区域范围内抗日战争期间（1937 年 7 月至 1945 年 8 月）因战争因素造成伤亡的人员 46.9 万余名。2014 年初，根据中央党史研究室关于编纂出版《抗日战争时期中国人口伤亡和财产损失调研丛书》的部署，我们以《山东省抗日战争时期伤亡人员名录》为基础，选择信息比较完整、填写比较规范的 100 个县（市、区）抗日战争时期死难人员名录，经省市县三级党史部门进一步整理、编纂，形成了《山东省百县（市、区）抗日战争时期死难者名录》，共收录死难者 169173 人。

本名录所收录的死难者，系指抗日战争时期因日本发动侵略战争，在山东境内造成死难的平民。包括被杀死、轰炸及其引起火灾等致死和因生化战、被奸淫、被迫吸毒等而死，以及因战争因素造成的饿死、冻死、累死等其他非正常死亡的平民。死难者信息主要来源于 2006 年乡村走访调查的口述资料，也有个别县（市、区）收录了文献资料中记载的部分死难者。死难者信息包含"姓名"、"籍贯"、"年龄"、"性别"、"死难时间"5 项要素。在编纂过程中，我们尽量使各项要素达到规范、完整。但由于历史已经过去了 60 多年，行政区划有很大变动，人口迁徙规模很大，流动状况非常复杂，有的见证人和知情人对死难者信息的记忆本身就不完整；由于参与调查笔录和名录整理的人员多达数万人，对死难者信息各要素的规范和掌握也难以做到完全一致，所以，名录编纂工作非常复杂。为了保证科学性、规范性和准确性，我们尽可能采取了比较合理的处理方式，现特作如下说明：

1. "姓名"一栏中，一律以见证人和知情人的证言证词记录的死难者姓名为依据。证言证词怎么记录的，名录就怎么记载，在编纂中未作改变和加工。有些死难者姓名为乳名、绰号，有的乳名、绰号多则四个字，少则一个字；有些死难者姓名是以其家人或关联人的姓名记录的，用"××之子"、"××之家属之一"、"××之家属之二"等表述；还有些死难人员无名无姓但职业指向明确，如"卖炸鱼之妇女"、"老油匠"等；还有个别情况，是死难人员的亲属感到死难人员的乳名、绰号不雅，为其重新起了名字。上述情况都依据证言证词上的原始记录保留了其称谓。有的死难者只知道姓氏，如"杨某某"、"李××"等，在编纂中我们作了适当规范，其名字统一用"×"号代替，如"杨××"、"李××"等。

2. "籍贯"一栏中，地名为2006年调研时的名称。部分县（市、区）收录了少量非本县（市、区）籍或非山东籍，但死难地在本县（市、区）的死难者。凡山东省籍的死难人员均略去了省名，一般标明了县（市、区）、乡（镇）、村三级名称。但也有个别条目，由于证言证词记录不完整，只记录了县名或县、乡（镇）两级名称或县、村两级名称。村一级名称，有些标注了"村"字，有些标注了"社区"，有些既未标注"村"字，也未标注"社区"，在编纂中我们未作规范。对于死难者籍贯不明，但能够说明其死难时居住地点或工作、就业的组织（单位）情况的，也在此栏中予以保留。

3. "年龄"一栏中，死难者的岁数大多是见证人或知情人回忆或与同龄人比对后估算的，所以整数相对较多。由于年代久远，亦不可避免地存在着部分死难者年龄要素缺失的情况。

4. "性别"一栏中，个别死难者的性别因调查笔录漏记，其性别难以判断和核查，只能暂时空缺。另外，由于乡村风俗习惯造成的个别男性取女性名字，如"张二妮"性别为"男"等情况均保持原貌。

5. "死难时间"一栏中，由于年代久远，当事人或知情人记忆模糊，部分死难者遇难时间没有留下精确的记录。凡确认抗日战争时期死难，但无法确定具体年份的用"—"作了标示。另外，把农历和公历混淆的情况也较多见，也不排除个别把年份记错的情况。

在编纂中，对于见证人或知情人证言证词中缺漏的要素，在对应的表格栏目内采用"—"标示。

本名录所收录的 100 个县（市、区）的名称、区域范围，均为 2006 年山东省开展抗日战争时期人口伤亡和财产损失大型调研活动时的名称和区域范围。各县（市、区）死难者名录填报单位、填表人及填报时间，保留了 2009 年各县（市、区）伤亡人员名录形成时的记录，核实人、责任人除保留原核实人和责任人外，增加了 2014 年各县（市、区）复核时的核实人和责任人。名录所依据的证言证词原件存于各县（市、区）党史部门或档案馆。

编　者
2014 年 8 月

目　录

平度市抗日战争时期死难者名录

姓 名	籍 贯	年龄	性别	死难时间
李相保	平度市灰埠镇后炉村	40	男	1938 年
王文宁	平度市马戈庄镇小营村	26	男	1938 年
耿秀田	平度市马戈庄镇小营村	28	男	1938 年
董洪杨	平度市马戈庄镇小营村	27	男	1938 年
王绍青	平度市李园街道崔家疃村	31	男	1938 年
王京臣	平度市李园街道崔家疃村	28	男	1938 年
王均禄	平度市李园街道崔家疃村	10	男	1938 年
李增福	平度市李园街道毛家疃村	27	男	1938 年
付 聚	平度市新河镇北镇村	51	男	1938 年
付百芍之母	平度市新河镇北镇村	52	女	1938 年
杨安荣之妻	平度市新河镇北镇村	48	女	1938 年
杨安荣之子	平度市新河镇北镇村	15	男	1938 年
王洪浩	平度市门村镇大营村	41	男	1938 年
张元启	平度市田庄镇西寨村	45	男	1938 年
常德法	平度市田庄镇西张村	—	男	1938 年
代景春之父	平度市田庄镇张东村	23	男	1938 年
代景春之叔	平度市田庄镇张东村	21	男	1938 年
胡希尚	平度市灰埠镇曲家村	18	男	1938 年
周 巧	平度市灰埠镇东潘家村	16	男	1938 年
潘 臣	平度市灰埠镇东潘家村	50	女	1938 年
潘书剑	平度市灰埠镇东潘家村	33	女	1938 年
吕孔增	平度市灰埠镇吕家集村	62	男	1938 年
田有顺	平度市灰埠镇潘家洼村	40	女	1938 年
田福志	平度市灰埠镇潘家洼村	43	男	1938 年
朱根荣之母	平度市灰埠镇潘家洼村	50	女	1938 年
潘化同	平度市灰埠镇潘家洼村	50	男	1938 年
潘化同之妻	平度市灰埠镇潘家洼村	50	女	1938 年
孙丰阁	平度市灰埠镇曲家村	60	男	1938 年
李金海	平度市灰埠镇吕家集村	32	男	1938 年
邹玉庆	平度市灰埠镇邹家村	60	男	1938 年
邹万春	平度市门村镇冯家堰村	42	男	1938 年

姓 名	籍 贯	年 龄	性 别	死难时间
邹永祥	平度市门村镇冯家堰村	65	男	1938 年
邹月松	平度市门村镇冯家堰村	21	男	1938 年
刘典浩	平度市门村镇前小营村	63	男	1938 年
刘洪柱	平度市门村镇前小营村	38	男	1938 年
刘玉章	平度市门村镇前小营村	65	男	1938 年
刘云献	平度市门村镇前小营村	64	男	1938 年
冯永恩	平度市门村镇西涌泉村	35	男	1938 年
孙典浩	平度市门村镇西涌泉村	33	男	1938 年
王洪剑	平度市灰埠镇东潘家村	16	女	1938 年
尚太祖	平度市城关街道后巷子村	60	男	1938 年
刘天信之长女	平度市大泽山镇高望山村	15	女	1938 年
刘天信之次女	平度市大泽山镇高望山村	11	女	1938 年
王官文之姑	平度市蓼兰镇民二村	23	女	1938 年
王书胜	平度市蓼兰镇幸福村	43	男	1938 年
王美玉之二伯母	平度市蓼兰镇幸福村	40	女	1938 年
徐秀夏	平度市云山镇王埠村	—	男	1938 年 2 月
于三栓	平度市城关街道东阁村	18	男	1938 年 3 月 6 日
辛付明之父	平度市崔家集镇崔家集村	33	男	1938 年 3 月 8 日
甄淑明之父	平度市崔家集镇崔家集村	35	男	1938 年 3 月 8 日
韩廷国之父	平度市崔家集镇崔家集村	36	男	1938 年 3 月 8 日
刘 晨	平度市崔家集镇崔家集村	23	男	1938 年 3 月 8 日
董来来	平度市兰底镇前双丘村	38	男	1938 年 3 月 17 日
李信文	平度市云山镇谢格庄村	60	男	1938 年 3 月 20 日
侯苗氏	平度市同和街道侯家站村	28	女	1938 年 3 月 21 日
侯永敬	平度市同和街道侯家站村	29	男	1938 年 3 月 21 日
侯玉昌	平度市同和街道侯家站村	40	男	1938 年 3 月 21 日
王吉月	平度市大田镇兰河村	35	男	1938 年 3 月
王全香	平度市云山镇峰山埠村	40	男	1938 年 3 月
崔 潭	平度市开发区城东埠村	30	男	1938 年 4 月 1 日
王思红	平度市云山镇小河子村	22	男	1938 年 4 月 1 日
满希善	平度市大田镇杨家村	34	男	1938 年 4 月
郭德志	平度市郭庄镇郭家埠村	24	男	1938 年 4 月
郭东双	平度市郭庄镇郭家埠村	26	男	1938 年 4 月
刘文琼	平度市明村镇丁家庄子村	36	男	1938 年 4 月

姓 名	籍 贯	年龄	性别	死难时间
代洪读	平度市城关街道代家上观村	60	男	1938年5月6日
李姚氏	平度市城关街道东关村	60	女	1938年5月6日
穆仓瑞	平度市白埠镇牛栏村	28	男	1938年5月21日
穆百良	平度市白埠镇牛栏村	—	男	1938年5月21日
刘法庆	平度市马戈庄镇大驾埠村	28	男	1938年5月25日
王书信之妻	平度市马戈庄镇大驾埠村	32	女	1938年5月25日
杨松庆	平度市马戈庄镇大驾埠村	36	男	1938年5月25日
张守同	平度市马戈庄镇北张家村	41	男	1938年5月
王同喜	平度市	19	男	1938年5月
宗瑞兰	平度市南村镇洪兰北村	40	男	1938年6月
王 氏	平度市南村镇洪兰中村	21	女	1938年6月
王恩庆之孙	平度市南村镇洪兰中村	5	男	1938年6月
季秀虎	平度市长乐镇季家村	—	男	1938年7月1日
张腾昌	平度市祝沟镇苏格庄村	30	男	1938年7月1日
李训明	平度市大田镇青山村	45	男	1938年7月7日
李延寿	平度市大田镇青山村	37	男	1938年7月7日
付绍民	平度市灰埠镇付家村	25	男	1938年7月25日
仕	平度市灰埠镇付家村	40	女	1938年7月25日
付洪贵之妻	平度市灰埠镇付家村	27	女	1938年7月25日
付洪贵之子	平度市灰埠镇付家村	2	男	1938年7月25日
敖	平度市灰埠镇付家村	14	男	1938年7月25日
狗	平度市灰埠镇付家村	3	男	1938年7月25日
付洪森之祖母	平度市灰埠镇付家村	60	女	1938年7月25日
付增茂之母	平度市灰埠镇付家村	37	女	1938年7月25日
季官虎	平度市长乐镇季家村	29	男	1938年7月
杨在俊	平度市南村镇前北村	50	男	1938年7月
翟元红	平度市兰底镇李家南埠村	24	男	1938年8月1日
吕宝昌	平度市灰埠镇吕家集村	40	男	1938年8月25日
李廷全	平度市崔家集镇大沽村	19	男	1938年9月8日
刘希明	平度市灰埠镇灰埠村	50	男	1938年9月15日
李等住	平度市开发区芝戈庄村	24	男	1938年9月
钟云斗	平度市长乐镇钟家村	53	男	1938年9月
胥代歧	平度市大田镇胥家村	18	男	1938年9月
邢知章	平度市蓼兰镇邢家村	20	男	1938年9月

姓　名	籍　贯	年　龄	性　别	死难时间
韩法青	平度市仁兆镇韩家疃村	—	男	1938 年 9 月
韩乐松	平度市仁兆镇韩家疃村	—	男	1938 年 9 月
肖升刚	平度市灰埠镇肖家村	28	男	1938 年 10 月 1 日
李　氏	平度市灰埠镇肖家村	60	女	1938 年 10 月 1 日
李云升	平度市灰埠镇肖家村	—	男	1938 年 10 月 1 日
孙立臣	平度市兰底镇河北后集村	58	男	1938 年 10 月 1 日
李香令	平度市崔家集镇坊头村	45	男	1938 年 10 月 17 日
李子仁	平度市崔家集镇坊头村	70	男	1938 年 10 月 17 日
任锡申	平度市灰埠镇任家疃村	9	男	1938 年 10 月 24 日
王　乐	平度市南村镇亭兰村	24	男	1938 年 10 月
刘　学	平度市南村镇亭兰村	25	男	1938 年 10 月
王　牛	平度市南村镇亭兰村	28	男	1938 年 10 月
王大亮	平度市南村镇亭兰村	30	男	1938 年 10 月
王栓柱	平度市南村镇亭兰村	25	男	1938 年 10 月
荆明光	平度市城关街道乔家村	34	男	1938 年 10 月
潘学仁	平度市城关街道乔家村	18	男	1938 年 10 月
张月臻	平度市马戈庄镇大槐树村	54	男	1938 年 10 月
崔春来	平度市城关街道乔家村	40	男	1938 年 10 月
杨永庆	平度市城关街道乔家村	52	男	1938 年 10 月
高振风	平度市城关街道乔家村	15	男	1938 年 10 月
翟发修	平度市崔家集镇苑家庄	54	男	1938 年 11 月 20 日
庞会明	平度市南村镇小庞家村	42	男	1938 年 12 月 7 日
乔崇喜	平度市城关街道乔家村	60	男	1938 年 12 月 24 日
宋吉庆	平度市城关街道乔家村	60	男	1938 年 12 月 24 日
乔正信	平度市城关街道乔家村	40	男	1938 年 12 月 24 日
荆高岭	平度市城关街道乔家村	60	男	1938 年 12 月 24 日
荆明青之女	平度市城关街道乔家村	20	女	1938 年 12 月 24 日
于其松	平度市马戈庄镇陶戈庄村	62	男	1938 年 12 月 28 日
张云宅之妻	平度市马戈庄镇陶戈庄村	45	女	1938 年 12 月 28 日
王文信	平度市	—	男	1938 年 12 月
王明平	平度市大田镇北大田村	—	男	1938 年 12 月
王功云	平度市南村镇洪兰东村	25	男	1938 年 12 月
王林平	平度市南村镇洪兰中村	21	男	1938 年 12 月
王登安	平度市南村镇洪兰中村	20	男	1938 年 12 月

姓　名	籍　贯	年　龄	性　别	死难时间
王万浦	平度市南村镇洪兰中村	50	男	1938 年 12 月
王天朋	平度市长乐镇河王村	36	男	1938 年 12 月
王天仁	平度市长乐镇河王村	38	男	1938 年 12 月
刘温太	平度市新河镇南镇村	53	男	1938 年
张成太	平度市城关街道上李元村	30	男	1938 年
杨锡寿	平度市店子镇北盛家村	23	男	1938 年
唐树普	平度市店子镇北盛家村	19	男	1938 年
李丕集	平度市古岘镇五里村	32	男	1938 年
伍庆云	平度市古岘镇一里村	37	男	1938 年
隋玉田	平度市南村镇北顶子村	—	男	1938 年
付培侯	平度市新河镇北镇村	48	男	1938 年
姜　秀	平度市古岘镇姜格庄村	35	男	1938 年
姜宏俊	平度市古岘镇姜格庄村	31	男	1938 年
付连才	平度市新河镇回里村	15	男	1938 年
王俊庆	平度市长乐镇祝哥庄村	22	男	1938 年
金官氏	平度市麻兰镇前麻兰村	50	女	1939 年 1 月 20 日
金喜楼	平度市麻兰镇前麻兰村	27	女	1939 年 1 月 20 日
白锡红之妻	平度市麻兰镇西店后村	26	女	1939 年 1 月 20 日
白显武之次女	平度市麻兰镇西店后村	15	女	1939 年 1 月 20 日
白显武之妻	平度市麻兰镇西店后村	—	女	1939 年 1 月 20 日
白祥合之妻	平度市麻兰镇西店后村	29	女	1939 年 1 月 20 日
郭秀德之姐	平度市麻兰镇西店后村	30	女	1939 年 1 月 20 日
金希永之孙	平度市麻兰镇西店后村	7	男	1939 年 1 月 20 日
金希永之媳	平度市麻兰镇西店后村	28	女	1939 年 1 月 20 日
董共河	平度市南村镇西王府庄村	35	男	1939 年 1 月 26 日
王书忠	平度市云山镇新官庄村	26	男	1939 年 1 月
刘光海	平度市明村镇赵家屋子村	62	男	1939 年 1 月
金桂珍	平度市麻兰镇前麻兰村	23	女	1939 年 2 月 18 日
李清花	平度市麻兰镇前麻兰村	24	女	1939 年 2 月 18 日
李作显	平度市麻兰镇前麻兰村	32	男	1939 年 2 月 18 日
王军锡	平度市麻兰镇前麻兰村	25	男	1939 年 2 月 18 日
杨新成	平度市麻兰镇前麻兰村	24	男	1939 年 2 月 18 日
于培堂	平度市云山镇新官庄村	23	男	1939 年 2 月
陈津武	平度市崔家集镇东闸口村	72	男	1939 年 3 月 15 日

姓 名	籍 贯	年 龄	性 别	死难时间
陈月阳	平度市崔家集镇西闸口村	69	男	1939 年 3 月 15 日
陈李氏	平度市崔家集镇西闸口村	73	女	1939 年 3 月 15 日
陈瑞太	平度市崔家集镇西闸口村	74	男	1939 年 3 月 15 日
杨玉清	平度市大田镇后林家村	—	男	1939 年 3 月 15 日
李学文	平度市古岘镇纸坊村	53	男	1939 年 3 月 18 日
李永冬	平度市云山镇北温家村	20	男	1939 年 3 月
隋玉秀	平度市南村镇洪兰西村	20	男	1939 年 3 月
张 聚	平度市兰底镇李家南埠村	18	男	1939 年 4 月 1 日
董京春	平度市明村镇南郭家村	39	男	1939 年 4 月 16 日
黄 京	平度市马戈庄镇闫东村	22	男	1939 年 4 月
盛玉文	平度市云山镇山旺村	37	男	1939 年 4 月
万方祥	平度市兰底镇河北后集村	40	男	1939 年 5 月 1 日
高明河	平度市万家镇河北孙家村	32	男	1939 年 5 月 1 日
孟显有	平度市万家镇河北孙家村	30	男	1939 年 5 月 2 日
苟典举	平度市古岘镇黄戈庄村	51	男	1939 年 5 月
何思聪	平度市大田镇小马场村	38	男	1939 年 5 月
徐文兴	平度市麻兰镇徐家河岔村	—	男	1939 年 6 月 11 日
刘世兴	平度市麻兰镇李戈庄村	30	男	1939 年 6 月 11 日
徐洪兴	—	26	男	1939 年 6 月 11 日
金洪乐	平度市麻兰镇前麻兰村	20	男	1939 年 6 月 11 日
魏许氏	平度市明村镇白里村	58	女	1939 年 6 月
魏玉欣	平度市明村镇白里村	60	男	1939 年 6 月
綦书绪	平度市南村镇沙西村	—	男	1939 年 6 月
綦尧宗	平度市南村镇沙西村	—	男	1939 年 6 月
付 孟	平度市田庄镇（穆）子庄村	28	男	1939 年 7 月 5 日
韩召林	平度市大田镇河洼村	18	男	1939 年 7 月
刘 因	平度市大田镇河洼村	25	男	1939 年 7 月
郑炳尧	平度市大田镇河洼村	37	男	1939 年 7 月
郑见德	平度市大田镇河洼村	27	男	1939 年 7 月
郭风德	平度市大田镇小马场村	26	男	1939 年 7 月
王希山	平度市大田镇小马场村	28	男	1939 年 7 月
苗修洪	平度市大田镇小马场村	19	男	1939 年 7 月
刘德显	平度市大田镇河洼村	35	男	1939 年 7 月
李丰志	平度市崔家集镇大沽村	19	男	1939 年 8 月 8 日

姓 名	籍 贯	年 龄	性 别	死难时间
李中书	平度市崔家集镇大沽村	22	男	1939 年 8 月 8 日
张锡胜	平度市兰底镇逢家下泊村	19	男	1939 年 8 月 12 日
綦管先	平度市南村镇沙南村	—	男	1939 年 8 月 15 日
苟典智	平度市古岘镇黄戈庄村	19	男	1939 年 8 月
苟典金	平度市古岘镇黄戈庄村	21	男	1939 年 8 月
代洪盘	平度市古岘镇大朱毛村	26	男	1939 年 8 月
石文新	平度市古岘镇后李道村	53	男	1939 年 8 月
代广炎	平度市古岘镇前朱毛村	38	男	1939 年 8 月
代瑞林	平度市古岘镇前朱毛村	26	男	1939 年 8 月
陈云兴	平度市香店街道后八里村	—	男	1939 年 8 月
冷水顺	平度市仁兆镇吕戈庄村	—	男	1939 年 8 月
徐显山	平度市大泽山镇西崖村	70	男	1939 年 9 月
许秦氏	平度市明村镇马台村	43	女	1939 年 9 月
赵相绍	平度市明村镇西河村	60	男	1939 年 9 月
刘永方	平度市南村镇河上村	—	男	1939 年 9 月
臧宝云	平度市大田镇丁家村	23	男	1939 年 9 月
张云肖	平度市大田镇丁家村	24	男	1939 年 9 月
崔洪海	平度市大田镇纸坊村	24	男	1939 年 9 月
官振顺	平度市大田镇纸坊村	24	男	1939 年 9 月
刘宝堂	平度市大田镇纸坊村	23	男	1939 年 9 月
高安堂	平度市大泽山镇洼子高家村	39	男	1939 年 10 月 6 日
姜沉文	平度市云山镇西宋格庄村	25	男	1939 年 10 月 30 日
侯西春	平度市云山镇西宋格庄村	40	男	1939 年 10 月 30 日
马玉宝	平度市祝沟镇田格庄村	24	男	1939 年 10 月
张寿森	平度市开发区城东埠村	21	男	1939 年 10 月
张丰太	平度市马戈庄镇大槐树村	53	男	1939 年 10 月
张光发	平度市马戈庄镇大槐树村	56	男	1939 年 10 月
张希金	平度市马戈庄镇大槐树村	50	男	1939 年 10 月
潘福清	平度市马戈庄镇五甲埠村	60	男	1939 年 10 月
何培文	平度市门村镇荆家寨村	49	男	1939 年 10 月
李洪明	平度市大田镇菅家村	26	男	1939 年 10 月
王 氏	平度市张戈庄镇仲戈庄村	31	女	1939 年 11 月 1 日
王学聚	平度市张戈庄镇仲戈庄村	28	男	1939 年 11 月 1 日
张修岭	平度市崔召镇小宝山村	32	男	1939 年 11 月

姓 名	籍 贯	年 龄	性 别	死难时间
许锁柱	平度市明村镇马台村	18	男	1939 年 11 月
吕中周	平度市祝沟镇田格庄村	29	男	1939 年 11 月
何锡成	平度市祝沟镇田格庄村	31	男	1939 年 11 月
刘占先	平度市张舍镇刘戈庄村	20	男	1939 年 11 月
郭书颜	平度市祝沟镇田格庄村	29	男	1939 年 11 月
王召仁	平度市灰埠镇王家村	53	男	1939 年 12 月 3 日
生道洪	平度市张戈庄镇沙沟村	14	男	1939 年 12 月 6 日
张马氏	平度市张戈庄镇张西村	32	女	1939 年 12 月 7 日
孙小成	平度市大田镇三甲村	24	男	1939 年 12 月
王天六	平度市大田镇三甲村	16	男	1939 年 12 月
杨洪军	平度市大田镇三甲村	21	男	1939 年 12 月
袁希才	平度市大田镇陈家村	37	男	1939 年 12 月
陈宝云	平度市大田镇陈家村	21	男	1939 年 12 月
王学盛	平度市古岘镇乔戈庄村	40	男	1939 年
钟方京之母	平度市古岘镇四里村	31	女	1939 年
钟氏之子	平度市古岘镇四里村	—	男	1939 年
周管氏	平度市古岘镇一里村	36	女	1939 年
周管氏之子	平度市古岘镇一里村	8	男	1939 年
炳	平度市蓼兰镇张家疃村	20	男	1939 年
张西海	平度市麻兰镇后沙洼庄	—	男	1939 年
宋 小	平度市马戈庄镇冡前村	10	男	1939 年
于友国	平度市马戈庄镇古庄南村	50	男	1939 年
潘俊亭	平度市田庄镇潘家庄村	—	男	1939 年
崔 喜	平度市新河镇官道村	—	男	1939 年
姜宝进	平度市新河镇官道村	—	男	1939 年
窦廷好之妻	平度市崔召镇小宝山村	27	女	1939 年
李法娥	平度市门村镇唐田村	15	男	1940 年 1 月 14 日
荆 笛	平度市蓼兰镇坵西村	30	男	1940 年 1 月
王福江	平度市旧店镇东庙东村	24	男	1940 年 1 月
张公书	平度市马戈庄镇闫东村	25	男	1940 年 1 月
杨荣全	平度市马戈庄镇闫南村	21	男	1940 年 1 月
杨荣仁	平度市马戈庄镇闫南村	39	男	1940 年 1 月
徐永福	平度市明村镇路北官庄村	41	男	1940 年 1 月
孙培芝	平度市田庄镇荷花屯村	17	男	1940 年 1 月

姓 名	籍 贯	年龄	性别	死难时间
李和永	平度市田庄镇荷花屯村	26	男	1940 年 1 月
盛锡朋	平度市田庄镇荷花屯村	17	男	1940 年 2 月
王金点	平度市大田镇南大田村	—	男	1940 年 2 月
季连志	平度市大泽山镇所里头村	44	男	1940 年 2 月
陈子连	平度市万家镇小荆栾庄村	60	男	1940 年 3 月 1 日
王守夕	平度市灰埠镇灰埠村	30	男	1940 年 3 月 21 日
赵德光	平度市门村镇石家庄村	30	男	1940 年 3 月
李树学	平度市门村镇夏寨村	18	男	1940 年 3 月
李洪福	平度市古岘镇二里村	35	男	1940 年 3 月
李振福	平度市门村镇夏寨村	30	男	1940 年 3 月
于克庄	平度市李园街道周戈庄村	47	男	1940 年 3 月
王洪庆	平度市门村镇夏寨村	24	男	1940 年 3 月
李成韦	平度市南村镇河上村	—	男	1940 年 3 月
任华忠	平度市大泽山镇所里头村	18	男	1940 年 3 月
陈福还	平度市门村镇夏寨村	22	男	1940 年 3 月
郭东令	平度市白埠镇宋家村	24	男	1940 年 3 月
宋召立	平度市白埠镇宋家村	22	男	1940 年 3 月
尹永合	平度市白埠镇宋家村	28	男	1940 年 3 月
李天赐	平度市同和街道宅科村	21	男	1940 年 3 月
孙希春	平度市白埠镇宋家村	20	男	1940 年 3 月
张广胜	平度市祝沟镇西连村	12	男	1940 年 4 月 1 日
崔洪奎	平度市崔召镇大宝山村	21	男	1940 年 4 月 8 日
崔同云	平度市崔召镇大宝山村	40	男	1940 年 4 月 8 日
崔成文	平度市崔召镇大宝山村	24	男	1940 年 4 月 8 日
徐双进	平度市灰埠镇灰埠村	20	男	1940 年 4 月 12 日
徐七十	平度市灰埠镇灰埠村	30	男	1940 年 4 月 12 日
王 明	平度市南村镇西王府庄村	20	男	1940 年 4 月 19 日
王清会	平度市大泽山镇所里头村	50	男	1940 年 4 月 21 日
王丕成	平度市大泽山镇所里头村	43	男	1940 年 4 月 21 日
王典训	平度市大泽山镇东八甲村	52	男	1940 年 4 月
王维士	平度市大泽山镇东八甲村	38	男	1940 年 4 月
谭国范	平度市大泽山镇谭家夼村	25	男	1940 年 4 月
谭玉夕	平度市大泽山镇谭家夼村	31	男	1940 年 4 月
谭国山	平度市大泽山镇谭家夼村	56	男	1940 年 4 月

姓　名	籍　贯	年　龄	性　别	死难时间
李珍堂	平度市云山镇口子村	33	男	1940 年 4 月
王　千	平度市同和街道李戈庄村	49	男	1940 年 4 月
蒋万增	平度市南村镇杨家庄村	16	男	1940 年 5 月 1 日
李书香	平度市灰埠镇宅科村	30	男	1940 年 5 月 2 日
姜守海之母	平度市崔召镇汉军寨村	71	女	1940 年 5 月 5 日
王京岩之妻	平度市崔召镇汉军寨村	—	女	1940 年 5 月 5 日
王京岩之孙女	平度市崔召镇汉军寨村	3	女	1940 年 5 月 5 日
乔永昌	平度市城关街道乔家村	40	男	1940 年 5 月 5 日
孙德云	平度市张舍镇北坦坡村	20	男	1940 年 5 月 6 日
潘瑞堂之母	平度市灰埠镇焦家庄子村	55	女	1940 年 5 月 8 日
任宝香	平度市白埠镇宋家村	18	男	1940 年 5 月
任宝山	平度市祝沟镇石楼院村	36	男	1940 年 5 月
王凤兰	平度市祝沟镇石楼院村	35	男	1940 年 5 月
李霭春	平度市马戈庄镇坝口村	36	男	1940 年 5 月
李邦信	平度市马戈庄镇坝口村	37	男	1940 年 5 月
王显信	平度市开发区石庄村	27	男	1940 年 5 月
崔中庭	平度市祝沟镇石楼院村	21	男	1940 年 5 月
孙中文	平度市城关街道辛家庄村	31	男	1940 年 6 月
乔福琪之妻	平度市城关街道乔家村	30	女	1940 年 6 月
张书林	平度市大田镇上马村	32	男	1940 年 6 月
郭占德	平度市大田镇卢家村	20	男	1940 年 6 月
宗京本	平度市大田镇卢家村	20	男	1940 年 6 月
张培恩	平度市云山镇口子村	35	男	1940 年 6 月
穆子泽	平度市张舍镇南滚泉村	30	男	1940 年 6 月
穆庆泽	平度市张舍镇南滚泉村	23	男	1940 年 6 月
蔡希龙	平度市旧店镇北庙东村	38	男	1940 年 6 月
彭新传	平度市旧店镇北庙东村	26	男	1940 年 7 月
刘　庆	平度市白埠镇张家寨村	35	男	1940 年 7 月
孙　嫚	平度市大田镇巴豆子村	2	女	1940 年 7 月
张　氏	平度市大田镇巴豆子村	27	女	1940 年 7 月
孙开洪之妻	平度市大田镇巴豆子村	50	女	1940 年 7 月
孙　氏	平度市大田镇巴豆子村	50	女	1940 年 7 月
王克彬	平度市灰埠镇焦家庄子村	50	男	1940 年 7 月
张清辉	平度市旧店镇北庙东村	31	男	1940 年 7 月

姓　名	籍　贯	年龄	性别	死难时间
张洪财	平度市麻兰镇甸庄村	47	男	1940 年 7 月
王锡宝	平度市旧店镇北庙东村	36	男	1940 年 7 月
高长云	平度市旧店镇北庙东村	43	男	1940 年 7 月
刘学显	平度市麻兰镇小井戈村	31	男	1940 年 8 月 1 日
隋　氏	平度市麻兰镇小井戈村	36	女	1940 年 8 月 1 日
张矢竹	平度市店子镇大青杨村	20	男	1940 年 8 月
张克庆	平度市店子镇大青杨村	18	男	1940 年 8 月
张克辉	平度市店子镇大青杨村	17	男	1940 年 8 月
张连法	平度市店子镇大青杨村	40	男	1940 年 8 月
苟典历	平度市古岘镇黄戈庄村	26	男	1940 年 8 月
苟学武	平度市古岘镇黄戈庄村	26	男	1940 年 8 月
王兰之	平度市明村镇后楼村	34	男	1940 年 8 月
毕天礼	平度市蓼兰镇垱西村	20	男	1940 年 8 月
马云昌	平度市蓼兰镇垱西村	38	男	1940 年 8 月
张崔氏	平度市开发区芝戈庄村	38	女	1940 年 8 月
张进友	平度市开发区芝戈庄村	17	男	1940 年 8 月
李方年	平度市云山镇口子村	26	男	1940 年 8 月
侯日庆	平度市蓼兰镇大吴庄村	42	男	1940 年 9 月 5 日
吕大风	平度市灰埠镇吕家集村	25	男	1940 年 9 月 13 日
曲增泉	平度市灰埠镇曲家村	40	男	1940 年 9 月 13 日
张丕贵	平度市灰埠镇灰埠村	26	男	1940 年 9 月 25 日
郭希亿	平度市崔家集镇郭家庄	20	男	1940 年 9 月 30 日
徐寿朋	平度市大泽山镇西崖村	30	男	1940 年 9 月
潘典章	平度市长乐镇西韩家村	40	男	1940 年 9 月
崔朋朋	平度市开发区芝戈庄村	27	男	1940 年 9 月
綦光忠	平度市万家镇大綦家村	29	男	1940 年 10 月 1 日
綦光远	平度市万家镇大綦家村	27	男	1940 年 10 月 2 日
綦刚令	平度市万家镇大綦家村	36	男	1940 年 10 月 3 日
綦尧顺	平度市万家镇大綦家村	25	男	1940 年 10 月 4 日
王培太	平度市万家镇初家村	30	男	1940 年 10 月 14 日
李明元	平度市马戈庄镇闫村	46	男	1940 年 10 月
李盼礼	平度市马戈庄镇闫村	32	男	1940 年 10 月
李　寿	平度市马戈庄镇闫村	34	男	1940 年 10 月
李孝礼	平度市马戈庄镇闫村	34	男	1940 年 10 月

姓 名	籍 贯	年龄	性别	死难时间
周万照	平度市马戈庄镇闫村	43	男	1940年10月
刘廷栋	平度市马戈庄镇闫村	40	男	1940年10月
孙培毛	平度市大田镇东大田村	19	男	1940年11月
郝朋明	平度市田庄镇荷花屯村	19	男	1940年11月
薛德才	平度市张戈庄镇东杜家村	40	男	1940年12月13日
薛 氏	平度市张戈庄镇东杜家村	37	女	1940年12月13日
薛德才之子	平度市张戈庄镇东杜家村	16	男	1940年12月13日
刘长洪	平度市崔召镇陡沟村	42	男	1940年12月30日
生	平度市崔召镇陡沟村	14	男	1940年12月30日
刘清德	平度市崔召镇陡沟村	41	男	1940年12月30日
刘茂积	平度市崔召镇陡沟村	50	男	1940年12月30日
寿	平度市同和街道姚家村	36	男	1940年12月
纪 柱	平度市蓼兰镇刘家张村	40	男	1940年12月
于吉泽	平度市马戈庄镇古庄北村	13	男	1940年12月
于义洪之妻	平度市马戈庄镇古庄北村	42	女	1940年12月
徐 傲	平度市明村镇路北官庄村	43	男	1940年12月
孙成堂	平度市田庄镇荷花屯村	31	男	1940年12月
刘召美	平度市田庄镇荷花屯村	33	男	1940年12月
钟贵臣	平度市古岘镇寨子村	20	男	1940年
董家伦	平度市崔家集镇董家大庄村	24	男	1940年
王景新	平度市崔家集镇郭家庄村	40	男	1940年
尚修元	平度市崔召镇小庄村	25	男	1940年
邓国选	平度市旧店镇前幸福村	38	男	1940年
王焕囡	平度市古岘镇一里村	40	女	1940年
王仁早	平度市古岘镇一里村	70	男	1940年
钟绪显	平度市古岘镇寨子村	52	男	1940年
石老千	平度市马戈庄镇小张戈庄村	32	男	1940年
毛正山之妻	平度市南村镇大高家村	—	女	1940年
隋红彦	平度市云山镇邵上村	60	男	1940年
蔡洪安	平度市马戈庄镇蔡家村	32	男	1940年
张圣福	平度市崔家集镇高戈庄村	24	男	1940年
王和德	平度市崔家集镇北赵家村	21	男	1940年
乔永增	平度市崔家集镇高戈庄村	30	男	1940年
付臻松	平度市田庄镇东南寨村	52	男	1941年1月2日

姓 名	籍 贯	年 龄	性 别	死难时间
王平和	平度市田庄镇玉石头村	45	男	1941 年 1 月 2 日
李夕正	平度市田庄镇玉石头村	45	男	1941 年 1 月 2 日
王梅吉	平度市田庄镇玉石头村	51	男	1941 年 1 月 2 日
李增照	平度市田庄镇玉石头村	50	男	1941 年 1 月 2 日
李泽林	平度市田庄镇玉石头村	20	男	1941 年 1 月 2 日
李圣元	平度市田庄镇玉石头村	22	男	1941 年 1 月 2 日
盛书元	平度市店子镇黄哥庄村	30	男	1941 年 1 月 11 日
刘 青	平度市大泽山镇东刘家村	14	男	1941 年 1 月 21 日
刘 集	平度市大泽山镇东刘家村	13	男	1941 年 1 月 21 日
石克臣	平度市祝沟镇山里石村	26	男	1941 年 1 月 30 日
钱	平度市祝沟镇山里石村	15	女	1941 年 1 月 30 日
彭成勋	平度市蓼兰镇官庄村	50	男	1941 年 1 月
衣照合	平度市古岘镇寨子村	23	男	1941 年 1 月
陈子亮	平度市大田镇陈家村	31	男	1941 年 1 月
葛明吉	平度市大田镇林家村	21	男	1941 年 1 月
石 蛋	平度市大田镇巴豆子村	28	男	1941 年 1 月
孙德友	平度市大田镇邦子村	34	男	1941 年 1 月
孙洪宝之子	平度市大田镇邦子村	19	男	1941 年 1 月
孙洪昌	平度市大田镇邦子村	37	男	1941 年 1 月
孙 爽	平度市大田镇邦子村	14	女	1941 年 1 月
杨奎军	平度市大田镇东赵戈庄村	32	男	1941 年 1 月
刘天坤	平度市崔召镇古村	60	男	1941 年 1 月
石 雀	平度市马戈庄镇马戈庄村	16	女	1941 年 1 月
杨寒石	平度市马戈庄镇马戈庄村	10	男	1941 年 1 月
王四九	平度市明村镇后楼村	36	男	1941 年 1 月
姜宝鼎	平度市城关街道东七里河子村	31	男	1941 年 1 月
耿进德	平度市城关街道东七里河子村	33	男	1941 年 1 月
王炳义	平度市张舍镇官庄村	33	男	1941 年 2 月 3 日
李明文	平度市古岘镇山上村	35	男	1941 年 2 月 14 日
王希信	平度市旧店镇东庙东村	27	男	1941 年 2 月
宋连才	平度市城关街道黄道口村	30	男	1941 年 2 月
刘洪泽	平度市李园街道巧女张村	35	男	1941 年 2 月
赵仁贵	平度市门村镇赵家烟村	35	男	1941 年 2 月
杨显连	平度市城关街道黄道口村	34	男	1941 年 2 月

姓 名	籍 贯	年 龄	性 别	死难时间
郑学文	平度市旧店镇郑家村	35	男	1941 年 3 月 13 日
潘 财	平度市旧店镇前潘村	40	男	1941 年 3 月 13 日
潘小生	平度市旧店镇前潘村	30	男	1941 年 3 月 13 日
潘云奎	平度市旧店镇前潘村	70	男	1941 年 3 月 13 日
王春岐	平度市旧店镇前潘村	60	男	1941 年 3 月 13 日
王一同	平度市旧店镇前潘村	50	男	1941 年 3 月 13 日
潘云同之妻	平度市旧店镇前潘村	40	女	1941 年 3 月 13 日
潘希山之妻	平度市旧店镇前潘村	40	女	1941 年 3 月 13 日
潘洪同之妻	平度市旧店镇前潘村	20	女	1941 年 3 月 13 日
潘洪文之妻	平度市旧店镇前潘村	50	女	1941 年 3 月 13 日
潘洪松之妻	平度市旧店镇前潘村	30	女	1941 年 3 月 13 日
王守同之妻	平度市旧店镇前潘村	50	女	1941 年 3 月 13 日
滕德礼	平度市旧店镇滕家村	40	男	1941 年 3 月 13 日
滕希仕	平度市旧店镇滕家村	60	男	1941 年 3 月 13 日
滕德刚	平度市旧店镇滕家村	35	男	1941 年 3 月 13 日
滕德臣	平度市旧店镇滕家村	39	男	1941 年 3 月 13 日
滕德茂	平度市旧店镇滕家村	20	男	1941 年 3 月 13 日
羊	平度市旧店镇郑家村	30	男	1941 年 3 月 13 日
王道德	平度市旧店镇郑家村	—	男	1941 年 3 月 13 日
郑桂洪	平度市旧店镇郑家村	27	男	1941 年 3 月 13 日
郑学福	平度市旧店镇郑家村	59	男	1941 年 3 月 13 日
满希桂	平度市大田镇杨家村	32	男	1941 年 3 月 20 日
满希寿	平度市大田镇杨家村	25	男	1941 年 3 月 20 日
满洪泮	平度市大田镇杨家村	23	男	1941 年 3 月 20 日
满洪运	平度市大田镇杨家村	19	男	1941 年 3 月 20 日
满 仁	平度市大田镇杨家村	67	男	1941 年 3 月 20 日
满希德	平度市大田镇杨家村	52	男	1941 年 3 月 20 日
满希清	平度市大田镇杨家村	31	男	1941 年 3 月 20 日
满 智	平度市大田镇杨家村	64	男	1941 年 3 月 20 日
杨宝善	平度市大田镇杨家村	17	男	1941 年 3 月 20 日
杨洪举	平度市大田镇杨家村	35	男	1941 年 3 月 20 日
杨顺祥	平度市大田镇杨家村	36	男	1941 年 3 月 20 日
杨振德	平度市大田镇杨家村	23	男	1941 年 3 月 20 日
邓及方	平度市祝沟镇大洪埠村	36	男	1941 年 3 月 20 日

姓 名	籍 贯	年 龄	性 别	死难时间
邓及成	平度市祝沟镇大洪埠村	35	男	1941 年 3 月 20 日
纪聚强	平度市蓼兰镇大八里村	50	男	1941 年 3 月
徐德明	平度市蓼兰镇小庄村	24	男	1941 年 3 月
徐山青	平度市蓼兰镇小庄村	45	男	1941 年 3 月
徐保奎	平度市蓼兰镇小庄村	42	男	1941 年 3 月
潘华礼	平度市长乐镇西韩家村	40	男	1941 年 3 月
韩洪升	平度市长乐镇西韩家村	45	男	1941 年 3 月
陶锡贞	平度市大田镇金家沟村	26	男	1941 年 3 月
高愕会	平度市店子镇北高家村	35	男	1941 年 3 月
陈付金	平度市大田镇陈家村	34	男	1941 年 3 月
陈付善	平度市大田镇陈家村	34	男	1941 年 3 月
葛延年	平度市大田镇庞戈庄村	34	男	1941 年 3 月
李祥义之祖母	平度市大田镇东涧村	31	女	1941 年 3 月
马典毛	平度市大田镇酒馆村	38	男	1941 年 3 月
袁照普	平度市大田镇酒馆村	42	男	1941 年 3 月
董文龙	平度市大田镇南董家村	45	男	1941 年 3 月
赵克法	平度市大泽山镇高望山村	23	男	1941 年 3 月
刘江岳	平度市店子镇北高家村	19	男	1941 年 3 月
张明芹	平度市店子镇北高家村	21	男	1941 年 3 月
董明昌	平度市店子镇北高家村	33	男	1941 年 3 月
刘法言	平度市马戈庄镇小官寨村	42	男	1941 年 3 月
王星堂	平度市明村镇前楼村	42	男	1941 年 3 月
仲济高	平度市城关街道店上村	21	男	1941 年 3 月
代聚茂	平度市城关街道店上村	21	男	1941 年 3 月
车学昌	平度市张舍镇小田庄村	34	男	1941 年 3 月
刘进星	平度市城关街道店上村	24	男	1941 年 3 月
孙明理	平度市大田镇东大田村	19	男	1941 年 3 月
李克敏	平度市大田镇金家沟村	20	男	1941 年 3 月
陈丰禹	平度市店子镇陈家疃村	50	男	1941 年 3 月
姜乃荣	平度市马戈庄镇坝口村	30	男	1941 年 4 月 1 日
李洪臣	平度市马戈庄镇坝口村	36	男	1941 年 4 月 1 日
李庭尧	平度市马戈庄镇坝口村	55	男	1941 年 4 月 1 日
李振丰	平度市马戈庄镇坝口村	30	男	1941 年 4 月 1 日
柴洪宾	平度市祝沟镇石家流河村	35	男	1941 年 4 月 1 日

姓　名	籍　贯	年龄	性别	死难时间
王洪秀	平度市大泽山镇所里头村	43	男	1941 年 4 月 8 日
官云集	平度市崔召镇小李村	23	男	1941 年 4 月 11 日
张九京	平度市云山镇李家场村	35	男	1941 年 4 月 18 日
张明俊	平度市崔召镇下马村	62	男	1941 年 4 月 23 日
张　民	平度市崔召镇下马村	60	女	1941 年 4 月 23 日
张民之女	平度市崔召镇下马村	20	女	1941 年 4 月 23 日
张　敏	平度市崔召镇下马村	35	女	1941 年 4 月 23 日
张×之女	平度市崔召镇下马村	4	女	1941 年 4 月 23 日
陈玉秀	平度市长乐镇大陈家村	70	男	1941 年 4 月 28 日
代名武	平度市大泽山镇团石子村	18	男	1941 年 4 月
王尚宝	平度市大泽山镇南昌村	25	男	1941 年 4 月
泮德峨	平度市大泽山镇潘家村	20	男	1941 年 4 月
尹乐亭	平度市大泽山镇南昌村	33	男	1941 年 4 月
王朋举	平度市大泽山镇南昌村	19	男	1941 年 4 月
徐清弼	平度市大泽山镇团石子村	37	男	1941 年 4 月
周丰善	平度市大泽山镇团石子村	23	男	1941 年 4 月
邢吉彦	平度市旧店镇王家村	36	男	1941 年 4 月
刘希风	平度市祝沟镇刘家庄村	24	男	1941 年 4 月
李文合	平度市大田镇东涧村	30	男	1941 年 4 月
李文善	平度市大田镇东涧村	25	男	1941 年 4 月
刚	平度市大田镇后涧村	24	男	1941 年 4 月
王秉谦	平度市大泽山镇南昌村	27	男	1941 年 4 月
潘德娥	平度市大泽山镇潘家村	20	男	1941 年 4 月
王鹏举	平度市大泽山镇秦姑庵村	19	男	1941 年 4 月
王洪锡	平度市大泽山镇所里头村	31	男	1941 年 4 月
李长征之母	平度市大田镇云山洼村	56	女	1941 年 4 月
李开任之妻	平度市大田镇云山洼村	42	女	1941 年 4 月
李毛德	平度市大田镇云山洼村	—	男	1941 年 4 月
李毛德之弟	平度市大田镇云山洼村	—	男	1941 年 4 月
李毛德之兄	平度市大田镇云山洼村	—	男	1941 年 4 月
李玉宝之妻	平度市大田镇云山洼村	39	女	1941 年 4 月
李玉喜之妻	平度市大田镇云山洼村	35	女	1941 年 4 月
李玉欣之子	平度市大田镇云山洼村	29	男	1941 年 4 月
李玉章	平度市大田镇云山洼村	42	男	1941 年 4 月

姓 名	籍 贯	年 龄	性 别	死难时间
王忠汉	平度市大泽山镇所里头村	24	男	1941 年 4 月
任永彦	平度市大泽山镇团石子村	31	男	1941 年 4 月
代排汉	平度市古岘镇大朱毛村	31	男	1941 年 4 月
代吉乐	平度市大泽山镇团石子村	18	男	1941 年 4 月
郑文奎	平度市旧店镇上庄村	42	男	1941 年 4 月
郑辉云	平度市旧店镇上庄村	40	男	1941 年 4 月
王锡宗	平度市大泽山镇团石子村	27	男	1941 年 4 月
高仁平	平度市明村镇景村	19	男	1941 年 4 月
温佃朋	平度市明村镇景村	30	男	1941 年 4 月
温佃学	平度市明村镇景村	29	男	1941 年 4 月
徐永法	平度市大泽山镇团石子村	26	男	1941 年 4 月
马百胜	平度市新河镇马家村	—	男	1941 年 4 月
王中汉	平度市大泽山镇团石子村	24	男	1941 年 4 月
高洪智	平度市大泽山镇团石子村	18	男	1941 年 4 月
方郁山	文登市方家	—	男	1941 年 4 月
黎 芳	龙口市北盈村	—	女	1941 年 4 月
邓国选	平度市旧店镇幸福庄	—	男	1941 年 4 月
窦典邦	平度市旧店镇后潘家村	—	男	1941 年 4 月
赵进生	平度市李园街道朱家井村	—	男	1941 年 4 月
张治堂	平度市李园街道花窝洛村	—	男	1941 年 4 月
高佳善	平度市城关街道桃源洞村	—	男	1941 年 4 月
韩旺锡	平度市李园街道韩家庄	—	男	1941 年 4 月
王永贵	平度市崔召镇汉军寨村	—	男	1941 年 4 月
王希显	平度市李园街道前杨召村	—	男	1941 年 4 月
毛延喜	平度市李园街道毛家疃村	—	男	1941 年 4 月
荆明亭	平度市城关街道乔家村	—	男	1941 年 4 月
王秉言	平度市大泽山镇南昌村	—	男	1941 年 4 月
董高占	平度市旧店镇北董家村	—	男	1941 年 4 月
满 音	平度市旧店镇杨家村	—	男	1941 年 4 月
王德福	平度市旧店镇北大田村	—	男	1941 年 4 月
周书奎	平度市大泽山镇韭园村	—	男	1941 年 4 月
王金玉	平度市旧店镇后刘家村	—	男	1941 年 4 月
戴老师	—	—	男	1941 年 4 月
王老师	平度市旧店镇王家庄	—	男	1941 年 4 月

姓　名	籍　贯	年 龄	性 别	死难时间
王学先之母	平度市崔召镇丁家村	32	女	1941 年 5 月 5 日
王学先之舅	平度市崔召镇丁家村	40	男	1941 年 5 月 5 日
王瑞云之母	平度市崔召镇丁家村	48	女	1941 年 5 月 5 日
王瑞云之女	平度市崔召镇丁家村	5	女	1941 年 5 月 5 日
臧进明之母	平度市崔召镇丁家村	45	女	1941 年 5 月 5 日
陈忠智	平度市崔召镇丁家村	73	男	1941 年 5 月 5 日
刘××	平度市崔召镇丁家村	40	男	1941 年 5 月 5 日
张恩渐	平度市崔召镇丁家村	20	男	1941 年 5 月 5 日
张吉太	平度市崔召镇丁家村	60	男	1941 年 5 月 5 日
郑炳华	平度市崔召镇丁家村	34	男	1941 年 5 月 5 日
张伟杰之妻	平度市崔召镇丁家村	42	女	1941 年 5 月 5 日
孙洪兹	平度市张舍镇北坦坡村	50	男	1941 年 5 月 6 日
孙洪爱	平度市张舍镇北坦坡村	48	男	1941 年 5 月 6 日
林××	平度市明村镇明西村	60	男	1941 年 5 月 17 日
于五嫂	平度市明村镇明西村	19	女	1941 年 5 月 17 日
潘典敢	平度市长乐镇西韩家村	21	男	1941 年 5 月
王正安	平度市南村镇洪兰中村	18	男	1941 年 5 月
崔书友	平度市店子镇旺村	16	男	1941 年 5 月
谭召香	平度市大泽山镇北昌村	19	男	1941 年 5 月
张升勇	平度市云山镇张家庄村	17	男	1941 年 5 月
顿华孟	平度市李园街道张家疃村	20	男	1941 年 5 月
王祝修	平度市李园街道张家疃村	29	男	1941 年 5 月
于喜仁之次女	平度市崔召镇丁家村	—	女	1941 年 5 月
李万兴	平度市大田镇庞戈庄村	47	男	1941 年 5 月
李合元	平度市大田镇大后寨村	38	男	1941 年 5 月
李天强	平度市大田镇大后寨村	46	男	1941 年 5 月
李延美	平度市大田镇大后寨村	41	女	1941 年 5 月
王发元	平度市大田镇兰家寨村	41	男	1941 年 5 月
张云德	平度市大田镇兰家寨村	43	男	1941 年 5 月
史延付	平度市大田镇徐里村	50	男	1941 年 5 月
孙行忠	平度市大田镇徐里村	58	男	1941 年 5 月
周　寨	平度市大泽山镇韭园村	32	男	1941 年 5 月
刘书田	平度市大泽山镇谭家夼村	32	男	1941 年 5 月
谭国章	平度市大泽山镇谭家夼村	35	男	1941 年 5 月

姓 名	籍 贯	年 龄	性 别	死难时间
谭德绍	平度市大泽山镇谭家夼村	40	男	1941 年 5 月
宋清佐	平度市大泽山镇谭家夼村	23	男	1941 年 5 月
代智功	平度市古岘镇大朱毛村	32	男	1941 年 5 月
王风阁	平度市大田镇庞戈庄村	21	男	1941 年 5 月
郭风泰	平度市大田镇庞戈庄村	19	男	1941 年 5 月
孙成岩	平度市旧店镇涧里村	58	男	1941 年 5 月
孙成左	平度市旧店镇涧里村	23	男	1941 年 5 月
董洪文	平度市大田镇北董家村	28	男	1941 年 5 月
李本香	平度市大田镇北董家村	—	男	1941 年 5 月
程吉修	平度市明村镇景村	32	男	1941 年 5 月
程 氏	平度市明村镇景村	29	女	1941 年 5 月
崔广乐	平度市大泽山镇北台村	27	男	1941 年 5 月
李培志	平度市云山镇张家庄村	30	男	1941 年 5 月
李高明	平度市云山镇张家庄村	33	男	1941 年 5 月
王瑞云之姥姥	—	—	女	1941 年 5 月 30 日
邢文礼	平度市旧店镇邢家屯村	—	男	1941 年 5 月 30 日
宗景雁	平度市祝沟镇大王头村	42	男	1941 年 6 月 1 日
宗瑞孟	平度市祝沟镇大王头村	28	男	1941 年 6 月 1 日
宗京清	平度市祝沟镇大王头村	38	男	1941 年 6 月 1 日
王云祥	平度市大泽山镇南昌村	45	男	1941 年 6 月 7 日
王春成	平度市大泽山镇南昌村	38	男	1941 年 6 月 7 日
李 相	平度市旧店镇云山洼村	—	男	1941 年 6 月 18 日
李玉欣	平度市旧店镇云山洼村	—	男	1941 年 6 月 18 日
李茂德之妻	平度市旧店镇云山洼村	—	女	1941 年 6 月 18 日
李进德	平度市旧店镇云山洼村	—	男	1941 年 6 月 18 日
李王氏	平度市旧店镇云山洼村	—	女	1941 年 6 月 18 日
李孙氏	平度市旧店镇云山洼村	—	女	1941 年 6 月 18 日
李玉喜	平度市旧店镇云山洼村	—	男	1941 年 6 月 18 日
李茂花	平度市旧店镇云山洼村	—	女	1941 年 6 月 18 日
李 山	平度市旧店镇云山洼村	—	男	1941 年 6 月 18 日
李麦铃	平度市旧店镇云山洼村	—	男	1941 年 6 月 18 日
李庚仁	平度市旧店镇云山洼村	—	男	1941 年 6 月 18 日
付增祥	平度市祝沟镇水磨涧村	46	男	1941 年 6 月 25 日
付子合	平度市祝沟镇水磨涧村	21	男	1941 年 6 月 25 日

姓 名	籍 贯	年 龄	性 别	死难时间
付子合之母	平度市祝沟镇水磨涧村	45	女	1941 年 6 月 25 日
张子元之母	平度市祝沟镇水磨涧村	54	女	1941 年 6 月 25 日
付子学	平度市祝沟镇水磨涧村	45	男	1941 年 6 月 25 日
张进元	平度市祝沟镇水磨涧村	31	男	1941 年 6 月 25 日
张遵嫚	平度市祝沟镇水磨涧村	23	女	1941 年 6 月 25 日
姜 再	平度市祝沟镇水磨涧村	34	男	1941 年 6 月 25 日
姜 红	平度市祝沟镇水磨涧村	31	男	1941 年 6 月 25 日
姜罗氏	平度市祝沟镇水磨涧村	37	女	1941 年 6 月 25 日
于波开	平度市祝沟镇水磨涧村	31	男	1941 年 6 月 25 日
于波会	平度市祝沟镇水磨涧村	27	男	1941 年 6 月 25 日
张修氏	平度市祝沟镇水磨涧村	29	女	1941 年 6 月 25 日
于波民之母	平度市祝沟镇水磨涧村	56	女	1941 年 6 月 25 日
姜全之母	平度市祝沟镇水磨涧村	55	女	1941 年 6 月 25 日
于刘氏	平度市祝沟镇水磨涧村	20	女	1941 年 6 月 25 日
于乐义之母	平度市祝沟镇水磨涧村	20	女	1941 年 6 月 25 日
张郰氏	平度市祝沟镇水磨涧村	25	女	1941 年 6 月 25 日
王洪瑞	平度市祝沟镇水磨涧村	20	男	1941 年 6 月 25 日
张月元	平度市祝沟镇水磨涧村	30	男	1941 年 6 月 25 日
张德元	平度市祝沟镇水磨涧村	34	男	1941 年 6 月 25 日
姜 遵	平度市祝沟镇水磨涧村	19	男	1941 年 6 月 25 日
张子元	平度市祝沟镇水磨涧村	32	男	1941 年 6 月 25 日
付子兴	平度市祝沟镇水磨涧村	25	男	1941 年 6 月 25 日
李春生	平度市大泽山镇东高家村	21	男	1941 年 6 月
孙召虎	平度市云山镇张家庄村	46	男	1941 年 6 月
王 清	平度市大田镇北大田村	—	男	1941 年 6 月
王锡堂	平度市云山镇张家庄村	22	男	1941 年 6 月
刘洪召	平度市云山镇刘河甲村	23	男	1941 年 6 月
王占科	平度市大泽山镇南昌村	20	男	1941 年 6 月
李春先	平度市大泽山镇南昌村	21	男	1941 年 6 月
张信田	平度市大泽山镇南昌村	23	男	1941 年 7 月 13 日
张明文	平度市崔召镇下马戈庄村	—	男	1941 年 7 月 13 日
张丰高	平度市崔召镇下马戈庄村	—	男	1941 年 7 月 13 日
张更玉	平度市崔召镇下马戈庄村	—	男	1941 年 7 月 13 日
张学桂	平度市崔召镇下马戈庄村	—	男	1941 年 7 月 13 日

姓名	籍贯	年龄	性别	死难时间
张明初之母	平度市崔召镇下马戈庄村	—	女	1941 年 7 月 13 日
张明初之妹	平度市崔召镇下马戈庄村	—	女	1941 年 7 月 13 日
张明初之妹	平度市崔召镇下马戈庄村	—	女	1941 年 7 月 13 日
张永严之妻	平度市崔召镇下马戈庄村	—	女	1941 年 7 月 13 日
张炳文	平度市崔召镇下马戈庄村	—	男	1941 年 7 月 13 日
铁 匠	平度市旧店镇于家村	—	男	1941 年 7 月 13 日
张崇资	平度市崔召镇下马戈庄村	—	男	1941 年 7 月 13 日
张有余	平度市崔召镇下马戈庄村	—	男	1941 年 7 月 13 日
琐 衣	平度市崔召镇下马戈庄村	—	女	1941 年 7 月 13 日
金学考	平度市旧店镇东七甲村	39	男	1941 年 7 月 18 日
高凤祥	平度市旧店镇东七甲村	24	男	1941 年 7 月 18 日
张希令之妻	平度市旧店镇东七甲村	23	女	1941 年 7 月 18 日
张希令之女	平度市旧店镇东七甲村	1	女	1941 年 7 月 18 日
许凤祥之妻	平度市旧店镇东七甲村	22	女	1941 年 7 月 18 日
许凤祥之女	平度市旧店镇东七甲村	2	女	1941 年 7 月 18 日
邓×之女	平度市旧店镇东七甲村	16	女	1941 年 7 月 18 日
荆明楼	平度市城关街道乔家村	38	男	1941 年 7 月
董清专	平度市大田镇南董村	38	男	1941 年 7 月
郑启俊	平度市旧店镇小曲家埠村	17	男	1941 年 7 月
陈 氏	平度市灰埠镇翟戈庄村	37	女	1941 年 7 月
张文成	平度市李园街道张家疃村	25	男	1941 年 7 月
王真仁	平度市蓼兰镇邢家村	62	男	1941 年 7 月
石云田	平度市祝沟镇山里石家村	26	男	1941 年 7 月
马敖成	平度市祝沟镇山里石家村	22	男	1941 年 7 月
刘登高	平度市祝沟镇山里石家村	30	男	1941 年 7 月
宿宗坤	平度市城关街道黄道口村	36	男	1941 年 7 月
傅增训	平度市城关街道黄道口村	40	男	1941 年 7 月
任锡科	平度市张戈庄镇尚河头村	21	男	1941 年 8 月 5 日
陈震南	平度市崔家集镇徐家阳照村	62	男	1941 年 8 月 7 日
陈京南	平度市崔家集镇徐家阳照村	58	男	1941 年 8 月 7 日
陈增基	平度市崔家集镇徐家阳照村	60	男	1941 年 8 月 7 日
陈 聘	平度市崔家集镇徐家阳照村	8	女	1941 年 8 月 7 日
万淑嫚	平度市兰底镇王戈庄村	18	女	1941 年 8 月 16 日
程义忠	平度市旧店镇罗头村	33	男	1941 年 8 月

姓　名	籍　贯	年　龄	性　别	死难时间
程绍亭	平度市旧店镇罗头村	35	男	1941 年 8 月
孙成臣	平度市云山镇上庄村	24	男	1941 年 8 月
李从江	平度市崔家集镇李家庄村	70	男	1941 年 8 月
郑翠堂	平度市旧店镇大曲家埠村	32	男	1941 年 8 月
欧典福	平度市云山镇上庄村	50	男	1941 年 8 月
张锡福	平度市崔家集镇高戈庄村	36	男	1941 年 8 月
李焕俊	平度市香店街道河崖村	16	男	1941 年 8 月
刘元吉	平度市云山镇上庄村	26	男	1941 年 8 月
王信好	平度市云山镇上庄村	24	男	1941 年 8 月
王友才	平度市万家镇王唐家村	18	男	1941 年 9 月 1 日
王修志之母	平度市万家镇王唐家村	53	女	1941 年 9 月 1 日
王分友	平度市万家镇王唐家村	20	男	1941 年 9 月 2 日
王丰钻之母	平度市万家镇王唐家村	53	女	1941 年 9 月 2 日
付　林	平度市马戈庄镇明家店子村	18	男	1941 年 9 月 3 日
付云清	平度市马戈庄镇明家店子村	32	男	1941 年 9 月 3 日
付云胜	平度市马戈庄镇明家店子村	30	男	1941 年 9 月 3 日
明邦治	平度市马戈庄镇明家店子村	36	男	1941 年 9 月 3 日
明文彬	平度市马戈庄镇明家店子村	40	男	1941 年 9 月 3 日
房　秋	平度市马戈庄镇前房家村	16	男	1941 年 9 月 3 日
刘作林	平度市同和街道刘家张村	30	男	1941 年 9 月 21 日
季保生	平度市云山镇上庄村	20	男	1941 年 9 月
王付庆	平度市大田镇张戈庄村	28	男	1941 年 9 月
张云佐之母	平度市大田镇张戈庄村	45	女	1941 年 9 月
潘洪春	平度市大泽山镇潘家村	30	男	1941 年 9 月
代占芳	平度市古岘镇大朱毛村	13	男	1941 年 9 月
张同歧	平度市李园街道东二十堡	20	男	1941 年 9 月
栾廷球	平度市李园街道栾家村	26	男	1941 年 9 月
栾廷臣	平度市李园街道栾家村	28	男	1941 年 9 月
栾绍德	平度市李园街道栾家村	29	男	1941 年 9 月
韩花子	平度市门村镇韩家庄村	30	男	1941 年 9 月
李玉开	平度市门村镇韩家庄村	30	男	1941 年 9 月
马三泮	平度市新河镇马家村	—	男	1941 年 9 月
蔡成全	平度市旧店镇北庙东村	39	男	1941 年 9 月
陈大法	平度市祝沟镇张美夼村	24	男	1941 年 10 月 1 日

姓 名	籍 贯	年 龄	性 别	死难时间
滕守礼	平度市祝沟镇张美夼村	40	男	1941年10月1日
王天德	平度市城关街道北窝洛子村	45	男	1941年10月5日
王洪生之兄	平度市城关街道北窝洛子村	25	男	1941年10月5日
曲少周之妻	平度市崔召镇汉军寨村	20	女	1941年10月27日
曲少周之子	平度市崔召镇汉军寨村	—	男	1941年10月27日
赵清美	平度市崔召镇卢家村	18	男	1941年10月27日
香	平度市崔召镇卢家村	20	男	1941年10月27日
李 氏	平度市崔召镇卢家村	28	女	1941年10月27日
卢作毛之外甥	平度市崔召镇卢家村	26	男	1941年10月27日
卢××	平度市崔召镇卢家村	1	女	1941年10月27日
张 氏	平度市崔召镇卢家村	62	女	1941年10月27日
李全坤	平度市灰埠镇三埠李村	30	男	1941年10月30日
孙希和	平度市大田镇西李村	24	男	1941年10月
史风山	平度市大田镇陈家村	36	男	1941年10月
于宝山	平度市旧店镇东庙东村	30	男	1941年10月
王世昌	平度市旧店镇东庙东村	34	男	1941年10月
战修堂	平度市大田镇西李村	40	男	1941年10月
姜风岐	平度市大田镇西李村	20	男	1941年10月
陈太法	平度市大田镇西李村	29	男	1941年10月
姜希升	平度市张戈庄镇尚河头村	21	男	1941年11月1日
尚丰翔	平度市张戈庄镇尚河头村	19	男	1941年11月1日
尚锡君	平度市张戈庄镇尚河头村	22	男	1941年11月1日
代俭照	平度市张戈庄镇尚河头村	24	男	1941年11月1日
苏宝庆	平度市张戈庄镇尚河头村	20	男	1941年11月1日
苏学臣	平度市张戈庄镇尚河头村	20	男	1941年11月1日
王青云	平度市张戈庄镇尚河头村	19	男	1941年11月1日
苏宝堂	平度市张戈庄镇尚河头村	24	男	1941年11月1日
苏学元	平度市张戈庄镇尚河头村	22	男	1941年11月1日
陈四元	平度市张戈庄镇尚河头村	24	男	1941年11月1日
苏勤学	平度市张戈庄镇尚河头村	20	男	1941年11月1日
韩秀峰	平度市张戈庄镇尚河头村	23	男	1941年11月1日
王修山	平度市张戈庄镇尚河头村	26	男	1941年11月1日
尚乐希	平度市张戈庄镇尚河头村	24	男	1941年11月1日
尚玉臣	平度市张戈庄镇尚河头村	19	男	1941年11月1日

姓 名	籍 贯	年 龄	性 别	死难时间
尚珍升	平度市张戈庄镇尚河头村	22	男	1941 年 11 月 1 日
尚俊希	平度市张戈庄镇尚河头村	24	男	1941 年 11 月 1 日
韩聚祥	平度市张戈庄镇尚河头村	20	男	1941 年 11 月 1 日
王修臣	平度市张戈庄镇尚河头村	21	男	1941 年 11 月 1 日
徐永福	平度市祝沟镇大王头村	41	男	1941 年 11 月 1 日
郭云总	平度市崔召镇黄山东头村	45	男	1941 年 11 月 8 日
盛乃江	平度市崔召镇黄山东头村	50	男	1941 年 11 月 8 日
郭明法	平度市崔召镇黄山东头村	59	男	1941 年 11 月 8 日
张法昌	平度市崔召镇黄山东头村	60	男	1941 年 11 月 8 日
孙学位	平度市崔召镇黄山后村	16	男	1941 年 11 月 8 日
刘丰和	平度市崔召镇黄山后村	60	男	1941 年 11 月 8 日
张秀升	平度市崔召镇黄山后村	62	男	1941 年 11 月 8 日
孙学孟	平度市崔召镇黄山后村	58	男	1941 年 11 月 8 日
李春洪	平度市大田镇西李村	34	男	1941 年 11 月
卢文兴	平度市大田镇西李村	25	男	1941 年 11 月
卢 童	平度市白埠镇东埠村	22	男	1941 年 11 月
董有争	平度市大田镇北董村	26	男	1941 年 11 月
李和明	平度市大田镇青山村	32	男	1941 年 11 月
董洪玉	平度市大田镇北董村	24	男	1941 年 11 月
张力功	平度市明村镇前楼村	55	男	1941 年 11 月
耿 红	平度市明村镇孙东村	34	男	1941 年 11 月
郭士先	平度市白埠镇湾头村	36	男	1941 年 11 月
李文布	平度市张舍镇盆李家村	30	男	1941 年 11 月
李绪臻	平度市张舍镇盆李家村	30	男	1941 年 11 月
姜广友之父	平度市灰埠镇孙家庄村	60	男	1941 年 12 月 1 日
尚海明	平度市张戈庄镇尚河头村	22	男	1941 年 12 月 6 日
范书友	平度市大田镇杏庙村	31	男	1941 年 12 月 18 日
孙永昌	平度市大田镇杏庙村	28	男	1941 年 12 月 18 日
孙永德	平度市大田镇杏庙村	33	男	1941 年 12 月 18 日
孙永进	平度市大田镇杏庙村	23	男	1941 年 12 月 18 日
孙永寿	平度市大田镇杏庙村	30	男	1941 年 12 月 18 日
孙永屯	平度市大田镇杏庙村	21	男	1941 年 12 月 18 日
孙永许	平度市大田镇杏庙村	26	男	1941 年 12 月 18 日
孙占玉	平度市大田镇杏庙村	32	男	1941 年 12 月 18 日

姓 名	籍 贯	年 龄	性 别	死难时间
胥合顺	平度市大田镇杏庙村	41	男	1941 年 12 月 18 日
胥学春	平度市大田镇杏庙村	42	男	1941 年 12 月 18 日
胥延松	平度市大田镇杏庙村	29	男	1941 年 12 月 18 日
于祥善	平度市大田镇涧口村	17	男	1941 年 12 月 18 日
李 廷	平度市张戈庄镇沙沟村	22	男	1941 年 12 月 20 日
王增庆	平度市灰埠镇下王家村	30	男	1941 年 12 月 30 日
栾春成	平度市大田镇林家村	22	男	1941 年 12 月
张锡玉	平度市大田镇下马村	33	男	1941 年 12 月
刘德云	平度市大田镇下马村	32	男	1941 年 12 月
王占照	平度市灰埠镇苇园王家村	61	男	1941 年 12 月
李培财	平度市大田镇东大田村	28	男	1941 年 12 月
李树梓	平度市门村镇夏寨村	17	男	1941 年 12 月
满希寿	平度市大田镇西李村	22	男	1941 年 12 月
李春会	平度市大田镇金家沟村	38	男	1941 年 12 月
杨学义	平度市大田镇林家村	21	男	1941 年 12 月
高潘风	平度市人田镇西李村	23	男	1941 年 12 月
刘明良	平度市店子镇芳园村	30	男	1941 年 12 月
刘寿田	平度市店子镇芳园村	48	男	1941 年 12 月
宋其瑞	平度市麻兰镇李戈庄村	24	男	1941 年
苏书环	平度市古岘镇岩山头村	22	男	1941 年
矫恒修	平度市旧店镇北庙东村	30	男	1941 年
李贵武之妻	平度市崔家集镇大城村	—	女	1941 年
姜瑞臣	平度市崔召镇姜家屯村	30	男	1941 年
李书恩	平度市崔召镇马戈庄村	58	男	1941 年
许 祥	平度市店子镇许家村	30	男	1941 年
许洪范	平度市店子镇许家村	31	男	1941 年
许洪儒	平度市店子镇许家村	31	男	1941 年
许丰国	平度市店子镇许家村	19	男	1941 年
荆信福	平度市店子镇许家村	20	男	1941 年
乔洪桂	平度市旧店镇北庙东村	29	男	1941 年
李登普	平度市古岘镇二里村	30	男	1941 年
刘成风	平度市古岘镇后龙泉村	28	男	1941 年
刘福海	平度市古岘镇后龙泉村	42	男	1941 年
刘福瑞	平度市古岘镇后龙泉村	35	男	1941 年

姓　名	籍　贯	年　龄	性　别	死难时间
刘锡州	平度市古岘镇后龙泉村	40	男	1941 年
李　明	平度市古岘镇二里村	35	男	1941 年
郭培江	平度市古岘镇四里村	40	男	1941 年
苏江青	平度市古岘镇岩山头村	30	男	1941 年
左永锡	平度市古岘镇寨子村	40	男	1941 年
赵有汉	平度市古岘镇朱村	17	男	1941 年
邓福尧	平度市旧店镇前幸福村	20	男	1941 年
程德川	平度市旧店镇罗头村	34	男	1941 年
李京珠	平度市旧店镇小庄村	55	男	1941 年
刘成希	平度市旧店镇小庄村	51	男	1941 年
李永胜	平度市李园街道双庙村	30	男	1941 年
姜永福	平度市李园街道西七里河子村	—	男	1941 年
季连芝	平度市蓼兰镇坵西村	22	男	1941 年
毕文礼	平度市蓼兰镇坵西村	25	男	1941 年
月　嫚	平度市麻兰镇东沙窝村	5	女	1941 年
张松连	平度市大泽山镇上甲村	26	男	1941 年
张守灵	平度市马戈庄镇北张家村	42	男	1941 年
于锦章	平度市马戈庄镇古庄南村	54	男	1941 年
于友亭	平度市马戈庄镇古庄南村	24	男	1941 年
程光羔	平度市马戈庄镇埠口村	41	男	1941 年
程光平	平度市马戈庄镇埠口村	52	男	1941 年
吴文果	平度市马戈庄镇小张戈庄村	31	男	1941 年
付青初	平度市马戈庄镇北张家村	33	男	1941 年
张西五	平度市马戈庄镇北张家村	22	男	1941 年
代云达	平度市大泽山镇上甲村	16	男	1941 年
于宝春	平度市马戈庄镇冢前村	26	男	1941 年
孙永长	平度市田庄镇东坡子村	22	男	1941 年
姚典国	平度市同和街道姚家村	35	男	1941 年
姚王氏	平度市同和街道姚家村	38	女	1941 年
姚振中	平度市同和街道姚家村	34	男	1941 年
邹乃文	平度市旧店镇北庙东村	18	男	1941 年
张绪榜	平度市张舍镇于埠村	25	男	1941 年
陈三嫚	平度市张舍镇于埠村	8	女	1941 年
赵粉连	平度市张舍镇于埠村	16	女	1941 年

姓　名	籍　贯	年龄	性别	死难时间
欧典法之兄	平度市张舍镇于埠村	60	男	1941 年
陈丰希	平度市张舍镇于埠村	58	男	1941 年
陈丰阳	平度市张舍镇于埠村	57	男	1941 年
陈考文之父	平度市张舍镇于埠村	57	男	1941 年
张作鹏	平度市张舍镇于埠村	59	男	1941 年
张作鹏之妻	平度市张舍镇于埠村	57	女	1941 年
张聚成之父	平度市张舍镇于埠村	69	男	1941 年
张华国之父	平度市张舍镇于埠村	58	男	1941 年
赵甲训之妻	平度市张舍镇于埠村	50	女	1941 年
赵甲训之女	平度市张舍镇于埠村	10	女	1941 年
杨云泽之母	平度市张舍镇于埠村	57	女	1941 年
于成文之子	平度市张舍镇于埠村	16	男	1941 年
张三嫚	平度市张舍镇于埠村	27	女	1941 年
郭丕显	平度市麻兰镇李戈庄村	32	男	1941 年
杜位波	平度市麻兰镇李戈庄村	22	男	1941 年
荆永居	平度市城关街道七里河子村	26	男	1941 年
孙永臣	平度市城关街道七里河子村	19	男	1941 年
衣召河	平度市古岘镇寨子村	34	男	1941 年
乔忠祥	平度市城关街道七里河子村	20	男	1941 年
孟烈祥	平度市	—	男	1941 年
荆书文	平度市城关街道七里河子村	21	男	1941 年
张瑞永	平度市崔家集镇高戈庄村	19	男	1941 年
乔正清	平度市城关街道七里河子村	21	男	1941 年
苗从明	平度市旧店镇北庙东村	21	男	1941 年
郝德生	平度市大田镇郝家村	37	男	1942 年 1 月 3 日
郝洪举	平度市大田镇郝家村	38	男	1942 年 1 月 3 日
马洪斌	平度市大田镇郝家村	30	男	1942 年 1 月 3 日
马洪德	平度市大田镇郝家村	27	男	1942 年 1 月 3 日
张从义	平度市旧店镇九里夼村	50	男	1942 年 1 月 14 日
周金华	平度市旧店镇九里夼村	65	男	1942 年 1 月 14 日
周光华	平度市旧店镇九里夼村	7	男	1942 年 1 月 14 日
周永希	平度市旧店镇九里夼村	60	男	1942 年 1 月 14 日
周竹希	平度市旧店镇九里夼村	15	男	1942 年 1 月 14 日
周兴希	平度市旧店镇九里夼村	15	男	1942 年 1 月 14 日

姓　名	籍　贯	年　龄	性　别	死难时间
周天来	平度市旧店镇九里夼村	20	男	1942 年 1 月 14 日
姜丰合	平度市旧店镇九里夼村	20	男	1942 年 1 月 14 日
周丰先	平度市旧店镇九里夼村	25	男	1942 年 1 月 14 日
张杨氏	平度市旧店镇窝洛村	70	女	1942 年 1 月 14 日
张世堂	平度市旧店镇窝洛村	60	男	1942 年 1 月 14 日
张世义	平度市旧店镇窝洛村	22	男	1942 年 1 月 14 日
隋崇礼	平度市大泽山镇团石子村	22	男	1942 年 1 月 16 日
王培志	平度市张舍镇西庄头村	61	男	1942 年 1 月 19 日
刘建三	平度市张舍镇西庄头村	80	男	1942 年 1 月 19 日
王付寿	平度市大泽山镇四甲村	40	男	1942 年 1 月 20 日
王玉员	平度市大泽山镇四甲村	50	男	1942 年 1 月 20 日
王行帮	平度市大泽山镇四甲村	35	男	1942 年 1 月 20 日
张　氏	平度市大泽山镇四甲村	38	女	1942 年 1 月 20 日
迟茂福	平度市崔家集镇高家庙子村	25	男	1942 年 1 月 26 日
夏庆宝	平度市旧店镇幸福庄村	18	男	1942 年 1 月
张万明	平度市长乐镇麻湾村	35	男	1942 年 1 月
徐金良	平度市大泽山镇西崖村	23	男	1942 年 1 月
张俊来	——	20	男	1942 年 1 月
杨振富	平度市大田镇西葛村	28	男	1942 年 1 月
干喜星	平度市旧店镇葛家村	23	男	1942 年 1 月
李万福	平度市开发区石庄村	28	男	1942 年 1 月
范德禄	平度市明村镇范家集村	50	男	1942 年 1 月
范维召	平度市明村镇范家集村	27	男	1942 年 1 月
刘风保	平度市明村镇台前村	25	男	1942 年 1 月
王七三	平度市仁兆镇东沟村	17	男	1942 年 1 月
王泽生	平度市仁兆镇东沟村	18	男	1942 年 1 月
邓守和	平度市旧店镇幸福庄村	45	男	1942 年 1 月
李　氏	平度市祝沟镇西连村	20	女	1942 年 2 月 1 日
张作升	平度市大泽山镇西五甲村	24	男	1942 年 2 月 10 日
张明东	平度市大泽山镇西五甲村	67	男	1942 年 2 月 10 日
王善祥	平度市大田镇崔召村	18	男	1942 年 2 月
李忠华	平度市城关街道朱家井村	21	男	1942 年 2 月
谭登岳	平度市大泽山镇谭家夼村	25	男	1942 年 2 月
盛德寿	平度市大泽山镇北随村	20	男	1942 年 2 月

姓 名	籍 贯	年 龄	性 别	死难时间
盛忠明	平度市大泽山镇北随村	24	男	1942 年 2 月
王振宗	平度市大泽山镇所里头村	22	男	1942 年 2 月
王修仁	平度市大泽山镇所里头村	26	男	1942 年 2 月
谭沛江	平度市大泽山镇北昌村	26	男	1942 年 2 月
昌希亭	平度市大泽山镇北昌村	18	男	1942 年 2 月
李文玉	平度市大泽山镇西岳石村	36	男	1942 年 2 月
王振升	平度市大泽山镇所里头村	20	男	1942 年 2 月
马洪宽	平度市大田镇郝家村	16	男	1942 年 2 月
王大召	平度市古岘镇七里村	29	男	1942 年 2 月
李风贵	平度市郭庄镇钟楼埠村	22	男	1942 年 2 月
李一山	平度市郭庄镇钟楼埠村	—	男	1942 年 2 月
陈进堂	平度市大田镇陈家村	34	男	1942 年 2 月
刘从章	平度市张戈庄镇刘家水泊村	45	男	1942 年 2 月
姜兆林	平度市张戈庄镇刘家水泊村	22	男	1942 年 2 月
范老万	平度市明村镇范家集村	30	男	1942 年 2 月
赵乃文	平度市祝沟镇曲村	21	男	1942 年 2 月
王 京	平度市大泽山镇北昌村	23	男	1942 年 2 月
李长升	平度市大泽山镇团石子村	42	男	1942 年 2 月
梁学玉	平度市店子镇东刘家村	19	男	1942 年 2 月
于文斋	平度市店子镇于家村	27	男	1942 年 2 月
于升恩	平度市店子镇于家村	17	男	1942 年 2 月
王秀仁	平度市店子镇于家村	26	男	1942 年 2 月
王洪彬	平度市灰埠镇徐王村	34	男	1942 年 2 月
孙清田	平度市灰埠镇徐王村	17	男	1942 年 2 月
孙作正	平度市灰埠镇徐王村	33	男	1942 年 2 月
张廷弼	平度市灰埠镇徐王村	19	男	1942 年 2 月
徐林法	平度市祝沟镇张美夼村	23	男	1942 年 3 月 1 日
陶同洲	平度市崔家集镇河北丁家村	60	男	1942 年 3 月 3 日
车增仁	平度市张舍镇西石岭村	19	男	1942 年 3 月 21 日
周洪昌	平度市张舍镇北滚泉村	40	男	1942 年 3 月 21 日
卢守波	平度市灰埠镇赵家村	70	男	1942 年 3 月 25 日
刘 进	平度市张舍镇小田庄村	21	男	1942 年 3 月
车京森	平度市张舍镇小田庄村	25	男	1942 年 3 月
吕焕鼎	平度市大田镇彭家村	39	男	1942 年 3 月

姓 名	籍 贯	年 龄	性 别	死难时间
王开捐	平度市长乐镇徐王村	26	男	1942 年 3 月
王迁升	平度市长乐镇徐王村	30	男	1942 年 3 月
卢文山	平度市大田镇卢家村	25	男	1942 年 3 月
王宝来	平度市大田镇彭家村	52	男	1942 年 3 月
陈从贞	平度市大田镇陈家村	36	男	1942 年 3 月
李培才	平度市大田镇东大田村	18	男	1942 年 3 月
孙明礼	平度市大田镇东大田村	19	男	1942 年 3 月
郑岐山	平度市大田镇东大田村	17	男	1942 年 3 月
张娟子	平度市大田镇张戈庄村	17	女	1942 年 3 月
陈付德	平度市大田镇陈家村	29	男	1942 年 3 月
王学进	平度市大泽山镇秦姑庵村	20	男	1942 年 3 月
吴庆寿	平度市大田镇卢家村	23	男	1942 年 3 月
郑文增	平度市旧店镇大曲家埠村	68	男	1942 年 3 月
王德香	平度市大泽山镇所里头村	17	男	1942 年 3 月
王中依	平度市南村镇柏家寨村	17	男	1942 年 3 月
王祥风	平度市大田镇卢家村	26	男	1942 年 3 月
郝六月	平度市门村镇西二十里堡村	22	男	1942 年 3 月
许刘氏	平度市明村镇马台村	38	女	1942 年 3 月
许柳团	平度市明村镇马台村	21	男	1942 年 3 月
许相臣	平度市明村镇马台村	50	男	1942 年 3 月
孙典珂	平度市门村镇东南疃村	18	男	1942 年 3 月
张清合	平度市城关街道朱家井村	29	男	1942 年 3 月
乔洪文	平度市门村镇东南疃村	21	男	1942 年 3 月
李典明	平度市城关街道朱家井村	25	男	1942 年 3 月
彭修宝	平度市大田镇彭家村	32	男	1942 年 3 月
邢知山	平度市蓼兰镇邢家村	18	男	1942 年 3 月
李祥太	平度市蓼兰镇邢家村	27	男	1942 年 3 月
陶珍好	平度市门村镇东南疃村	32	男	1942 年 3 月
李德书	平度市香店街道东郝村	24	男	1942 年 3 月
田宗显	平度市麻兰镇中洼子村	22	男	1942 年 3 月
王忠和	平度市大泽山镇所里头村	19	男	1942 年 3 月
乔正友	平度市麻兰镇中洼子村	26	男	1942 年 3 月
浦希桂	平度市大田镇彭家村	28	男	1942 年 3 月
荆秀泉	平度市麻兰镇中洼子村	27	男	1942 年 3 月

姓　名	籍　贯	年　龄	性　别	死难时间
兰进臣	平度市张戈庄镇兰家疃村	47	男	1942 年 4 月 1 日
姜广训	平度市云山镇李家场村	35	男	1942 年 4 月 1 日
曲同学	平度市崔召镇汉军寨村	25	男	1942 年 4 月 5 日
唐春琼	平度市张戈庄镇崔家莹村	25	男	1942 年 4 月 5 日
唐春德	平度市张戈庄镇崔家莹村	24	男	1942 年 4 月 5 日
陈夕同	平度市灰埠镇陈家村	24	男	1942 年 4 月 9 日
高元岐之母	平度市大泽山镇东高家村	60	女	1942 年 4 月 11 日
高元岐之妻	平度市大泽山镇东高家村	40	女	1942 年 4 月 11 日
高仁才	平度市大泽山镇东高家村	6	男	1942 年 4 月 11 日
綦云章	平度市张戈庄镇綦家莹村	27	男	1942 年 4 月 14 日
王　学	平度市灰埠镇大官庄村	30	男	1942 年 4 月 19 日
郑　战	平度市旧店镇东王卜后村	60	男	1942 年 4 月 26 日
郑喜举	平度市旧店镇东王卜后村	59	男	1942 年 4 月 26 日
郑喜德	平度市旧店镇东王卜后村	41	男	1942 年 4 月 26 日
葛元功	平度市郭庄镇郭庄村	26	男	1942 年 4 月
葛元斋	平度市郭庄镇郭庄村	26	男	1942 年 4 月
王希义	平度市大田镇于家村	28	男	1942 年 4 月
耿治民	平度市南村镇柏家寨村	19	男	1942 年 4 月
杨文彦	平度市崔召镇崔召村	68	男	1942 年 4 月
杨吕氏	平度市崔召镇崔召村	75	女	1942 年 4 月
杨　氏	平度市崔召镇崔召村	12	女	1942 年 4 月
董罗千	平度市大田镇北董村	26	男	1942 年 4 月
郑风彦	平度市大田镇陈家村	30	男	1942 年 4 月
王中蟠	平度市大田镇后涧村	26	男	1942 年 4 月
满正堂	平度市大田镇满家村	25	男	1942 年 4 月
满　成	平度市大田镇杨家村	31	男	1942 年 4 月
满洪良	平度市大田镇杨家村	27	男	1942 年 4 月
满洪岐	平度市大田镇杨家村	23	男	1942 年 4 月
崔天宝	平度市大田镇纸坊村	31	男	1942 年 4 月
郭子明	平度市大田镇纸坊村	20	男	1942 年 4 月
周克兰	平度市大泽山镇大疃村	22	男	1942 年 4 月
周　美	平度市大泽山镇大疃村	20	男	1942 年 4 月
周　铜	平度市大泽山镇大疃村	40	男	1942 年 4 月
周典发之子	平度市大泽山镇大疃村	1	男	1942 年 4 月

姓 名	籍 贯	年 龄	性 别	死难时间
徐增策	平度市大泽山镇旋口村	30	男	1942 年 4 月
高彦青	平度市仁兆镇战家屯村	38	男	1942 年 4 月
方德培	平度市郭庄镇鲁家坨村	28	男	1942 年 4 月
李振河	平度市郭庄镇钟楼埠村	32	男	1942 年 4 月
韩京河	平度市郭庄镇钟楼埠村	28	男	1942 年 4 月
王自由	平度市仁兆镇战家屯村	20	男	1942 年 4 月
王兰亭	平度市大田镇后涧村	21	男	1942 年 4 月
邵刘氏	平度市旧店镇南营村	58	女	1942 年 4 月
李书信	平度市云山镇大王桥村	17	男	1942 年 4 月
刘德增	平度市大田镇后涧村	26	男	1942 年 4 月
王新斋	平度市大田镇后涧村	20	男	1942 年 4 月
范春福	平度市明村镇宿召村	—	男	1942 年 4 月
郭 氏	平度市明村镇宿召村	43	女	1942 年 4 月
于道绪	平度市明村镇宿召村	35	男	1942 年 4 月
初玉珍	平度市麻兰镇张家观村	25	男	1942 年 4 月
程少安	平度市大田镇酒馆村	20	男	1942 年 4 月
吕 邦	平度市大田镇酒馆村	19	男	1942 年 4 月
马二斗	平度市新河镇马家村	—	男	1942 年 4 月
王召太	平度市大田镇酒馆村	30	男	1942 年 4 月
赵云升	平度市大泽山镇朝阳庄村	24	男	1942 年 4 月
郝云汉	平度市张舍镇盆李家村	30	男	1942 年 4 月
于建德	平度市张舍镇东姜家村	30	男	1942 年 4 月
王凤岭	平度市张舍镇盆李家村	40	男	1942 年 4 月
侯建春	平度市张舍镇盆李家村	40	男	1942 年 4 月
高洪兴	平度市大泽山镇西崖村	24	男	1942 年 4 月
王德和	平度市大泽山镇所里头村	22	男	1942 年 4 月
程德仁	平度市祝沟镇王家流河村	38	男	1942 年 4 月
张修进	平度市万家镇沟东村	40	男	1942 年 5 月 1 日
迟荃花	平度市崔家集镇高家庙子村	32	男	1942 年 5 月 8 日
刘洪明	平度市崔家集镇西刘家村	30	男	1942 年 5 月 13 日
荆云汉	平度市崔家集镇西刘家村	48	男	1942 年 5 月 13 日
万成考	平度市云山镇丁家庄村	50	男	1942 年 5 月 13 日
于新民之姑	平度市崔召镇丁家村	22	女	1942 年 5 月 20 日
郭从华	平度市云山镇丁家庄村	24	男	1942 年 5 月

姓 名	籍 贯	年 龄	性 别	死难时间
荆永华	平度市云山镇丁家庄村	22	男	1942 年 5 月
李吉明	平度市大田镇后涧村	25	男	1942 年 5 月
刘洪国	平度市崔家集镇西刘家村	56	男	1942 年 5 月
刘洪青	平度市崔家集镇西刘家村	26	男	1942 年 5 月
王洪聚	平度市云山镇大王桥村	33	男	1942 年 5 月
马喜增	平度市云山镇王埠村	29	男	1942 年 5 月
姜宝元	平度市云山镇王埠村	16	男	1942 年 5 月
李 同	平度市大田镇青山村	17	男	1942 年 5 月
李玉清	平度市大田镇青山村	31	男	1942 年 5 月
蒋书增	平度市大泽山镇北随村	40	男	1942 年 5 月
生元寿	平度市旧店镇九里夼村	20	男	1942 年 5 月
焦云祥	平度市旧店镇九里夼村	40	男	1942 年 5 月
张顺田	平度市店子镇东五甲村	52	男	1942 年 5 月
刘升淑	平度市店子镇东五甲村	17	男	1942 年 5 月
王宗琳	平度市灰埠镇任王庄村	37	男	1942 年 5 月
孙振仪	平度市灰埠镇任王庄村	27	男	1942 年 5 月
宋林庆	平度市李园街道栾家村	22	男	1942 年 5 月
郭成化	平度市李园街道栾家村	31	男	1942 年 5 月
李京星	平度市旧店镇李家庄村	24	男	1942 年 5 月
孙培全	平度市门村镇韩家庄村	37	男	1942 年 5 月
于新显	平度市明村镇辛东村	41	男	1942 年 5 月
孙明瑞	平度市门村镇韩家庄村	21	男	1942 年 5 月
潘洪岐	平度市门村镇韩家庄村	24	男	1942 年 5 月
王清昌	平度市大田镇后涧村	20	男	1942 年 5 月
许发胜	平度市马戈庄镇唐戈庄村	24	男	1942 年 5 月
陶守根	平度市门村镇韩家庄村	34	男	1942 年 5 月
吕焕合	平度市门村镇韩家庄村	30	男	1942 年 5 月
吴成志	平度市门村镇韩家庄村	29	男	1942 年 5 月
王洪顺	平度市门村镇韩家庄村	47	男	1942 年 5 月
王升堂	平度市门村镇韩家庄村	29	男	1942 年 5 月
万青考	平度市云山镇丁家庄村	42	男	1942 年 5 月
徐增顺	平度市大泽山镇旋口村	26	男	1942 年 5 月
庄顶升	平度市店子镇北盛家村	30	男	1942 年 5 月
荆成俭	平度市店子镇北盛家村	21	男	1942 年 5 月

姓　名	籍　贯	年龄	性别	死难时间
张树治	平度市祝沟镇且格庄村	24	男	1942 年 6 月 1 日
李显文	平度市祝沟镇东李家庄村	17	男	1942 年 6 月 1 日
宗　创	平度市祝沟镇大王头村	18	男	1942 年 6 月 1 日
宗景本	平度市祝沟镇大王头村	18	男	1942 年 6 月 1 日
栾守田	平度市祝沟镇东李家庄村	27	男	1942 年 6 月 1 日
李洪茜	平度市云山镇李家场村	38	男	1942 年 6 月 8 日
崔子金	平度市店子镇北盛家村	22	男	1942 年 6 月
张凤书	平度市崔召镇凤凰山村	29	男	1942 年 6 月
张登明	平度市店子镇北盛家村	19	男	1942 年 6 月
王西宗	平度市云山镇北王格庄村	27	男	1942 年 6 月
王太守	平度市云山镇北王格庄村	31	男	1942 年 6 月
王凤同	平度市店子镇北盛家村	20	男	1942 年 6 月
姜振洪	平度市店子镇北盛家村	22	男	1942 年 6 月
乔廷兴	平度市店子镇北盛家村	40	男	1942 年 6 月
张书好	平度市店子镇北盛家村	26	男	1942 年 6 月
唐凤学	平度市店子镇北盛家村	21	男	1942 年 6 月
荆成林	平度市店子镇北盛家村	27	男	1942 年 6 月
荆喜凤	平度市店子镇北盛家村	34	男	1942 年 6 月
尚典杰	平度市郭庄镇西梁家村	18	男	1942 年 6 月
工克福	平度市郭庄镇西梁家村	22	男	1942 年 6 月
张盛亭	平度市开发区芝戈庄村	39	男	1942 年 6 月
卢　本	平度市开发区芝戈庄村	29	男	1942 年 6 月
卢本之妻	平度市开发区芝戈庄村	27	女	1942 年 6 月
隋少虎	平度市云山镇部上村	24	男	1942 年 7 月 1 日
韩兴开	平度市云山镇河岔村	20	男	1942 年 7 月 1 日
韩兴稿	平度市云山镇河岔村	18	男	1942 年 7 月 1 日
沙洪志	平度市李园街道周戈庄村	—	男	1942 年 7 月 5 日
邴先兆	平度市祝沟镇前河南村	40	男	1942 年 7 月 14 日
孙东昌	平度市万家镇前孙家村	20	男	1942 年 7 月 22 日
孙锡云	平度市万家镇前孙家村	52	男	1942 年 7 月 22 日
魏利昌	平度市麻兰镇李戈庄村	28	男	1942 年 7 月
田广寿	平度市麻兰镇中洼子村	24	男	1942 年 7 月
田河臣	平度市麻兰镇中洼子村	28	男	1942 年 7 月
程义阁	平度市旧店镇罗头村	36	男	1942 年 7 月

姓 名	籍 贯	年 龄	性 别	死难时间
丁国庆	平度市店子镇八甲村	28	男	1942 年 7 月
邓国福	平度市店子镇八甲村	20	男	1942 年 7 月
王金剑	平度市崔召镇黄山东头村	40	男	1942 年 7 月
张炳光	平度市大泽山镇韭园村	30	男	1942 年 7 月
胡曰义	平度市大泽山镇东岳石村	21	男	1942 年 7 月
代同亮	平度市城关街道五亩兰村	40	男	1942 年 7 月
孙成祥	平度市城关街道五亩兰村	36	男	1942 年 7 月
纪高星	平度市南村镇杜戈庄村	32	男	1942 年 7 月
刘洪渐	平度市门村镇巧女张家村	19	男	1942 年 7 月
吴连乔	平度市旧店镇东司戈庄村	32	男	1942 年 7 月
郭少春之父	平度市明村镇范家集村	39	男	1942 年 7 月
张来德	平度市旧店镇东司戈庄村	25	男	1942 年 7 月
王永芳	平度市旧店镇北庙东村	20	男	1942 年 7 月
林洪本	平度市旧店镇北庙东村	21	男	1942 年 7 月
任宝科	平度市旧店镇北庙东村	26	男	1942 年 7 月
崔振起	平度市香店街道泉子崖村	23	男	1942 年 7 月
孙兆清	平度市香店街道西郝村	18	男	1942 年 7 月
徐 发	平度市香店街道西郝村	18	男	1942 年 7 月
胡田合	平度市大泽山镇东岳石村	21	男	1942 年 7 月
孙希海	平度市店子镇八甲村	20	男	1942 年 7 月
李仕友	平度市店子镇八甲村	26	男	1942 年 7 月
王清泰	平度市田庄镇矫戈庄村	22	男	1942 年 7 月
矫干法	平度市田庄镇矫戈庄村	13	男	1942 年 7 月
庄升明	平度市	—	男	1942 年 7 月
于 泉	平度市李园街道周戈庄村	—	男	1942 年 8 月 10 日
于泉之子	平度市李园街道周戈庄村	—	男	1942 年 8 月 10 日
贾秀英	平度市李园街道周戈庄村	—	女	1942 年 8 月 10 日
刘希升	平度市大泽山镇东刘家村	63	男	1942 年 8 月 16 日
刘瑞虎	平度市大泽山镇东刘家村	40	男	1942 年 8 月 16 日
刘瑞珍	平度市大泽山镇东刘家村	26	男	1942 年 8 月 16 日
张洪臻	平度市大泽山镇东五甲村	65	男	1942 年 8 月 16 日
刘典江	平度市大泽山镇三山东头村	34	男	1942 年 8 月 16 日
李炳纪	平度市大泽山镇西刘家村	32	男	1942 年 8 月 16 日
刘美亭	平度市大泽山镇西刘家村	18	女	1942 年 8 月 16 日

姓 名	籍 贯	年 龄	性 别	死难时间
王卫臣	平度市大泽山镇西刘家村	52	男	1942 年 8 月 16 日
王永智	平度市大泽山镇西刘家村	39	男	1942 年 8 月 16 日
王书成	平度市大泽山镇西刘家村	52	男	1942 年 8 月 16 日
王锡德	平度市大泽山镇秦姑庵村	30	男	1942 年 8 月 17 日
王典佑	平度市灰埠镇大庄子村	35	男	1942 年 8 月 25 日
邵力子	平度市开发区小洼村	25	男	1942 年 8 月
代希陶	平度市古岘镇大朱毛村	16	男	1942 年 8 月
代小仁	平度市古岘镇大朱毛村	31	男	1942 年 8 月
孙宝庆	平度市古岘镇大朱毛村	23	男	1942 年 8 月
孙进宝	平度市祝沟镇田格庄村	20	男	1942 年 8 月
任宝鼎	平度市祝沟镇田格庄村	27	男	1942 年 8 月
卢振珂	平度市长乐镇卢家村	40	男	1942 年 8 月
谭保奎	平度市灰埠镇谭家村	27	男	1942 年 8 月
谭德三	平度市大泽山镇谭家夼村	48	男	1942 年 8 月
张昆书	平度市大泽山镇北蒋家村	36	男	1942 年 8 月
徐京进	平度市大泽山镇大疃村	49	男	1942 年 8 月
周　维	平度市大泽山镇大疃村	24	男	1942 年 8 月
王考成	平度市大泽山镇高望山村	18	男	1942 年 8 月
梁善洪	平度市大泽山镇梁家庄村	36	男	1942 年 8 月
于修田	平度市	20	男	1942 年 8 月
代训桥	平度市古岘镇大朱毛村	32	男	1942 年 8 月
李洪仟	平度市	37	男	1942 年 8 月
张才文	平度市灰埠镇红庙姜家村	23	男	1942 年 8 月
陶春经	平度市旧店镇陶家寨村	38	男	1942 年 8 月
陶成保	平度市旧店镇陶家寨村	36	男	1942 年 8 月
郭云生	平度市灰埠镇红庙姜家村	26	男	1942 年 8 月
陆为良	平度市	28	男	1942 年 8 月
陈夕海	平度市门村镇郝家烟村	60	男	1942 年 8 月
于云河	平度市明村镇明西村	63	男	1942 年 8 月
王德召	平度市灰埠镇红庙姜家村	28	男	1942 年 8 月
罗明启	平度市祝沟镇北黄同村	26	男	1942 年 8 月
毛从宽	平度市南村镇洪兰北村	24	男	1942 年 8 月
穆　屯	平度市明村镇明西村	22	男	1942 年 8 月
位朝东	平度市张戈庄镇后沙戈庄村	27	男	1942 年 8 月

姓　名	籍　贯	年　龄	性　别	死难时间
孙　询	平度市万家镇后孙家村	25	男	1942 年 8 月
盛东玉	平度市万家镇后孙家村	17	男	1942 年 8 月
姜思贤	平度市万家镇后孙家村	26	男	1942 年 8 月
陈文坤	平度市古岘镇西六曲村	38	男	1942 年 8 月
李长保	平度市万家镇后孙家村	35	男	1942 年 8 月
高永寿	平度市大泽山镇谭家夼村	25	男	1942 年 8 月
孙喜世	平度市祝沟镇田格庄村	16	男	1942 年 8 月
刘思元	平度市祝沟镇田格庄村	26	男	1942 年 9 月 2 日
刘宗贤	平度市张戈庄镇姜家村	21	男	1942 年 9 月 2 日
宋振庆	平度市张舍镇南坦坡村	19	男	1942 年 9 月 10 日
李京文	平度市张舍镇南坦坡村	23	男	1942 年 9 月 10 日
韩理田	平度市张舍镇南坦坡村	17	男	1942 年 9 月 10 日
刘竹升	平度市灰埠镇灰埠村	60	男	1942 年 9 月 20 日
刘王栓	平度市李园街道巧女张村	26	男	1942 年 9 月 28 日
刘作文	平度市李园街道巧女张村	31	男	1942 年 9 月 28 日
刘升起	平度市李园街道巧女张村	22	男	1942 年 9 月 28 日
刘希聪	平度市李园街道巧女张村	64	男	1942 年 9 月 28 日
刘陈氏	平度市李园街道巧女张村	62	女	1942 年 9 月 28 日
刘郭氏	平度市李园街道巧女张村	25	女	1942 年 9 月 28 日
刘　爽	平度市李园街道巧女张村	18	女	1942 年 9 月 28 日
刘希宗	平度市李园街道巧女张村	64	男	1942 年 9 月 28 日
柳升奎	平度市李园街道巧女张村	33	男	1942 年 9 月 28 日
徐德志	平度市大泽山镇团石子村	18	男	1942 年 9 月
刘思堂	平度市祝沟镇田格庄村	19	男	1942 年 9 月
代顺文	平度市古岘镇大朱毛村	24	男	1942 年 9 月
石俊峰	平度市郭庄镇石家东庄村	42	男	1942 年 9 月
初太瑞	平度市郭庄镇石家东庄村	45	男	1942 年 9 月
石希高	平度市郭庄镇石家东庄村	64	男	1942 年 9 月
石典全之母	平度市郭庄镇石家东庄村	70	女	1942 年 9 月
根之母	平度市郭庄镇石家东庄村	—	女	1942 年 9 月
石庚乾之母	平度市郭庄镇石家东庄村	—	女	1942 年 9 月
姜　氏	平度市郭庄镇石家东庄村	68	女	1942 年 9 月
李　氏	平度市郭庄镇石家东庄村	67	女	1942 年 9 月
石永举之父	平度市郭庄镇石家东庄村	40	男	1942 年 9 月

姓　名	籍　贯	年　龄	性　别	死难时间
石敬文之祖父	平度市郭庄镇石家东庄村	73	男	1942 年 9 月
石希锡	平度市郭庄镇石家东庄村	17	男	1942 年 9 月
吴进斗	平度市旧店镇东司家庄村	50	男	1942 年 9 月
代美双	平度市古岘镇大朱毛村	29	男	1942 年 9 月
王观资	平度市南村镇柏家寨村	28	男	1942 年 9 月
许明仁	平度市门村镇东河北村	19	男	1942 年 9 月
乔永堂	平度市城关街道乔家村	27	男	1942 年 9 月
刘保安	平度市古岘镇寨子村	18	男	1942 年 9 月
许庆友	平度市门村镇龙王许家村	25	男	1942 年 9 月
李建林之子	平度市门村镇上疃村	—	男	1942 年 9 月
姜振善	平度市门村镇唐田西庄村	19	男	1942 年 9 月
秦　氏	平度市门村镇新毛庄村	—	女	1942 年 9 月
李建林之妻	平度市门村镇上疃村	27	女	1942 年 9 月
范青成	平度市明村镇范家集村	23	男	1942 年 9 月
董延连	平度市南村镇洪兰西村	42	男	1942 年 9 月
赵之秀	平度市古岘镇大朱毛村	50	男	1942 年 9 月
李宝财	平度市香店街道西郝村	20	男	1942 年 9 月
宋全伦	平度市城关街道乔家村	34	男	1942 年 9 月
张洪昌	平度市张舍镇南坦坡村	30	男	1942 年 9 月
许洪玉	平度市门村镇中河北村	32	男	1942 年 9 月
王积金	平度市灰埠镇红庙姜家村	—	男	1942 年 10 月 1 日
徐洪文	平度市云山镇前杨家庄村	—	男	1942 年 10 月 1 日
王高全	平度市祝沟镇后刘村	38	男	1942 年 10 月 1 日
曹德宝	平度市祝沟镇后刘村	33	男	1942 年 10 月 1 日
隋广义	平度市祝沟镇隋家村	20	男	1942 年 10 月 1 日
江　洪	平度市城关街道东阁村	30	男	1942 年 10 月 5 日
王京文	平度市大泽山镇三山东头村	14	男	1942 年 10 月 5 日
赵克选	平度市麻兰镇中洼子村	45	男	1942 年 10 月 8 日
杨德会	平度市郭庄镇后杨家村	53	男	1942 年 10 月 11 日
林少九	平度市旧店镇杜家沙沟村	27	男	1942 年 10 月
天景有	平度市旧店镇杜家沙沟村	32	男	1942 年 10 月
刘　还	平度市开发区城东埠村	17	男	1942 年 10 月
龙希珠	平度市旧店镇龙家庄村	25	男	1942 年 10 月
乔洪章	平度市田庄镇卫家庄村	28	男	1942 年 10 月

姓　名	籍　贯	年　龄	性　别	死难时间
刘俊京	平度市崔召镇古村	20	男	1942 年 10 月
高占山	平度市田庄镇卫家庄村	24	男	1942 年 10 月
高升珊	平度市长乐镇后高家村	50	男	1942 年 10 月
李中林	平度市田庄镇卫家庄村	29	男	1942 年 10 月
刘文知	平度市田庄镇卫家庄村	26	男	1942 年 10 月
郭书祥	平度市田庄镇卫家庄村	29	男	1942 年 10 月
陈　江	平度市灰埠镇陈家村	22	男	1942 年 10 月
陈洪兴	平度市灰埠镇陈家村	17	男	1942 年 10 月
陈洪德	平度市灰埠镇陈家村	19	男	1942 年 10 月
朱庆云	平度市田庄镇卫家庄村	27	男	1942 年 10 月
李升三	平度市灰埠镇陈家村	25	男	1942 年 10 月
李文禄	平度市旧店镇李家庄村	30	男	1942 年 10 月
于会斋	平度市仁兆镇大城西村	37	男	1942 年 10 月
于永常	平度市仁兆镇大城西村	52	男	1942 年 10 月
于永吉	平度市仁兆镇人城西村	24	男	1942 年 10 月
刘清泰	平度市香店街道大泥河头村	32	男	1942 年 10 月
姜寿华	平度市祝沟镇洼子村	32	男	1942 年 10 月
杜喜财	平度市旧店镇杜家沙沟村	33	男	1942 年 10 月
赵安邦	平度市旧店镇龙家庄村	20	男	1942 年 10 月
王明清	平度市旧店镇龙家庄村	28	男	1942 年 10 月
徐天礼	平度市大泽山镇团石子村	38	男	1942 年 10 月
李银修	平度市崔家集镇西纪家村	17	男	1942 年 11 月 3 日
董家泰	平度市崔家集镇董家大庄村	22	男	1942 年 11 月 8 日
李中春	平度市崔家集镇李家庄村	51	男	1942 年 11 月 10 日
张云昌	平度市大泽山镇西五甲村	17	男	1942 年 11 月 10 日
程义生	平度市旧店镇罗头村	35	男	1942 年 11 月 14 日
孙希东	平度市旧店镇龙家庄村	22	男	1942 年 11 月 14 日
李春辉	平度市大田镇金家沟村	—	男	1942 年 11 月 14 日
邵　启	平度市旧店镇西营村	74	男	1942 年 11 月 14 日
吴希瑞	平度市旧店镇东司家庄村	25	男	1942 年 11 月 14 日
吴振坤	平度市旧店镇东司家庄村	23	男	1942 年 11 月 14 日
吴连书	平度市旧店镇东司家庄村	22	男	1942 年 11 月 14 日
吴连海	平度市旧店镇东司家庄村	24	男	1942 年 11 月 14 日
吴连巧	平度市旧店镇东司家庄村	28	男	1942 年 11 月 14 日

姓 名	籍 贯	年 龄	性 别	死难时间
吴连兴	平度市旧店镇东司家庄村	31	男	1942 年 11 月 14 日
胡瑞光	平度市旧店镇东司家庄村	18	男	1942 年 11 月 14 日
孙成玉	平度市旧店镇涧里村	68	男	1942 年 11 月 14 日
张丕月	平度市旧店镇旧店村	58	男	1942 年 11 月 14 日
程元丕	平度市旧店镇罗头村	21	男	1942 年 11 月 14 日
刘淑花	平度市旧店镇罗头村	34	女	1942 年 11 月 14 日
王聚堂	平度市旧店镇曲村	—	男	1942 年 11 月 14 日
张振祥	平度市旧店镇尚家村	—	男	1942 年 11 月 14 日
王吉庆	平度市旧店镇尚家村	—	男	1942 年 11 月 14 日
曹君华	平度市旧店镇尚家村	—	男	1942 年 11 月 14 日
曹洪照	平度市旧店镇尚家村	—	男	1942 年 11 月 14 日
李元明	平度市旧店镇尚家村	—	男	1942 年 11 月 14 日
田进发之母	平度市旧店镇田格庄村	33	女	1942 年 11 月 14 日
程义恩	平度市旧店镇田格庄村	44	男	1942 年 11 月 14 日
彭好刚	平度市旧店镇田格庄村	52	男	1942 年 11 月 14 日
官上先	平度市旧店镇西营村	73	男	1942 年 11 月 14 日
于德刚	平度市旧店镇小曲家埠村	62	男	1942 年 11 月 14 日
于德令	平度市旧店镇小曲家埠村	62	男	1942 年 11 月 14 日
王洪章	平度市旧店镇北庙东村	60	男	1942 年 11 月 15 日
王永容	平度市旧店镇北庙东村	30	男	1942 年 11 月 15 日
王永翠	平度市旧店镇北庙东村	32	男	1942 年 11 月 15 日
曲云松	平度市田庄镇西南寨村	—	男	1942 年 11 月 22 日
李朋九	平度市店子镇果元村	30	男	1942 年 11 月 30 日
张发兴	平度市旧店镇张家沙沟村	21	男	1942 年 11 月
刘显进	平度市旧店镇张家沙沟村	19	男	1942 年 11 月
孙永江	平度市旧店镇马疃村	41	男	1942 年 11 月
孙希连	平度市旧店镇张家沙沟村	20	男	1942 年 11 月
潘洪开	平度市旧店镇张家沙沟村	19	男	1942 年 11 月
葛明峻	平度市大田镇东葛村	33	男	1942 年 11 月
张文元	平度市大泽山镇大疃村	34	男	1942 年 11 月
张廷比	平度市大泽山镇北蒋家村	19	男	1942 年 11 月
任丕成	平度市旧店镇东营村	26	男	1942 年 11 月
任永顺	平度市祝沟镇宅北黄同村	28	男	1942 年 11 月
杨作知	平度市旧店镇杨家宅科村	20	男	1942 年 11 月

姓 名	籍 贯	年龄	性别	死难时间
张洪礼	平度市旧店镇东庙东村	28	男	1942 年 11 月
李成全	平度市旧店镇北庙东村	24	男	1942 年 11 月
张令德	平度市旧店镇旧店村	42	男	1942 年 11 月
王世善	平度市祝沟镇宅北黄同村	19	男	1942 年 11 月
王文京	平度市门村镇河南村	30	男	1942 年 11 月
郭从保	平度市祝沟镇后河南村	52	男	1942 年 11 月
许万兴	平度市祝沟镇后河南村	57	男	1942 年 11 月
谭沛智	平度市大泽山镇北昌村	21	男	1942 年 11 月
张春贵	平度市大泽山镇北昌村	25	男	1942 年 11 月
张广元	平度市店子镇北隋村	34	男	1942 年 11 月
张洪顺	平度市旧店镇张家沙沟村	22	男	1942 年 11 月
荆锡亮	平度市旧店镇张家沙沟村	17	男	1942 年 11 月
王慎业	平度市云山镇大王桥村	22	男	1942 年 11 月
王殿佑	平度市祝沟镇后河南村	34	男	1942 年 11 月
刘清乐	平度市旧店镇张家沙沟村	34	男	1942 年 11 月
土清普	平度市旧店镇张家沙沟村	23	男	1942 年 11 月
李中杰	平度市旧店镇张家沙沟村	19	男	1942 年 11 月
刘延功	平度市田庄镇东潘家埠村	70	男	1942 年 12 月 2 日
刘文坤	平度市田庄镇东潘家埠村	—	男	1942 年 12 月 2 日
刘 小	平度市田庄镇东潘家埠村	—	男	1942 年 12 月 2 日
刘 嫚	平度市田庄镇东潘家埠村	—	女	1942 年 12 月 2 日
刘显信	平度市田庄镇东潘家埠村	36	男	1942 年 12 月 2 日
刘张氏	平度市田庄镇东潘家埠村	—	女	1942 年 12 月 2 日
刘夕桂	平度市田庄镇东潘家埠村	—	男	1942 年 12 月 2 日
刘本成	平度市田庄镇东潘家埠村	—	男	1942 年 12 月 2 日
刘忠述	平度市田庄镇东潘家埠村	—	男	1942 年 12 月 2 日
刘信平之妻	平度市田庄镇东潘家埠村	—	女	1942 年 12 月 2 日
刘宝述之妻	平度市田庄镇东潘家埠村	—	女	1942 年 12 月 2 日
刘宝述之子	平度市田庄镇东潘家埠村	—	男	1942 年 12 月 2 日
元	平度市田庄镇东潘家埠村	14	男	1942 年 12 月 2 日
刘王氏	平度市田庄镇东潘家埠村	60	女	1942 年 12 月 2 日
周典绿	平度市大泽山镇韭园村	28	男	1942 年 12 月 5 日
张文魁	平度市田庄镇北塘村	29	男	1942 年 12 月 11 日
张 瑛	平度市旧店镇东营村	18	女	1942 年 12 月 14 日

姓　名	籍　贯	年　龄	性　别	死难时间
张士才	平度市旧店镇南营村	60	男	1942 年 12 月 14 日
郑风岩	平度市旧店镇上庄村	27	男	1942 年 12 月 14 日
任化灿	平度市祝沟镇北黄同村	40	男	1942 年 12 月 21 日
任永丕	平度市祝沟镇北黄同村	40	男	1942 年 12 月 21 日
张兰英	平度市祝沟镇北黄同村	20	女	1942 年 12 月 21 日
任开亮	平度市祝沟镇北黄同村	30	男	1942 年 12 月 21 日
李述文	平度市崔家集镇辛付庄村	24	男	1942 年 12 月 26 日
满希宝	平度市大田镇杨家村	38	男	1942 年 12 月 26 日
张克京	平度市云山镇小河子村	40	男	1942 年 12 月 28 日
史延同	平度市大田镇徐里村	40	男	1942 年 12 月
郑　岐	平度市大田镇徐里村	19	男	1942 年 12 月
满玉泮	平度市大田镇杨家村	34	男	1942 年 12 月
杨百祥	平度市大田镇杨家村	41	男	1942 年 12 月
杨洪升之妻	平度市大田镇杨家村	23	女	1942 年 12 月
杨振发	平度市大田镇杨家村	34	男	1942 年 12 月
付洪喜	平度市大泽山镇岳石庄子村	20	男	1942 年 12 月
代洪义	平度市仁兆镇仁兆一村	25	男	1942 年 12 月
陈　奎	平度市大田镇陈家村	22	男	1942 年 12 月
贾丰绍	平度市仁兆镇仁兆一村	33	男	1942 年 12 月
杨作智	平度市旧店镇它科村	22	男	1942 年 12 月
田宗吉	平度市大田镇陈家村	23	男	1942 年 12 月
赵克集	平度市大田镇陈家村	26	男	1942 年 12 月
姜丰金	平度市大田镇陈家村	16	男	1942 年 12 月
代兴义	平度市古岘镇纸坊村	40	男	1942 年 12 月
代训乔	平度市大田镇陈家村	35	男	1942 年 12 月
孙喜正	平度市大田镇陈家村	25	男	1942 年 12 月
刘进林	平度市旧店镇东刘家庄村	25	男	1942 年 12 月
钟方胜	平度市李园街道栾家村	51	男	1942 年
隋　本	平度市南村镇洪兰西村	21	男	1942 年
隋玉尚	平度市南村镇洪兰西村	20	男	1942 年
李成义	平度市大泽山镇团石子村	44	男	1942 年
田和臣	平度市李园街道栾家村	35	男	1942 年
刘恒元	平度市旧店镇后潘家村	37	男	1942 年
徐剑训	平度市长乐镇东升村	46	男	1942 年

姓 名	籍 贯	年龄	性别	死难时间
白守叶	平度市大泽山镇团石子村	24	男	1942 年
田德生	平度市麻兰镇中洼子村	26	男	1942 年
田稿敬	平度市麻兰镇中洼子村	27	男	1942 年
田丫头	平度市麻兰镇中洼子村	32	女	1942 年
田延寿	平度市麻兰镇中洼子村	29	男	1942 年
田增敬	平度市麻兰镇中洼子村	27	男	1942 年
赵 刚	平度市麻兰镇中洼子村	20	男	1942 年
赵 敏	平度市麻兰镇中洼子村	25	男	1942 年
赵 造	平度市麻兰镇中洼子村	22	男	1942 年
邓丰义	平度市古岘镇大朱毛村	27	男	1942 年
田宗秀	平度市麻兰镇中洼子村	31	男	1942 年
赵克积	平度市麻兰镇中洼子村	32	男	1942 年
赵克林	平度市麻兰镇中洼子村	30	男	1942 年
赵显龙	平度市麻兰镇中洼子村	42	男	1942 年
赵增砍	平度市麻兰镇中洼子村	25	男	1942 年
赵增求	平度市麻兰镇中洼子村	30	男	1942 年
王锡庆	平度市李园街道栾家村	28	男	1942 年
陈寿魁	平度市崔家集镇陈家小庄	23	男	1942 年
陈寿法	平度市崔家集镇陈家小庄	22	男	1942 年
陈同庆	平度市崔家集镇陈家小庄	22	男	1942 年
窦 洪	平度市崔召镇四十里堡村	11	男	1942 年
李进福	平度市大田镇前庄头村	29	男	1942 年
王西宝	平度市云山镇北王格庄村	32	男	1942 年
李德玉	平度市大田镇青山村	—	男	1942 年
李朋明	平度市大田镇青山村	—	男	1942 年
张玉堂	平度市旧店镇西上夼村	29	男	1942 年
徐永牛	平度市旧店镇西上夼村	25	男	1942 年
徐永群	平度市旧店镇西上夼村	28	男	1942 年
李忠良	平度市李园街道栾家村	22	男	1942 年
张修德	平度市店子镇西羞鱼村	40	男	1942 年
韩君宣	平度市店子镇西羞鱼村	45	男	1942 年
四明堂	平度市店子镇西羞鱼村	20	男	1942 年
张文京	平度市店子镇西羞鱼村	50	男	1942 年
韩作洪	平度市店子镇西羞鱼村	20	男	1942 年

姓　名	籍　贯	年　龄	性　别	死难时间
张明爵	平度市店子镇西羡鱼村	40	男	1942 年
马庆朋	平度市店子镇马家村	52	男	1942 年
石礼清	平度市店子镇石家疃村	28	男	1942 年
石　淮	平度市店子镇石家疃村	24	女	1942 年
孙兆峨	平度市李园街道栾家村	42	男	1942 年
孙学文	平度市李园街道栾家村	19	男	1942 年
刘锡桐	平度市古岘镇北城子村	26	男	1942 年
刘锡禹	平度市古岘镇北城子村	24	男	1942 年
左永坚	平度市古岘镇北城子村	30	男	1942 年
姜仁礼	平度市古岘镇姜格庄村	33	男	1942 年
陈志红	平度市古岘镇四里村	—	男	1942 年
郭成祚	平度市古岘镇寨子村	30	男	1942 年
钟传宝	平度市古岘镇寨子村	46	男	1942 年
钟传新	平度市古岘镇寨子村	40	男	1942 年
钟德森	平度市古岘镇寨子村	45	男	1942 年
王书元	平度市古岘镇朱村	18	男	1942 年
赵本辉	平度市古岘镇朱村	56	男	1942 年
姜永来	平度市灰埠镇红庙姜家村	19	男	1942 年
姜登先	平度市灰埠镇红庙姜家村	20	男	1942 年
孙广右	平度市灰埠镇肖家村	60	男	1942 年
綦茂法	平度市李园街道栾家村	20	男	1942 年
吴希孟	平度市旧店镇东司家庄村	—	男	1942 年
邓肖云	平度市旧店镇前幸福村	38	男	1942 年
邓开云	平度市旧店镇前幸福村	41	男	1942 年
陶珍天	平度市旧店镇前幸福村	45	男	1942 年
乔洪善	平度市李园街道栾家村	23	男	1942 年
王同兴	平度市李园街道大杨召村	25	男	1942 年
王林祥	平度市李园街道李子园村	27	男	1942 年
张京太	平度市马戈庄镇瓦庙口村	26	男	1942 年
程德配	平度市马戈庄镇埠口村	47	男	1942 年
李　电	平度市马戈庄镇冢西村	29	男	1942 年
李进省	平度市马戈庄镇冢西村	31	男	1942 年
陈　在	平度市马戈庄镇瓦庙口村	20	男	1942 年
段梅生	平度市古岘镇五里庄村	19	男	1942 年

姓 名	籍 贯	年 龄	性 别	死难时间
于志亭	平度市古岘镇五里庄村	18	男	1942 年
李占玉	平度市大泽山镇团石子村	34	男	1942 年
张美然	平度市仁兆镇南埠村	—	男	1942 年
张任然	平度市仁兆镇南埠村	—	男	1942 年
刘典清	平度市李园街道栾家村	47	男	1942 年
于合成	平度市李园街道栾家村	24	男	1942 年
苗连章	平度市新河镇大苗家村	46	男	1942 年
苗经朋	平度市新河镇大苗家村	26	男	1942 年
苗牛昇	平度市新河镇大苗家村	38	男	1942 年
苗牛楼	平度市新河镇大苗家村	22	男	1942 年
王西明	平度市云山镇北王格庄村	22	男	1942 年
张付增	平度市马戈庄镇冢东村	25	男	1942 年
尹秀胜	平度市张舍镇南尹家村	—	男	1942 年
卢祥泰	平度市张舍镇韩家铺村	40	男	1942 年
郭广汉	平度市古岘镇寨子村	29	男	1942 年
郭广晓	平度市古岘镇寨子村	40	男	1942 年
乔正义	平度市旧店镇后潘家村	38	男	1942 年
乔正山	平度市旧店镇后潘家村	38	男	1942 年
辛成贤	平度市崔家集镇王家庄	21	男	1942 年
冯广林	平度市灰埠镇三埠李村	30	男	1943 年 1 月 1 日
高尧昌	平度市大泽山镇东高家村	22	男	1943 年 1 月 18 日
王田文	平度市店子镇二甲村	20	男	1943 年 1 月 21 日
王好福	平度市店子镇二甲村	23	男	1943 年 1 月 21 日
庄	平度市店子镇二甲村	21	男	1943 年 1 月 21 日
王京发之子	平度市店子镇二甲村	22	男	1943 年 1 月 21 日
王竹修	平度市店子镇二甲村	25	男	1943 年 1 月 21 日
杨恩乍	平度市马戈庄镇闫东村	19	男	1943 年 1 月
刘长贵	平度市南村镇洪兰东村	21	男	1943 年 1 月
乔文章	平度市城关街道乔家村	25	男	1943 年 1 月
高玉昌	平度市大泽山镇东高家村	25	男	1943 年 1 月
单盛林	平度市店子镇河东村	27	男	1943 年 1 月
姜 法	平度市店子镇河东村	43	男	1943 年 1 月
梁合奎	平度市大泽山镇梁家庄村	32	男	1943 年 1 月
张环德	平度市马戈庄镇五甲埠村	25	男	1943 年 1 月

姓　名	籍　贯	年　龄	性　别	死难时间
刘睹五	平度市门村镇龙湾庄村	50	男	1943 年 1 月
郑光照	平度市明村镇大南营村	35	男	1943 年 1 月
范永全	平度市明村镇范家集村	21	男	1943 年 1 月
李永胜	平度市张舍镇西石岭村	46	男	1943 年 1 月
郭汉海	平度市张舍镇西石岭村	18	男	1943 年 1 月
郭汉裴	平度市张舍镇西石岭村	24	男	1943 年 1 月
孙万荣	平度市张舍镇西石岭村	18	男	1943 年 1 月
官玉明	平度市店子镇河东村	25	男	1943 年 1 月
王洪音	平度市门村镇西涌泉村	28	男	1943 年 1 月
孙书歧	平度市门村镇西涌泉村	31	男	1943 年 1 月
杨学合	平度市大田镇林家村	18	男	1943 年 1 月
綦玉锡	平度市万家镇大綦家村	35	男	1943 年 2 月 1 日
尚丰秀	平度市马戈庄镇明家店子村	—	男	1943 年 2 月 5 日
王发吉	平度市灰埠镇下王家村	20	男	1943 年 2 月 23 日
张正早	平度市祝沟镇水磨涧村	15	男	1943 年 2 月
杨来祥	平度市大田镇杨家村	42	男	1943 年 2 月
宫汝意	平度市张戈庄镇大玉湾村	21	男	1943 年 2 月
张增先	平度市张戈庄镇大玉湾村	25	男	1943 年 2 月
相培云	平度市张戈庄镇大玉湾村	21	男	1943 年 2 月
王公忠	平度市张戈庄镇大玉湾村	47	男	1943 年 2 月
范文荣之父	平度市明村镇范家集村	33	男	1943 年 2 月
范文荣之母	平度市明村镇范家集村	29	女	1943 年 2 月
杨洪玉	平度市祝沟镇水磨涧村	23	男	1943 年 2 月
方喜所	平度市祝沟镇水磨涧村	42	男	1943 年 2 月
栾伍法	平度市祝沟镇水磨涧村	19	男	1943 年 2 月
王　柱	平度市旧店镇东营村	21	男	1943 年 3 月 1 日
王同书	平度市大泽山镇南昌村	46	男	1943 年 3 月 2 日
徐登法	平度市灰埠镇灰埠村	20	男	1943 年 3 月 3 日
李德惠	平度市崔家集镇河北丁家村	18	男	1943 年 3 月 3 日
付其明	平度市田庄镇（穆）子庄村	30	男	1943 年 3 月 10 日
高芳明	平度市大泽山镇东高家村	30	男	1943 年 3 月 11 日
高中升	平度市大泽山镇东高家村	48	男	1943 年 3 月 11 日
高中信	平度市大泽山镇东高家村	50	男	1943 年 3 月 11 日
高六章	平度市大泽山镇东高家村	30	男	1943 年 3 月 11 日

姓 名	籍 贯	年 龄	性 别	死难时间
高芳档	平度市大泽山镇东高家村	20	男	1943 年 3 月 11 日
高挺资	平度市大泽山镇东高家村	52	男	1943 年 3 月 11 日
冯 栓	平度市长乐镇冯家村	17	男	1943 年 3 月 12 日
冯宝连	平度市长乐镇冯家村	22	男	1943 年 3 月 12 日
徐法铎	平度市大泽山镇旋口村	22	男	1943 年 3 月 24 日
徐增聪	平度市大泽山镇旋口村	21	男	1943 年 3 月 24 日
徐善岩	平度市大泽山镇旋口村	22	男	1943 年 3 月 24 日
赵振邦	平度市	—	男	1943 年 3 月 26 日
代国臣	平度市旧店镇方家村	18	男	1943 年 3 月
任中合	平度市长乐镇任王庄村	50	男	1943 年 3 月
陈长庆	平度市长乐镇史卜村	45	男	1943 年 3 月
郭 仑	平度市	18	男	1943 年 3 月
金发桂	平度市大田镇金家沟村	39	男	1943 年 3 月
金双桂	平度市大田镇金家沟村	37	男	1943 年 3 月
王敬茂之妻	平度市大田镇中于家村	27	女	1943 年 3 月
王敬德之妻	平度市大田镇中于家村	28	女	1943 年 3 月
王满堂	平度市大田镇中于家村	9	男	1943 年 3 月
徐典训	平度市大泽山镇团石子村	23	男	1943 年 3 月
赵增才	平度市大泽山镇高望山村	39	男	1943 年 3 月
李林丰	平度市	38	男	1943 年 3 月
张凤歧	平度市门村镇张家疃村	24	男	1943 年 3 月
郑元堂	平度市明村镇大南营村	29	男	1943 年 3 月
郑少光	平度市明村镇大南营村	—	男	1943 年 3 月
刘堂汉	平度市门村镇张家疃村	22	男	1943 年 3 月
郭建浩	平度市张舍镇张舍村	21	男	1943 年 3 月
袁维情	平度市崔家集镇大袁家村	40	男	1943 年 3 月
刘先俭	平度市门村镇张家疃村	33	男	1943 年 3 月
赵增财	平度市大泽山镇高望山村	39	男	1943 年 3 月
孙金寿	平度市大泽山镇高望山村	23	男	1943 年 3 月
隋洪希	平度市旧店镇方家村	39	男	1943 年 3 月
孙德田	平度市灰埠镇大孙家村	22	男	1943 年 3 月
郑同恩	平度市旧店镇许家上庄村	24	男	1943 年 3 月
郑凤庭	平度市旧店镇许家上庄村	27	男	1943 年 3 月
苗中楼	平度市灰埠镇大孙家村	40	男	1943 年 3 月

姓　名	籍　贯	年　龄	性　别	死难时间
苗中和	平度市灰埠镇小灰埠村	22	男	1943 年 3 月
毕效忠	平度市万家镇毕家村	33	男	1943 年 4 月 1 日
初信三之妻	平度市万家镇初家村	40	女	1943 年 4 月 1 日
生永安	平度市张戈庄镇西沙沟村	52	男	1943 年 4 月 1 日
劳　东	平度市马戈庄镇小营村	16	男	1943 年 4 月 9 日
谢德润	平度市马戈庄镇小营村	45	男	1943 年 4 月 9 日
谢增令	平度市马戈庄镇小营村	14	男	1943 年 4 月 9 日
房松田	平度市马戈庄镇前房家村	19	男	1943 年 4 月 9 日
官守义	平度市旧店镇西营村	37	男	1943 年 4 月 13 日
程义卷	平度市旧店镇斜岭前村	19	男	1943 年 4 月 21 日
徐金德	平度市大泽山镇西崖村	23	男	1943 年 4 月 22 日
尹学士	平度市大泽山镇尹家村	32	男	1943 年 4 月 24 日
尹清帮	平度市大泽山镇尹家村	42	男	1943 年 4 月 24 日
徐曰桂	平度市大泽山镇尹家村	45	男	1943 年 4 月 24 日
范金寿	平度市大泽山镇尹家村	18	男	1943 年 4 月 24 日
尹清玲	平度市大泽山镇尹家村	24	男	1943 年 4 月 24 日
姜永杰	平度市大泽山镇尹家村	23	男	1943 年 4 月 24 日
尹清荣	平度市大泽山镇尹家村	31	男	1943 年 4 月 24 日
尹从吉	平度市大泽山镇尹家村	35	男	1943 年 4 月 24 日
于臣庄	平度市灰埠镇前炉村	30	男	1943 年 4 月 26 日
陈永进	平度市长乐镇陈家庄村	33	男	1943 年 4 月
李修家	平度市大泽山镇梁家庄子村	32	男	1943 年 4 月
李培金	平度市大泽山镇梁家庄子村	42	男	1943 年 4 月
李文寿	平度市大泽山镇梁家庄子村	20	男	1943 年 4 月
孙书信	平度市万家镇北辛庄村	24	男	1943 年 4 月
王从寿	平度市大泽山镇三山东头村	46	男	1943 年 4 月
宋进山	平度市大田镇六甲村	35	男	1943 年 4 月
郑吉宝	平度市旧店镇上庄村	36	男	1943 年 4 月
王修第	平度市仁兆镇五甲村	19	男	1943 年 4 月
王洪训	平度市仁兆镇五甲村	27	男	1943 年 4 月
王京良	平度市旧店镇东庙东村	25	男	1943 年 4 月
杨福新	平度市马戈庄镇闫南村	23	男	1943 年 4 月
夏夕荣之母	平度市明村镇孙西村	39	女	1943 年 4 月
李功书	平度市张舍镇西石岭村	—	男	1943 年 4 月

姓 名	籍 贯	年 龄	性 别	死难时间
刘永昌	平度市旧店镇东庙东村	37	男	1943 年 4 月
赵克林	平度市旧店镇东庙东村	27	男	1943 年 4 月
王圣全	平度市旧店镇东庙东村	39	男	1943 年 4 月
梁善祥	平度市大泽山镇梁家庄子村	28	男	1943 年 4 月
孙学奎	平度市店子镇西棉柳村	28	男	1943 年 4 月
魏林启	平度市张舍镇小田庄村	25	男	1943 年 4 月
丁希清	平度市大泽山镇梁家庄子村	46	男	1943 年 4 月
孙寿合	平度市大泽山镇谭家夼村	26	男	1943 年 4 月
刘法同	平度市灰埠镇贾家村	19	男	1943 年 4 月
刘世点	平度市灰埠镇贾家村	19	男	1943 年 4 月
孙 毅	平度市灰埠镇贾家村	28	男	1943 年 4 月
侯若礼	平度市店子镇侯家村	45	男	1943 年 5 月 3 日
付 粉	平度市张戈庄镇大丘村	16	女	1943 年 5 月 4 日
王振香	平度市大泽山镇所里头村	23	男	1943 年 5 月 6 日
王忠义	平度市大泽山镇所里头村	16	男	1943 年 5 月 6 日
郭 臣	平度市张戈庄镇刘家水泊村	24	男	1943 年 5 月 6 日
吴云超	平度市蓼兰镇东吴家村	78	男	1943 年 5 月 7 日
吴法理	平度市蓼兰镇东吴家村	—	男	1943 年 5 月 7 日
学	平度市蓼兰镇东吴家村	—	男	1943 年 5 月 7 日
付思红	平度市张戈庄镇大丘村	40	男	1943 年 5 月 15 日
付 焕	平度市张戈庄镇大丘村	23	男	1943 年 5 月 15 日
宋振汉	平度市开发区芝戈庄村	26	男	1943 年 5 月
周忠仁	平度市大泽山镇北台村	27	男	1943 年 5 月
耿治安	平度市南村镇柏家寨村	17	男	1943 年 5 月
梁永令	平度市崔家集镇陶家村	35	男	1943 年 5 月
吴连仁	平度市崔家集镇陶家村	19	男	1943 年 5 月
葛前山	平度市城关街道寨子村	20	男	1943 年 5 月
孙有书	平度市长乐镇大孙家村	26	男	1943 年 5 月
高清元	平度市长乐镇后高家村	36	男	1943 年 5 月
荆之山	平度市长乐镇荆家村	40	男	1943 年 5 月
荆文尧之母	平度市长乐镇荆家村	40	女	1943 年 5 月
王云同	平度市旧店镇跃进二村	34	男	1943 年 5 月
杨振本	平度市大田镇西葛村	22	男	1943 年 5 月
王信山	平度市大田镇三甲村	21	男	1943 年 5 月

姓 名	籍 贯	年 龄	性 别	死难时间
高龙云	平度市大泽山镇东高家村	25	男	1943 年 5 月
徐增献	平度市大泽山镇大疃村	21	男	1943 年 5 月
孙丰奎	平度市店子镇七丈村	—	男	1943 年 5 月
孙洪盛	平度市大田镇三甲村	24	男	1943 年 5 月
王 嫚	平度市古岘镇北城子村	8	女	1943 年 5 月
陈广年	平度市古岘镇西河村	25	男	1943 年 5 月
李炳桂	平度市大田镇三甲村	41	男	1943 年 5 月
位丰斗	平度市店子镇棘子嶂村	31	男	1943 年 5 月
张洪千	平度市店子镇棘子嶂村	22	男	1943 年 5 月
吴永进	平度市店子镇棘子嶂村	25	男	1943 年 5 月
赵 密	平度市李园街道山前村	30	男	1943 年 5 月
姜兆祥	平度市店子镇棘子嶂村	24	男	1943 年 5 月
于道元	平度市明村镇前小河子村	—	男	1943 年 5 月
代书汉	平度市古岘镇大朱毛村	24	男	1943 年 5 月
孙德湖	平度市旧店镇马疃村	22	男	1943 年 5 月
蒲洪训	平度市大田镇徐里村	23	男	1943 年 5 月
王福卿	平度市大田镇徐里村	20	男	1943 年 5 月
王德先	平度市大田镇徐里村	20	男	1943 年 5 月
马宝斋	平度市门村镇大杨召村	17	男	1943 年 5 月
盛方江	平度市门村镇大杨召村	31	男	1943 年 5 月
孙宝元	平度市门村镇大杨召村	30	男	1943 年 5 月
崔洪水	平度市门村镇大杨召村	18	男	1943 年 5 月
李 青	平度市张舍镇西石岭村	45	男	1943 年 5 月
李青之子	平度市张舍镇西石岭村	—	男	1943 年 5 月
陈同德	平度市门村镇大杨召村	17	男	1943 年 5 月
程绍暖	平度市门村镇大杨召村	29	男	1943 年 5 月
张凤正	平度市祝沟镇孙戈庄村	23	男	1943 年 5 月
刘元泽	平度市仁兆镇王家庄村	20	男	1943 年 5 月
隋洪彦	平度市仁兆镇王家庄村	32	男	1943 年 5 月
修振财	平度市祝沟镇北黄同村	40	男	1943 年 6 月 1 日
修振玉	平度市祝沟镇北黄同村	28	男	1943 年 6 月 1 日
刘恩忠	平度市店子镇南岔河村	21	男	1943 年 6 月 12 日
孙文洪	平度市门村镇东南疃村	24	男	1943 年 6 月
王锡绍	平度市长乐镇祝哥庄村	23	男	1943 年 6 月

姓 名	籍 贯	年龄	性 别	死难时间
车云增	平度市张舍镇西石岭村	—	男	1943年6月
王松德	平度市大泽山镇三山东头村	19	男	1943年6月
崔铭义	平度市古岘镇南城子村	19	男	1943年6月
马瑞年	平度市城关街道西蟠桃山村	28	男	1943年6月
王保进	平度市大田镇后涧村	20	男	1943年6月
盛岐明	平度市大泽山镇北随村	50	男	1943年6月
王云礼	平度市大泽山镇西岳石村	31	男	1943年6月
王忠良	平度市大泽山镇所里头村	23	男	1943年6月
杨廷遵	平度市大田镇杨家村	28	男	1943年6月
周小科	平度市南村镇亭兰村	18	男	1943年6月
王秀德	平度市门村镇冯家庄村	32	男	1943年6月
陶发芹	平度市门村镇冯家庄村	36	男	1943年6月
高太祥	平度市大泽山镇三山东头村	22	男	1943年6月
王卓行	平度市门村镇冯家庄村	32	男	1943年6月
孙家辉	平度市马戈庄镇北张家村	18	男	1943年6月
韩　妹	平度市明村镇西官亭村	16	女	1943年6月
尹毕平	平度市明村镇西官亭村	55	男	1943年6月
蔡锡三	平度市门村镇冯家庄村	18	男	1943年6月
蔡洪福	平度市灰埠镇贾家村	21	男	1943年6月
王付岐	平度市大泽山镇四甲村	20	男	1943年6月
王福成	平度市大泽山镇所里头村	33	男	1943年6月
宗成宝	平度市大泽山镇所里头村	33	男	1943年6月
石洪恩	平度市大泽山镇所里头村	22	男	1943年6月
毕同德	平度市万家镇毕家村	33	男	1943年7月1日
李德堂	平度市云山镇新庄疃村	29	男	1943年7月6日
陈福合	平度市大田镇陈家村	23	男	1943年7月
陈至香	平度市祝沟镇杨家庄村	22	男	1943年7月
代志平	平度市祝沟镇杨家庄村	20	男	1943年7月
张公林	平度市白埠镇大张家村	33	男	1943年7月
左永建	平度市古岘镇后龙泉村	23	男	1943年7月
刘西桐	平度市古岘镇后龙泉村	26	男	1943年7月
刘西禹	平度市古岘镇后龙泉村	24	男	1943年7月
杨俊堂之女	平度市长乐镇棣家疃村	3	女	1943年7月
卢风国	平度市长乐镇卢家村	17	男	1943年7月

姓 名	籍 贯	年 龄	性 别	死难时间
刘洪肖	平度市崔家集镇西刘家村	50	男	1943 年 7 月
董守环	平度市大田镇中于家村	31	男	1943 年 7 月
张杜连	平度市大泽山镇上甲村	27	男	1943 年 7 月
窦典邦	平度市旧店镇后潘家村	48	男	1943 年 7 月
周安令	平度市大泽山镇韭园村	32	男	1943 年 7 月
邢治昌	平度市古岘镇后龙泉村	39	男	1943 年 7 月
王积生	平度市古岘镇后龙泉村	20	男	1943 年 7 月
荆成仁	平度市古岘镇后龙泉村	22	男	1943 年 7 月
崔乃尧	平度市古岘镇南城子村	74	男	1943 年 7 月
李德先	平度市古岘镇后李道村	21	男	1943 年 7 月
李召美	平度市古岘镇后龙泉村	22	男	1943 年 7 月
张瑞武	平度市古岘镇后龙泉村	26	男	1943 年 7 月
王延忠	平度市明村镇前楼村	22	男	1943 年 7 月
王西明	平度市南村镇亭兰村	60	男	1943 年 7 月
王公庆	平度市古岘镇后龙泉村	29	男	1943 年 7 月
乔俊文	平度市灰埠镇下刘家村	40	男	1943 年 7 月
窦典松	平度市灰埠镇下刘家村	24	男	1943 年 7 月
梁焕浩	平度市灰埠镇下刘家村	19	男	1943 年 7 月
王长安	平度市灰埠镇下刘家村	24	男	1943 年 7 月
李文勒	平度市蓼兰镇小于家村	26	男	1943 年 7 月
张科兴	平度市蓼兰镇小于家村	21	男	1943 年 7 月
陈之环	平度市蓼兰镇小于家村	29	男	1943 年 7 月
林志信	平度市蓼兰镇小于家村	23	男	1943 年 7 月
王希令	平度市祝沟镇杨家庄村	21	男	1943 年 7 月
李大堂	平度市祝沟镇杨家庄村	53	男	1943 年 7 月
高子英	平度市祝沟镇杨家庄村	20	男	1943 年 7 月
郑文章	平度市旧店镇大曲家埠村	29	男	1943 年 7 月
张金言	平度市崔家集镇高戈庄村	19	男	1943 年 8 月 1 日
焦俭辉	平度市兰底镇姚丘村	36	男	1943 年 8 月 1 日
王福明	平度市麻兰镇大埠村	20	男	1943 年 8 月
杨新胜	平度市麻兰镇大埠村	18	男	1943 年 8 月
袁校书	平度市郭庄镇鲁家丘村	21	男	1943 年 8 月
代宝德	平度市仁兆镇东沟村	—	男	1943 年 8 月
刘炳乔	平度市仁兆镇姜家管村	19	男	1943 年 8 月

姓　名	籍　贯	年龄	性别	死难时间
李敬廷	平度市郭庄镇鲁家丘村	19	男	1943 年 8 月
王　长	平度市南村镇洪兰东村	18	男	1943 年 8 月
刘进山	平度市祝沟镇刘家庄村	18	男	1943 年 8 月
李登歧	平度市祝沟镇刘家庄村	22	男	1943 年 8 月
李成书	平度市门村镇夏寨村	27	男	1943 年 8 月
高科暖	平度市大泽山镇东高家村	35	男	1943 年 8 月
高芳斗之母	平度市大泽山镇东高家村	60	女	1943 年 8 月
赵小宝	平度市门村镇夏寨村	22	男	1943 年 8 月
孙川福	平度市麻兰镇沙窝村	23	男	1943 年 8 月
孙五崇	平度市麻兰镇沙窝村	33	男	1943 年 8 月
苟进明	平度市古岘镇董戈庄村	30	男	1943 年 8 月
杨吉文	平度市祝沟镇北大流河村	31	男	1943 年 8 月
万申德	平度市郭庄镇西万家村	26	男	1943 年 8 月
万兴臣	平度市郭庄镇西万家村	27	男	1943 年 8 月
鞠节三	平度市郭庄镇西万家村	24	男	1943 年 8 月
袁振义	平度市祝沟镇北大流河村	21	男	1943 年 8 月
陈占全	平度市南村镇沙岭村	25	男	1943 年 8 月
仇典兴	平度市大泽山镇仇家寨村	34	男	1943 年 8 月
仇振瑞	平度市大泽山镇仇家寨村	36	男	1943 年 8 月
高仟江	平度市大泽山镇高家村	28	男	1943 年 8 月
张振日	平度市旧店镇旧店村	35	男	1943 年 8 月
张全言	平度市崔家集镇高戈庄村	19	男	1943 年 8 月
孙明杰	平度市仁兆镇孙家沽村	22	男	1943 年 8 月
范信佑	平度市蓼兰镇范家村	60	男	1943 年 8 月
陆其果	平度市白埠镇陆家村	17	男	1943 年 8 月
陆其左	平度市白埠镇陆家村	19	男	1943 年 8 月
陆为青	平度市白埠镇陆家村	17	男	1943 年 8 月
陶发财	平度市仁兆镇孙家沽村	33	男	1943 年 8 月
陈永顺	平度市仁兆镇孙家沽村	36	男	1943 年 8 月
王成喜	平度市大田镇杨家村	31	男	1943 年 8 月
代云大	平度市古岘镇大朱毛村	30	男	1943 年 8 月
陈召宝	平度市古岘镇东六曲村	20	男	1943 年 8 月
马洪三	平度市大田镇杨家村	—	男	1943 年 8 月
任丕松	—	21	男	1943 年 8 月

姓 名	籍 贯	年 龄	性 别	死难时间
王钧德	平度市大田镇杨家村	26	男	1943 年 8 月
刘喜宝	平度市祝沟镇张美夼村	33	男	1943 年 8 月
徐增令	平度市大泽山镇旋口村	45	男	1943 年 8 月
窦考先	平度市大泽山镇旋口村	22	男	1943 年 8 月
付振邦	平度市大泽山镇东岳石村	19	男	1943 年 8 月
张中玉	平度市祝沟镇刘家庄村	23	男	1943 年 8 月
乔铭桂	平度市大泽山镇旋口村	23	男	1943 年 8 月
郑升歧	平度市祝沟镇刘家庄村	27	男	1943 年 8 月
毕效仁	平度市万家镇毕家村	34	男	1943 年 9 月 1 日
张建功	平度市崔家集镇高戈庄村	25	男	1943 年 9 月 1 日
于 氏	平度市万家镇大万家村	46	女	1943 年 9 月 1 日
毕京训	平度市万家镇毕家村	32	男	1943 年 9 月 2 日
万华堂	平度市万家镇大万家村	61	男	1943 年 9 月 2 日
万中寿	平度市万家镇大万家村	80	男	1943 年 9 月 3 日
荆丰积	平度市崔家集镇大阳召村	26	男	1943 年 9 月 9 日
荆 张	平度市崔家集镇大阳召村	8	男	1943 年 9 月 9 日
荆 友	平度市崔家集镇大阳召村	5	男	1943 年 9 月 9 日
荆萃宗	平度市崔家集镇大阳召村	23	男	1943 年 9 月 9 日
荆云肖	平度市崔家集镇大阳召村	27	男	1943 年 9 月 9 日
李书深	平度市崔家集镇高戈庄村	60	男	1943 年 9 月 9 日
张丛雪	平度市崔家集镇高戈庄村	21	男	1943 年 9 月 9 日
张友德	平度市崔家集镇高戈庄村	21	男	1943 年 9 月 9 日
张存智	平度市崔家集镇高戈庄村	20	男	1943 年 9 月 9 日
张来福	平度市崔家集镇高戈庄村	70	男	1943 年 9 月 9 日
张来法	平度市崔家集镇高戈庄村	46	男	1943 年 9 月 9 日
张福堂	平度市崔家集镇高戈庄村	23	男	1943 年 9 月 9 日
张士球	平度市崔家集镇高戈庄村	23	男	1943 年 9 月 9 日
张奎堂	平度市崔家集镇高戈庄村	23	男	1943 年 9 月 9 日
胡勤聚	平度市崔家集镇高戈庄村	31	男	1943 年 9 月 9 日
张令顺	平度市崔家集镇高戈庄村	48	男	1943 年 9 月 9 日
张金法	平度市崔家集镇高戈庄村	28	男	1943 年 9 月 9 日
张金堂	平度市崔家集镇高戈庄村	53	男	1943 年 9 月 9 日
李书城	平度市崔家集镇高戈庄村	62	男	1943 年 9 月 9 日
张培华	平度市崔家集镇高戈庄村	22	男	1943 年 9 月 9 日

姓　名	籍　贯	年　龄	性　别	死难时间
李祥法	平度市崔家集镇高戈庄村	41	男	1943 年 9 月 9 日
李瑞宗	平度市崔家集镇高戈庄村	42	男	1943 年 9 月 9 日
张中福	平度市崔家集镇高戈庄村	35	男	1943 年 9 月 9 日
张中成	平度市崔家集镇高戈庄村	48	男	1943 年 9 月 9 日
张占元	平度市崔家集镇高戈庄村	32	男	1943 年 9 月 9 日
张秀吉	平度市崔家集镇高戈庄村	69	男	1943 年 9 月 9 日
张兆明	平度市崔家集镇高戈庄村	37	男	1943 年 9 月 9 日
张培才	平度市崔家集镇高戈庄村	42	男	1943 年 9 月 9 日
李学孟	平度市崔家集镇高戈庄村	20	男	1943 年 9 月 9 日
张来荣	平度市崔家集镇高戈庄村	69	男	1943 年 9 月 9 日
张显深	平度市崔家集镇高戈庄村	62	男	1943 年 9 月 9 日
张全寿	平度市崔家集镇高戈庄村	65	男	1943 年 9 月 9 日
荆萃仁	平度市崔家集镇南阳召村	24	男	1943 年 9 月 9 日
荆云汉	平度市崔家集镇南阳召村	19	男	1943 年 9 月 9 日
孙中田	平度市仁兆镇小桑园村	48	男	1943 年 9 月 13 日
袁公斋	平度市崔家集镇大袁家村	18	男	1943 年 9 月 23 日
代丕喜	平度市蓼兰镇七里庄村	19	男	1943 年 9 月
刘成善	平度市蓼兰镇七里庄村	35	男	1943 年 9 月
蒲守林	平度市蓼兰镇七里庄村	32	男	1943 年 9 月
张明贵	平度市白埠镇小张家村	—	男	1943 年 9 月
张新业	平度市白埠镇小张家村	—	男	1943 年 9 月
吴迁祥	平度市长乐镇前吴家村	43	男	1943 年 9 月
郭清泽	平度市大泽山镇旋口村	39	男	1943 年 9 月
单胜林	平度市店子镇河东村	39	男	1943 年 9 月
周书信	平度市大泽山镇韭园村	28	男	1943 年 9 月
王锡坤	平度市大泽山镇岳石庄子村	40	男	1943 年 9 月
代智钦	平度市古岘镇前朱毛村	18	男	1943 年 9 月
荆德本	平度市蓼兰镇垱西村	22	男	1943 年 9 月
荆德海	平度市蓼兰镇垱西村	24	男	1943 年 9 月
荆德月	平度市蓼兰镇垱西村	21	男	1943 年 9 月
荆德喜	平度市蓼兰镇垱西村	19	男	1943 年 9 月
李功臣	平度市蓼兰镇垱西村	22	男	1943 年 9 月
季　牛	平度市蓼兰镇垱西村	22	男	1943 年 9 月
耿连章	平度市蓼兰镇垱西村	26	男	1943 年 9 月

姓 名	籍 贯	年 龄	性 别	死难时间
季北臣	平度市蓼兰镇坧西村	21	男	1943 年 9 月
季淑臣	平度市蓼兰镇坧西村	24	男	1943 年 9 月
孙振才	平度市白埠镇前孙家村	28	男	1943 年 9 月
石永亭	平度市白埠镇前孙家村	19	男	1943 年 9 月
李成明	平度市大田镇沙窝村	23	男	1943 年 9 月
邢德扬	平度市蓼兰镇邢家村	30	男	1943 年 9 月
曲德洪	平度市麻兰镇东洼子村	19	男	1943 年 9 月
王先文	平度市蓼兰镇冯戈庄村	35	男	1943 年 9 月
高忠成	平度市麻兰镇东洼子村	20	男	1943 年 9 月
许王增	平度市门村镇龙王许家村	20	男	1943 年 9 月
柳先德	平度市明村镇荒草岭村	45	男	1943 年 9 月
马京仁	平度市明村镇荒草岭村	43	男	1943 年 9 月
唐常子	平度市张戈庄镇崔家茔村	23	男	1943 年 9 月
张庆文	平度市张戈庄镇夏张家村	32	男	1943 年 9 月
马庆彦	平度市店子镇马家村	29	男	1943 年 9 月
李德臻	平度市大田镇青山村	30	男	1943 年 9 月
李朋明	平度市大田镇沙窝村	26	男	1943 年 9 月
吴文进	平度市明村镇明西家村	55	男	1943 年 9 月
代吉芳	平度市大田镇青山村	19	男	1943 年 9 月
张吉公	平度市大田镇青山村	33	男	1943 年 9 月
李小米	平度市张舍镇习礼卜村	22	男	1943 年 9 月
范本兴	平度市张舍镇习礼卜村	32	男	1943 年 9 月
王森堂	平度市大田镇丁家村	39	男	1943 年 9 月
赵修福	平度市大田镇丁家村	27	男	1943 年 9 月
傅洪喜	平度市大泽山镇岳石庄子村	22	男	1943 年 9 月
姜云明	平度市蓼兰镇七里庄村	28	男	1943 年 9 月
高忠堂	平度市蓼兰镇七里庄村	34	男	1943 年 9 月
王瑞吾	平度市大田镇后涧村	17	男	1943 年 9 月
董学彦	平度市大田镇后涧村	38	男	1943 年 9 月
吴保暖	平度市云山镇新庄疃村	31	男	1943 年 10 月 1 日
王公文	平度市大泽山镇所里头村	41	男	1943 年 10 月 6 日
陈当兴	平度市灰埠镇陈家村	25	男	1943 年 10 月 9 日
袁己修	平度市崔家集镇大袁家村	28	男	1943 年 10 月 20 日
陈东昇	平度市长乐镇陈家村	60	男	1943 年 10 月

姓　名	籍　贯	年　龄	性　别	死难时间
陈东举	平度市长乐镇陈家村	57	男	1943 年 10 月
荆邦美	平度市崔召镇沙岭村	17	男	1943 年 10 月
王显亭	平度市长乐镇王家村	30	男	1943 年 10 月
杨文培	平度市白埠镇前洼村	31	男	1943 年 10 月
李尊章	平度市云山镇郭家寨村	39	男	1943 年 10 月
张应饧	平度市崔家集镇双庙村	42	男	1943 年 10 月
张应宣	平度市崔家集镇双庙村	27	男	1943 年 10 月
张根南	平度市崔家集镇双庙村	30	男	1943 年 10 月
刘学友	平度市长乐镇王家村	40	男	1943 年 10 月
刘丰良	平度市长乐镇王家村	53	男	1943 年 10 月
高岐云	平度市大泽山镇东高家村	22	男	1943 年 10 月
高江云	平度市大泽山镇东高家村	15	男	1943 年 10 月
王友道	平度市白埠镇宅科王家村	21	男	1943 年 10 月
王洪岐	平度市店子镇盘古庄村	32	男	1943 年 10 月
毕京训	平度市店子镇盘古庄村	20	男	1943 年 10 月
邢治珂	平度市店子镇盘古庄村	21	男	1943 年 10 月
邢治章	平度市蓼兰镇邢家村	26	男	1943 年 10 月
范学雨	平度市长乐镇胡家庄村	24	男	1943 年 10 月
崔洪飞	平度市开发区芝戈庄村	28	男	1943 年 10 月
王兆太	平度市大泽山镇秦姑庵村	40	男	1943 年 10 月
刘永培	平度市大泽山镇梁家庄子村	39	男	1943 年 10 月
陆洪滨	平度市大田镇林家村	18	男	1943 年 10 月
隋绍虎	平度市大泽山镇梁家庄子村	23	男	1943 年 10 月
于光海	平度市蓼兰镇毛家庄村	27	男	1943 年 10 月
李金日	平度市门村镇东河北村	21	男	1943 年 10 月
李永臣	平度市门村镇东河北村	18	男	1943 年 10 月
林洪田	平度市蓼兰镇毛家庄村	20	男	1943 年 10 月
宗成顺	平度市祝沟镇大王头村	27	男	1943 年 10 月
赵天敏	平度市祝沟镇大王头村	19	男	1943 年 10 月
梁增财	平度市祝沟镇大王头村	22	男	1943 年 10 月
李其恩	平度市祝沟镇大王头村	28	男	1943 年 10 月
崔斯春	平度市古岘镇南城子村	30	男	1943 年 10 月
郑典荣	平度市旧店镇马瞳村	39	男	1943 年 10 月
张恩甫	平度市云山镇前营村	36	男	1943 年 10 月

姓 名	籍 贯	年 龄	性 别	死难时间
崔京明	平度市崔召镇沙岭村	37	男	1943 年 10 月
赵朋俊	平度市崔召镇沙岭村	21	男	1943 年 10 月
季连锡	平度市蓼兰镇丘西村	—	男	1943 年 10 月
季连泽	平度市蓼兰镇丘西村	—	男	1943 年 10 月
季明照	平度市蓼兰镇丘西村	—	男	1943 年 10 月
季明信	平度市蓼兰镇丘西村	—	男	1943 年 10 月
万立德	平度市蓼兰镇大万家村	—	男	1943 年 10 月
张传训	平度市崔家集镇高戈庄村	—	男	1943 年 10 月
于振功	平度市崔家集镇高戈庄村	—	男	1943 年 10 月
张春虎	平度市云山镇小河子村	37	男	1943 年 11 月 1 日
吴德亭	平度市白埠镇宅科吴家村	24	男	1943 年 11 月 28 日
梁正考	平度市白埠镇宅科梁家村	37	男	1943 年 11 月 28 日
梁正文	平度市白埠镇宅科梁家村	26	男	1943 年 11 月 28 日
梁正海	平度市白埠镇宅科梁家村	24	男	1943 年 11 月 28 日
张召林	平度市白埠镇宅科吴家村	25	男	1943 年 11 月 28 日
张光香	平度市白埠镇宅科吴家村	30	男	1943 年 11 月 28 日
吕东子	平度市白埠镇宅科吴家村	17	男	1943 年 11 月 28 日
禚　×	平度市白埠镇宅科吴家村	29	男	1943 年 11 月 28 日
李修清	平度市祝沟镇刘家庄村	27	男	1943 年 11 月
程显胜	平度市祝沟镇刘家庄村	25	男	1943 年 11 月
杨　顶	平度市蓼兰镇长庄村	18	男	1943 年 11 月
李仁子	平度市白埠镇李家村	27	男	1943 年 11 月
李清铎	平度市白埠镇李家村	17	男	1943 年 11 月
林永增	平度市大田镇后林家村	30	男	1943 年 11 月
王洪书	平度市明村镇陈家屯村	21	男	1943 年 11 月
王其丰	平度市明村镇陈家屯村	30	男	1943 年 11 月
郑少杰	平度市明村镇大南营村	30	男	1943 年 11 月
王七思	平度市南村镇崖头村	17	男	1943 年 11 月
赵洪德	平度市崔召镇沙岭村	27	男	1943 年 11 月
田宗敬	平度市麻兰镇中洼子村	23	男	1943 年 11 月
尹士举	平度市大泽山镇高家村	49	男	1943 年 11 月
尹从瑞	平度市大泽山镇高家村	26	男	1943 年 11 月
赵公民	平度市大泽山镇高家村	33	男	1943 年 11 月
崔乃令	平度市旧店镇后潘家村	19	男	1943 年 11 月

姓　名	籍　贯	年　龄	性　别	死难时间
杨廷洪	平度市大田镇杨家村	28	男	1943 年 11 月
鞠华堂	平度市祝沟镇刘家庄村	29	男	1943 年 11 月
张凤武	平度市祝沟镇刘家庄村	29	男	1943 年 11 月
张会三	平度市崔家集镇高戈庄村	27	男	1943 年 12 月 1 日
高海春	平度市长乐镇东辛旺村	47	男	1943 年 12 月 2 日
张应臣	平度市崔家集镇双庙村	31	男	1943 年 12 月 8 日
董家喜	平度市崔家集镇董家大庄村	26	男	1943 年 12 月 10 日
张本善	平度市崔家集镇八甲村	27	男	1943 年 12 月 18 日
仲延生之父	平度市李园街道北关村	—	男	1943 年 12 月 20 日
姜增松	平度市灰埠镇肖家村	32	男	1943 年 12 月 30 日
高会春	平度市南村镇吴家屯村	34	男	1943 年 12 月
孙成亭	平度市蓼兰镇小吴庄村	20	男	1943 年 12 月
孙宝廷	平度市郭庄镇凤凰村	28	男	1943 年 12 月
刘克歧	平度市白埠镇刘古路村	—	男	1943 年 12 月
卢德月	平度市白埠镇刘古路村	32	男	1943 年 12 月
刘京东	平度市白埠镇刘古路村	21	男	1943 年 12 月
杨京训之母	平度市大田镇东赵戈庄村	35	女	1943 年 12 月
杨永之母	平度市大田镇东赵戈庄村	41	女	1943 年 12 月
高明山	平度市大泽山镇洼子高家村	23	男	1943 年 12 月
曹丰华	平度市门村镇坦埠村	22	男	1943 年 12 月
王学明	平度市门村镇坦埠村	22	男	1943 年 12 月
李 群	平度市古岘镇南城子村	19	男	1943 年 12 月
杜平章	平度市蓼兰镇三十里堡	42	男	1943 年 12 月
李瑞安之叔	平度市蓼兰镇小于家村	—	男	1943 年 12 月
李天贤	平度市门村镇坦埠村	23	男	1943 年 12 月
于 生	平度市马戈庄镇冢西村	26	男	1943 年 12 月
李 生	平度市马戈庄镇冢西村	25	男	1943 年 12 月
于 党	平度市马戈庄镇冢西村	18	男	1943 年 12 月
于庆伦	平度市马戈庄镇冢西村	—	男	1943 年 12 月
于庆森	平度市马戈庄镇冢西村	70	男	1943 年 12 月
于友堂	平度市马戈庄镇冢西村	59	男	1943 年 12 月
于正志	平度市马戈庄镇冢西村	68	男	1943 年 12 月
高樗辉	平度市大泽山镇洼子高家村	38	男	1943 年 12 月
宋信德	平度市门村镇坦埠村	20	男	1943 年 12 月

姓　名	籍　贯	年　龄	性　别	死难时间
王书成	平度市祝沟镇岔道口村	22	男	1943 年 12 月
李占训	平度市蓼兰镇小吴庄村	20	男	1943 年 12 月
李玉锡	平度市麻兰镇西白沙村	25	男	1943 年
侯保森	平度市李园街道马家庄村	30	男	1943 年
代永升	平度市麻兰镇西白沙村	18	男	1943 年
姜泽有	平度市古岘镇姜格庄村	18	男	1943 年
邹书栋	平度市灰埠镇邹家村	23	男	1943 年
田增吉	平度市麻兰镇中洼子村	22	男	1943 年
王　傲	平度市灰埠镇邹家村	21	男	1943 年
尚振忠	平度市麻兰镇西白沙村	29	男	1943 年
李长胡	平度市古岘镇东六曲村	24	男	1943 年
陈于氏	平度市长乐镇陈家村	52	女	1943 年
李建栋	平度市长乐镇东高家村	30	男	1943 年
金松木	平度市大田镇大马场村	23	男	1943 年
李宗明	平度市大田镇青山村	—	男	1943 年
李万成	平度市大田镇后涧村	48	男	1943 年
刘瑞肖	平度市大泽山镇东刘家村	22	男	1943 年
张洪中	平度市大田镇大马场村	32	男	1943 年
张吉福	平度市大田镇后涧村	47	男	1943 年
代士奎	平度市古岘镇杜家集木村	25	男	1943 年
刘汝州	平度市古岘镇后龙泉村	33	男	1943 年
徐秀福	平度市古岘镇二里村	25	男	1943 年
姜福尧	平度市古岘镇东六曲村	18	男	1943 年
苏德青	平度市古岘镇岩山头村	25	男	1943 年
陈仁胜	平度市古岘镇朱村	22	男	1943 年
刘子元	平度市张舍镇北坦坡村	28	男	1943 年
张恩奎	平度市大田镇黄山东头村	19	男	1943 年
顾春许	平度市张舍镇北坦坡村	32	男	1943 年
徐永法	平度市旧店镇西上夼村	31	男	1943 年
王天修	平度市兰底镇西磨山村	27	男	1943 年
官邦本	平度市李园街道东杨召村	27	男	1943 年
赵成三	平度市李园街道东杨召村	30	男	1943 年
韩胜江	平度市李园街道双庙村	37	男	1943 年
代林书	平度市李园街道大杨召村	18	男	1943 年

姓 名	籍 贯	年 龄	性 别	死难时间
代子恩	平度市古岘镇杜家集木村	17	男	1943 年
孙学明	平度市古岘镇杜家集木村	18	男	1943 年
于 花	平度市马戈庄镇冢西村	25	女	1943 年
郭希山	平度市明村镇程家庄村	40	男	1943 年
王兰胜	平度市明村镇余家屯村	35	男	1943 年
王永海	平度市明村镇余家屯村	32	男	1943 年
杨克田	平度市明村镇白家岭村	29	男	1943 年
张忠治	平度市明村镇孙正东村	27	男	1943 年
郑玉龙	平度市明村镇孙正东村	33	男	1943 年
王加明	平度市明村镇余家屯村	30	男	1943 年
代锡恩	平度市古岘镇杜家集木村	19	男	1943 年
田万寿	平度市麻兰镇中洼子村	21	男	1943 年
王 丑	平度市南村镇崖头村	22	男	1943 年
张福全	平度市古岘镇岩山头村	27	男	1943 年
王瑞太	平度市麻兰镇芝坊村	35	男	1943 年
乔绪志	平度市麻兰镇芝坊村	20	男	1943 年
钟传新	平度市麻兰镇芝坊村	38	男	1943 年
王青龙	平度市麻兰镇芝坊村	25	男	1943 年
杜守海	平度市麻兰镇芝坊村	27	男	1943 年
张文然	平度市仁兆镇南埠村	—	男	1943 年
张尧德	平度市仁兆镇南埠村	—	男	1943 年
王冲礼	平度市张舍镇北坦坡村	18	男	1943 年
姜 富	平度市古岘镇姜戈庄村	18	男	1943 年
宋清山	平度市麻兰镇小井戈庄村	32	男	1943 年
刘希恩之妻	平度市张舍镇韩家铺村	50	女	1943 年
刘希恩之女	平度市张舍镇韩家铺村	25	女	1943 年
香之女	平度市张舍镇韩家铺村	5	女	1943 年
张光典	平度市南村镇	31	男	1943 年
刘树启	平度市南村镇	27	男	1943 年
孙修起	平度市万家镇西北孙家村	41	男	1943 年
章	平度市香店街道小窑村	13	男	1943 年
王天起	平度市南村镇	23	男	1943 年
田星三	平度市南村镇	27	男	1943 年
吕永光	平度市灰埠镇吕家集村	19	男	1943 年

姓 名	籍 贯	年 龄	性 别	死难时间
吕孔顺	平度市灰埠镇吕家集村	21	男	1943 年
尹从贵	平度市南村镇	31	男	1943 年
李学廷	平度市南村镇	23	男	1943 年
陈志焕	平度市古岘镇三里村	—	男	1943 年
赵共民	平度市麻兰镇中洼子村	30	男	1943 年
庞真云	平度市云山镇曲埠村	—	男	1943 年
张丰聚	平度市崔家集镇高戈庄村	34	男	1943 年
张思红	平度市马戈庄镇冢东村	40	男	1943 年
卢作万之妻	平度市张舍镇韩家铺村	40	女	1943 年
赵同增	平度市南村镇	34	男	1943 年
孙秀松	平度市城关街道朱家井村	21	男	1943 年
梁恩升	平度市麻兰镇西白沙村	36	男	1943 年
王希祥	平度市李园街道李子园村	31	男	1943 年
辛瑞功	平度市马戈庄镇冢前村	21	男	1943 年
田子寿	平度市麻兰镇中洼子村	22	男	1943 年
金于廷	平度市城关街道朱家井村	20	男	1943 年
张秀亭	平度市灰埠镇邹家村	—	男	1943 年
张进廷	平度市张舍镇匡家村	26	男	1943 年
徐升儒	平度市长乐镇沙沟村	23	男	1944 年 1 月
王克勤	平度市长乐镇祝哥庄村	30	男	1944 年 1 月
范少年	平度市崔家集镇西范家村	29	男	1944 年 1 月
韩圣江	平度市灰埠镇卢家村	27	男	1944 年 1 月
何风宗	平度市灰埠镇卢家村	26	男	1944 年 1 月
隋宝云	平度市灰埠镇卢家村	19	男	1944 年 1 月
刘先恭	平度市灰埠镇卢家村	36	男	1944 年 1 月
于希才	平度市门村镇王仙庄村	29	男	1944 年 1 月
王太保	平度市祝沟镇崔家流河村	34	男	1944 年 1 月
石岐山	平度市祝沟镇崔家流河村	36	男	1944 年 1 月
张克敬	平度市祝沟镇崔家流河村	19	男	1944 年 1 月
吴化青	平度市门村镇王仙庄村	25	男	1944 年 1 月
傅典海	平度市灰埠镇傅家村	18	男	1944 年 1 月
谭德昌	平度市大泽山镇谭家夼村	49	男	1944 年 1 月
盛进华	平度市大田镇路子口村	31	男	1944 年 2 月 3 日
程光臣	平度市旧店镇罗头村	29	男	1944 年 2 月 16 日

姓名	籍贯	年龄	性别	死难时间
夏天祥	平度市田庄镇（穆）子庄村	28	男	1944年2月20日
王可香	平度市城关街道上李元村	24	男	1944年2月
李日仁	平度市白埠镇李家顶村	23	男	1944年2月
潘振芝	平度市蓼兰镇雷家村	19	男	1944年2月
刘洪福	平度市蓼兰镇雷家村	25	男	1944年2月
王乃进	平度市蓼兰镇雷家村	43	男	1944年2月
郭从吉	平度市白埠镇湾头村	28	男	1944年2月
孙学绪	平度市城关街道上李元村	32	男	1944年2月
陈会三	平度市白埠镇湾头村	25	男	1944年2月
付廷清	平度市城关街道上李元村	39	男	1944年2月
张丕贵	平度市城关街道上李元村	24	男	1944年2月
王春胜	平度市城关街道上李元村	17	男	1944年2月
吴宗瑞	平度市崔家集镇大吴家村	22	男	1944年3月1日
程元玉	平度市旧店镇罗头村	22	男	1944年3月1日
黄振范	平度市万家镇黄家村	39	男	1944年3月3日
金德松	平度市张舍镇任家洼村	60	男	1944年3月19日
吴廷考	平度市崔家集镇大吴家村	28	男	1944年3月21日
林建亭	平度市灰埠镇沙岭村	28	男	1944年3月
吕同伦	平度市灰埠镇沙岭村	40	男	1944年3月
刘玉州	平度市城关街道上李元村	34	男	1944年3月
刘德顺	平度市城关街道上李元村	29	男	1944年3月
吴廷宝	平度市崔家集镇大吴家村	20	男	1944年3月
袁志尚	平度市崔家集镇大袁家村	48	男	1944年3月
袁复修	平度市崔家集镇大袁家村	26	男	1944年3月
李全江	平度市城关街道上李元村	26	男	1944年3月
王福来	平度市大田镇东李村	54	男	1944年3月
李皖兴	平度市大田镇庞戈庄村	28	男	1944年3月
杨吉成之妻	平度市大田镇庞戈庄村	25	女	1944年3月
杨京训	平度市大田镇庞戈庄村	42	男	1944年3月
王炳颜	平度市大泽山镇南昌村	38	男	1944年3月
高顺喜	平度市长乐镇西高家村	20	男	1944年3月
发歧	平度市长乐镇大孙家村	18	男	1944年3月
崔焕章	平度市大田镇东李村	22	男	1944年3月
姜克军	平度市古岘镇大朱毛村	18	男	1944年3月

姓 名	籍 贯	年 龄	性 别	死难时间
初清江	平度市大田镇东李村	23	男	1944 年 3 月
高仙云	平度市祝沟镇高家流河村	22	男	1944 年 3 月
杨同凤	平度市张戈庄镇大玉湾村	43	男	1944 年 3 月
隋洪书	平度市祝沟镇九山后村	31	男	1944 年 3 月
柴文炳	平度市祝沟镇九山后村	46	男	1944 年 3 月
张洪均	平度市城关街道下李元村	31	男	1944 年 3 月
李广成	平度市城关街道上李元村	27	男	1944 年 3 月
张春元	平度市灰埠镇沙岭村	21	男	1944 年 3 月
张锡春	平度市灰埠镇沙岭村	28	男	1944 年 3 月
范 潘	平度市张舍镇习礼卜村	18	男	1944 年 3 月
高东潘	平度市张舍镇习礼卜村	19	男	1944 年 3 月
李 松	平度市张舍镇习礼卜村	20	男	1944 年 3 月
李 东	平度市张舍镇习礼卜村	20	男	1944 年 3 月
王德开	平度市大泽山镇所里头村	29	男	1944 年 3 月
赵中喜	平度市崔家集镇北赵家村	23	男	1944 年 4 月 1 日
初信三之三子	平度市万家镇初家村	16	男	1944 年 4 月 1 日
王中民	平度市南村镇崖头村	38	男	1944 年 4 月 1 日
陈可知	平度市万家镇陈家顶村	42	男	1944 年 4 月 1 日
于宗洪	平度市万家镇于家村	24	男	1944 年 4 月 1 日
孙东禄	平度市万家镇前孙家村	22	男	1944 年 4 月 1 日
陈 氏	平度市万家镇陈家顶村	45	女	1944 年 4 月 2 日
周士良	平度市大泽山镇北台村	80	男	1944 年 4 月 10 日
周顺青	平度市大泽山镇北台村	40	男	1944 年 4 月 10 日
于安仁	平度市明村镇周家村	43	男	1944 年 4 月 10 日
于罗周	平度市明村镇周家村	65	男	1944 年 4 月 10 日
于罗周之妻	平度市明村镇周家村	63	女	1944 年 4 月 10 日
于 民	平度市明村镇周家村	10	男	1944 年 4 月 10 日
于 氏	平度市明村镇周家村	—	女	1944 年 4 月 10 日
于忠海之母	平度市明村镇周家村	60	女	1944 年 4 月 10 日
周书娥	平度市大泽山镇韭园村	30	男	1944 年 4 月 12 日
耿 许	平度市明村镇孙东村	—	男	1944 年 4 月 21 日
魏建斋	平度市蓼兰镇焦家寨村	26	男	1944 年 4 月
张相加	平度市蓼兰镇焦家寨村	25	男	1944 年 4 月
王恩升	平度市祝沟镇石家流河村	25	男	1944 年 4 月

姓 名	籍 贯	年 龄	性 别	死难时间
李瑞云	平度市蓼兰镇小于家村	—	男	1944 年 4 月
李子良	平度市灰埠镇沙岭村	24	男	1944 年 4 月
徐照山	平度市灰埠镇沙岭村	36	男	1944 年 4 月
张广顺	平度市长乐镇麻湾村	20	男	1944 年 4 月
杜学中	平度市万家镇北杜家村	37	男	1944 年 4 月
毕文山	平度市万家镇北杜家村	24	男	1944 年 4 月
窦双喜	平度市大泽山镇韭园村	24	男	1944 年 4 月
王泽升	平度市大泽山镇韭园村	31	男	1944 年 4 月
孙福荫	平度市门村镇东七沟村	24	男	1944 年 4 月
王胜华	平度市门村镇西七沟村	22	男	1944 年 4 月
夏盛山	平度市蓼兰镇民主一村	30	男	1944 年 4 月
代茂胜	平度市古岘镇大朱毛村	22	男	1944 年 4 月
任顺德	平度市祝沟镇北黄同村	19	男	1944 年 4 月
邢道士	平度市明村镇郭村	24	男	1944 年 4 月
邢连春	平度市明村镇郭村	37	男	1944 年 4 月
邢全道	平度市明村镇郭村	29	男	1944 年 4 月
邢 盛	平度市明村镇郭村	12	男	1944 年 4 月
温学胜	平度市明村镇前疃村	34	男	1944 年 4 月
于寿生之母	平度市明村镇前疃村	43	女	1944 年 4 月
张克明	平度市明村镇前疃村	42	男	1944 年 4 月
耿海帮	平度市明村镇孙东村	32	男	1944 年 4 月
耿 迁	平度市明村镇孙东村	32	男	1944 年 4 月
耿张舍	平度市明村镇孙东村	32	男	1944 年 4 月
耿之平	平度市明村镇孙东村	43	男	1944 年 4 月
夏度三	平度市明村镇孙东村	18	男	1944 年 4 月
夏林迁	平度市明村镇孙东村	19	男	1944 年 4 月
夏 全	平度市明村镇孙东村	28	男	1944 年 4 月
夏全林	平度市明村镇孙东村	26	男	1944 年 4 月
李 氏	平度市明村镇孙西村	32	女	1944 年 4 月
夏洪斌	平度市明村镇孙西村	29	男	1944 年 4 月
夏洪田	平度市明村镇孙西村	43	男	1944 年 4 月
夏招三	平度市明村镇孙西村	28	男	1944 年 4 月
夏珍修	平度市明村镇孙西村	41	男	1944 年 4 月
崔丰来	平度市祝沟镇北黄同村	22	男	1944 年 4 月

姓 名	籍 贯	年 龄	性 别	死难时间
姜书公	平度市大田镇毛家村	42	男	1944 年 4 月
李克昌	平度市麻兰镇东前李家村	29	男	1944 年 4 月
王春田	平度市云山镇杨兰埠村	34	男	1944 年 4 月
焦新良	平度市蓼兰镇焦家寨村	35	男	1944 年 4 月
秦明吉	平度市万家镇北辛庄村	32	男	1944 年 5 月 1 日
秦明祥	平度市万家镇北辛庄村	41	男	1944 年 5 月 2 日
张召庆	平度市云山镇曲埠村	18	男	1944 年 5 月
徐永群	平度市云山镇曲埠村	20	男	1944 年 5 月
于振瑞	平度市祝沟镇赵家流河村	20	男	1944 年 5 月
程德兴	平度市旧店镇罗头村	30	男	1944 年 5 月
陶守广	平度市旧店镇陶家寨村	26	男	1944 年 5 月
吴正祥	平度市大田镇后涧村	28	男	1944 年 5 月
高永昌	平度市大田镇后涧村	34	男	1944 年 5 月
李太进	平度市蓼兰镇小于家村	33	男	1944 年 5 月
王克聚	平度市大田镇后涧村	29	男	1944 年 5 月
潘吉洪	平度市香店街道东郝村	22	男	1944 年 5 月
沙洪宝	平度市大田镇后涧村	19	男	1944 年 5 月
石克庆	平度市大田镇后涧村	19	男	1944 年 5 月
石喜连	平度市大田镇后涧村	23	男	1944 年 5 月
李 · ×	平度市大田镇东大田村	14	男	1944 年 5 月
于 ×	平度市大田镇东大田村	17	男	1944 年 5 月
刘进春	平度市大田镇后涧村	21	男	1944 年 5 月
鞠开阳	平度市蓼兰镇小于家村	20	男	1944 年 5 月
郭功田	平度市蓼兰镇小于家村	28	男	1944 年 5 月
王金堂	平度市大田镇后涧村	37	男	1944 年 5 月
代顺行	平度市古岘镇前朱毛村	24	男	1944 年 5 月
赵光良	平度市门村镇东涌泉村	28	男	1944 年 5 月
郭庆发	平度市门村镇东涌泉村	23	男	1944 年 5 月
王培仁	平度市门村镇东涌泉村	25	男	1944 年 5 月
王发义	平度市大田镇后涧村	25	男	1944 年 5 月
高洪清	平度市门村镇东涌泉村	33	男	1944 年 5 月
袁德福	平度市门村镇东涌泉村	20	男	1944 年 5 月
刘进高	平度市李园镇刘家寨村	22	男	1944 年 5 月
宿洪法	平度市李园镇刘家寨村	22	男	1944 年 5 月

姓 名	籍 贯	年 龄	性 别	死难时间
阎文斋	平度市大田镇后寨村	21	男	1944 年 5 月
郑洪信	平度市大田镇后寨村	19	男	1944 年 5 月
毛华春	平度市大田镇后寨村	20	男	1944 年 5 月
耿法兴	平度市大田镇后寨村	23	男	1944 年 5 月
耿克志	平度市大田镇后寨村	24	男	1944 年 5 月
张九敬	平度市云山镇李家场村	41	男	1944 年 5 月
邢知恩	平度市蓼兰镇邢家村	30	男	1944 年 5 月
尹清学	平度市云山镇李家场村	24	男	1944 年 5 月
贾明德	平度市大田镇大田村	18	男	1944 年 5 月
李天平	平度市云山镇李家场村	29	男	1944 年 5 月
官守明	平度市云山镇李家场村	30	男	1944 年 5 月
王学太	平度市门村镇申家埠村	—	男	1944 年 5 月
赵文才	平度市明村镇马台村	28	男	1944 年 5 月
郭梦极	平度市明村镇小召村	20	男	1944 年 5 月
赵同才	平度市明村镇小召村	22	男	1944 年 5 月
赵西杰	平度市明村镇小召村	28	男	1944 年 5 月
刘思忠	平度市云山镇李家场村	21	男	1944 年 5 月
代吉落	平度市古岘镇大朱毛村	31	男	1944 年 5 月
杨同黑	平度市同和街道杨家荆戈庄村	18	男	1944 年 5 月
王金明	平度市同和街道杨家荆戈庄村	26	男	1944 年 5 月
李永海	平度市城关街道公沙村	35	男	1944 年 5 月
张洪玉	平度市城关街道公沙村	22	男	1944 年 5 月
孙德书	平度市城关街道公沙村	29	男	1944 年 5 月
刘全财	平度市门村镇龙湾庄村	23	男	1944 年 5 月
于鹏祥	平度市门村镇龙湾庄村	23	男	1944 年 5 月
陈京山	平度市云山镇后营村	21	男	1944 年 5 月
于洪章	平度市长乐镇小吴家村	29	男	1944 年 5 月
任锡臣	平度市长乐镇小吴家村	41	男	1944 年 5 月
程显洪	平度市旧店镇罗头村	37	男	1944 年 5 月
王 生	平度市长乐镇小吴家村	21	男	1944 年 5 月
刘茂锡	平度市长乐镇小吴家村	23	男	1944 年 5 月
何培明	平度市长乐镇小吴家村	36	男	1944 年 5 月
高元清	平度市灰埠镇西高家村	21	男	1944 年 5 月
葛中成	平度市灰埠镇西高家村	28	男	1944 年 5 月

姓　名	籍　贯	年　龄	性　别	死难时间
庞进云	平度市云山镇曲埠村	30	男	1944 年 5 月
杨升云	平度市旧店镇陶家寨村	26	男	1944 年 5 月
綦成德	平度市旧店镇陶家寨村	34	男	1944 年 5 月
乔显志	平度市旧店镇陶家寨村	20	男	1944 年 5 月
石德山	平度市大泽山镇东岳石村	40	男	1944 年 5 月
刘进善	平度市大泽山镇东岳石村	36	男	1944 年 5 月
王洪信	平度市大泽山镇东岳石村	20	男	1944 年 5 月
王希福	平度市灰埠镇小官庄村	19	男	1944 年 5 月
兰均芳	平度市张戈庄镇后李付庄村	32	男	1944 年 6 月 5 日
崔长善	平度市崔家集镇曹家庄村	24	男	1944 年 6 月 6 日
毛文海	平度市仁兆镇毛庄村	—	男	1944 年 6 月 12 日
毛长钦	平度市仁兆镇毛庄村	15	男	1944 年 6 月 12 日
毛明廷	平度市仁兆镇毛庄村	—	男	1944 年 6 月 12 日
毛获钦之妻	平度市仁兆镇毛庄村	—	女	1944 年 6 月 12 日
毛正告	平度市仁兆镇毛庄村	—	男	1944 年 6 月 12 日
姜锡文	平度市麻兰镇姜家观村	66	男	1944 年 6 月 23 日
徐克岐	平度市古岘镇八里庄村	22	男	1944 年 6 月
荆启贞	平度市古岘镇八里庄村	22	男	1944 年 6 月
王忠荣	平度市大田镇后涧村	24	男	1944 年 6 月
刘仁德	平度市古岘镇八里庄村	22	男	1944 年 6 月
李登榜	平度市城关镇杜家疃村	21	男	1944 年 6 月
付洪志之父	平度市城关街道东阁村	50	男	1944 年 6 月
赵丰明	平度市城关镇杜家疃村	17	男	1944 年 6 月
展凤仁	平度市大田镇杨家村	26	男	1944 年 6 月
杨京福	平度市大田镇杨家村	29	男	1944 年 6 月
贾明春	平度市灰埠镇小官庄村	27	男	1944 年 6 月
杨明弓	平度市旧店镇宅科村	28	男	1944 年 6 月
毛地钦	平度市大田镇杨家村	24	男	1944 年 6 月
毛文祥	平度市大田镇杨家村	27	男	1944 年 6 月
张云辉	平度市大田镇杨家村	22	男	1944 年 6 月
张永芳	平度市大田镇杨家村	21	男	1944 年 6 月
蒲德仁	平度市蓼兰镇蒲家村	45	男	1944 年 6 月
于三文	平度市蓼兰镇蒲家村	45	男	1944 年 6 月
高天缘	平度市门村镇高家烟村	—	男	1944 年 6 月

姓 名	籍 贯	年 龄	性 别	死难时间
杨白山	平度市门村镇桑杭村	32	男	1944 年 6 月
杨松得	平度市门村镇桑杭村	30	男	1944 年 6 月
葛东坤	平度市大田镇杨家村	42	男	1944 年 6 月
刘洪森	平度市大田镇杨家村	17	男	1944 年 6 月
郭召松	平度市古岘镇八里庄村	24	男	1944 年 6 月
赵明林	平度市古岘镇八里庄村	39	男	1944 年 6 月
庞文廷	平度市云山镇曲埠村	—	男	1944 年 7 月 1 日
纪太宗	平度市崔家集镇小纪家村	37	男	1944 年 7 月 5 日
杨俭佑	平度市城关街道梨沟村	38	男	1944 年 7 月 8 日
杨洪林	平度市城关街道梨沟村	40	男	1944 年 7 月 8 日
李　×	平度市城关街道东阁村	29	男	1944 年 7 月 8 日
王德福	平度市灰埠镇前炉村	20	男	1944 年 7 月 10 日
周义令	平度市大泽山镇	25	男	1944 年 7 月
邱作山	平度市云山镇南温家村	36	男	1944 年 7 月
刘志合	平度市云山镇南温家村	22	男	1944 年 7 月
阎光松	平度市大田镇河东村	22	男	1944 年 7 月
董显尧	平度市南村镇洪兰西村	18	男	1944 年 7 月
张守基	平度市大田镇河东村	32	男	1944 年 7 月
张秀国	平度市大田镇河东村	27	男	1944 年 7 月
李相太	平度市蓼兰镇邢家村	23	男	1944 年 7 月
许明仁	平度市蓼兰镇邢家村	22	男	1944 年 7 月
葛明洪	平度市大田镇后林家村	30	男	1944 年 7 月
田丕希	平度市蓼兰镇邢家村	32	男	1944 年 7 月
邢治山	平度市蓼兰镇邢家村	21	男	1944 年 7 月
尚宝财	平度市城关街道付家崖村	25	男	1944 年 7 月
滕从勉	平度市城关街道付家崖村	20	男	1944 年 7 月
杨洪军	平度市城关街道付家崖村	19	男	1944 年 7 月
林在九	平度市城关街道付家崖村	22	男	1944 年 7 月
孙希荣	平度市城关街道付家崖村	24	男	1944 年 7 月
张书杰	平度市城关街道付家崖村	20	男	1944 年 7 月
王道许	平度市南村镇亭兰村	30	男	1944 年 7 月
彭可寿	平度市蓼兰镇侯西庄村	30	男	1944 年 7 月
李福章	平度市郭庄镇后河头村	25	男	1944 年 7 月
段彦积	平度市郭庄镇后河头村	19	男	1944 年 7 月

姓　名	籍　贯	年　龄	性　别	死难时间
刘永成	平度市门村镇段家疃村	16	男	1944 年 7 月
于明斋	平度市明村镇辛中村	25	男	1944 年 7 月
胥清文	平度市大田镇河东村	29	男	1944 年 7 月
孙永贵	平度市大田镇河东村	18	男	1944 年 7 月
张玉党	平度市门村镇段家疃村	23	男	1944 年 7 月
孙升章	平度市门村镇东南疃村	18	男	1944 年 7 月
孙典来	平度市门村镇东南疃村	19	男	1944 年 7 月
乔正峰	平度市门村镇东南疃村	39	男	1944 年 7 月
张延辉	平度市门村镇东南疃村	52	男	1944 年 7 月
吴德友	平度市门村镇张家疃村	31	男	1944 年 7 月
郭立杰	平度市门村镇张家疃村	28	男	1944 年 7 月
赵希绪	平度市店子镇北赵家村	23	男	1944 年 7 月
周德有	平度市仁兆镇高村	19	男	1944 年 7 月
江永德	平度市云山镇南温家村	19	男	1944 年 7 月
王锡荣	平度市云山镇南温家村	28	男	1944 年 7 月
张玉训	平度市云山镇南温家村	29	男	1944 年 7 月
孙典峨	平度市云山镇南温家村	21	男	1944 年 7 月
梁　寿	平度市云山镇南温家村	28	男	1944 年 7 月
孙德杞	平度市云山镇南温家村	19	男	1944 年 7 月
王月显	平度市大田镇河东村	29	男	1944 年 7 月
宋德云	平度市崔家集镇西宋家村	53	男	1944 年 8 月 1 日
张培荣	平度市崔家集镇高戈庄村	25	男	1944 年 8 月 1 日
王洪昌	平度市万家镇院后村	23	男	1944 年 8 月 1 日
郭钦海	平度市崔家集镇郭家庄村	24	男	1944 年 8 月 1 日
纪安仁	平度市兰底镇东磨山村	86	男	1944 年 8 月 2 日
赵宗本	平度市云山镇南温家村	36	男	1944 年 8 月 8 日
盛京章	平度市店子镇黄哥庄村	18	男	1944 年 8 月 10 日
张全仁	平度市香店街道大窑村	33	男	1944 年 8 月 27 日
魏新斋	平度市麻兰镇李戈庄村	23	男	1944 年 8 月
魏彦昌	平度市麻兰镇李戈庄村	20	男	1944 年 8 月
仲召玉	平度市麻兰镇泉子崖村	22	男	1944 年 8 月
宋金枝	平度市麻兰镇泉子崖村	30	男	1944 年 8 月
张玉堂	平度市	24	男	1944 年 8 月
张德信	平度市	23	男	1944 年 8 月

姓 名	籍 贯	年 龄	性 别	死难时间
毛华尧	平度市	20	男	1944 年 8 月
刘潘利	平度市仁兆镇西王戈庄村	30	男	1944 年 8 月
王德超	平度市仁兆镇沙北头村	21	男	1944 年 8 月
綦学文	平度市南村镇九甲村	60	男	1944 年 8 月
孙玉良	平度市南村镇九甲村	22	男	1944 年 8 月
陈吉山	平度市南村镇九甲村	21	男	1944 年 8 月
徐化盛	平度市南村镇九甲村	24	男	1944 年 8 月
李田德	平度市大田镇北董家村	20	男	1944 年 8 月
姜泽友	平度市大田镇北董家村	30	男	1944 年 8 月
王洪善	平度市大泽山镇南昌村	33	男	1944 年 8 月
于永会	平度市崔家集镇宋家村	18	男	1944 年 8 月
王书文	平度市田庄镇田庄村	24	男	1944 年 8 月
王守生	平度市灰埠镇祝戈庄村	20	男	1944 年 8 月
崔悦付	平度市灰埠镇祝戈庄村	19	男	1944 年 8 月
高汉章	平度市灰埠镇祝戈庄村	28	男	1944 年 8 月
张培荣	平度市灰埠镇祝戈庄村	25	男	1944 年 8 月
孙林喜	平度市灰埠镇祝戈庄村	38	男	1944 年 8 月
陶珍举	平度市灰埠镇祝戈庄村	27	男	1944 年 8 月
陶珍友	平度市旧店镇陶家寨村	24	男	1944 年 8 月
张京善	平度市门村镇冯家庄村	44	男	1944 年 8 月
贾修香	平度市门村镇贾家烟村	30	男	1944 年 8 月
乔培臣	平度市旧店镇陶家寨村	16	男	1944 年 8 月
万常有	平度市旧店镇陶家寨村	24	男	1944 年 8 月
李占增	平度市旧店镇陶家寨村	28	男	1944 年 8 月
王鹏玉	平度市旧店镇陶家寨村	21	男	1944 年 8 月
楚殿仕	平度市旧店镇陶家寨村	37	男	1944 年 8 月
李美诚	平度市南村镇大庞家村	20	男	1944 年 8 月
王丰春	平度市万家镇初家村	19	男	1944 年 8 月
李进福	平度市万家镇初家村	20	男	1944 年 8 月
官景先	平度市城关街道花园村	17	男	1944 年 8 月
李尊扬	平度市城关街道花园村	24	男	1944 年 8 月
刘 敏	平度市大泽山镇东岳石村	27	男	1944 年 8 月
李明法	平度市崔家集镇郭家庄村	33	男	1944 年 8 月
董洪福	平度市大田镇北董家村	22	男	1944 年 8 月

姓 名	籍 贯	年 龄	性 别	死难时间
陈守臣	平度市崔家集镇郭家庄村	22	男	1944 年 8 月
王便行	平度市南村镇崖头村	23	男	1944 年 9 月 1 日
王中太	平度市南村镇崖头村	26	男	1944 年 9 月 1 日
王观典	平度市南村镇崖头村	26	男	1944 年 9 月 1 日
王善洪	平度市南村镇崖头村	22	男	1944 年 9 月 1 日
王观德	平度市南村镇崖头村	22	男	1944 年 9 月 1 日
王成合	平度市大泽山镇南昌村	66	男	1944 年 9 月 3 日
刘凤章	平度市仁兆镇西王戈庄村	—	男	1944 年 9 月 6 日
王方书	平度市崔家集镇柳林庄村	18	男	1944 年 9 月 9 日
彭世珍	平度市蓼兰镇大彭家村	52	男	1944 年 9 月 9 日
王升官	平度市城关街道即墨旺村	15	男	1944 年 9 月 10 日
王学宝	平度市城关街道即墨旺村	26	男	1944 年 9 月 10 日
王广田	平度市城关街道王家庄村	50	男	1944 年 9 月 10 日
盛月福	平度市店子镇北盛家村	17	男	1944 年 9 月 18 日
朱见让	平度市南村镇朱家庄村	40	男	1944 年 9 月
王潘任	平度市大田镇后寨村	22	男	1944 年 9 月
付乃武	平度市张戈庄镇大丘村	30	男	1944 年 9 月
董显荣	平度市张戈庄镇大丘村	26	男	1944 年 9 月
王福东	平度市古岘镇北城子村	40	男	1944 年 9 月
王学恩	平度市城关街道窝洛子村	27	男	1944 年 9 月
张九功	平度市崔家集镇郭家庄村	18	男	1944 年 9 月
赵洪升	平度市崔家集镇郭家庄村	34	男	1944 年 9 月
王兆虎	平度市城关街道梨沟村	42	男	1944 年 9 月
高振满	平度市店子镇高家寨村	24	男	1944 年 9 月
王坚志	平度市店子镇高家寨村	22	男	1944 年 9 月
王振祥	平度市大泽山镇东八甲村	41	男	1944 年 9 月
刘好修	平度市店子镇南盛村	32	男	1944 年 9 月
顿和宝	平度市李园街道张家疃村	45	男	1944 年 9 月
郭秀泽	平度市崔家集镇郭家庄村	22	男	1944 年 9 月
田广寿	平度市李园街道张家疃村	32	男	1944 年 9 月
陈文贤	平度市万家镇小荆栾庄村	24	男	1944 年 9 月
万俊亮	平度市郭庄镇西万家村	26	男	1944 年 9 月
万培训	平度市郭庄镇西万家村	27	男	1944 年 9 月
万连海	平度市郭庄镇西万家村	28	男	1944 年 9 月

姓 名	籍 贯	年 龄	性 别	死难时间
姜付尧	平度市万家镇小荆栾庄村	18	男	1944 年 9 月
范兴德	平度市蓼兰镇范家村	31	男	1944 年 9 月
刘成魁	平度市麻兰镇大井戈村	38	男	1944 年 9 月
夏茂春	平度市明村镇孙东村	32	男	1944 年 9 月
代双仁	平度市古岘镇前朱毛村	20	男	1944 年 9 月
兰瑞禄	平度市张戈庄镇兰家疃村	22	男	1944 年 9 月
王锡令	平度市张戈庄镇兰家疃村	20	男	1944 年 9 月
赵从铃	平度市仁兆镇东沟村	—	男	1944 年 9 月
赵德有	平度市仁兆镇东沟村	—	男	1944 年 9 月
李天会	平度市大田镇后寨村	24	男	1944 年 9 月
王胜珍	平度市大田镇后寨村	20	男	1944 年 9 月
贾修邦	平度市大田镇后寨村	20	男	1944 年 9 月
杨子文	平度市香店街道香店村	—	男	1944 年 9 月
张洪恩	平度市大田镇后寨村	17	男	1944 年 9 月
郭俊仟	平度市崔家集镇郭家庄村	51	男	1944 年 9 月
姜广财	平度市城关街道窝洛子村	23	男	1944 年 9 月
董 蒙	平度市李园街道前杨召村	—	男	1944 年 10 月 6 日
生林宝	平度市张戈庄镇中沙沟村	14	男	1944 年 10 月 6 日
金 岩	平度市麻兰镇前麻兰村	24	男	1944 年 10 月 8 日
胡秀昌	平度市麻兰镇西洼子村	32	男	1944 年 10 月 8 日
林 玉	平度市麻兰镇西洼子村	17	男	1944 年 10 月 8 日
孙 兴	平度市麻兰镇西洼子村	22	男	1944 年 10 月 8 日
赵宝善	平度市麻兰镇西洼子村	7	男	1944 年 10 月 8 日
赵 财	平度市麻兰镇西洼子村	24	男	1944 年 10 月 8 日
赵 臣	平度市麻兰镇西洼子村	25	男	1944 年 10 月 8 日
赵丰财	平度市麻兰镇西洼子村	24	男	1944 年 10 月 8 日
赵丰茂	平度市麻兰镇西洼子村	22	男	1944 年 10 月 8 日
赵丰畔	平度市麻兰镇西洼子村	25	男	1944 年 10 月 8 日
赵丰迁	平度市麻兰镇西洼子村	22	男	1944 年 10 月 8 日
赵丰显	平度市麻兰镇西洼子村	22	男	1944 年 10 月 8 日
赵丰秀	平度市麻兰镇西洼子村	26	男	1944 年 10 月 8 日
赵 更	平度市麻兰镇西洼子村	24	男	1944 年 10 月 8 日
赵华行	平度市麻兰镇西洼子村	48	男	1944 年 10 月 8 日
赵金玉	平度市麻兰镇西洼子村	23	男	1944 年 10 月 8 日

姓　名	籍　贯	年　龄	性　别	死难时间
赵　聚	平度市麻兰镇西洼子村	22	男	1944 年 10 月 8 日
赵连成	平度市麻兰镇西洼子村	25	男	1944 年 10 月 8 日
赵　明	平度市麻兰镇西洼子村	20	男	1944 年 10 月 8 日
赵明利	平度市麻兰镇西洼子村	19	男	1944 年 10 月 8 日
赵　庆	平度市麻兰镇西洼子村	22	男	1944 年 10 月 8 日
赵双进	平度市麻兰镇西洼子村	19	男	1944 年 10 月 8 日
赵童嫚	平度市麻兰镇西洼子村	18	女	1944 年 10 月 8 日
赵　琬	平度市麻兰镇西洼子村	19	女	1944 年 10 月 8 日
赵　兴	平度市麻兰镇西洼子村	28	男	1944 年 10 月 8 日
赵训利	平度市麻兰镇西洼子村	20	男	1944 年 10 月 8 日
赵妍妍	平度市麻兰镇西洼子村	28	男	1944 年 10 月 8 日
赵永昌	平度市麻兰镇西洼子村	—	男	1944 年 10 月 8 日
赵玉斌	平度市麻兰镇西洼子村	26	男	1944 年 10 月 8 日
赵玉辉	平度市麻兰镇西洼子村	23	男	1944 年 10 月 8 日
赵玉奎	平度市麻兰镇西洼子村	24	男	1944 年 10 月 8 日
赵玉梅	平度市麻兰镇西洼子村	26	男	1944 年 10 月 8 日
赵　斋	平度市麻兰镇西洼子村	24	男	1944 年 10 月 8 日
胡希昌	平度市麻兰镇中洼子村	—	男	1944 年 10 月 8 日
赵林开	平度市麻兰镇中洼子村	32	男	1944 年 10 月 8 日
于　壮	平度市明村镇周家村	7	男	1944 年 10 月 10 日
周展鳌	平度市白埠镇宅科王家村	30	男	1944 年 10 月
赵宗书	平度市张舍镇肖家村	21	男	1944 年 10 月
綦宗英	平度市张舍镇肖家村	29	男	1944 年 10 月
万学敏	平度市张舍镇肖家村	33	男	1944 年 10 月
于克福	平度市麻兰镇于家河岔村	26	男	1944 年 10 月
王道友	平度市万家镇堡上村	21	男	1944 年 10 月
王树功	平度市李园街道王家赵戈庄村	29	男	1944 年 10 月
崔起先	平度市李园街道王家赵戈庄村	32	男	1944 年 10 月
孙春官	平度市李园街道王家赵戈庄村	24	男	1944 年 10 月
宗瑞卓	平度市店子镇高家寨村	19	男	1944 年 10 月
李培智	平度市店子镇高家寨村	35	男	1944 年 10 月
李培林	平度市店子镇高家寨村	20	男	1944 年 10 月
柳洪章	平度市店子镇高家寨村	28	男	1944 年 10 月
柳洪明	平度市店子镇高家寨村	26	男	1944 年 10 月

姓 名	籍 贯	年 龄	性 别	死难时间
王培喜	平度市店子镇高家寨村	19	男	1944 年 10 月
孙占梅	平度市田庄镇东郭村	22	男	1944 年 10 月
王宝信	平度市田庄镇东郭村	23	男	1944 年 10 月
孙智均	平度市长乐镇大孙家村	18	男	1944 年 10 月
李忠章	平度市仁兆镇李家屯村	22	男	1944 年 10 月
宋开平	平度市麻兰镇前沙湾庄村	50	男	1944 年 10 月
谢召光	平度市麻兰镇前沙湾庄村	21	男	1944 年 10 月
杨开仁	平度市麻兰镇前沙湾庄村	19	男	1944 年 10 月
刘文彦	平度市仁兆镇李家屯村	19	男	1944 年 10 月
李振合	平度市麻兰镇前沙湾庄村	33	男	1944 年 10 月
代世革	平度市麻兰镇前沙湾庄村	28	男	1944 年 10 月
陈兴雨	平度市麻兰镇前沙湾庄村	26	男	1944 年 10 月
李长焕	平度市古岘镇店子村	22	男	1944 年 10 月
王振敏	平度市古岘镇店子村	44	男	1944 年 10 月
邢治业	平度市古岘镇店子村	28	男	1944 年 10 月
肖丕亭	平度市张舍镇肖家村	20	男	1944 年 10 月
王千胜	平度市张舍镇肖家村	28	男	1944 年 10 月
陶德年	平度市崔家集镇陶家屯村	19	男	1944 年 11 月 1 日
滕明顺	平度市崔家集镇五里屯村	25	男	1944 年 11 月 1 日
杜发宽	平度市崔家集镇杜家村	28	男	1944 年 11 月 1 日
夏丁国	平度市万家镇夏家村	19	男	1944 年 11 月 1 日
潘召云	平度市旧店镇东石桥村	50	男	1944 年 11 月 14 日
林希永	平度市旧店镇东石桥村	60	男	1944 年 11 月 14 日
袁维成	平度市崔家集镇大袁家村	45	男	1944 年 11 月 20 日
彭树德	平度市旧店镇东司戈庄村	27	男	1944 年 11 月
于云海	平度市旧店镇东司戈庄村	18	男	1944 年 11 月
张增宝	平度市大田镇南战戈庄村	23	男	1944 年 11 月
李臣友	平度市白埠镇李家村	22	男	1944 年 11 月
楚殿仁	平度市万家镇湾东村	27	男	1944 年 11 月
张吉昌	平度市大泽山镇岳石庄子村	19	男	1944 年 11 月
吕俊举	平度市祝沟镇吕家流河村	39	男	1944 年 11 月
刘召寿	平度市蓼兰镇焦家寨村	22	男	1944 年 11 月
杨瑞典	平度市祝沟镇吕家流河村	19	男	1944 年 11 月
王中田	平度市祝沟镇吕家流河村	22	男	1944 年 11 月

姓 名	籍 贯	年 龄	性 别	死难时间
尚培臣	平度市郭庄镇姜家东庄村	31	男	1944 年 11 月
姜同清	平度市古岘镇姜戈庄村	44	男	1944 年 11 月
吴连昌	平度市旧店镇东司戈庄村	21	男	1944 年 11 月
马秀成	平度市旧店镇东司戈庄村	20	男	1944 年 11 月
邵德刚	平度市旧店镇东司戈庄村	39	男	1944 年 11 月
孙永彬	平度市旧店镇东司戈庄村	24	男	1944 年 11 月
林　五	平度市麻兰镇西洼子村	—	男	1944 年 11 月
赵供林	平度市麻兰镇西洼子村	—	男	1944 年 11 月
袁文修	平度市崔家集镇大袁家村	24	男	1944 年 12 月 1 日
徐清泽	平度市崔家集镇北徐家村	21	男	1944 年 12 月 1 日
王希胜	平度市万家镇安子丘村	40	男	1944 年 12 月 1 日
王丰收	平度市李园街道前杨召村	27	男	1944 年 12 月 15 日
董　升	平度市李园街道前杨召村	19	男	1944 年 12 月 15 日
肖高登	平度市灰埠镇下刘家村	20	男	1944 年 12 月 26 日
王同科	平度市灰埠镇大官庄村	20	男	1944 年 12 月 26 日
姜兴中	平度市灰埠镇下刘家村	20	男	1944 年 12 月 26 日
刘风真	平度市大泽山镇谭家夼村	19	男	1944 年 12 月
李云堂	平度市大田镇马戈庄村	31	男	1944 年 12 月
高焕清	平度市长乐镇西高家村	36	男	1944 年 12 月
张吉显	平度市南村镇北顶子村	16	男	1944 年 12 月
张考真	平度市南村镇北顶子村	23	男	1944 年 12 月
谭玉球	平度市大泽山镇谭家夼村	26	男	1944 年 12 月
楚思温	平度市万家镇湾东村	25	男	1944 年 12 月
邢京梧	平度市大田镇东杨家庄村	26	男	1944 年 12 月
张景成	平度市门村镇河南村	20	男	1944 年 12 月
谭增海	平度市大泽山镇谭家夼村	35	男	1944 年 12 月
姜锡明	平度市城关街道姜家庄村	38	男	1944 年 12 月
孙建华	平度市城关街道姜家庄村	24	男	1944 年 12 月
史春堂	平度市城关街道姜家庄村	24	男	1944 年 12 月
郭从明	平度市崔家集镇五里屯村	40	男	1944 年 12 月
张立训	平度市李园街道崔家营村	37	男	1944 年 12 月
赵欠增	平度市李园街道崔家营村	29	男	1944 年 12 月
王艮芳	平度市李园街道崔家营村	—	男	1944 年 12 月
于克庆	平度市城关街道姜家庄村	21	男	1944 年 12 月

姓 名	籍 贯	年 龄	性 别	死难时间
马守玉	平度市灰埠镇四甲村	20	男	1944 年 12 月
李登财	平度市门村镇东南疃村	19	男	1944 年 12 月
王法林	平度市长乐镇院东村	27	男	1944 年 12 月
夏洪元	平度市明村镇孙东村	29	男	1944 年 12 月
夏洪泽	平度市明村镇孙东村	25	男	1944 年 12 月
夏学胜	平度市明村镇孙东村	32	男	1944 年 12 月
刘贤进	平度市南村镇洪兰东村	20	男	1944 年 12 月
刘丰信	平度市灰埠镇四甲村	23	男	1944 年 12 月
王进庆	平度市灰埠镇四甲村	15	男	1944 年 12 月
姜守德	平度市灰埠镇四甲村	39	男	1944 年 12 月
孙治军	平度市灰埠镇四甲村	21	男	1944 年 12 月
卢丰国	平度市灰埠镇卢家村	17	男	1944 年 12 月
马永昌	平度市古岘镇朱村	18	男	1944 年
徐德奎	平度市古岘镇朱村	17	男	1944 年
王德启	平度市古岘镇朱村	24	男	1944 年
于克禹	平度市麻兰镇于家河岔村	21	男	1944 年
王希法	平度市大田镇中于家村	21	男	1944 年
王小潘	平度市古岘镇朱村	17	男	1944 年
崔守荣	平度市麻兰镇店后村	24	男	1944 年
刘有才	平度市城关街道窝洛子村	22	男	1944 年
李成银	平度市灰埠镇城子东村	27	男	1944 年
袁本先	平度市崔家集镇大袁家村	50	男	1944 年
袁志忠	平度市崔家集镇大袁家村	51	男	1944 年
王圣梅	平度市崔家集镇柳林庄	45	男	1944 年
张吉彩	平度市崔家集镇上王家村	34	男	1944 年
李锡忠	平度市古岘镇岩头村	19	男	1944 年
陶成顺	平度市南村镇桃园村	35	男	1944 年
王文奎	平度市南村镇桃园村	18	男	1944 年
赵增坎	平度市南村镇桃园村	24	男	1944 年
张洪俊	平度市古岘镇朱村	27	男	1944 年
张洪忠	平度市古岘镇朱村	35	男	1944 年
张流清	平度市古岘镇朱村	30	男	1944 年
张同山	平度市古岘镇朱村	30	男	1944 年
刘祥海	平度市灰埠镇城子东村	35	男	1944 年

姓 名	籍 贯	年龄	性别	死难时间
刘清先	平度市万家镇西刘家口子村	19	男	1944 年
王为善	平度市万家镇曹戈庄村	38	男	1944 年
张克安	平度市灰埠镇城子东村	27	男	1944 年
冷绍俊	平度市同和街道东丰台村	25	男	1944 年
滕钦青	平度市万家镇曹戈庄村	34	男	1944 年
王 氏	平度市李园街道大杨召村	30	女	1944 年
罗振西	平度市李园街道西七里河子村	21	男	1944 年
杨宗瑞	平度市李园街道杨家疃村	19	男	1944 年
郭 臣	平度市万家镇曹戈庄村	39	男	1944 年
孙集明	平度市万家镇南孙家村	39	男	1944 年
崔宗礼	平度市万家镇夏家村	28	男	1944 年
郭成华	平度市万家镇夏家村	30	男	1944 年
赵修堂	平度市万家镇夏家村	44	男	1944 年
李春杨	平度市灰埠镇城子东村	26	男	1944 年
姜天春	平度市古岘镇姜戈庄村	19	男	1944 年
葛玉德	平度市万家镇夏家村	28	男	1944 年
王书暖	平度市同和街道石庙村	41	男	1944 年
李乐泽	平度市灰埠镇城子东村	21	男	1944 年
史明堂	平度市张舍镇中坦坡村	24	男	1944 年
王金会	平度市麻兰镇东山前村	20	男	1944 年
李广明	平度市灰埠镇城子东村	24	男	1944 年
杨新田	平度市麻兰镇东山前村	21	男	1944 年
姜遵先	平度市麻兰镇东山前村	38	男	1944 年
王书功	平度市同和街道王赵村	38	男	1944 年
刘炳术	平度市万家镇店上村	22	男	1944 年
王奎廷	平度市万家镇西王家村	20	男	1944 年
许忠仙	平度市香店街道前许村	20	男	1944 年
潘吉洪	平度市香店镇东郝家疃村	26	男	1944 年
孙智堂	平度市张舍镇中坦坡村	26	男	1944 年
苏树焕	平度市云山镇丈岭村	24	男	1944 年
王文集	平度市云山镇丈岭村	26	男	1944 年
赵同才	平度市古岘镇朱村	21	男	1944 年
王训海	平度市古岘镇朱村	20	男	1944 年
梁祖仁	平度市古岘镇朱村	22	男	1944 年

姓 名	籍 贯	年 龄	性 别	死难时间
初清海	平度市麻兰镇西山前村	21	男	1944 年
赵永春	平度市麻兰镇西山前村	22	男	1944 年
刘西昌	平度市麻兰镇西山前村	35	男	1944 年
赵丕盛	平度市麻兰镇西山前村	36	男	1944 年
赵同云	平度市麻兰镇西山前村	35	男	1944 年
赵丕考	平度市麻兰镇西山前村	25	男	1944 年
张宗才	平度市麻兰镇西山前村	30	男	1944 年
邢丕显	平度市张舍镇中坦坡村	26	男	1944 年
黄相义	平度市南村镇西庵村	26	男	1944 年
黄立本	平度市仁兆镇仁兆三村	31	男	1944 年
王云志	平度市南村镇西庵村	26	男	1944 年
张清山	平度市南村镇西庵村	19	男	1944 年
于德海	平度市崔家集镇大袁家村	32	男	1944 年
赵万珍	平度市崔家集镇北赵家村	34	男	1945 年 1 月 1 日
陈万兴	平度市长乐镇刘家疃村	43	男	1945 年 1 月 7 日
张从雪	平度市崔家集镇高戈庄村	—	男	1945 年 1 月 27 日
李保初	平度市万家镇大姜家村	21	男	1945 年 1 月
徐邦治	平度市万家镇大姜家村	21	男	1945 年 1 月
赵万珍	平度市旧店镇河西村	34	男	1945 年 1 月
张××	平度市崔家集镇高戈庄村	32	男	1945 年 1 月
孙书堂	平度市旧店镇河西村	22	男	1945 年 1 月
张书元	平度市香店镇苇园村	24	男	1945 年 1 月
钟国臣	平度市香店镇苇园村	21	男	1945 年 1 月
陈仁升	平度市香店镇苇园村	22	男	1945 年 1 月
赵本高	平度市香店镇苇园村	24	男	1945 年 1 月
姜德华	平度市香店镇苇园村	25	男	1945 年 1 月
刘增松	平度市祝沟镇纸坊村	30	男	1945 年 1 月
矫扶祥	平度市祝沟镇纸坊村	44	男	1945 年 1 月
李春风	平度市店子镇小王家村	24	男	1945 年 1 月
毛华福	平度市万家镇大姜家村	32	男	1945 年 2 月 5 日
王仁财	平度市李园街道前杨召村	22	男	1945 年 2 月 5 日
王孟寻	平度市李园街道前杨召村	24	男	1945 年 2 月 5 日
王云山	平度市李园街道前杨召村	28	男	1945 年 2 月 5 日
于石清	平度市祝沟镇南黄同村	32	男	1945 年 2 月 14 日

姓　名	籍　贯	年　龄	性　别	死难时间
王作朋	平度市祝沟镇南黄同村	26	男	1945 年 2 月 14 日
周典刚	平度市大泽山镇大疃村	26	男	1945 年 2 月
郑洪尊	平度市李园镇石庙村	24	男	1945 年 2 月
楚绪孔	平度市李园镇石庙村	21	男	1945 年 2 月
张洪进	平度市李园镇石庙村	23	男	1945 年 2 月
孙友祥	平度市	—	男	1945 年 2 月
宋彦文	平度市麻兰镇麻兰三村	36	男	1945 年 2 月
张正论	平度市南村镇西南街村	22	男	1945 年 2 月
陈维双	平度市南村镇西南街村	23	男	1945 年 2 月
荆成山	平度市南村镇西南街村	28	男	1945 年 2 月
陈希合	平度市南村镇西南街村	24	男	1945 年 2 月
臧进学	平度市蓼兰镇李家礼府村	19	男	1945 年 2 月
王振登	平度市大泽山镇所里头村	23	男	1945 年 2 月
李增福	平度市城关街道毛家疃村	35	男	1945 年 2 月
李吉良	平度市蓼兰镇李家礼府村	26	男	1945 年 2 月
张炳喜	平度市蓼兰镇李家礼府村	24	男	1945 年 2 月
仲统章	平度市李园街道北关村	35	男	1945 年 2 月
杨绍先	平度市李园街道杨家疃村	22	男	1945 年 2 月
陈清杰	平度市蓼兰镇李家礼府村	19	男	1945 年 2 月
徐永吉	平度市蓼兰镇李家礼府村	37	男	1945 年 2 月
李义铎	平度市蓼兰镇李家礼府村	33	男	1945 年 2 月
滕顺彦	平度市香店镇曲坊村	39	男	1945 年 2 月
王树楠	平度市李园街道石庙村	32	男	1945 年 2 月
李锡令	平度市李园街道石庙村	34	男	1945 年 2 月
李进义	平度市李园街道石庙村	37	男	1945 年 2 月
刘奇峰	平度市李园街道石庙村	25	男	1945 年 2 月
代喜盈	平度市李园街道前杨召村	31	男	1945 年 3 月 9 日
王殿俊	平度市崔家集镇上王家村	31	男	1945 年 3 月 20 日
代子亭	平度市门村镇门村	31	男	1945 年 3 月
陈吉昌	平度市	20	男	1945 年 3 月
庚修福	平度市白埠镇赖家庄村	29	男	1945 年 3 月
王开德	平度市长乐镇河王村	40	男	1945 年 3 月
于文寨	平度市店子镇于家村	25	男	1945 年 3 月
于升礼	平度市店子镇于家村	23	男	1945 年 3 月

姓 名	籍 贯	年 龄	性 别	死难时间
于洪茂	平度市店子镇于家村	22	男	1945 年 3 月
王观道	平度市白埠镇赖家庄村	18	男	1945 年 3 月
张明海	平度市南村镇后斜子村	37	男	1945 年 3 月
张金亭	平度市南村镇后斜子村	29	男	1945 年 3 月
薛喜仁	平度市南村镇后斜子村	27	男	1945 年 3 月
陈会章	平度市白埠镇赖家庄村	28	男	1945 年 3 月
邢德让	平度市南村镇后斜子村	35	男	1945 年 3 月
孙福申	平度市南村镇后斜子村	17	男	1945 年 3 月
侯占禄	平度市蓼兰镇蒲家村	29	男	1945 年 3 月
万文圣	平度市万家镇小万家村	19	男	1945 年 3 月
史洪海	平度市万家镇小万家村	20	男	1945 年 3 月
张吉秀	平度市万家镇小万家村	19	男	1945 年 3 月
张科林	平度市万家镇小万家村	22	男	1945 年 3 月
徐京汉	平度市长乐镇沙沟村	18	男	1945 年 3 月
范学禹	平度市长乐镇胡家庄村	27	男	1945 年 3 月
于付云	平度市长乐镇胡家庄村	28	男	1945 年 3 月
王懂昌	平度市长乐镇胡家庄村	19	男	1945 年 3 月
毕同科	平度市万家镇毕家村	32	男	1945 年 3 月
贾洋清	平度市门村镇门村	22	男	1945 年 3 月
钟进显	平度市门村镇门村	29	男	1945 年 3 月
王忠邦	平度市万家镇古路庄村	21	男	1945 年 4 月 1 日
刘保章	平度市祝沟镇小沽洄村	34	男	1945 年 4 月 1 日
初华胜之母	平度市万家镇初家村	40	女	1945 年 4 月 1 日
李茂功	平度市张戈庄镇仲戈庄村	23	男	1945 年 4 月 6 日
王永甫	平度市南村镇大高家村	—	男	1945 年 4 月 24 日
李辉臻	平度市蓼兰镇长庄村	19	男	1945 年 4 月
闵庆有	平度市蓼兰镇长庄村	—	男	1945 年 4 月
任福德	—	28	男	1945 年 4 月
郑福元	—	22	男	1945 年 4 月
王观增	—	25	男	1945 年 4 月
李守智	—	45	男	1945 年 4 月
李洪训	平度市仁兆镇于莱庄村	52	男	1945 年 4 月
徐中清	平度市仁兆镇于莱庄村	22	男	1945 年 4 月
李 氏	平度市白埠镇张家寨村	60	女	1945 年 4 月

姓 名	籍 贯	年 龄	性 别	死难时间
郭永斗之母	平度市城关街道贾家营村	68	女	1945 年 4 月
李吉成	平度市大泽山镇西岳石村	41	男	1945 年 4 月
李克显	平度市灰埠镇陈埠李家村	43	男	1945 年 4 月
李明财	平度市门村镇王家疃村	18	男	1945 年 4 月
窦天民	平度市门村镇窦家疃村	42	男	1945 年 4 月
刘风洲	平度市蓼兰镇权家村	37	男	1945 年 4 月
张光进	平度市马戈庄镇五甲埠村	21	男	1945 年 4 月
杨廷敬	平度市蓼兰镇长庄村	25	男	1945 年 4 月
于振仪	平度市蓼兰镇小八里庄村	34	男	1945 年 4 月
侯喜桂	平度市蓼兰镇小八里庄村	—	男	1945 年 4 月
张得遍	平度市大泽山镇小店村	22	男	1945 年 4 月
朱洪高	平度市大泽山镇小店村	24	男	1945 年 4 月
荆信明	平度市仁兆镇于莱庄村	34	男	1945 年 4 月
杨元田	平度市大泽山镇东高家村	38	男	1945 年 5 月
董展荒	平度市万家镇打磨王家村	19	男	1945 年 5 月
李德升	平度市万家镇打磨王家村	21	男	1945 年 5 月
程元成	平度市旧店镇罗头村	22	男	1945 年 5 月
王同云	平度市云山镇前卧牛石村	21	男	1945 年 5 月
李成先	平度市祝沟镇	25	男	1945 年 5 月
马文学	平度市云山镇前卧牛石村	25	男	1945 年 5 月
车正玉	平度市张舍镇小田庄村	23	男	1945 年 5 月
周同义	平度市南村镇西朱家庄村	30	男	1945 年 5 月
王德民	平度市大泽山镇北台村	44	男	1945 年 5 月
刘德信	平度市大田镇黄山后村	24	男	1945 年 5 月
刘恩德	平度市大田镇黄山后村	34	男	1945 年 5 月
李春良	平度市大田镇黄山后村	31	男	1945 年 5 月
周云福	平度市大泽山镇大疃村	23	男	1945 年 5 月
王瑞虎	平度市大田镇黄山后村	44	男	1945 年 5 月
许培图	平度市大田镇黄山后村	48	男	1945 年 5 月
陈培善	平度市门村镇沙岭村	31	男	1945 年 5 月
崔守宗	平度市店子镇昌里村	20	男	1945 年 5 月
付兰昌	平度市门村镇沙岭村	24	男	1945 年 5 月
陈海清	平度市门村镇沙岭村	18	男	1945 年 5 月
王观滋	平度市南村镇柏家寨村	35	男	1945 年 5 月

姓 名	籍 贯	年 龄	性 别	死难时间
崔文炳	平度市南村镇柏家寨村	20	男	1945 年 5 月
姜瑞良	平度市城关街道库屯村	27	男	1945 年 5 月
许培图	平度市门村镇东河北村	40	男	1945 年 5 月
王景寿	平度市张戈庄镇东马家村	20	男	1945 年 5 月
刘盛英	平度市古岘镇后李道村	20	男	1945 年 5 月
卢维福	平度市张戈庄镇东马家村	35	男	1945 年 5 月
姜书论	平度市张戈庄镇东马家村	22	男	1945 年 5 月
段辉云	平度市张戈庄镇东马家村	20	男	1945 年 5 月
郭京成	平度市张戈庄镇东马家村	19	男	1945 年 5 月
王锡丰	平度市店子镇大王家村	20	男	1945 年 5 月
张洪起	平度市店子镇大王家村	24	男	1945 年 5 月
尚秀深	平度市店子镇大王家村	22	男	1945 年 5 月
王文华	平度市仁兆镇于莱庄村	24	男	1945 年 5 月
韩法成	平度市仁兆镇韩家疃村	—	男	1945 年 5 月
王胜财	平度市万家镇打磨王家村	34	男	1945 年 5 月
彭松财	平度市万家镇打磨王家村	23	男	1945 年 5 月
昌希德	平度市大泽山镇北昌村	19	男	1945 年 5 月
周汉亭	平度市大泽山镇北昌村	29	男	1945 年 5 月
刘瑞华	平度市仁兆镇冷戈庄村	20	男	1945 年 6 月 17 日
鉴东鲁	平度市万家镇打磨王家村	34	男	1945 年 6 月 29 日
孙世江	平度市蓼兰镇大吴庄村	18	男	1945 年 6 月
张德良	平度市店子镇苏村	22	男	1945 年 6 月
王玉友	平度市大泽山镇四甲村	23	男	1945 年 6 月
王玉山	平度市大泽山镇四甲村	18	男	1945 年 6 月
杨士祥	平度市大田镇陈家村	27	男	1945 年 6 月
陈福珍	平度市大田镇陈家村	23	男	1945 年 6 月
陈从斗	平度市大田镇陈家村	24	男	1945 年 6 月
郑文堂	平度市旧店镇马疃村	25	男	1945 年 6 月
李世高	平度市万家镇李打铁家村	17	男	1945 年 6 月
张振九	平度市万家镇李打铁家村	26	男	1945 年 6 月
陈宝玉	平度市大田镇陈家村	28	男	1945 年 6 月
庞成堂	平度市南村镇大庞家庄村	26	男	1945 年 6 月
李泽良	平度市南村镇大庞家庄村	25	男	1945 年 6 月
崔永周	平度市大田镇陈家村	24	男	1945 年 6 月

姓 名	籍 贯	年 龄	性 别	死难时间
王信田	平度市云山镇曲戈庄村	24	男	1945 年 6 月
张天竹	平度市云山镇曲戈庄村	22	男	1945 年 6 月
李思道	平度市白埠镇李家顶村	18	男	1945 年 6 月
李庆杰	平度市云山镇曲戈庄村	31	男	1945 年 6 月
李文勤	平度市蓼兰镇小于家村	30	男	1945 年 6 月
邢知科	平度市蓼兰镇邢家村	16	男	1945 年 6 月
刘书栋	平度市麻兰镇东山前村	31	男	1945 年 6 月
李德令	平度市门村镇西河北村	35	男	1945 年 6 月
李 氏	平度市门村镇西河北村	34	女	1945 年 6 月
陆云积	平度市白埠镇李家顶村	22	男	1945 年 6 月
张君毕	平度市麻兰镇东山前村	35	男	1945 年 6 月
张国瑞	平度市麻兰镇东山前村	37	男	1945 年 6 月
李明丰	平度市麻兰镇东山前村	24	男	1945 年 6 月
侯占禄	平度市白埠镇李家顶村	35	男	1945 年 6 月
韩天福	平度市麻兰镇东山前村	56	男	1945 年 6 月
孙吉猛	平度市麻兰镇东山前村	20	男	1945 年 6 月
姜恩普	平度市麻兰镇东山前村	29	男	1945 年 6 月
贾修元	平度市麻兰镇东山前村	18	男	1945 年 6 月
马克寿	平度市郭庄镇马家庄村	36	男	1945 年 6 月
王潘生	平度市大田镇张戈庄村	22	男	1945 年 6 月
刘维宁	平度市李园镇刘家寨村	39	男	1945 年 6 月
胥延春	平度市白埠镇李家顶村	22	男	1945 年 6 月
侯介贵	平度市蓼兰镇大吴庄村	18	男	1945 年 6 月
杨太尧之妻	平度市长乐镇棣家疃村	39	女	1945 年 7 月 22 日
刘作财	平度市同和街道刘家张村	35	男	1945 年 7 月 22 日
王福岐	平度市南村镇大庞家庄村	21	男	1945 年 7 月 24 日
耿书升	平度市麻兰镇姜家观村	37	男	1945 年 7 月 29 日
孙玉臣	平度市灰埠镇小苗家村	—	男	1945 年 7 月
孙升善	平度市大田镇巴豆子村	19	男	1945 年 7 月
陈启发	平度市长乐镇陈家村	60	男	1945 年 7 月
孙满长	平度市长乐镇大孙家村	19	男	1945 年 7 月
王陈作	平度市灰埠镇小苗家村	25	男	1945 年 7 月
王泽义	平度市灰埠镇小苗家村	28	男	1945 年 7 月
张洪连	平度市旧店镇东庙东村	21	男	1945 年 7 月

姓 名	籍 贯	年 龄	性 别	死难时间
王福占	平度市旧店镇东庙东村	26	男	1945 年 7 月
张振九	平度市大泽山镇大疃村	24	男	1945 年 7 月
张德顺	平度市旧店镇东庙东埠村	17	男	1945 年 7 月
鉴守宗	平度市万家镇打磨王家村	47	男	1945 年 7 月
王洪堂	平度市长乐镇胡家庄村	13	男	1945 年 7 月
李升奎	平度市万家镇打磨王家村	40	男	1945 年 7 月
张××	平度市崔家集镇高戈庄村	38	男	1945 年 7 月
张××	平度市崔家集镇高戈庄村	41	男	1945 年 7 月
张××	平度市崔家集镇高戈庄村	37	男	1945 年 7 月
张××	平度市崔家集镇高戈庄村	51	男	1945 年 7 月
位春桂	平度市万家镇打磨王家村	30	男	1945 年 7 月
孙德山	平度市店子镇上泂村	21	男	1945 年 7 月
李志亭	平度市古岘镇西河村	23	男	1945 年 7 月
梁新清	平度市大田镇梁家村	20	男	1945 年 7 月
刘进堂	平度市古岘镇西河村	25	男	1945 年 7 月
张炳善	平度市崔召镇凤凰山村	35	男	1945 年 7 月
王克伸	平度市田庄镇韩家屯村	29	男	1945 年 7 月
仲统诰	平度市李园街道北关村	39	男	1945 年 7 月
仲延明	平度市李园街道北关村	37	男	1945 年 7 月
代君廷	平度市田庄镇韩家屯村	26	男	1945 年 7 月
官大骞	平度市田庄镇韩家屯村	22	男	1945 年 7 月
官玉浩	平度市田庄镇韩家屯村	20	男	1945 年 7 月
侯洪泽	平度市田庄镇韩家屯村	16	男	1945 年 7 月
王清铁	平度市田庄镇韩家屯村	19	男	1945 年 7 月
刘洪祥	平度市城关镇西泮家疃村	32	男	1945 年 7 月
刘炳章	平度市城关镇西泮家疃村	31	男	1945 年 7 月
孙清玉	平度市门村镇东南疃村	29	男	1945 年 7 月
张秀信	平度市门村镇东南疃村	21	男	1945 年 7 月
王广江	平度市灰埠镇下王家村	29	男	1945 年 7 月
王民会	平度市灰埠镇下王家村	29	男	1945 年 7 月
冷同仁	平度市灰埠镇下王家村	27	男	1945 年 7 月
于成祥	平度市蓼兰镇大于家村	29	男	1945 年 7 月
姜秀敖	平度市灰埠镇小苗家村	25	男	1945 年 7 月
荆成显	平度市旧店镇东庙东村	26	男	1945 年 7 月

姓 名	籍 贯	年 龄	性 别	死难时间
李守开	平度市旧店镇东庙东村	29	男	1945 年 7 月
白石章	平度市张舍镇西白家村	18	男	1945 年 7 月
谭山廷	平度市大泽山镇谭家夼村	28	男	1945 年 7 月
滕洪元	平度市旧店镇滕家村	20	男	1945 年 7 月
李从志	平度市崔家集镇大袁家村	34	男	1945 年 8 月 1 日
姜学礼	平度市城关街道姜家疃村	11	男	1945 年 8 月 7 日
孙福海	平度市蓼兰镇小彭家村	17	男	1945 年 8 月
赵元善	平度市门村镇门村	18	男	1945 年 8 月
刘仲昌	平度市大泽山镇三山东头村	21	男	1945 年 8 月
孙福太	平度市门村镇门村	19	男	1945 年 8 月
程先瑞	平度市万家镇程家村	18	男	1945 年 8 月
孙升进	平度市大泽山镇山东头村	19	男	1945 年 8 月
姜书雪	平度市崔家集镇大纪家村	19	男	1945 年 8 月
姜进田	平度市店子镇西南隋村	20	男	1945 年 8 月
纪洪善	平度市崔家集镇大纪家村	26	男	1945 年 8 月
纪洪集	平度市崔家集镇大纪家村	28	男	1945 年 8 月
刘德保	平度市崔家集镇大纪家村	24	男	1945 年 8 月
刘富寿	平度市门村镇后小营村	32	男	1945 年 8 月
张其扬	平度市店子镇北蒋家村	20	男	1945 年 8 月
杨锡平	平度市店子镇北蒋家村	39	男	1945 年 8 月
万方德	平度市店子镇北蒋家村	23	男	1945 年 8 月
于洪安	平度市店子镇北蒋家村	24	男	1945 年 8 月
魏风祥	平度市店子镇北蒋家村	19	男	1945 年 8 月
吴丰进	平度市云山镇尹府村	20	男	1945 年 8 月
荆成瑞	平度市店子镇北蒋家村	30	男	1945 年 8 月
栾文堂	平度市大田镇栾家村	41	男	1945 年 8 月
张锡明	平度市大泽山镇山东头村	27	男	1945 年 8 月
徐永良	平度市大田镇栾家村	21	男	1945 年 8 月
张其祥	平度市大泽山镇北蒋家村	24	男	1945 年 8 月
贾宗森	平度市崔家集镇大袁家村	20	男	1945 年 8 月
万福山	平度市崔家集镇大袁家村	26	男	1945 年 8 月
孙海昌	平度市崔家集镇大袁家村	19	男	1945 年 8 月
代书训	平度市古岘镇大朱毛村	31	男	1945 年 8 月
仲召昌之父	平度市李园街道北关村	—	男	1945 年 8 月

姓 名	籍 贯	年 龄	性 别	死难时间
仲召昌之母	平度市李园街道北关村	—	女	1945 年 8 月
窦学先	平度市崔家集镇大袁家村	24	男	1945 年 8 月
代洪典	平度市南村镇南沙岭村	29	男	1945 年 8 月
窦洪山	平度市崔家集镇大袁家村	22	男	1945 年 8 月
王延寿	平度市旧店镇滕家村	28	男	1945 年 8 月
代享合	平度市崔家集镇大袁家村	30	男	1945 年 8 月
程义旺	平度市旧店镇罗头村	20	男	1945 年 8 月
李风岳	平度市崔家集镇大袁家村	26	男	1945 年 8 月
彭升效	平度市蓼兰镇小彭家村	40	男	1945 年 8 月
董学云	平度市大田镇董家村	18	男	1945 年 8 月
徐元友	平度市大田镇董家村	28	男	1945 年 8 月
赵太昌	平度市门村镇赵家烟村	35	男	1945 年 8 月
王洪根	平度市大泽山镇东岳石村	18	男	1945 年 8 月
于振德	平度市祝沟镇赵家流河村	23	男	1945 年 8 月
张培元	平度市崔家集镇高戈庄村	19	男	1945 年
崔玉福	平度市开发区城东埠村	—	男	1945 年
崔本发	平度市开发区城东埠村	20	男	1945 年
崔洪章	平度市大泽山镇尹家村	22	男	1945 年
徐永昌	平度市新河镇南镇村	26	男	1945 年
刘云汉	平度市新河镇院后刘家村	29	男	1945 年
宋传德	平度市新河镇院后刘家村	21	男	1945 年
李美成	平度市新河镇院后刘家村	26	男	1945 年
江月顺	平度市南村镇江家庄村	27	男	1945 年
张相杰	平度市南村镇江家庄村	18	男	1945 年
蒲洪文	平度市南村镇江家庄村	21	男	1945 年
杨振山	平度市祝沟镇赵家流河村	21	男	1945 年
李化信	平度市崔家集镇大吴家村	34	男	1945 年
毕天山	平度市崔家集镇大吴家村	25	男	1945 年
范兴德	平度市崔家集镇大吴家村	—	男	1945 年
徐成合	平度市大田镇东涧村	22	男	1945 年
董福斋	平度市大田镇上马村	23	男	1945 年
李保善	平度市祝沟镇赵家流河村	30	男	1945 年
隋如珍	平度市麻兰镇麻兰三村	17	男	1945 年
崔守永	平度市麻兰镇麻兰三村	19	男	1945 年

姓　名	籍　贯	年　龄	性　别	死难时间
管召明	平度市麻兰镇麻兰三村	22	男	1945 年
兰廷义	平度市麻兰镇麻兰三村	21	男	1945 年
王明福	平度市麻兰镇钱家庄村	25	男	1945 年
王殿法	平度市麻兰镇钱家庄村	25	男	1945 年
郭德胜	平度市麻兰镇小孙戈庄村	21	男	1945 年
李春宝	平度市门村镇上疃村	31	男	1945 年
鲁昌令	平度市门村镇上疃村	25	男	1945 年
官锡山	平度市门村镇上疃村	30	男	1945 年
董献亭	平度市南村镇洪兰三村	20	男	1945 年
李付基	平度市南村镇洪兰三村	22	男	1945 年
刘吉堂	平度市南村镇洪兰三村	27	男	1945 年
纪善忠	平度市南村镇洪兰三村	20	男	1945 年
郑书孟	平度市南村镇江家庄村	17	男	1945 年
杨德功	平度市南村镇江家庄村	18	男	1945 年
杨勤云	平度市南村镇江家庄村	25	男	1945 年
杨廷山	平度市大田镇杨家村	28	男	1945 年
周才善	平度市大田镇杨家村	24	男	1945 年
李克元	平度市大田镇杨家村	21	男	1945 年
王明礼	平度市大田镇杨家村	22	男	1945 年
张太玉	平度市大田镇杨家村	21	男	1945 年
陈志培	平度市香店街道金沟子村	55	男	1945 年
李子福	平度市云山镇王戈庄村	31	男	1945 年
李华元	平度市云山镇王戈庄村	19	男	1945 年
高楠云	平度市大泽山镇东高家村	27	男	1945 年
彭玉祥	平度市大田镇东涧村	39	男	1945 年
石付山	平度市郭庄镇石家东庄村	—	男	1945 年
十　月	平度市郭庄镇石家东庄村	—	男	1945 年
于恩德	平度市大田镇东涧村	16	男	1945 年
王中义	平度市大田镇东涧村	21	男	1945 年
董廷连	平度市南村镇洪兰三村	47	男	1945 年
王永风	平度市马戈庄镇五甲埠村	23	男	1945 年
徐书信	平度市万家镇徐家村	40	男	1945 年
尹召彬	平度市大泽山镇尹家村	34	男	1945 年
张焕海	平度市大泽山镇南昌村	28	男	1945 年

姓 名	籍 贯	年 龄	性 别	死难时间
郭同安	平度市麻兰镇麻兰六村	19	男	1945 年
高歧从	平度市崔家集镇北高家村	25	男	1945 年
刘盛荣	平度市崔家集镇高家村	21	男	1945 年
王瑞吉	平度市麻兰镇芝坊村	35	男	1945 年
孙玉香	平度市万家镇宋家村	25	男	1945 年
周绍三	平度市万家镇万柳周家村	23	男	1945 年
任锡财	平度市大泽山镇南昌村	27	男	1945 年
李中奎	平度市大泽山镇南昌村	26	男	1945 年
苟典全	平度市大泽山镇南昌村	24	男	1945 年
崔忠平	平度市大泽山镇南昌村	29	男	1945 年
孙修书	平度市张舍镇西白家村	31	男	1945 年
张吉林	平度市大泽山镇南昌村	23	男	1945 年
孙会普	平度市张舍镇西白家村	25	男	1945 年
滕德聚	平度市灰埠镇灰埠村	21	男	1945 年
李丰桂	平度市大泽山镇南昌村	24	男	1945 年
李宝玉	平度市古岘镇寨子村	17	男	1945 年
李玉山	平度市崔家集镇上王家村	27	男	1945 年
张同山	平度市灰埠镇灰埠村	34	男	1945 年
谭增江	平度市大泽山镇谭家夼村	40	男	1945 年
姜延胜	平度市城关街道东七里河子村	50	男	1945 年
李大明	平度市古岘镇寨子村	35	男	1945 年
郭秀山	平度市城关街道东七里河子村	21	男	1945 年
周月明	平度市郭庄镇钟楼埠村	23	男	1945 年
马云汉	平度市白埠镇三甲村	27	男	1945 年
张守荣	平度市大泽山镇尹家村	33	男	1945 年
姜思林	平度市李园街道万家疃村	29	男	1945 年
姜恩朴	平度市李园街道西七里河子村	29	男	1945 年
姜中伦	平度市李园街道西七里河子村	29	男	1945 年
张 氏	平度市李园街道西七里河子村	39	女	1945 年
于邦德	平度市蓼兰镇林家村	38	男	1945 年
白增柱	平度市张舍镇西白家村	22	男	1945 年
初培月	平度市蓼兰镇林家村	27	男	1945 年
陈宝资	平度市蓼兰镇林家村	27	男	1945 年
袁洪吉	平度市蓼兰镇林家村	24	男	1945 年

姓 名	籍 贯	年 龄	性 别	死难时间
代松春	平度市香店街道相家村	19	男	1945 年
相锡山	平度市香店街道相家村	20	男	1945 年
赵书德	平度市香店街道相家村	19	男	1945 年
王克绍	平度市香店街道相家村	27	男	1945 年
宗学君	平度市香店街道相家村	27	男	1945 年
孙书斋	平度市香店街道相家村	20	男	1945 年
金增善	平度市麻兰镇麻兰六村	47	男	1945 年
刘宝山	平度市麻兰镇麻兰六村	27	男	1945 年
赵本祥	平度市麻兰镇麻兰六村	37	男	1945 年
蒋洽时	平度市南村镇杨家庄村	52	男	1945 年
于茂林	平度市马戈庄镇古庄村	—	男	1945 年
昌有德	平度市仁兆镇门戈庄村	31	男	—
崔守华	平度市麻兰镇店后村	26	男	—
王 燕	平度市南村镇洪兰东村	—	女	—
王振林之长子	平度市南村镇亭兰村	21	男	—
王 买	平度市南村镇亭兰村	30	男	—
李福亭	平度市白埠镇李家村	23	男	—
王守同	平度市长乐镇王家村	21	男	—
王鸿奎	平度市崔家集镇王家庄村	40	男	—
王永德	平度市大泽山镇高望山村	30	男	—
王显廷	平度市长乐镇王家村	19	男	—
宫书训	平度市华侨科技园兰前村	75	男	—
柳星河	平度市明村镇台南村	29	男	—
李东榜	平度市香店街道杜家疃村	21	男	—
李云亭	平度市张舍镇东姜家村	26	男	—
张长玲	平度市张舍镇东南营村	19	男	—
车增江	平度市张舍镇东南营村	29	男	—
周方志	平度市张舍镇匡家村	30	男	—
李吉信	平度市张舍镇匡家村	30	男	—
李洪香	平度市李园街道山前村	21	女	1938 年
张延年	平度市李园街道艾家疃村	—	男	1938 年
张锡奎	平度市张戈庄镇矫家疃村	—	男	1938 年 3 月 8 日
张云赠	平度市张戈庄镇矫家疃村	—	男	1938 年 3 月 8 日
张正才	平度市张戈庄镇矫家疃村	—	男	1938 年 3 月 8 日

姓 名	籍 贯	年 龄	性 别	死难时间
韩 松	平度市张戈庄镇仲戈庄村	45	男	1938 年 4 月 6 日
田希福	平度市灰埠镇焦家庄子村	20	男	1938 年 4 月 13 日
王培新	平度市灰埠镇焦家庄子村	20	男	1938 年 4 月 13 日
彭福年	平度市蓼兰镇大彭家村	30	男	1938 年
张树启	平度市祝沟镇且格庄村	17	男	1939 年 3 月
葛明礼	平度市大田镇后林家村	25	男	1939 年 3 月
龙 恩	平度市大田镇后林家村	26	男	1939 年 3 月
初高显	平度市门村镇官庄村	20	男	1939 年 3 月
初高照	平度市门村镇官庄村	22	男	1939 年 3 月
王登高	平度市门村镇官庄村	31	男	1939 年 3 月
孙景亮	平度市城关街道辛家庄村	—	男	1939 年 4 月
黄正来	平度市兰底镇河北后集村	44	男	1939 年 5 月
李 贤	平度市香店街道河崖村	48	男	1939 年 6 月
李玉坤	平度市万家镇古路庄村	17	男	1939 年 8 月
仲跻舜	平度市香店街道仲家村	28	男	1939 年 9 月
何恩从	平度市大田镇小马场村	34	男	1939 年 9 月
王凤德	平度市郭庄镇周诰屯村	19	男	1939 年 11 月 5 日
高兴周	平度市门村镇官庄村	35	男	1939 年 11 月
吴为东	平度市蓼兰镇西吴家村	35	男	1939 年
黄好学	平度市城关街道下李元村	21	男	1940 年 4 月 5 日
孙学太	平度市城关街道下李元村	19	男	1940 年 4 月 5 日
刘常丁	平度市蓼兰镇家后村	22	男	1940 年 5 月
孙 扣	平度市大田镇巴豆子村	27	女	1940 年 7 月
于洪林	平度市城关街道下李元村	36	男	1940 年 8 月
刘秀章	平度市古岘镇后李道村	17	男	1940 年 8 月
刘 章	平度市古岘镇后李道村	24	男	1940 年 8 月
刘之范	平度市古岘镇后李道村	16	男	1940 年 8 月
李 官	平度市香店街道河崖村	15	男	1940 年 8 月
于洪训	平度市城关街道下李元村	38	男	1940 年 9 月 16 日
崔洪福	平度市经济开发区芝戈庄村	43	男	1940 年 9 月
崔洪福之妻	平度市经济开发区芝戈庄村	40	女	1940 年 9 月
李友祥	平度市马戈庄镇闫村	49	男	1940 年 11 月
陈宝山	平度市古岘镇乔戈庄村	35	男	1940 年
王典科	平度市同和街道王家柳疃村	—	男	1940 年

姓　名	籍　贯	年　龄	性　别	死难时间
胥从吉	平度市大田镇巴豆子村	40	男	1941 年 1 月
黄山之子	平度市香店街道大泥村	13	男	1941 年 3 月 9 日
周冬狼	平度市大泽山镇韭园村	21	男	1941 年 4 月
王洪书	平度市万家镇王唐家村	18	男	1941 年 4 月
张振文	平度市万家镇河北孙家村	41	男	1941 年 7 月
张振希	平度市万家镇河北孙家村	30	男	1941 年 7 月
代训文	平度市古岘镇南城子村	24	男	1941 年 9 月 21 日
丁　子	平度市香店街道大泥村	19	男	1941 年 9 月
跟　喜	平度市香店街道大泥村	34	男	1941 年 9 月
黄　山	平度市香店街道大泥村	33	男	1941 年 9 月
刘清喜	平度市香店街道大泥村	37	男	1941 年 9 月
韩振明	平度市仁兆镇冷庄村	—	男	1941 年 11 月 9 日
刘显德	平度市祝沟镇小卜子村	38	男	1941 年 11 月 13 日
王希玉	平度市大田镇华山后村	44	男	1941 年 11 月 14 日
王忠进	平度市大田镇华山后村	40	男	1941 年 11 月 14 日
杨京文	平度市大田镇东赵戈庄村	25	男	1941 年 11 月 14 日
杨奎先	平度市大田镇东赵戈庄村	18	男	1941 年 11 月 14 日
石洪仁	平度市郭庄镇石家东庄村	17	男	1941 年 12 月
李文斋	平度市大田镇东大田村	19	男	1941 年 12 月
修学章	平度市大田镇东大田村	18	男	1941 年 12 月
于点汉	平度市大田镇中于家村	19	男	1941 年 12 月
于点合	平度市大田镇中于家村	17	男	1941 年 12 月
袁书堂	平度市崔召镇四十里堡村	24	男	1941 年
徐永秋	平度市旧店镇西上夼村	20	男	1941 年
徐永财	平度市旧店镇西上夼村	32	男	1941 年
宿套福	平度市旧店镇西上夼村	34	男	1941 年
李进帮	平度市旧店镇西上夼村	24	男	1941 年
李进美	平度市旧店镇西上夼村	19	男	1941 年
徐永堂	平度市旧店镇西上夼村	25	男	1941 年
周登兰	平度市旧店镇西上夼村	21	男	1941 年
代书卓	平度市古岘镇前朱毛村	20	男	1941 年
高庆方	平度市古岘镇四里村	17	男	1941 年
林书堂	平度市旧店镇九里夼村	40	男	1942 年 1 月 14 日
周庆善	平度市旧店镇九里夼村	35	男	1942 年 1 月 14 日

姓 名	籍 贯	年 龄	性 别	死难时间
周明才	平度市旧店镇九里夼村	30	男	1942 年 1 月 14 日
丁见顺	平度市明村镇台前村	11	男	1942 年 1 月
高振廷	平度市明村镇台前村	17	男	1942 年 1 月
崔升德	平度市华侨科技园东崔家疃村	—	男	1942 年 2 月
王大占	平度市古岘镇七里村	29	男	1942 年 2 月
陈丰聚	平度市云山镇赵庄村	17	男	1942 年 3 月 28 日
王夕玉	平度市长乐镇石柱子村	40	男	1942 年 3 月
明丰书	平度市马戈庄镇明家店子村	39	男	1942 年 3 月
付云敏	平度市马戈庄镇明家店子村	38	男	1942 年 3 月
明作经	平度市马戈庄镇明家店子村	23	男	1942 年 3 月
李德发	平度市大田镇徐里村	35	男	1942 年 4 月 24 日
郑方令	平度市大田镇徐里村	38	男	1942 年 4 月 24 日
王云亭	平度市旧店镇套子村	35	男	1942 年 4 月
宫培春	平度市华侨科技园邢家疃村	—	男	1942 年 4 月
李瑞祥	平度市白埠镇李家村	30	男	1942 年 4 月
李瑞祥之舅	平度市白埠镇李家村	—	男	1942 年 4 月
仲延刚	平度市香店街道仲家村	38	男	1942 年 4 月
徐恩玉	平度市马戈庄镇五甲埠村	25	男	1942 年 4 月
高振平	平度市万家镇陈家顶村	36	男	1942 年 4 月
邵昌村	平度市万家镇陈家顶村	36	男	1942 年 4 月
周喜云	平度市旧店镇西庞家洼村	23	男	1942 年 5 月
王守松	平度市大田镇夏家庄村	36	男	1942 年 5 月
王永文	平度市大田镇夏家庄村	35	男	1942 年 5 月
刘奎云	平度市祝沟镇东李家庄村	28	男	1942 年 6 月
李显章	平度市祝沟镇东李家庄村	27	男	1942 年 6 月
李树森	平度市明村镇庄子村	—	男	1942 年 6 月
陈宝发	平度市明村镇陈家屯村	30	男	1942 年 7 月
陈学荣	平度市明村镇陈家屯村	30	男	1942 年 7 月
陈之文	平度市明村镇陈家屯村	30	男	1942 年 7 月
朱 财	平度市南村镇朱家庄村	20	男	1942 年 8 月
刘洪祥	平度市经济开发区小洼村	28	男	1942 年 8 月
刘洪三	平度市经济开发区小洼村	30	男	1942 年 8 月
周运堂	平度市经济开发区小洼村	26	男	1942 年 8 月
王守奴	平度市兰底镇前双坅村	22	男	1942 年 9 月 15 日

姓　名	籍　贯	年　龄	性　别	死难时间
董成林	平度市兰底镇前双坨村	26	男	1942 年 9 月 15 日
王　珠	平度市兰底镇前双坨村	24	男	1942 年 9 月 15 日
郑云宝	平度市旧店镇小曲家埠村	46	男	1942 年 9 月
孙中名	平度市仁兆镇小桑园村	23	男	1942 年 10 月 9 日
王常在	平度市南村镇亭兰村	30	男	1942 年 10 月
窦汝比	平度市仁兆镇窦戈庄村	—	男	1942 年 11 月 8 日
郑同舟	平度市旧店镇上庄村	43	男	1942 年 11 月 14 日
郑风锡	平度市旧店镇上庄村	26	男	1942 年 11 月 14 日
郑洪根	平度市旧店镇上庄村	38	男	1942 年 11 月 14 日
杜祥庆	平度市旧店镇田格庄村	43	男	1942 年 11 月 14 日
彭好孟	平度市旧店镇田格庄村	20	男	1942 年 11 月 14 日
刘梦甲	平度市旧店镇大曲家埠村	43	男	1942 年 11 月 14 日
郑文俊	平度市旧店镇大曲家埠村	31	男	1942 年 11 月 14 日
郑理堂	平度市旧店镇大曲家埠村	33	男	1942 年 11 月 14 日
郑书海	平度市旧店镇大曲家埠村	28	男	1942 年 11 月 14 日
郑云奎	平度市旧店镇小曲家埠村	27	男	1942 年 11 月 14 日
杨书学	平度市旧店镇杨家村	—	男	1942 年 11 月 14 日
杨廷宣	平度市旧店镇杨家村	—	男	1942 年 11 月 14 日
杨廷清	平度市旧店镇杨家村	—	男	1942 年 11 月 14 日
杨书祥	平度市旧店镇杨家村	—	男	1942 年 11 月 14 日
杨书瑞	平度市旧店镇杨家村	—	男	1942 年 11 月 14 日
杨廷仪	平度市旧店镇杨家村	—	男	1942 年 11 月 14 日
杨廷奎	平度市旧店镇杨家村	—	男	1942 年 11 月 14 日
苏云青	平度市旧店镇西司村	36	男	1942 年 11 月 14 日
刘喜坤	平度市旧店镇西司村	22	男	1942 年 11 月 14 日
刘付显	平度市旧店镇西司村	35	男	1942 年 11 月 14 日
张玉仑	平度市旧店镇西司村	20	男	1942 年 11 月 14 日
张云财	平度市旧店镇西司村	33	男	1942 年 11 月 14 日
张典京	平度市旧店镇西司村	28	男	1942 年 11 月 14 日
马　锁	平度市旧店镇旧店村	21	男	1942 年 11 月 14 日
张　本	平度市旧店镇旧店村	23	男	1942 年 11 月 14 日
张振德	平度市旧店镇旧店村	42	男	1942 年 11 月 14 日
张书友	平度市旧店镇旧店村	35	男	1942 年 11 月 14 日
王书才	平度市旧店镇北庙东村	25	男	1942 年 11 月 14 日

姓　名	籍　贯	年　龄	性　别	死难时间
王书钦	平度市旧店镇北庙东村	24	男	1942 年 11 月 14 日
王书良	平度市旧店镇北庙东村	24	男	1942 年 11 月 14 日
王永瑞	平度市旧店镇北庙东村	34	男	1942 年 11 月 14 日
王永生	平度市旧店镇北庙东村	31	男	1942 年 11 月 14 日
王永帮	平度市旧店镇北庙东村	33	男	1942 年 11 月 14 日
王洪刚	平度市旧店镇北庙东村	30	男	1942 年 11 月 14 日
蔡成论	平度市旧店镇北庙东村	25	男	1942 年 11 月 14 日
王廷祥	平度市旧店镇北庙东村	24	男	1942 年 11 月 14 日
王吉云	平度市旧店镇北庙东村	23	男	1942 年 11 月 14 日
王书奥	平度市旧店镇北庙东村	24	男	1942 年 11 月 14 日
王当当	平度市旧店镇北庙东村	25	男	1942 年 11 月 14 日
王书安	平度市旧店镇北庙东村	25	男	1942 年 11 月 14 日
唐发亮	平度市旧店镇西石桥村	26	男	1942 年 11 月 14 日
唐发成	平度市旧店镇西石桥村	26	男	1942 年 11 月 14 日
代公思	平度市仁兆镇大代家庄村	—	男	1942 年 11 月
代耀光	平度市仁兆镇大代家庄村	—	男	1942 年 11 月
代绍光	平度市仁兆镇大代家庄村	—	男	1942 年 11 月
代云池	平度市仁兆镇代王疃村	—	男	1942 年 11 月
郑风文	平度市旧店镇马疃村	50	男	1942 年 11 月
郑风朱	平度市旧店镇马疃村	51	男	1942 年 11 月
冷忠升	平度市郭庄镇石家东庄村	—	男	1942 年 11 月
李发山	平度市郭庄镇石家东庄村	—	男	1942 年 11 月
史玉升	平度市郭庄镇石家东庄村	—	男	1942 年 11 月
李京辉	平度市郭庄镇石家东庄村	—	男	1942 年 11 月
王丙合	平度市郭庄镇石家东庄村	—	男	1942 年 11 月
盛德公	平度市郭庄镇云盘顶村	—	男	1942 年 11 月
孙德盛	平度市郭庄镇云盘顶村	—	男	1942 年 11 月
孙德文	平度市郭庄镇云盘顶村	—	男	1942 年 11 月
王丙伦	平度市郭庄镇云盘顶村	—	男	1942 年 11 月
盛德国	平度市郭庄镇云盘顶村	—	男	1942 年 11 月
盛德爱	平度市郭庄镇云盘顶村	—	男	1942 年 11 月
冷进喜	平度市郭庄镇云盘顶村	—	男	1942 年 11 月
冷祥章	平度市郭庄镇云盘顶村	—	男	1942 年 11 月
盛太亭	平度市郭庄镇云盘顶村	—	男	1942 年 11 月

姓 名	籍 贯	年 龄	性 别	死难时间
盛福祥	平度市郭庄镇云盘顶村	—	男	1942 年 11 月
李亲伦	平度市郭庄镇云盘顶村	—	男	1942 年 11 月
史成亲	平度市郭庄镇云盘顶村	—	男	1942 年 11 月
李升君	平度市郭庄镇云盘顶村	—	男	1942 年 11 月
冷柱子	平度市郭庄镇云盘顶村	—	男	1942 年 11 月
史玉忠	平度市郭庄镇云盘顶村	—	男	1942 年 11 月
李升臣	平度市郭庄镇云盘顶村	—	男	1942 年 11 月
李升春	平度市郭庄镇云盘顶村	—	男	1942 年 11 月
李升玉	平度市郭庄镇云盘顶村	—	男	1942 年 11 月
盛太公	平度市郭庄镇云盘顶村	—	男	1942 年 11 月
史明宗	平度市郭庄镇云盘顶村	—	男	1942 年 11 月
王丙宅	平度市郭庄镇云盘顶村	—	男	1942 年 11 月
孙希臣	平度市郭庄镇云盘顶村	—	男	1942 年 11 月
方德和	平度市郭庄镇庙东村	18	男	1942 年 11 月
吕胜堂	平度市旧店镇东七甲村	19	男	1942 年 12 月 29 日
张 宝	平度市旧店镇东七甲村	21	男	1942 年 12 月 29 日
王云好	平度市旧店镇套子村	42	男	1942 年 12 月
邢右坤	平度市旧店镇北邢家村	—	男	1942 年 12 月
王世希	平度市旧店镇北邢家村	—	男	1942 年 12 月
邢 ×	平度市旧店镇北邢家村	—	男	1942 年 12 月
吴全忠	平度市郭庄镇云盘顶村	29	男	1942 年 12 月
李文成	平度市大田镇东大田村	18	男	1942 年 12 月
高德善	平度市兰底镇河南村	19	男	1942 年
孙均民	平度市兰底镇万家营村	28	男	1942 年
姜 果	平度市云山镇西宋格庄村	23	男	1942 年
李克全	平度市崔家集镇鲁家庄村	19	男	1942 年
付圣德之父	平度市田庄镇东南寨村	30	男	1942 年
付昌发之父	平度市田庄镇东南寨村	32	男	1942 年
王洪森	平度市店子镇大王家村	—	男	1942 年
陈占宝	平度市古岘镇沙岭村	20	男	1942 年
李锡忠	平度市古岘镇东六曲村	18	男	1942 年
王 可	平度市古岘镇四里村	40	男	1942 年
王书信	平度市古岘镇四里村	15	男	1942 年
王淑左	平度市古岘镇四里村	27	男	1942 年

姓 名	籍 贯	年龄	性别	死难时间
张炳光	平度市古岘镇四里村	29	男	1942 年
三屎腚	平度市张舍镇任家洼村	20	男	1942 年
吕俊昌	平度市张舍镇任家洼村	30	男	1942 年
马汉光	平度市李园街道桥北村	25	男	1942 年
耿永坤	平度市李园街道桥北村	20	男	1942 年
七 十	平度市同和街道沟崖村	—	男	1942 年
王瑞堂	平度市同和街道石庙村	45	男	1942 年
孙京河	平度市同和街道孙柳村	30	男	1942 年
王延年	平度市同和街道王家柳疃村	—	男	1942 年
赵光聚	平度市同和街道郑家张村	32	男	1942 年
郑金生	平度市同和街道郑家张村	20	男	1942 年
郑书成	平度市同和街道郑家张村	30	男	1942 年
吴风田	平度市同和街道郑家张村	—	男	1942 年
吴风太	平度市同和街道郑家张村	—	男	1942 年
于林蒲	平度市大田镇东葛村	33	男	1942 年
李 海	平度市马戈庄镇闫村	—	男	1942 年
孙德俊	平度市郭庄镇云盘顶村	30	男	1943 年 2 月
于景林	平度市古岘镇蓬莱前村	—	男	1943 年 2 月
于 训	平度市古岘镇蓬莱前村	—	男	1943 年 2 月
王显章	平度市长乐镇祝哥庄	42	男	1943 年 3 月
王锡堂	平度市长乐镇祝哥庄	42	男	1943 年 3 月
彭金连	平度市蓼兰镇官庄村	20	男	1943 年 4 月 5 日
王锡金	平度市蓼兰镇官庄村	23	男	1943 年 4 月 5 日
邢明信	平度市华侨科技园邢家疃村	—	男	1943 年 4 月
隋 发	平度市张舍镇习礼卜村	20	男	1943 年 4 月
楚正祥	平度市万家镇许丘村	20	男	1943 年 4 月
刘克臣	平度市门村镇龙湾庄村	51	男	1943 年 4 月
刘树田	平度市门村镇龙湾庄村	30	男	1943 年 4 月
刘用国	平度市门村镇龙湾庄村	50	男	1943 年 4 月
刘希国	平度市门村镇龙湾庄村	22	男	1943 年 4 月
许培章	平度市门村镇龙王许家村	60	男	1943 年 4 月
李 春	平度市张舍镇西石岭村	50	男	1943 年 5 月 18 日
李春之子	平度市张舍镇西石岭村	20	男	1943 年 5 月 18 日
王永贵	平度市大泽山镇北台村	16	男	1943 年 5 月

姓 名	籍 贯	年 龄	性 别	死难时间
王种德	平度市大泽山镇北台村	18	男	1943 年 5 月
赵有进	平度市门村镇河南村	50	男	1943 年 5 月
李发誉	平度市张舍镇李家村	—	男	1943 年 6 月
代宝善	平度市同和街道李戈庄村	57	男	1943 年 7 月
王成训	平度市长乐镇徐王村	40	男	1943 年 8 月
王守森	平度市长乐镇徐王村	35	男	1943 年 8 月
董来堂	平度市南村镇洪兰西村	23	男	1943 年 8 月
万培福	平度市郭庄镇东万家村	26	男	1943 年 8 月
吴成光	平度市郭庄镇东万家村	28	男	1943 年 8 月
刘华民	平度市古岘镇西河村	44	男	1943 年 8 月
陈洪三	平度市门村镇郝家烟村	25	男	1943 年 8 月
张洪尧	平度市门村镇郝家烟村	24	男	1943 年 8 月
冯积祥	平度市长乐镇冯家村	19	男	1943 年 9 月 12 日
刘京在	平度市白埠镇刘古路村	17	男	1943 年 9 月
孙考庆	平度市古岘镇北城子村	20	男	1943 年 9 月
初 曼	平度市万家镇初家村	18	男	1943 年 9 月
万 奎	平度市万家镇大万家村	23	男	1943 年 9 月
肖庆环	平度市灰埠镇肖家村	50	男	1943 年 10 月 12 日
冷付启	平度市仁兆镇岚前村	—	男	1943 年 10 月
冷军启	平度市仁兆镇岚前村	—	男	1943 年 10 月
刘明德	平度市祝沟镇小沽洄村	27	男	1943 年 10 月
刘登高	平度市祝沟镇小沽洄村	28	男	1943 年 10 月
魏同升	平度市白埠镇魏家村	31	男	1943 年 10 月
林应民	平度市白埠镇魏家村	31	男	1943 年 10 月
毕效燕	平度市万家镇毕家村	31	男	1943 年 11 月
董家福	平度市崔家集镇董家大庄村	26	男	1943 年 12 月 10 日
董家勇	平度市崔家集镇董家大庄村	31	男	1943 年 12 月 10 日
丑	平度市郭庄镇庙东村	17	男	1943 年 12 月
黄希顺	平度市仁兆镇西仁兆村	23	男	1943 年
王 桥	平度市长乐镇后沙岭村	40	男	1943 年
张培顺	平度市兰底镇逄家下泊村	44	男	1943 年
陈之平	平度市古岘镇前湾上村	25	男	1943 年
刘升方	平度市古岘镇四里村	22	男	1943 年
王训海	平度市古岘镇山上村	19	男	1943 年

姓　名	籍　贯	年　龄	性　别	死难时间
张挺山	平度市古岘镇东六曲村	19	男	1943 年
本	平度市张舍镇郑家村	—	男	1943 年
李丰岭	平度市香店街道香店村	22	男	1943 年
李芳先	平度市香店街道小窑村	50	男	1943 年
窦洪奎	平度市同和街道孙柳村	—	男	1943 年
董学恩	平度市大田镇南董村	17	男	1943 年
蔡东学	平度市蓼兰镇蔡家礼府村	—	男	1944 年 2 月 2 日
谭　生	平度市长乐镇河崖刘家村	16	男	1944 年 3 月
王典弼	平度市长乐镇河崖王家村	28	男	1944 年 3 月
吴西文	平度市崔家集镇大吴家村	27	男	1944 年 3 月
何英祥	平度市门村镇大营村	22	男	1944 年 3 月
李书贤	平度市门村镇大营村	18	男	1944 年 3 月
刘学仁	平度市门村镇前小营村	19	男	1944 年 3 月
李洪成	平度市门村镇大营村	24	男	1944 年 4 月
张华玉	平度市白埠镇大张家村	25	男	1944 年 5 月
栾挺太	平度市门村镇栾家庄村	55	男	1944 年 5 月
冷冠荣	平度市兰底镇张家营村	18	男	1944 年 6 月
杨明正	平度市旧店镇宅科村	32	男	1944 年 6 月
吴云河	平度市明村镇大黄埠村	25	男	1944 年 7 月
宋占学	平度市张戈庄镇后沙岭村	22	男	1944 年 8 月 11 日
官云周	平度市李园街道大杨召村	—	男	1944 年 10 月 26 日
官云修	平度市李园街道大杨召村	—	男	1944 年 10 月 26 日
官云灿	平度市李园街道大杨召村	—	男	1944 年 10 月 26 日
李培塘	平度市李园街道大杨召村	—	男	1944 年 10 月 26 日
官邦俊	平度市李园街道大杨召村	—	男	1944 年 10 月 26 日
马桂明	平度市门村镇东马家疃村	37	男	1944 年 10 月
马作山	平度市门村镇东马家疃村	36	男	1944 年 10 月
马德江	平度市门村镇西马家疃村	35	男	1944 年 10 月
林福云	平度市旧店镇南庙东村	—	男	1944 年 11 月 14 日
范玉年	平度市崔家集镇西范家村	29	男	1944 年 11 月
季连海	平度市蓼兰镇坵西村	28	男	1944 年 12 月
王新元	平度市万家镇安子丘村	19	男	1944 年 12 月
代洪胜	平度市城关街道下李元村	34	男	1944 年
毛振德	平度市灰埠镇三埠李村	51	男	1944 年

姓 名	籍 贯	年 龄	性 别	死难时间
姜 还	平度市云山镇西宋戈庄村	19	男	1944 年
姜三元	平度市云山镇西宋戈庄村	20	男	1944 年
姜明泉	平度市云山镇西宋戈庄村	18	男	1944 年
李景亭	平度市古岘镇沙岭村	16	男	1944 年
于牙头	平度市古岘镇大朱毛村	21	男	1944 年
周德新	平度市云山镇丈岭村	25	男	1944 年
孙洪章	平度市香店街道东杨庄村	22	男	1944 年
于甲生	平度市明村镇前疃村	32	男	1945 年 1 月
王虎云	平度市南村镇洪兰东村	20	男	1945 年 2 月 28 日
王方毅	平度市南村镇洪兰东村	22	男	1945 年 2 月 28 日
王惊喜	平度市李园街道前杨召村	—	男	1945 年 3 月 9 日
王 栋	平度市长乐镇徐王村	40	男	1945 年 3 月
窦洪全	平度市同和街道孙柳村	31	男	1945 年
冯德华	平度市长乐镇冯家村	18	男	—
李培善	平度市南村镇庄干村	—	男	—
芦瑞祥	平度市旧店镇袁家沟村	—	男	—
丁洪法	平度市旧店镇袁家沟村	—	男	—
吕盛云	平度市旧店镇袁家沟村	—	男	—
芦瑞停	平度市旧店镇袁家沟村	—	男	—
堂	平度市张舍镇宫西村	—	男	—
李云廷	平度市张舍镇西滚泉村	—	男	—
周学志	平度市张舍镇匡家村	—	男	—
合 计	**3385**			

责任人：綦 霏 王鹏飞　　核实人：刘 斌 尹正华 吕 岩　填表人：范晓文
填报单位（签章）：平度市委党史研究室　　　　　　填报时间：2009 年 4 月 26 日

淄博市张店区抗日战争时期死难者名录

姓　名	籍　贯	年　龄	性　别	死难时间
王允友	张店区傅家镇苏村	30	男	1937 年 12 月
韩庆祥	张店区傅家镇傅家村	20	男	1937 年 12 月
潘振水	张店区傅家镇傅家村	24	男	1937 年 12 月
韩其同	张店区傅家镇傅家村	28	男	1937 年 12 月
朱光学	张店区傅家镇高家村	30	男	1937 年 12 月
仇同礼	张店区沣水镇仇家村	—	男	1937 年 12 月
张经贤	张店区湖田镇上湖村	27	男	1937 年 12 月
董柱业	张店区湖田镇下湖村	27	男	1937 年 12 月
姚　三	张店区傅家镇张冉村	30	男	1937 年 12 月
胡登山	张店区沣水镇炒米村	—	男	1937 年
王锡永	张店区科苑街道潘庄居	37	男	1937 年 12 月 23 日
宋子君	张店区傅家镇张冉村	38	男	1938 年 2 月 10 日
刁庆华	张店区傅家镇张冉村	44	男	1938 年 2 月 10 日
刁长庚	张店区傅家镇张冉村	21	男	1938 年 2 月 10 日
孙良田	张店区傅家镇张冉村	21	男	1938 年 2 月 10 日
于茂盛	张店区傅家镇张冉村	50	男	1938 年 2 月 10 日
于套柱	张店区傅家镇张冉村	22	男	1938 年 2 月 10 日
曹执信之女	张店区傅家镇南家村	7	女	1938 年 2 月 10 日
徐　七	张店区傅家镇张冉村	50	男	1938 年 2 月 10 日
徐景密	张店区傅家镇张冉村	62	男	1938 年 2 月 10 日
姚于氏	张店区傅家镇张冉村	58	女	1938 年 2 月 10 日
王春华	张店区傅家镇张冉村	6	女	1938 年 2 月 10 日
徐乃子	张店区傅家镇张冉村	1	男	1938 年 2 月 10 日
王树华	张店区傅家镇张冉村	24	男	1938 年 2 月 10 日
李冬娃	张店区傅家镇张冉村	2	男	1938 年 2 月 10 日
彭元书	张店区中埠镇铁冶村	42	男	1938 年 2 月 11 日
申日秋	张店区中埠镇铁冶村	33	男	1938 年 2 月 11 日
申日绪	张店区中埠镇铁冶村	26	男	1938 年 2 月 11 日
申日汤	张店区中埠镇铁冶村	25	男	1938 年 2 月 11 日
申日汤之兄	张店区中埠镇铁冶村	27	男	1938 年 2 月 11 日
申日年	张店区中埠镇铁冶村	27	男	1938 年 2 月 11 日

姓 名	籍 贯	年 龄	性 别	死难时间
申日成	张店区中埠镇铁冶村	28	男	1938 年 2 月 11 日
申日前	张店区中埠镇铁冶村	24	男	1938 年 2 月 11 日
李宗堂	张店区中埠镇铁冶村	35	男	1938 年 2 月 11 日
申日夏	张店区中埠镇铁冶村	36	男	1938 年 2 月 11 日
申立善	张店区中埠镇铁冶村	18	男	1938 年 2 月 11 日
申立才	张店区中埠镇铁冶村	15	男	1938 年 2 月 11 日
申立生	张店区中埠镇铁冶村	16	男	1938 年 2 月 11 日
申日财	张店区中埠镇铁冶村	30	男	1938 年 2 月 11 日
申日春	张店区中埠镇铁冶村	38	男	1938 年 2 月 11 日
申日孟	张店区中埠镇铁冶村	35	男	1938 年 2 月 11 日
王福昌	张店区中埠镇铁冶村	42	男	1938 年 2 月 11 日
王荣昌	张店区中埠镇铁冶村	28	男	1938 年 2 月 11 日
王悦阳	张店区中埠镇铁冶村	62	男	1938 年 2 月 11 日
申日冬	张店区中埠镇铁冶村	30	男	1938 年 2 月 11 日
王维成	张店区中埠镇铁冶村	48	男	1938 年 2 月 11 日
申兆红	张店区中埠镇铁冶村	73	男	1938 年 2 月 11 日
张宝桐	张店区中埠镇铁冶村	18	男	1938 年 2 月 11 日
战化江	张店区中埠镇铁冶村	41	男	1938 年 2 月 11 日
王维义	张店区中埠镇铁冶村	16	男	1938 年 2 月 11 日
王允祥	张店区中埠镇铁冶村	42	男	1938 年 2 月 11 日
王茂盛	张店区中埠镇铁冶村	41	男	1938 年 2 月 11 日
李建荣	张店区中埠镇铁冶村	45	男	1938 年 2 月 11 日
李建安	张店区中埠镇铁冶村	43	男	1938 年 2 月 11 日
李丙元	张店区中埠镇铁冶村	25	男	1938 年 2 月 11 日
张守山	张店区中埠镇铁冶村	20	男	1938 年 2 月 11 日
索克俭	张店区中埠镇铁冶村	28	男	1938 年 2 月 11 日
战兆祯	张店区中埠镇铁冶村	42	男	1938 年 2 月 11 日
李建功	张店区中埠镇铁冶村	25	男	1938 年 2 月 11 日
战艾清	张店区中埠镇铁冶村	40	男	1938 年 2 月 11 日
申立普	张店区中埠镇铁冶村	28	男	1938 年 2 月 11 日
战兆榆	张店区中埠镇铁冶村	65	男	1938 年 2 月 11 日
王成芳	张店区中埠镇铁冶村	41	男	1938 年 2 月 11 日
王成芳之子	张店区中埠镇铁冶村	15	男	1938 年 2 月 11 日
张仲伦	张店区中埠镇铁冶村	69	男	1938 年 2 月 11 日

姓 名	籍 贯	年 龄	性 别	死难时间
张永成	张店区中埠镇铁冶村	42	男	1938 年 2 月 11 日
申立学	张店区中埠镇铁冶村	32	男	1938 年 2 月 11 日
战海清	张店区中埠镇铁冶村	62	男	1938 年 2 月 11 日
董立聪	张店区中埠镇铁冶村	32	男	1938 年 2 月 11 日
李建勋	张店区中埠镇铁冶村	24	男	1938 年 2 月 11 日
战江清	张店区中埠镇铁冶村	25	男	1938 年 2 月 11 日
郑天佑	张店区中埠镇铁冶村	35	男	1938 年 2 月 11 日
王全芳	张店区中埠镇铁冶村	31	男	1938 年 2 月 11 日
战化洲	张店区中埠镇铁冶村	33	男	1938 年 2 月 11 日
战兆武	张店区中埠镇铁冶村	34	男	1938 年 2 月 11 日
赵永义	张店区中埠镇铁冶村	25	男	1938 年 2 月 11 日
于兴邦	张店区中埠镇铁冶村	35	男	1938 年 2 月 11 日
张廷爱	张店区中埠镇铁冶村	21	男	1938 年 2 月 11 日
李建良	张店区中埠镇铁冶村	28	男	1938 年 2 月 11 日
张玉朴	张店区中埠镇铁冶村	25	男	1938 年 2 月 11 日
申兆江	张店区中埠镇铁冶村	28	男	1938 年 2 月 11 日
刘文山	张店区中埠镇铁冶村	58	男	1938 年 2 月 11 日
战兆红	张店区中埠镇铁冶村	41	男	1938 年 2 月 11 日
战玉清	张店区中埠镇铁冶村	73	男	1938 年 2 月 11 日
战兆诺	张店区中埠镇铁冶村	41	男	1938 年 2 月 11 日
杜景芳	张店区中埠镇铁冶村	32	男	1938 年 2 月 11 日
杜于氏	张店区中埠镇于家村	34	女	1938 年 2 月 11 日
杜之芳	张店区中埠镇铁冶村	14	男	1938 年 2 月 11 日
常兆亭	张店区中埠镇铁冶村	25	男	1938 年 2 月 11 日
杜德州	张店区中埠镇铁冶村	18	男	1938 年 2 月 11 日
杜景富	张店区中埠镇铁冶村	53	男	1938 年 2 月 11 日
郑天福	张店区中埠镇铁冶村	23	男	1938 年 2 月 11 日
郑本厚之父	张店区中埠镇铁冶村	51	男	1938 年 2 月 11 日
杜之福	张店区中埠镇铁冶村	35	男	1938 年 2 月 11 日
杜之福之弟	张店区中埠镇铁冶村	32	男	1938 年 2 月 11 日
王庆芳	张店区中埠镇铁冶村	21	男	1938 年 2 月 11 日
申永海	张店区中埠镇铁冶村	24	男	1938 年 2 月 11 日
赵廷柱	张店区中埠镇铁冶村	24	男	1938 年 2 月 11 日
申立法	张店区中埠镇铁冶村	31	男	1938 年 2 月 11 日

姓 名	籍 贯	年 龄	性 别	死难时间
赵永庆	张店区中埠镇铁冶村	25	男	1938 年 2 月 11 日
赵建训	张店区中埠镇铁冶村	28	男	1938 年 2 月 11 日
赵廷贵	张店区中埠镇铁冶村	40	男	1938 年 2 月 11 日
赵永水	张店区中埠镇铁冶村	25	男	1938 年 2 月 11 日
赵永利	张店区中埠镇铁冶村	28	男	1938 年 2 月 11 日
李半晌	张店区中埠镇铁冶村	31	男	1938 年 2 月 11 日
索光明	张店区中埠镇铁冶村	31	男	1938 年 2 月 11 日
索长祥	张店区中埠镇铁冶村	28	男	1938 年 2 月 11 日
赵之贤	张店区中埠镇铁冶村	25	男	1938 年 2 月 11 日
战潭清	张店区中埠镇铁冶村	28	男	1938 年 2 月 11 日
张子坤	张店区中埠镇铁冶村	62	男	1938 年 2 月 11 日
张承香	张店区中埠镇铁冶村	28	男	1938 年 2 月 11 日
索光俭	张店区中埠镇铁冶村	32	男	1938 年 2 月 11 日
索光山	张店区中埠镇铁冶村	34	男	1938 年 2 月 11 日
张凤吉	张店区中埠镇铁冶村	20	男	1938 年 2 月 11 日
常绪贤	张店区中埠镇铁冶村	25	男	1938 年 2 月 11 日
常贵路	张店区中埠镇铁冶村	26	男	1938 年 2 月 11 日
常贵安	张店区中埠镇铁冶村	27	男	1938 年 2 月 11 日
常贵栋	张店区中埠镇铁冶村	26	男	1938 年 2 月 11 日
常贵铎	张店区中埠镇铁冶村	28	男	1938 年 2 月 11 日
战兆度	张店区中埠镇铁冶村	38	男	1938 年 2 月 11 日
战芬清	张店区中埠镇铁冶村	32	男	1938 年 2 月 11 日
战兆友	张店区中埠镇铁冶村	42	男	1938 年 2 月 11 日
战兴清	张店区中埠镇铁冶村	20	男	1938 年 2 月 11 日
战允刚	张店区中埠镇铁冶村	25	男	1938 年 2 月 11 日
战兆珠	张店区中埠镇铁冶村	22	男	1938 年 2 月 11 日
战兆祯之外甥	张店区中埠镇铁冶村	1	男	1938 年 2 月 11 日
战化学之父	张店区中埠镇铁冶村	31	男	1938 年 2 月 11 日
战殿清	张店区中埠镇铁冶村	27	男	1938 年 2 月 11 日
杜天吉	张店区中埠镇铁冶村	21	男	1938 年 2 月 11 日
杜言章	张店区中埠镇铁冶村	62	男	1938 年 2 月 11 日
王允祥之祖父	张店区中埠镇铁冶村	58	男	1938 年 2 月 11 日
郑花林	张店区中埠镇铁冶村	42	男	1938 年 2 月 11 日
郑苇林	张店区中埠镇铁冶村	41	男	1938 年 2 月 11 日

姓 名	籍 贯	年 龄	性 别	死难时间
王树芝	张店区中埠镇铁冶村	28	男	1938 年 2 月 11 日
王金成	张店区中埠镇铁冶村	24	男	1938 年 2 月 11 日
王锡三之母	张店区中埠镇大王村	31	女	1938 年 2 月 11 日
王锡三之大妹	张店区中埠镇铁冶村	3	女	1938 年 2 月 11 日
王锡三之小妹	张店区中埠镇铁冶村	8 月	女	1938 年 2 月 11 日
罗延田之母	临淄县凤凰镇罗家村	41	女	1938 年 2 月 11 日
罗友义	张店区中埠镇铁冶村	25	男	1938 年 2 月 11 日
齐化甫	张店区中埠镇中埠村	65	男	1938 年 2 月 11 日
李维家	张店区中埠镇中埠村	31	男	1938 年 2 月 11 日
王际顺	张店区中埠镇中埠村	21	男	1938 年 2 月 11 日
王继顺之母	张店区中埠镇中埠村	48	女	1938 年 2 月 11 日
王悦忠	张店区中埠镇中埠村	58	男	1938 年 2 月 11 日
王吉昌	张店区中埠镇中埠村	41	男	1938 年 2 月 11 日
王继昌	张店区中埠镇中埠村	30	男	1938 年 2 月 11 日
王际新	张店区中埠镇中埠村	28	男	1938 年 2 月 11 日
王际孟	张店区中埠镇中埠村	45	男	1938 年 2 月 11 日
王树桥	张店区中埠镇中埠村	68	男	1938 年 2 月 11 日
王林昌	张店区中埠镇中埠村	22	男	1938 年 2 月 11 日
李尧圃	张店区中埠镇中埠村	25	男	1938 年 2 月 11 日
李丙让	张店区中埠镇中埠村	24	男	1938 年 2 月 11 日
郭希湘	张店区中埠镇中埠村	65	男	1938 年 2 月 11 日
赵文胜	张店区中埠镇中埠村	24	男	1938 年 2 月 11 日
王西昌	张店区中埠镇中埠村	31	男	1938 年 2 月 11 日
李丙元	张店区中埠镇中埠村	45	男	1938 年 2 月 11 日
李丙珂	张店区中埠镇中埠村	21	男	1938 年 2 月 11 日
李丙恩	张店区中埠镇中埠村	15	男	1938 年 2 月 11 日
李丙义	张店区中埠镇中埠村	14	男	1938 年 2 月 11 日
李丙信	张店区中埠镇中埠村	15	男	1938 年 2 月 11 日
李清汉	张店区中埠镇中埠村	28	男	1938 年 2 月 11 日
李清泉	张店区中埠镇中埠村	61	男	1938 年 2 月 11 日
李光俊	张店区中埠镇中埠村	24	男	1938 年 2 月 11 日
李丙学	张店区中埠镇中埠村	20	男	1938 年 2 月 11 日
王悦明	张店区中埠镇中埠村	62	男	1938 年 2 月 11 日
李光文	张店区中埠镇中埠村	30	男	1938 年 2 月 11 日

姓 名	籍 贯	年 龄	性 别	死难时间
李丙儒	张店区中埠镇中埠村	23	男	1938 年 2 月 11 日
齐化洧	张店区中埠镇中埠村	41	男	1938 年 2 月 11 日
赵义三	张店区中埠镇中埠村	30	男	1938 年 2 月 11 日
曹来福	张店区中埠镇中埠村	51	男	1938 年 2 月 11 日
李光震	张店区中埠镇中埠村	32	男	1938 年 2 月 11 日
李光巽	张店区中埠镇中埠村	24	男	1938 年 2 月 11 日
于兴富	张店区中埠镇于家村	30	男	1938 年 2 月 11 日
于兴有	张店区中埠镇于家村	28	男	1938 年 2 月 11 日
于兴厚	张店区中埠镇于家村	15	男	1938 年 2 月 11 日
于有桢	张店区中埠镇于家村	28	男	1938 年 2 月 11 日
于有桐	张店区中埠镇于家村	30	男	1938 年 2 月 11 日
于兴槐	张店区中埠镇于家村	50	男	1938 年 2 月 11 日
于兴洲	张店区中埠镇于家村	43	男	1938 年 2 月 11 日
于启福	张店区中埠镇于家村	19	男	1938 年 2 月 11 日
于有江	张店区中埠镇于家村	16	男	1938 年 2 月 11 日
于嗣信	张店区中埠镇于家村	68	男	1938 年 2 月 11 日
于嗣美	张店区中埠镇于家村	65	男	1938 年 2 月 11 日
于永官	张店区中埠镇于家村	31	男	1938 年 2 月 11 日
于永长	张店区中埠镇于家村	28	男	1938 年 2 月 11 日
于永福	张店区中埠镇于家村	61	男	1938 年 2 月 11 日
于兴西	张店区中埠镇于家村	32	男	1938 年 2 月 11 日
于嗣慧	张店区中埠镇于家村	62	男	1938 年 2 月 11 日
于永修	张店区中埠镇于家村	46	男	1938 年 2 月 11 日
于永宾	张店区中埠镇于家村	42	男	1938 年 2 月 11 日
于永寅	张店区中埠镇于家村	35	男	1938 年 2 月 11 日
于永寀	张店区中埠镇于家村	32	男	1938 年 2 月 11 日
于永宽	张店区中埠镇于家村	39	男	1938 年 2 月 11 日
于永宝	张店区中埠镇于家村	28	男	1938 年 2 月 11 日
于嗣钦	张店区中埠镇于家村	64	男	1938 年 2 月 11 日
于永文	张店区中埠镇于家村	41	男	1938 年 2 月 11 日
于永勤	张店区中埠镇于家村	37	男	1938 年 2 月 11 日
于永武	张店区中埠镇于家村	22	男	1938 年 2 月 11 日
于兴善	张店区中埠镇于家村	35	男	1938 年 2 月 11 日
于永均	张店区中埠镇于家村	34	男	1938 年 2 月 11 日

姓　名	籍　贯	年　龄	性　别	死难时间
于嗣兰	张店区中埠镇于家村	57	男	1938 年 2 月 11 日
于嗣藩	张店区中埠镇于家村	55	男	1938 年 2 月 11 日
于永俊	张店区中埠镇于家村	35	男	1938 年 2 月 11 日
于永仁	张店区中埠镇于家村	38	男	1938 年 2 月 11 日
于兴堃	张店区中埠镇于家村	16	男	1938 年 2 月 11 日
于兴福	张店区中埠镇于家村	24	男	1938 年 2 月 11 日
于嗣潭	张店区中埠镇于家村	50	男	1938 年 2 月 11 日
于永芷	张店区中埠镇于家村	16	男	1938 年 2 月 11 日
于永珍	张店区中埠镇于家村	70	男	1938 年 2 月 11 日
于兴邦	张店区中埠镇于家村	50	男	1938 年 2 月 11 日
于有德	张店区中埠镇于家村	16	男	1938 年 2 月 11 日
于永庶	张店区中埠镇于家村	36	男	1938 年 2 月 11 日
于永序	张店区中埠镇于家村	46	男	1938 年 2 月 11 日
于永庭	张店区中埠镇于家村	63	男	1938 年 2 月 11 日
于兴泽	张店区中埠镇于家村	25	男	1938 年 2 月 11 日
于有林	张店区中埠镇于家村	25	男	1938 年 2 月 11 日
于嗣湘	张店区中埠镇于家村	17	男	1938 年 2 月 11 日
于永义	张店区中埠镇于家村	38	男	1938 年 2 月 11 日
于兴林	张店区中埠镇于家村	26	男	1938 年 2 月 11 日
于兴森	张店区中埠镇于家村	28	男	1938 年 2 月 11 日
于嗣文	张店区中埠镇于家村	65	男	1938 年 2 月 11 日
于　巧	张店区中埠镇于家村	18	女	1938 年 2 月 11 日
于嗣彦	张店区中埠镇于家村	54	男	1938 年 2 月 11 日
于永玉	张店区中埠镇于家村	30	男	1938 年 2 月 11 日
于兴长	张店区中埠镇于家村	44	男	1938 年 2 月 11 日
于嗣芬	张店区中埠镇于家村	34	男	1938 年 2 月 11 日
于嗣荣	张店区中埠镇于家村	62	男	1938 年 2 月 11 日
边经儒	张店区中埠镇边辛村	55	男	1938 年 2 月 11 日
宓春水	张店区中埠镇黄金村	28	男	1938 年 2 月 11 日
孙树明之哥	张店区中埠镇黄金村	24	男	1938 年 2 月 11 日
向维兰	张店区中埠镇大寨村	28	男	1938 年 2 月 11 日
向奎生	张店区中埠镇大寨村	22	男	1938 年 2 月 11 日
向修恭之妻	张店区中埠镇大寨村	31	女	1938 年 2 月 11 日
何同盈	张店区中埠镇大寨村	23	男	1938 年 2 月 11 日

姓 名	籍 贯	年 龄	性 别	死难时间
董丕云	张店区中埠镇大寨村	30	男	1938 年 2 月 11 日
董玉成	张店区中埠镇大寨村	25	男	1938 年 2 月 11 日
向维俊	张店区中埠镇大寨村	22	男	1938 年 2 月 11 日
逯永孝之兄	张店区中埠镇孟家村	28	男	1938 年 2 月 11 日
孙志全	临淄区金岭镇艾庄村	30	男	1938 年 2 月 11 日
毕庆善	临淄区金岭镇	32	男	1938 年 2 月 11 日
毕亦柱	临淄区金岭镇	16	男	1938 年 2 月 11 日
毕善军	临淄区金岭镇	20	男	1938 年 2 月 11 日
张二胜	—	32	男	1938 年 2 月 11 日
老 韩	博兴县彩家桥	33	男	1938 年 2 月 11 日
范毓忍	临淄区金岭镇	29	男	1938 年 2 月 11 日
范毓树之三弟	临淄区金岭镇	29	男	1938 年 2 月 11 日
杨××	—	43	男	1938 年 2 月 11 日
马连举之子	—	15	男	1938 年 2 月 11 日
马六剩子	—	14	男	1938 年 2 月 11 日
孙××	邹平县蒋家桥	中年	男	1938 年 2 月 11 日
孙××	邹平县蒋家桥	中年	男	1938 年 2 月 11 日
老 黑	黑龙江省	中年	男	1938 年 2 月 11 日
王绍德	张店区卫固镇太平村	42	男	1938 年 2 月 11 日
柴清臣	张店区卫固镇太平村	30	男	1938 年 2 月 11 日
李希福	临淄区金岭镇堠皋村	25	男	1938 年 2 月 11 日
马厚德	临淄区金岭镇	36	男	1938 年 2 月 11 日
王 龙	潍坊市	40	男	1938 年 2 月 11 日
曹九经	—	青年	男	1938 年 2 月 11 日
傅永顺	张店区傅家镇傅家村	25	男	1938 年 3 月
王世洪	张店区傅家镇黄家村	21	男	1938 年 3 月 15 日
王世荣	张店区傅家镇黄家村	16	男	1938 年 3 月 15 日
王世明	张店区傅家镇黄家村	14	男	1938 年 3 月 15 日
王维楷	张店区傅家镇黄家村	—	男	1938 年 3 月 15 日
何林忠	张店区房镇天乙村	—	男	1938 年春
郭学智	张店区南定镇南店村	31	男	1938 年 4 月
邹光清	张店区杏园街道洪沟社区	28	男	1938 年 4 月 19 日
靳圣武	张店区沣水镇刘家村	—	男	1938 年 5 月
张文亭	张店区湖田镇西张村	25	男	1938 年 5 月

姓 名	籍 贯	年 龄	性 别	死难时间
郭纪衡	张店区南定镇郭辛村	21	男	1938 年 6 月
刘士海	张店区中埠镇黄金村	—	男	1938 年 7 月 21 日
赵衍吉	张店区中埠镇黄金村	—	男	1938 年 7 月 21 日
孙树林	张店区中埠镇黄金村	—	男	1938 年 7 月 21 日
张兰坤	张店区中埠镇黄金村	—	男	1938 年 8 月 11 日
刘 七	张店区沣水镇北沣村	—	男	1938 年 8 月 20 日
咎有增	张店区沣水镇范王村	55	男	1938 年 8 月 20 日
高士忠	张店区沣水镇范王村	—	男	1938 年 8 月 20 日
张力争	张店区沣水镇范王村	—	男	1938 年 8 月 20 日
张丕修	张店区体育场街道杜科居	24	男	1938 年 9 月
侯若福	张店区体育场街道金乔居	27	男	1938 年 9 月
靳厥福	张店区沣水镇刘家庄	36	男	1938 年 9 月
杨正青	张店区沣水镇南沣村	20	男	1938 年 10 月 14 日
郭传祥之母	张店区沣水镇南沣村	35	女	1938 年 10 月 14 日
王桂香之婆婆	张店区沣水镇北沣村	45	女	1938 年 10 月 14 日
周立业之养母	张店区沣水镇南沣村	37	女	1938 年 10 月 14 日
杨光辉之奶奶	张店区沣水镇南沣村	35	女	1938 年 10 月 14 日
刘忠修之母	张店区沣水镇南沣村	—	女	1938 年 10 月 14 日
吴 ×	张店区沣水镇范王村	—	男	1938 年 10 月 14 日
吴×之妻	张店区沣水镇范王村	—	女	1938 年 10 月 14 日
邱瑞田之妻	张店区沣水镇范王村	—	女	1938 年 10 月 14 日
邱顺田之妻	张店区沣水镇范王村	—	女	1938 年 10 月 14 日
崔长信	张店区傅家镇傅家村	19	男	1938 年 11 月
张学珠	张店区体育场街道广场社区	73	男	1938 年
王国海	张店区体育场街道	—	男	1938 年
叶思清	张店区南定镇岳店村	22	男	1938 年
吕效忠	张店区南定镇岳店村	24	男	1938 年
臧有和	张店区南定镇岳店村	31	男	1938 年
于文修	张店区南定镇田家村	50	男	1938 年
刘 山	张店区南定镇田家村	24	男	1938 年
郭仓东	张店区南定镇漫泗河村	—	男	1938 年
杨老四	张店区南定镇漫泗河村	—	男	1938 年
刘兴富	张店区南定镇前南定村	26	男	1938 年
魏克业	张店区南定镇南定村	30	男	1938 年

姓　名	籍　贯	年　龄	性　别	死难时间
巨盛四	张店区南定镇后南定村	80	男	1938 年
巨立业	张店区南定镇后南定村	70	男	1938 年
田仲文	张店区南定镇后南定村	20	男	1938 年
张庆贵	张店区南定镇后南定村	40	男	1938 年
郝树桦	张店区南定镇后南定村	15	男	1938 年
董作信	张店区南定镇后南定村	45	男	1938 年
魏怀德	张店区南定镇后南定村	46	男	1938 年
李成吉	张店区中埠镇大王村	60	男	1938 年
任官德	张店区中埠镇黄金村	38	男	1938 年
薛克全	张店区中埠镇黄金村	18	男	1938 年
范建广	张店区傅家镇房家村	28	男	1938 年
戴明祥	张店区傅家镇房家村	38	男	1938 年
曹允功	张店区傅家镇南家村	—	男	1938 年
汪深远	张店区傅家镇黄家村	21	男	1938 年
王克梁	张店区傅家镇黄家村	40	男	1938 年
徐边生	张店区傅家镇小徐村	—	男	1938 年
于孔达	张店区傅家镇张冉村	19	男	1938 年
刁光明	张店区傅家镇张冉村	25	男	1938 年
徐道传	张店区傅家镇张冉村	18	男	1938 年
郭法银	张店区车站街道	—	男	1938 年
张庆海	张店区车站街道	—	男	1938 年
赵聿兰	张店区沣水镇张赵村	—	女	1938 年
李大芬	张店区马尚镇林家村	—	男	1938 年
朱长增	张店区马尚镇东北村	—	男	1938 年
孟召义	张店区湖田镇上湖村	42	男	1938 年
陈赤骧	张店区湖田镇店子居	—	男	1938 年
刘崇信	张店区湖田镇南焦宋村	30	男	1938 年
刘家祥	张店区湖田镇上湖村	31	男	1938 年
李登春	张店区湖田镇上湖村	32	男	1938 年
刘传礼	张店区湖田镇上湖村	34	男	1938 年
李显春	张店区湖田镇上湖村	19	男	1938 年
李存后	张店区湖田镇上湖村	15	男	1939 年 3 月
刘学农	张店区湖田镇上湖村	26	男	1938 年
梁佐楠	张店区湖田镇北焦宋村	28	男	1938 年

姓 名	籍 贯	年 龄	性 别	死难时间
常秀兰	张店区湖田镇北焦宋村	38	女	1938 年
梁学书	张店区湖田镇北焦宋村	19	男	1938 年
赵洪吉	张店区湖田镇北焦宋村	16	男	1938 年
王存干	张店区湖田镇柳行村	38	男	1938 年
刘王氏	张店区湖田镇柳行村	33	女	1938 年
魏佃奎	张店区湖田镇柳行村	20	男	1938 年
石如松	张店区湖田镇柳行村	35	男	1938 年
王振生	张店区湖田镇柳行村	21	男	1938 年
刘士昌	张店区湖田镇柳行村	50	男	1938 年
于守燕	张店区湖田镇辛安店	—	男	1938 年
关长瑞	张店区湖田镇官庄村	—	男	1938 年
于公智	张店区湖田镇辛安店	26	男	1938 年
石玉山	张店区和平街道东南村	17	男	1938 年
王伯英	张店区体育场街道金乔居	36	男	1938 年
毕绪桂	张店区车站街道王舍居	34	男	1938 年
孟庆德	张店区杏园街道洪沟社区	32	男	1938 年
邹大寅	张店区杏园街道洪沟社区	17	男	1938 年
王信书	张店区南定镇崔军村	30	男	1938 年
王继华	张店区南定镇崔军村	25	男	1938 年
郭茂东	张店区南定镇郭辛村	21	男	1938 年
韩其恒	张店区南定镇晴照村	20	男	1938 年
许俊成	张店区南定镇马庄村	17	男	1938 年
翟林谟	张店区南定镇马庄村	21	男	1938 年
曹允义	张店区傅家镇南家村	22	男	1938 年
孙成志	张店区傅家镇孙家庄	27	男	1938 年
于启禄	张店区中埠镇于家庄	16	男	1938 年
商孝孔	张店区沣水镇刘家庄	21	男	1938 年
韩法珠	张店区沣水镇范王庄	18	男	1938 年
王锡和	张店区科苑街道潘庄居	18	男	1939 年 2 月
石光富	张店区南定镇崔军村	31	男	1939 年 5 月
王兆汉	张店区南定镇崔军村	24	男	1939 年 5 月
李克法	张店区南定镇大旦村	29	男	1939 年 5 月
赵维成	张店区傅家镇南家村	20	男	1939 年 5 月
南清汉	张店区傅家镇南家村	15	男	1939 年 5 月

姓　名	籍　贯	年　龄	性　别	死难时间
刘佩章	张店区傅家镇孙家村	27	男	1939 年 6 月
于守永	张店区湖田镇辛安店村	22	男	1939 年 9 月
盛俊岱	张店区南定镇后南定村	27	男	1939 年 10 月 18 日
郝建民	张店区南定镇后南定村	20	男	1939 年 10 月 18 日
刘少春	张店区傅家镇傅家村	19	男	1939 年 11 月
孙良贵	张店区傅家镇孙家庄	24	男	1939 年 11 月
王代德	张店区傅家镇张冉村	19	男	1939 年 12 月 27 日
于少英	张店区体育场街道广场社区	21	女	1939 年
于方洲	张店区体育场街道广场社区	45	男	1939 年
王国斌	张店区体育场街道广场社区	—	男	1939 年
臧敬贤	张店区南定镇岳店村	22	男	1939 年
叶永昌	张店区南定镇岳店村	23	男	1939 年
翟维在	张店区南定镇马庄村	—	男	1939 年
李保全	张店区傅家镇傅家村	25	男	1939 年
王明光	张店区傅家镇傅家村	23	男	1939 年
张　八	张店区傅家镇傅家村	22	男	1939 年
韩云祥	张店区傅家镇营子村	38	男	1939 年
韩克功	张店区傅家镇营子村	21	男	1939 年
马茂和	张店区傅家镇营子村	20	男	1939 年
郑方德	张店区傅家镇黄家村	28	男	1939 年
时庭仲	张店区傅家镇黄家村	—	男	1939 年
邢兆信	张店区车站街道	—	男	1939 年
李　氏	张店区湖田镇上湖村	71	女	1939 年
孙　氏	张店区湖田镇上湖村	65	女	1939 年
张瑞三	张店区湖田镇上湖村	—	男	1939 年
杲洪恩	张店区湖田镇上湖村	—	男	1939 年
任同圣	张店区湖田镇下湖村	26	男	1939 年
李孟氏	张店区湖田镇下湖村	—	女	1939 年
商立前	张店区湖田镇商家村	15	男	1939 年
陈文清	张店区湖田镇店子居	25	男	1939 年
翟修德	张店区湖田镇店子居	33	男	1939 年
毕以勤	张店区湖田镇南焦宋村	—	男	1939 年
张岫云	张店区湖田镇南焦宋村	50	男	1939 年
张精忠	张店区湖田镇西张村	17	男	1939 年

姓　名	籍　贯	年龄	性别	死难时间
张中贵	张店区湖田镇上湖村	37	男	1939 年
张雨田	张店区湖田镇上湖村	34	男	1939 年
刘太成	张店区湖田镇上湖村	25	男	1939 年
孙玉山	张店区湖田镇上湖村	25	男	1939 年
刘长安	张店区湖田镇上湖村	19	男	1939 年
陈香子	张店区湖田镇北焦宋村	15	女	1939 年
梁奉书	张店区湖田镇北焦宋村	13	男	1939 年
王胜智	张店区湖田镇柳行村	23	男	1939 年
赵丙福	张店区公园街道北源居	22	男	1939 年
张保安	张店区体育场街道杜科居	18	男	1939 年
张修才	张店区体育场街道杜科居	28	男	1939 年
孙守连	张店区杏园街道洪沟社区	23	男	1939 年
王树永	张店区科苑街道潘庄居	25	男	1939 年
段士兴	张店区南定镇前南定村	24	男	1939 年
赵振泗	张店区南定镇漫泗河村	18	男	1939 年
高仲华	张店区南定镇小董家庄	24	男	1939 年
李仁修	张店区南定镇大旦村	18	男	1939 年
张云起	张店区南定镇郭辛村	31	男	1939 年
孙继德	张店区南定镇翟家庄	19	男	1939 年
马德论	张店区南定镇翟家庄	19	男	1939 年
翟远朋	张店区南定镇马庄村	18	男	1939 年
张仲顺	张店区傅家镇傅家村	21	男	1939 年
刘升同	张店区傅家镇孙家庄	19	男	1939 年
李秀武	张店区中埠镇孟家庄	15	男	1939 年
韩法祥	张店区中埠镇大王庄	32	男	1939 年
韩其富	张店区中埠镇大王庄	15	男	1939 年
梁文水	张店区湖田镇北焦宋村	36	男	1939 年
马光恩	张店区湖田镇辛安店村	20	男	1939 年
于公美	张店区湖田镇辛安店村	19	男	1939 年
仇同志	张店区沣水镇南沣村	24	男	1939 年
杨维森	张店区沣水镇刘家庄	20	男	1939 年
邹大桐	张店区沣水镇昌城村	22	男	1939 年
赵振桐	张店区沣水镇张一村	20	男	1939 年
赵家文	张店区沣水镇张二村	23	男	1939 年

姓　名	籍　贯	年　龄	性　别	死难时间
胡化田	张店区沣水镇炒米村	55	男	1939 年
黄其静	张店区沣水镇河庄村	24	男	1939 年
高连法	张店区沣水镇高西村	21	男	1939 年
邹光中	张店区杏园街道洪沟社区	37	男	1940 年 4 月
孟庆楷	张店区杏园街道洪沟社区	—	男	1940 年 4 月
王业书	张店区南定镇崔军村	26	男	1940 年 4 月
张立永	张店区南定镇田家村	19	男	1940 年 4 月
门兆祥	张店区南定镇岳店村	18	男	1940 年 4 月
韩发亮	张店区南定镇晴照村	27	男	1940 年 4 月
高振奎	张店区傅家镇苏村	21	男	1940 年 4 月
宋庆光	张店区傅家镇宋家村	—	男	1940 年 4 月 9 日
陈文爱	张店区湖田镇店子村	17	男	1940 年 5 月
孟宪运	张店区杏园街道洪沟社区	26	男	1940 年 6 月
徐道福	张店区南定镇崔军村	27	男	1940 年 6 月
张振华	张店区中埠镇铁冶村	32	男	1940 年 6 月
郭晋良	张店区房镇镇院上村	37	男	1940 年 8 月 11 日
王启柏	张店区湖田镇西张村	26	男	1940 年 10 月
王世同	张店区湖田镇西张村	26	男	1940 年 10 月
王相忠	张店区傅家镇苏村	31	男	1940 年 10 月 12 日
崔立信	张店区傅家镇傅家村	19	男	1940 年 11 月
李殿和	张店区中埠镇黄金村	28	男	1940 年 11 月 8 日
于水子	张店区中埠镇黄金村	—	男	1940 年 11 月 8 日
李子良	张店区中埠镇大王庄	26	男	1940 年 12 月
金现瑞	张店区房镇镇曹营村	—	男	1940 年
翟丕义	张店区体育场街道杜科居	22	男	1940 年
盛高氏	张店区南定镇后南定村	39	女	1940 年
臧士奎	张店区南定镇岳店村	33	男	1940 年
宋立斌	张店区南定镇夏庄村	20	男	1940 年
陈思恒	张店区南定镇前南定村	33	男	1940 年
郭成立	张店区南定镇后南定村	25	男	1940 年
郭成业	张店区南定镇后南定村	23	男	1940 年
郝延亭	张店区南定镇后南定村	26	男	1940 年
盛培安	张店区南定镇后南定村	28	男	1940 年
孟照河	张店区中埠镇张家村	—	男	1940 年

姓　名	籍　贯	年　龄	性　别	死难时间
韩其龙	张店区傅家镇张冉村	28	男	1940 年
吴新珠	张店区和平街道城中小区	33	男	1940 年
王庆吉	张店区湖田镇下湖村	24	男	1940 年
商孝礼	张店区湖田镇商家村	31	男	1940 年
刘明海	张店区湖田镇商家村	40	男	1940 年
刘明文	张店区湖田镇商家村	38	男	1940 年
商思安	张店区湖田镇商家村	—	男	1940 年
商思堂	张店区湖田镇商家村	—	男	1940 年
国洪儒	张店区湖田镇商家村	—	男	1940 年
王振善	张店区湖田镇西张村	—	男	1940 年
梁学告	张店区湖田镇北焦宋村	35	男	1940 年
刘建平	张店区湖田镇上湖村	21	男	1940 年
李富厚	张店区湖田镇上湖村	24	男	1940 年
刘家福	张店区湖田镇上湖村	20	男	1940 年
田云江	张店区湖田镇北焦宋村	24	男	1940 年
王修书	张店区湖田镇柳行村	19	男	1940 年
王修三	张店区湖田镇柳行村	38	男	1940 年
王　力	张店区湖田镇柳行村	—	男	1940 年
王文远	张店区湖田镇辛安店	18	男	1940 年
于广总	张店区湖田镇辛安店	—	男	1940 年
毕庆凤	张店区湖田镇官庄村	28	男	1940 年
张修勤	张店区体育场街道杜科居	21	男	1940 年
殷秉崙	张店区体育场街道金乔居	40	男	1940 年
孟昭铸	张店区杏园街道洪沟社区	40	男	1940 年
孙守信	张店区杏园街道洪沟社区	35	男	1940 年
孟凡照	张店区杏园街道洪沟社区	23	男	1940 年
邹　峨	张店区杏园街道洪沟社区	24	男	1940 年
王仲本	张店区科苑街道潘庄居	34	男	1940 年
崔凤安	张店区科苑街道潘庄居	20	男	1940 年
王王荷	张店区公园街道一里社区	24	男	1940 年
王诗锦	张店区南定镇崔军村	20	男	1940 年
陈思恺	张店区南定镇前南定村	33	男	1940 年
魏成斋	张店区南定镇南店村	25	男	1940 年
赵振普	张店区南定镇漫泗河村	21	男	1940 年

姓 名	籍 贯	年 龄	性 别	死难时间
李克俭	张店区南定镇大旦村	29	男	1940 年
刘怀长	张店区南定镇晴照村	25	男	1940 年
吕则富	张店区南定镇马庄村	25	男	1940 年
张士仁	张店区傅家镇傅家村	31	男	1940 年
郭承津	张店区傅家镇南家村	18	男	1940 年
孙先明	张店区傅家镇南家村	23	男	1940 年
王希义	张店区傅家镇南家村	17	男	1940 年
刘升法	张店区傅家镇孙家庄	17	男	1940 年
孙传亭	张店区傅家镇孙家庄	18	男	1940 年
张永志	张店区中埠镇铁冶村	30	男	1940 年
朱洪礼	张店区中埠镇边辛庄	22	男	1940 年
姚希珠	张店区湖田镇南焦宋村	19	男	1940 年
孙思温	张店区湖田镇北焦宋村	23	男	1940 年
牛学山	张店区湖田镇辛安店村	18	男	1940 年
马立本	张店区湖田镇辛安店村	29	男	1940 年
朱希忠	张店区湖田镇商家庄	29	男	1940 年
赵廷树	张店区沣水镇南沣村	27	男	1940 年
刘敬先	张店区沣水镇南沣村	27	男	1940 年
李大荣	张店区沣水镇刘家庄	27	男	1940 年
田正新	张店区沣水镇刘家庄	17	男	1940 年
刘凤昆	张店区沣水镇刘家庄	23	男	1940 年
邹光同	张店区沣水镇昌城村	22	男	1940 年
邹廷龙	张店区沣水镇昌城村	48	男	1940 年
邹思乡	张店区沣水镇昌城村	26	男	1940 年
王义忠	张店区沣水镇张二村	24	男	1940 年
赵允虎	张店区沣水镇张二村	40	男	1940 年
胡立信	张店区沣水镇炒米村	22	男	1940 年
胡秋田	张店区沣水镇炒米村	48	男	1940 年
闫廷贵	张店区沣水镇仇家村	21	男	1940 年
李家信	张店区沣水镇仇家村	17	男	1940 年
孟光喜	张店区杏园街道洪沟居	32	男	1941 年 1 月 27 日
李继宝	张店区杏园街道洪沟居	45	男	1941 年 1 月 27 日
孟宪信	张店区杏园街道洪沟居	43	男	1941 年 1 月 27 日
孟宪登	张店区杏园街道洪沟居	44	男	1941 年 1 月 27 日

姓 名	籍 贯	年 龄	性 别	死难时间
孟庆全	张店区杏园街道洪沟居	28	男	1941 年 1 月 27 日
孟光君	张店区杏园街道洪沟居	38	男	1941 年 1 月 27 日
李传玉	张店区杏园街道洪沟居	42	男	1941 年 1 月 27 日
孟庆玉	张店区杏园街道洪沟居	19	男	1941 年 1 月 27 日
李传虎	张店区杏园街道洪沟居	22	男	1941 年 1 月 27 日
孙守凤	张店区杏园街道洪沟居	47	男	1941 年 1 月 27 日
张守栋	张店区杏园街道洪沟居	47	男	1941 年 1 月 27 日
孟光新	张店区杏园街道洪沟居	38	男	1941 年 1 月 27 日
邹光藻	张店区杏园街道洪沟居	40	男	1941 年 1 月 27 日
许学一	—	39	男	1941 年 1 月 27 日
孟光兴	张店区杏园街道洪沟居	44	男	1941 年 1 月 27 日
孟光堂	张店区杏园街道洪沟居	22	男	1941 年 1 月 27 日
马守诚	张店区傅家镇房家村	25	男	1941 年 1 月
于鲁川	张店区中埠镇于家庄	31	男	1941 年 2 月
张竹亭	张店区湖田镇西张庄	26	男	1941 年 2 月
刘士英之姐	张店区沣水镇炒米村	22	女	1941 年 3 月 31 日
邱禄汉	张店区南定镇田家村	37	男	1941 年 4 月
孟现策	张店区中埠镇孟家庄	29	男	1941 年 4 月
刘万长	张店区湖田镇官庄村	27	男	1941 年 4 月
孙传银	张店区车站街道王舍居	30	男	1941 年 4 月 18 日
张象武	张店区和平街道	32	男	1941 年 5 月 30 日
张宇军	张店区体育场街道金乔居	26	男	1941 年 6 月
翟维勋	张店区湖田镇店子在	52	男	1941 年 6 月
张宝花	张店区中埠镇铁冶村	26	女	1941 年 7 月
杨宗国	张店公园街道东源社区	30	男	1941 年 8 月
翟运全	张店区南定镇翟家庄	38	男	1941 年 8 月
石向承	张店区湖田镇店子村	24	男	1941 年 8 月
王锡洪	张店区傅家镇小田家庄	23	男	1941 年 9 月 30 日
刘顺亲	张店区南定镇马庄村	18	男	1941 年 10 月
翟孝亭	张店区南定镇马庄村	32	男	1941 年 10 月
姚永义	张店区傅家镇张冉村	25	男	1941 年 11 月
孙瑞华	张店区车站街道王舍居	31	男	1941 年 11 月
姚钟业	张店区傅家镇张冉村	28	男	1941 年 12 月
张宇均	张店区体育场街道	26	男	1941 年

姓　名	籍　贯	年　龄	性　别	死难时间
张贻训	张店区体育场街道	—	男	1941 年
张钦美	张店区体育场街道	18	男	1941 年
张正水	张店区体育场街道	43	男	1942 年
叶茂齐	张店区南定镇岳店村	28	男	1941 年
门宗堂	张店区南定镇岳店村	23	男	1941 年
刘敬淦	张店区南定镇田家村	36	男	1941 年
翟作秀	张店区南定镇小旦村	—	男	1941 年
杨光喜	张店区南定镇马庄村	14	男	1941 年
盛俊孝	张店区南定镇后南定村	24	男	1941 年
盛俊高	张店区南定镇后南定村	23	男	1941 年
董善秀	张店区南定镇后南定村	25	男	1941 年
路同一	张店区中埠镇杨辛村	—	男	1941 年
房秀清	张店区傅家镇房家村	51	男	1941 年
王传武	张店区和平街道城中小区	23	男	1941 年
宓玉宗	张店区湖田镇下湖村	31	男	1941 年
韩继顺	张店区湖田镇下湖村	43	男	1941 年
岳华邦	张店区湖田镇下湖村	22	男	1941 年
刘小星	张店区湖田镇下湖村	12	男	1941 年
密行南	张店区湖田镇下湖村	40	男	1941 年
孙远祥	张店区湖田镇店子居	31	男	1941 年
张乃俊	张店区湖田镇西张村	32	男	1941 年
王世荣	张店区湖田镇西张村	—	男	1941 年
张仁水	张店区湖田镇西张村	—	男	1941 年
齐星田	张店区湖田镇北焦宋村	27	男	1941 年
梁宇田	张店区湖田镇北焦宋村	35	男	1941 年
毕衍民	张店区湖田镇官庄村	32	男	1941 年
刘海云	张店区体育场街道金乔居	19	男	1941 年
张钦来	张店区体育场街道金乔居	26	男	1941 年
高功臣	张店区体育场街道金乔居	25	男	1941 年
张钦彦	张店区体育场街道金乔居	18	男	1941 年
张正来	张店区体育场街道金乔居	19	男	1941 年
张志海	张店区体育场街道金乔居	23	男	1941 年
王昌林	张店区体育场街道金乔居	34	男	1941 年
刘成恕	张店区体育场街道金乔居	19	男	1941 年

姓　名	籍　贯	年　龄	性　别	死难时间
许凤山	张店区体育场街道金乔居	19	男	1941 年
南方禹	张店区科苑街道道庄居	30	男	1941 年
张振家	张店区科苑街道道庄居	29	男	1941 年
孙明柱	张店区车站街道王舍居	33	男	1941 年
陈思武	张店区车站街道王舍居	27	男	1941 年
孟宪考	张店区杏园街道洪沟居	—	男	1941 年
孟庆华	张店区杏园街道洪沟居	29	男	1941 年
孟昭诚	张店区杏园街道洪沟居	25	男	1941 年
孟光河	张店区杏园街道洪沟居	41	男	1941 年
孙守桐	张店区杏园街道洪沟居	33	男	1941 年
邹大文	张店区杏园街道洪沟居	25	男	1941 年
孟友三	张店区杏园街道洪沟居	25	男	1941 年
于德河	张店区杏园街道洪沟居	24	男	1941 年
马玉成	张店区科苑街道潘庄居	37	男	1941 年
昝持经	张店区科苑街道潘庄居	25	男	1941 年
安海沧	张店区南定镇崔军村	24	男	1941 年
孙即坤	张店区南定镇崔军村	19	男	1941 年
赵振洋	张店区南定镇漫泗河村	18	男	1941 年
赵青津	张店区南定镇大旦村	24	男	1941 年
王玉积	张店区南定镇郭辛村	33	男	1941 年
赵　鹏	张店区傅家镇傅家村	20	男	1941 年
郭承谦	张店区傅家镇南家村	22	男	1941 年
曹廷法	张店区傅家镇南家村	35	男	1941 年
战德清	张店区中埠镇铁冶村	21	男	1941 年
李树芬	张店区中埠镇小王庄	25	男	1941 年
向讷修	张店区中埠镇大寨村	23	男	1941 年
向培修	张店区中埠镇大寨村	23	男	1941 年
于兴全	张店区中埠镇于家庄	21	男	1941 年
梁佐芬	张店区湖田镇北焦宋村	34	男	1941 年
王秀全	张店区湖田镇辛安店村	18	男	1941 年
王福山	张店区沣水镇南沣村	28	男	1941 年
杨维淮	张店区沣水镇刘家庄	24	男	1941 年
邹大廷	张店区沣水镇昌城村	23	男	1941 年
赵聿才	张店区沣水镇张一村	25	男	1941 年

姓 名	籍 贯	年 龄	性 别	死难时间
刘明秀	张店区沣水镇张二村	24	男	1941 年
赵乃谷	张店区沣水镇张二村	23	男	1941 年
张敦连	张店区沣水镇张三村	20	男	1941 年
孟友三	张店杏园街道良乡社区	23	男	1941 年
于德河	张店杏园街道良乡社区	24	男	1941 年
胡立庚	张店区沣水镇炒米村	18	男	1941 年
田明伦	张店区沣水镇东高庄	26	男	1941 年
赵克岭	张店区沣水镇东高庄	20	男	1941 年
李玉琛	张店区沣水镇东高庄	23	男	1941 年
唐增祥	张店区沣水镇大高庄	40	男	1941 年
高国林	张店区沣水镇高西村	25	男	1941 年
高振芳	张店区沣水镇高西村	31	男	1941 年
李传斋	张店区沣水镇范王庄	19	男	1941 年
杨德贞	张店公园街道东源社区	19	男	1942 年 1 月
王道中	张店区南定镇田家村	21	男	1942 年 2 月
杨洪训	张店区湖田镇柳杭村	23	男	1942 年 2 月
戴俊卿	张店区傅家镇房家村	——	男	1942 年 3 月
张在友	张店区房镇镇东孙村	29	男	1942 年 3 月 20 日
陈洪宝	张店区南定镇翟家庄	18	男	1942 年 4 月
张增辉	张店区傅家镇唐家村	34	男	1942 年 4 月
孟庆斌	张店区湖田镇柳杭村	33	男	1942 年 4 月
曹执美	张店区傅家镇南家村	18	男	1942 年 5 月
宋子忠	张店区房镇镇彭家村	——	男	1942 年 8 月初 8
昝立本	张店区科苑街道潘庄居	24	男	1942 年 8 月
郭良桂	张店区科苑街道潘庄居	31	男	1942 年 8 月
傅长贵	张店区傅家镇孙家村	——	男	1942 年 9 月
翟丕文	张店区体育场街道杜科居	22	男	1942 年 9 月 14 日
王宪忠	张店区傅家镇苏村	28	男	1942 年 10 月
于道浦	张店区傅家镇张冉村	45	男	1942 年 10 月
宋焕之	张店区傅家镇张冉村	21	男	1942 年 10 月
孙维星	张店区车站街道王舍居	——	男	1942 年
张敏修	张店区体育场街道杜科居	26	男	1942 年
王玉成	张店区体育场街道杜科居	——	男	1942 年
张方喜	张店区体育场街道杜科居	25	男	1942 年

姓 名	籍 贯	年 龄	性 别	死难时间
张胜昂	张店区体育场街道	—	男	1942 年
王国元	张店区体育场街道	—	男	1942 年
刘敬芝	张店区南定镇田家村	30	男	1942 年
王以俊	张店区南定镇田家村	68	男	1942 年
王春林	张店区南定镇田家村	67	男	1942 年
刘平坤	张店区南定镇田家村	64	男	1942 年
邹光龙	张店区南定镇田家村	20	男	1942 年
邹斯明	张店区南定镇田家村	60	男	1942 年
陈　七	张店区南定镇前南定村	25	男	1942 年
陈思凯	张店区南定镇前南定村	30	男	1942 年
许元家	张店区南定镇前南定村	36	男	1942 年
董井子	张店区南定镇后南定村	17	男	1942 年
田仲清	张店区南定镇后南定村	32	男	1942 年
盛俊禹	张店区南定镇后南定村	50	男	1942 年
岳瑞荣	张店区南定镇后南定村	26	男	1942 年
董继祥	张店区南定镇后南定村	20	男	1942 年
邹宗春	张店区中埠镇张家村	42	男	1942 年
齐兴元	张店区中埠镇张家村	20	男	1942 年
杨现文	张店区中埠镇张家村	20	男	1942 年
毕经先	张店区中埠镇孟家村	19	男	1942 年
赵克林	张店区沣水镇东高村	23	男	1942 年
张连福	张店区湖田镇上湖村	—	男	1942 年
曹春运	张店区湖田镇下湖村	27	男	1942 年
董绪先	张店区湖田镇下湖村	24	男	1942 年
傅其文	张店区湖田镇下湖村	42	男	1942 年
张敬修	张店区湖田镇下湖村	62	男	1942 年
国纪修	张店区湖田镇商家村	41	男	1942 年
刘日千	张店区湖田镇商家村	32	男	1942 年
商思康	张店区湖田镇商家村	—	男	1942 年
姚希仁	张店区湖田镇南焦宋村	18	男	1942 年
王希洋	张店区湖田镇西张村	20	男	1942 年
张经邦	张店区湖田镇上湖村	26	男	1942 年
魏宽厚	张店区湖田镇上湖村	26	男	1942 年
董维新	张店区湖田镇上湖村	24	男	1942 年

姓　名	籍　贯	年　龄	性　别	死难时间
张曰明	张店区湖田镇北焦宋村	27	男	1942 年
毕衍珂	张店区湖田镇官庄社区	28	男	1942 年
赵巧子	张店区湖田镇官庄村	16	女	1942 年
张丕新	张店区体育场街道杜科居	27	女	1942 年
韩长增	张店区车站街道大贾庄	21	男	1942 年
高光宇	张店区杏园街道洪沟社区	31	男	1942 年
陈光贞	张店区科苑街道潘庄居	21	男	1942 年
王希来	张店区公园街道王辛社区	18	男	1942 年
高太原	张店区南定镇崔军村	35	男	1942 年
徐德纪	张店区南定镇崔军村	22	男	1942 年
石光永	张店区南定镇崔军村	23	男	1942 年
芦永祜	张店区南定镇小董家庄	19	男	1942 年
王家友	张店区南定镇大旦村	23	男	1942 年
王顺廷	张店区南定镇郭辛村	23	男	1942 年
王玉成	张店区南定镇郭辛村	40	男	1942 年
陈孝秀	张店区南定镇田家村	14	男	1942 年
臧敬执	张店区南定镇岳店村	15	男	1942 年
臧学东	张店区南定镇岳店村	26	男	1942 年
范厥斌	张店区南定镇马庄村	37	男	1942 年
冯　干	张店区南定镇马庄村	25	男	1942 年
王树道	张店区中埠镇铁冶村	36	男	1942 年
王树普	张店区中埠镇铁冶村	22	男	1942 年
郑本祯	张店区中埠镇铁冶村	21	男	1942 年
毕敬先	张店区中埠镇孟家庄	31	男	1942 年
李修胜	张店区中埠镇大王庄	34	男	1944 年 6 月
李晨曦	张店区中埠镇杨辛庄	32	男	1942 年
张思德	张店区中埠镇大寨村	22	男	1942 年
于启新	张店区中埠镇于家庄	22	男	1942 年
张桂申	张店区中埠镇黄金村	21	男	1942 年
苗宗贤	张店区湖田镇辛安店村	22	男	1942 年
于俊图	张店区湖田镇辛安店村	20	男	1942 年
王世贵	张店区湖田镇西张庄	25	男	1942 年
毕衍秀	张店区湖田镇官庄村	33	男	1942 年
庞志泉	张店区沣水镇南沣村	33	男	1942 年

姓　名	籍　贯	年　龄	性　别	死难时间
王任忠	张店区沣水镇张二村	28	男	1942 年
赵义方	张店区沣水镇张三村	24	男	1942 年
刘成安	张店区沣水镇张三村	23	男	1942 年
王淑会	张店区沣水镇寨子村	26	男	1942 年
王立洲	张店区科苑街道潘庄居	19	男	1943 年 4 月
张慎理	张店区南定镇后南定村	18	男	1943 年 5 月
刘太和	张店区傅家镇唐家村	45	男	1943 年 6 月
李新明	张店区傅家镇浮山驿村	48	男	1943 年 7 月
李同一	张店区中埠镇杨辛庄	19	男	1943 年 8 月
侯光中	张店区车站街道王舍居	33	男	1943 年 9 月
刘书泽	张店区傅家镇张冉村	38	男	1943 年 10 月
刘春甫	张店区南定镇漫泗河村	28	男	1943 年 11 月
邢朝孟	张店区中埠镇张家庄	18	男	1943 年 11 月
刘书德	张店区傅家镇张冉村	30	男	1943 年 12 月
姚文堂	张店区傅家镇张冉村	28	男	1943 年 12 月
陈奉亭	张店区房镇镇高北村	27	男	1943 年
张修让	张店区体育场街道杜科居	—	男	1943 年
张相训	张店区体育场街道杜科居	—	男	1943 年
田玉谷	张店区体育场街道杜科居	—	男	1943 年
张奉山	张店区体育场街道杜科居	21	男	1943 年
张胜洋	张店区体育场街道杜科居	24	男	1943 年
叶元尊	张店区南定镇岳店村	32	男	1943 年
臧敬明	张店区南定镇岳店村	43	男	1943 年
叶茂菊	张店区南定镇岳店村	26	男	1943 年
刘春海	张店区南定镇漫泗河村	—	男	1943 年
盛德富	张店区南定镇前南定村	30	男	1943 年
徐文亭	张店区傅家镇苏村	32	男	1943 年
韩殿祥	张店区傅家镇义集村	18	男	1943 年
崔化南	张店区傅家镇义集村	—	男	1943 年
赵洪信	张店区傅家镇黄家村	22	男	1943 年
王少义	张店区傅家镇黄家村	28	男	1943 年
张庆刚	张店区傅家镇黄家村	36	男	1943 年
乔承典	张店区傅家镇石家村	—	男	1943 年
侯本圆	张店区傅家镇浮山驿村	20	男	1943 年

姓　名	籍　贯	年　龄	性　别	死难时间
田永礼	张店区沣水镇刘家村	—	男	1943 年
张守富	张店区马尚镇林家村	—	男	1943 年
王家谋	张店区马尚镇东北村	36	男	1943 年
王家训	张店区马尚镇东北村	34	男	1943 年
邹思安	张店区湖田镇下湖村	36	男	1943 年
张中奎	张店区湖田镇下湖村	29	男	1943 年
商立申	张店区湖田镇商家村	32	男	1943 年
刘三虎	张店区湖田镇商家村	34	男	1943 年
张乃修	张店区湖田镇西张村	28	男	1943 年
魏传禹	张店区湖田镇上湖村	18	男	1943 年
魏修贵	张店区湖田镇北焦宋村	33	男	1943 年
张修法	张店区体育场街道杜科居	43	男	1943 年
郝怀仁	张店区科苑街道庄居	22	男	1943 年
孟宪忠	张店区杏园街道洪沟社区	38	男	1943 年
高殿文	张店区杏园街道洪沟社区	25	男	1943 年
王立相	张店区科苑街道潘庄居	36	男	1943 年
王如庆	张店区南定镇崔军村	23	男	1943 年
王继开	张店区南定镇崔军村	19	男	1943 年
王诗俊	张店区南定镇崔军村	33	男	1943 年
王云庆	张店区南定镇崔军村	30	男	1943 年
高振远	张店区南定镇崔军村	28	男	1943 年
刘春符	张店区南定镇漫泗河村	26	男	1943 年
王木光	张店区南定镇漫泗河村	35	男	1943 年
郭信昌	张店区南定镇漫泗河村	23	男	1943 年
赵振勤	张店区南定镇漫泗河村	21	男	1943 年
仇振生	张店区南定镇漫泗河村	42	男	1943 年
许嘉春	张店区南定镇田家村	20	男	1943 年
韩发远	张店区南定镇白家庄	30	男	1943 年
李保祥	张店区傅家镇傅家村	38	男	1943 年
曲信义	张店区傅家镇南家村	21	男	1943 年
王胜亭	张店区傅家镇孙家庄	21	男	1943 年
郑本禄	张店区中埠镇铁冶村	27	男	1943 年
苗玉林	张店区湖田镇辛安店村	40	男	1943 年
商孝笃	张店区湖田镇商家庄	26	男	1943 年

姓 名	籍 贯	年 龄	性 别	死难时间
孙丕迎	张店区沣水镇南沣村	23	男	1943 年
王世清	张店区沣水镇北沣村	30	男	1943 年
郝树堂	张店杏园街道良乡社区	26	男	1943 年
黄其镇	张店区沣水镇河庄	45	男	1943 年
翟相芹	张店区沣水镇高西村	21	女	1943 年
邹思荣	张店区沣水镇范王庄	16	男	1943 年
高大和	张店区房镇镇高北村	23	男	1944 年
臧学纪	张店区南定镇岳店村	57	男	1944 年
臧有伦	张店区南定镇岳店村	30	男	1944 年
臧士仁	张店区南定镇岳店村	33	男	1944 年
向修彬	张店区中埠镇大寨村	—	男	1944 年正月初八
向修祯	张店区中埠镇大寨村	—	男	1944 年正月初八
曲光彩	张店区傅家镇南家村	40	男	1944 年 4 月
孙传玉	张店区科苑街道潘庄居	24	男	1944 年 5 月
孟宪凯	张店区中埠镇孟家村	21	男	1944 年 8 月 18 日
邹光华	张店区傅家镇唐家村	27	男	1944 年 9 月
李树玉	张店区中埠镇小王庄	23	男	1944 年 9 月
巨德道	张店区南定镇后南定村	27	男	1944 年 10 月
朱洪均	张店区房镇镇院上村	31	男	1944 年 10 月 19 日
赵大有	张店区南定镇晴照村	27	男	1944 年 12 月
王秀书	张店区傅家镇傅家村	34	男	1944 年 12 月
王刘氏	张店区傅家镇苏村	28	女	1944 年 12 月 5 日
杨敬彦	张店区傅家镇南家村	—	男	1944 年
侯兆励	张店区傅家镇浮山驿村	39	男	1944 年
李厚才	张店区湖田镇下湖村	—	男	1944 年
艾允信	张店区湖田镇下湖村	41	男	1944 年
董洪乾	张店区湖田镇下湖村	19	男	1944 年
国木子	张店区湖田镇商家村	3	男	1944 年
阚风阁	张店区湖田镇商家村	—	男	1944 年
国际法	张店区湖田镇商家村	33	男	1944 年
孙正永	张店区湖田镇店子居	51	男	1944 年
孙李氏	张店区湖田镇店子居	53	女	1944 年
姚洪德	张店区湖田镇南焦宋村	21	男	1944 年
张经纬	张店区湖田镇上湖村	19	男	1944 年

姓 名	籍 贯	年 龄	性 别	死难时间
刘家祯	张店区湖田镇上湖村	16	男	1944 年
董顺福	张店区湖田镇北焦宋村	24	男	1944 年
张忠永	张店区体育场街道杜科居	49	男	1944 年
张奉常	张店区体育场街道杜科居	16	男	1944 年
邹光才	张店区杏园街道洪沟社区	33	男	1944 年
孟昭基	张店区杏园街道洪沟社区	33	男	1944 年
孟昭禄	张店区杏园街道洪沟社区	26	男	1944 年
亓宗文	张店区南定镇大旦村	32	男	1944 年
陈连成	张店区傅家镇孙家庄	26	男	1944 年
苑胜德	张店区中埠镇大王庄	22	男	1944 年
商思英	张店区湖田镇商家庄	21	男	1944 年
孙廷树	张店区沣水镇城东村	46	男	1944 年
李学增	张店区沣水镇炒米村	38	男	1944 年
王京太	张店区沣水镇寨子村	27	男	1944 年
马继德	张店区傅家镇房家村	30	男	1945 年 1 月 1 日
房继岱	张店区傅家镇房家村	36	男	1945 年 1 月 1 日
戴明发	张店区傅家镇房家村	38	男	1945 年 1 月 1 日
刘云平	张店区傅家镇房家村	40	男	1945 年 1 月 1 日
姚洪功	张店区湖田镇南焦宋村	26	男	1945 年 3 月
郭良坤	张店区傅家镇南家村	—	男	1945 年 3 月
王心文	张店区中埠镇张家村	18	男	1945 年秋
安胜堂	张店区南定镇岳店村	36	男	1945 年
王兖州	张店区中埠镇张家村	19	男	1945 年
韩发全	张店区和平街道城中小区	23	男	1945 年
刘俭农	张店区湖田镇上湖村	—	男	1945 年
董理业	张店区湖田镇下湖村	25	男	1945 年
刘永昌	张店区湖田镇商家村	—	男	1945 年
刘建凤	张店区湖田镇上湖村	20	男	1945 年
李永厚	张店区湖田镇上湖村	20	男	1945 年
孙学贤	张店区科苑街道庄居	26	男	1945 年
王锡珏	张店区科苑街道潘庄居	25	男	1945 年
卢春远	张店区南定镇后南定村	22	男	1945 年
魏克理	张店区南定镇南店	23	男	1945 年
郭学仁	张店区南定镇南店	25	男	1945 年

姓 名	籍 贯	年 龄	性 别	死难时间
赵庆禄	张店区南定镇南店	24	男	1945 年
李新亭	张店区南定镇郭辛村	33	男	1945 年
刘敬贵	张店区南定镇田家村	30	男	1945 年
刘敬海	张店区南定镇田家村	23	男	1945 年
孙良海	张店区傅家镇孙家庄	26	男	1945 年
张恒吉	张店区中埠镇铁冶村	25	男	1945 年
向修村	张店区中埠镇大寨村	30	男	1945 年
马立忠	张店区湖田镇南焦宋村	20	男	1945 年
刘万福	张店区湖田镇南焦宋村	22	男	1945 年
商立俊	张店区湖田镇商家庄	22	男	1945 年
胡光月	张店区沣水镇东高庄	24	男	1945 年
宫京林	张店区沣水镇范王庄	25	男	1945 年
刘庆祥	张店区房镇镇彭家村	—	男	—
吴延德	张店区房镇镇东孙村	40	男	—
王洪业	张店区房镇镇东孙村	18	男	1942 年
李述温	张店区房镇镇小孙村	—	男	—
李述如	张店区房镇镇小孙村	—	男	—
李孔怀	张店区房镇镇小孙村	17	男	1941 年 5 月
臧敬奎	张店区南定镇岳店村	24	男	—
黄存昌	张店区南定镇崔军村	36	男	—
王道忠	张店区南定镇崔军村	38	男	—
王于庆	张店区南定镇崔军村	36	男	—
王继仓	张店区南定镇崔军村	34	男	—
孙维山	张店区南定镇崔军村	51	男	—
王夕申	张店区南定镇崔军村	32	男	—
王书常	张店区南定镇崔军村	30	男	—
徐德辉	张店区南定镇崔军村	20	男	—
徐德江	张店区南定镇崔军村	24	男	—
吕存河	张店区南定镇崔军村	27	男	—
王继新	张店区南定镇崔军村	20	男	—
徐道山	张店区南定镇崔军村	56	男	—
苏立业	张店区南定镇白家村	19	男	—
夏义斌	张店区南定镇夏庄村	20	男	1940 年
韩树远	张店区南定镇晴照村	29	男	1939 年秋

姓　名	籍　贯	年　龄	性　别	死难时间
王诗厚	张店区南定镇晴照村	27	男	—
路玉田	张店区中埠镇杨辛村	20多	男	—
李成孔	张店区中埠镇大王村	30	男	—
向维照	张店区中埠镇大寨村	—	男	—
张思明	张店区中埠镇黄金村	—	男	—
张元桐	张店区中埠镇黄金村	—	男	—
邹宗云	张店区中埠镇黄金村	—	男	—
毕玉兰	张店区中埠镇黄金村	—	男	—
孙澄淮	张店区中埠镇黄金村	—	男	—
高明信	张店区和平街道城中小区	28	男	—
刘正安	张店区沣水镇张二村	—	男	—
李士耐	张店区沣水镇仇家村	50多	男	—
李小小	张店区马尚镇林家村	—	男	—
范二勇	张店区马尚镇林家村	16	男	1942年
王根子	张店区马尚镇林家村	—	男	1942年
闫六子	张店区马尚镇西寨村	—	男	—
卞港德	张店区湖田镇南焦宋	17	男	—
石嗣友	张店区湖田镇柳行村	—	男	—
郭文奎	张店区湖田镇柳行村	40	男	—
蒋琨法	张店区公园街道北源居	—	男	—
孙维林	张店区车站街道王舍居	—	男	—
郝树堂	张店区杏园街道洪沟社区	—	男	—
郝光福	张店区杏园街道洪沟社区	—	男	—
邢本泉	张店区科苑街道潘庄居	—	男	—
盛俊志	张店区南定镇后南定村	—	男	—
田维兴	张店区南定镇后南定村	—	男	1945年
韩迎祥	张店区傅家镇傅家村	—	男	—
张学晏	张店区傅家镇傅家村	—	男	—
王生浮	张店区傅家镇傅家村	—	男	1940年
曹廷干	张店区傅家镇南家村	—	男	1940年
王洪善	张店区傅家镇苏村	—	男	—
王光利	张店区中埠镇铁冶村	—	男	—
杜志仁	张店区中埠镇铁冶村	—	男	—
张继贵	张店区中埠镇铁冶村	—	男	—

姓 名	籍 贯	年 龄	性 别	死难时间
王维后	张店区中埠镇铁冶村	—	男	—
赵志香	张店区中埠镇铁冶村	—	男	—
战化忠	张店区中埠镇铁冶村	—	男	—
路书田	张店区中埠镇杨辛庄	—	男	—
周瑞亭	张店区中埠镇边辛庄	—	男	1940 年
张京堂	张店区中埠镇张家庄	—	男	1940 年
邹斯介	张店区沣水镇昌城村	—	男	—
王忠全	张店区沣水镇张三村	—	男	—
赵思连	张店区沣水镇张炳村	—	男	—
张于化	张店区南定镇田家村	26	男	1938 年
王天路	张店区南定镇漫泗河村	—	男	1938 年
宋光辉	张店区南定镇漫泗河村	—	男	1938 年
赵以信之子	张店区南定镇漫泗河村	—	男	1938 年
王诗彦	张店区沣水镇刘家村	30	男	1940 年
陈福远	张店区科苑街道道庄居	50	男	1940 年
朱洪元	张店区房镇镇房西村	16	男	1940 年
乔福田	张店区中埠镇黄金村	—	男	1940 年
南永迁	张店区科苑街道道庄居	50	男	1940 年
刘英海	张店区南定镇田家村	30	男	1941 年
刘英琪	张店区南定镇田家村	45	男	1941 年
许家友	张店区南定镇田家村	35	男	1941 年
陈焕滢	张店区南定镇田家村	19	男	1942 年 2 月
邢朝圣	张店区中埠镇张家村	22	男	1942 年 5 月
王诗武	张店区南定镇田家村	30	男	1943 年
许家松	张店区南定镇田家村	36	男	1943 年
李福昌	张店区南定镇田家村	32	男	1943 年
张锡刚	张店区南定镇田家村	31	男	1943 年
石玉来	张店区南定镇田家村	32	男	1943 年
陈富芝	张店区南定镇田家村	40	男	1943 年
陈克忠	张店区南定镇田家村	17	男	1943 年
黄齐南	张店区沣水镇河庄村	—	男	1944 年
黄齐爱	张店区沣水镇河庄村	—	男	1944 年
徐道理	张店区沣水镇河庄村	—	男	1944 年
黄书兰	张店区沣水镇河庄村	—	男	1944 年

姓　名	籍　贯	年　龄	性　别	死难时间
张维胜	张店区房镇镇院上村	34	男	1944 年
张锡芳	张店区南定镇田家村	19	女	1945 年
崔鹏祥	张店区马尚镇林家村	16	男	1942 年
段向经	张店区马尚镇林家村	—	男	1942 年
崔洪太	张店区马尚镇林家村	—	男	1942 年
张万路	张店区马尚镇林家村	—	男	1942 年
合　计	**989**			

责任人：王　峰　孙富国　　　核实人：刘　凯　孙成龙　　　填表人：郭杰　郭渤海　董翔
填报单位（签章）：淄博市张店区委党史委　　　填报时间：2009 年 5 月 12 日

淄博市淄川区抗日战争时期死难者名录

姓　名	籍　贯	年　龄	性　别	死难时间
孙士贵	淄川区黑旺镇甘泉村	46	男	1937 年
刘曰勤	淄川区松龄路街道城张社区	—	男	1937 年
牛学其	淄川区黑旺镇土孤堆村	—	男	1937 年
李玉安	淄川区峨庄乡纱帽村	—	男	1937 年
王代真	淄川区商家镇武家村	27	男	1937 年
王士理	淄川区商家镇武家村	46	男	1937 年
李纪善	淄川区商城路街道公义社区	—	男	1937 年
翟李氏	淄川区商城路街道公义社区	—	女	1937 年
张李氏	淄川区商城路街道公义社区	—	女	1937 年
李长义	淄川区商城路街道公义社区	—	男	1937 年
袁圣芝之妻	淄川区商城路街道公义社区	—	女	1937 年
袁圣芝之子	淄川区商城路街道公义社区	—	男	1937 年
王世昌之父	淄川区商城路街道公义社区	—	男	1937 年
豆长义之父	淄川区商城路街道公义社区	—	男	1937 年
陈发财	淄川区商城路街道公义社区	—	男	1937 年
李　七	淄川区商城路街道公义社区	—	男	1937 年
张盛昌之妻	淄川区城南镇西楼村	68	女	1937 年
尹敬善	淄川区罗村镇西官村	33	男	1938 年 10 月
赵振德	淄川区罗村镇洼子村	33	男	1938 年 1 月
刘洪庆	淄川区寨里镇北黄村	27	男	1938 年 1 月
高常泽	淄川区钟楼街道招村社区	82	男	1938 年 1 月
鲁永善	淄川区双杨镇白沙村	26	男	1938 年 2 月 9 日
刘永俭	淄川区双杨镇白沙村	17	男	1938 年 2 月 9 日
刘曰楷	淄川区双杨镇白沙村	50	男	1938 年 2 月 8 日
李东兴	淄川区双杨镇华坞村	—	男	1938 年 1 月
史尚武之妻	淄川区双杨镇华坞村	—	女	1938 年 1 月
赵厥礼	淄川区双杨镇金马村	—	男	1938 年 1 月 8 日
赫臣信	淄川区双杨镇金马村	—	男	1938 年 1 月 8 日
贾久岭	淄川区双杨镇金马村	—	男	1938 年 1 月 8 日
张全修	淄川区罗村镇河东村	—	男	1938 年 1 月 30 日
张文儒	淄川区罗村镇河东村	40	男	1938 年 1 月 30 日

姓 名	籍 贯	年 龄	性 别	死难时间
王维忠	淄川区罗村镇河东村	—	男	1938 年 1 月 30 日
王宏训	淄川区罗村镇河东村	20	男	1938 年 1 月 30 日
王赵氏	淄川区罗村镇河东村	—	女	1938 年 1 月 30 日
王克宜	淄川区罗村镇河东村	30	男	1938 年 1 月 30 日
王克宜之女	淄川区罗村镇河东村	8	女	1938 年 1 月 30 日
王世贵	淄川区罗村镇河东村	19	男	1938 年 1 月 30 日
张玉法	淄川区罗村镇河东村	30	男	1938 年 1 月 30 日
王克和	淄川区罗村镇河东村	39	男	1938 年 1 月 30 日
王维俭	淄川区罗村镇河东村	40	男	1938 年 1 月 30 日
王义蒲	淄川区罗村镇河东村	—	男	1938 年 1 月 30 日
王德祥	淄川区罗村镇河东村	58	男	1938 年 1 月 30 日
王德福	淄川区罗村镇河东村	56	男	1938 年 1 月 30 日
郭凤刚	淄川区罗村镇河东村	30	男	1938 年 1 月 30 日
王维昌	淄川区罗村镇河东村	—	男	1938 年 1 月 30 日
高延清	淄川区罗村镇河东村	—	男	1938 年 1 月 30 日
金存水	淄川区罗村镇河东村	50	男	1938 年 1 月 30 日
高新法	淄川区罗村镇河东村	—	男	1938 年 1 月 30 日
张前修	淄川区罗村镇河东村	27	男	1938 年 1 月 30 日
张功修	淄川区罗村镇河东村	21	男	1938 年 1 月 30 日
张法新	淄川区罗村镇河东村	56	男	1938 年 1 月 30 日
张京石	淄川区罗村镇河东村	27	男	1938 年 1 月 30 日
张京皋	淄川区罗村镇河东村	25	男	1938 年 1 月 30 日
王德顺	淄川区罗村镇河东村	60	男	1938 年 1 月 30 日
张结石	淄川区罗村镇河东村	20	男	1938 年 1 月 30 日
王云佐	淄川区罗村镇河东村	—	男	1938 年 1 月 30 日
刘孝地	淄川区罗村镇河东村	30	男	1938 年 1 月 30 日
高宏德	淄川区罗村镇河东村	—	男	1938 年 1 月 30 日
高俊峰之妻	淄川区罗村镇河东村	20	女	1938 年 1 月 30 日
刘永木	淄川区罗村镇河东村	40	男	1938 年 1 月 30 日
王光明	淄川区罗村镇河东村	23	男	1938 年 1 月 30 日
孙来福	淄川区罗村镇河东村	—	男	1938 年 1 月 30 日
刘永林	淄川区罗村镇河东村	5	男	1938 年 1 月 30 日
王义功	淄川区罗村镇河东村	28	男	1938 年 1 月 30 日
王光鸣	淄川区罗村镇河东村	40	男	1938 年 1 月 30 日

姓　名	籍　贯	年　龄	性　别	死难时间
高曰佃之妻	淄川区罗村镇河东村	26	女	1938 年 1 月 30 日
张义修	淄川区罗村镇河东村	20	男	1938 年 1 月 30 日
张科修之妻	淄川区罗村镇河东村	26	女	1938 年 1 月 30 日
张科修之子	淄川区罗村镇河东村	4	男	1938 年 1 月 30 日
牛井同	淄川区罗村镇河东村	—	男	1938 年 1 月 30 日
王义勤	淄川区罗村镇河东村	27	男	1938 年 1 月 30 日
王义和	淄川区罗村镇河东村	24	男	1938 年 1 月 30 日
高春迎	淄川区罗村镇河东村	—	男	1938 年 1 月 30 日
张士太	淄川区罗村镇河东村	—	男	1938 年 1 月 30 日
张士和	淄川区罗村镇河东村	—	男	1938 年 1 月 30 日
张清子	淄川区罗村镇河东村	—	男	1938 年 1 月 30 日
张文树	淄川区罗村镇河东村	26	男	1938 年 1 月 30 日
田姑娘	淄川区罗村镇河东村	—	女	1938 年 1 月 30 日
高洪沛之母	淄川区罗村镇河东村	50	女	1938 年 1 月 30 日
王凤鸣	淄川区罗村镇河东村	—	男	1938 年 1 月 30 日
王树宗	淄川区罗村镇河东村	—	男	1938 年 1 月 30 日
张廷柱	淄川区罗村镇河东村	36	男	1938 年 1 月 30 日
刘廷为	淄川区罗村镇河东村	—	男	1938 年 1 月 30 日
张洪举	淄川区罗村镇河东村	—	男	1938 年 1 月 30 日
杨长富	淄川区罗村镇河东村	30	男	1938 年 1 月 30 日
张力子	淄川区罗村镇河东村	—	男	1938 年 1 月 30 日
张化明	淄川区罗村镇河东村	40	男	1938 年 1 月 30 日
王姑娘	淄川区罗村镇河东村	—	女	1938 年 1 月 30 日
高庆福	淄川区罗村镇河东村	40	男	1938 年 1 月 30 日
贾天德	淄川区罗村镇河东村	31	男	1938 年 1 月 30 日
张廷修	淄川区罗村镇河东村	—	男	1938 年 1 月 30 日
张华修之女	淄川区罗村镇河东村	5	女	1938 年 1 月 30 日
王允佐	淄川区罗村镇河东村	10	男	1938 年 1 月 30 日
刘　五	淄川区罗村镇河东村	—	男	1938 年 1 月 30 日
田怀明之子	淄川区罗村镇河东村	5	男	1938 年 1 月 30 日
阎　四	淄川区罗村镇河东村	—	男	1938 年 1 月 30 日
阎　三	淄川区罗村镇河东村	—	男	1938 年 1 月 30 日
郭玉蓉之父	淄川区罗村镇河东村	—	男	1938 年 1 月 30 日
田怀明之妻	淄川区罗村镇河东村	30	女	1938 年 1 月 30 日

姓　名	籍　贯	年　龄	性　别	死难时间
刘希永	淄川区罗村镇河东村	—	男	1938 年 1 月 30 日
封在田	淄川区罗村镇河东村	31	男	1938 年 1 月 30 日
高洪昌	淄川区罗村镇河东村	30	男	1938 年 1 月 30 日
封佃奎	淄川区罗村镇河东村	51	男	1938 年 1 月 30 日
王崇德	淄川区罗村镇河东村	—	男	1938 年 1 月 30 日
高守奎	淄川区罗村镇河东村	38	男	1938 年 1 月 30 日
高洪喜	淄川区罗村镇河东村	36	男	1938 年 1 月 30 日
高守勤	淄川区罗村镇河东村	40	男	1938 年 1 月 30 日
张栾玉	淄川区罗村镇河东村	—	男	1938 年 1 月 30 日
张正修	淄川区罗村镇河东村	—	男	1938 年 1 月 30 日
张武修	淄川区罗村镇河东村	—	男	1938 年 1 月 30 日
纪佃贞	淄川区罗村镇河东村	30	男	1938 年 1 月 30 日
张福亭	淄川区罗村镇河东村	51	男	1938 年 1 月 30 日
张信修	淄川区罗村镇河东村	20	男	1938 年 1 月 30 日
刘永田	淄川区罗村镇河东村	30	男	1938 年 1 月 30 日
刘宗文	淄川区罗村镇河东村	60	男	1938 年 1 月 30 日
刘永和	淄川区罗村镇河东村	51	男	1938 年 1 月 30 日
刘维分	淄川区罗村镇河东村	—	男	1938 年 1 月 30 日
王洪谦之母	淄川区罗村镇河东村	—	女	1938 年 1 月 30 日
刘永其	淄川区罗村镇河东村	20	男	1938 年 1 月 30 日
李长德	淄川区罗村镇河东村	—	男	1938 年 1 月 30 日
张镇东之婶	淄川区罗村镇河东村	—	女	1938 年 1 月 30 日
刘永全	淄川区罗村镇河东村	30	男	1938 年 1 月 30 日
高春清	淄川区罗村镇河东村	30	男	1938 年 1 月 30 日
张京柏	淄川区罗村镇河东村	—	男	1938 年 1 月 30 日
张京芝	淄川区罗村镇河东村	—	男	1938 年 1 月 30 日
张中修	淄川区罗村镇河东村	26	男	1938 年 1 月 30 日
吕佛村	淄川区罗村镇河东村	—	男	1938 年 1 月 30 日
刘胜慎	淄川区罗村镇河东村	59	男	1938 年 1 月 30 日
金同云	淄川区罗村镇河东村	40	男	1938 年 1 月 30 日
金存禄	淄川区罗村镇河东村	29	男	1938 年 1 月 30 日
金寡妇	淄川区罗村镇河东村	51	女	1938 年 1 月 30 日
张京旭	淄川区罗村镇河东村	51	男	1938 年 1 月 30 日
李义德	淄川区罗村镇河东村	—	男	1938 年 1 月 30 日

姓 名	籍 贯	年 龄	性 别	死难时间
张会东	淄川区罗村镇河东村	—	男	1938 年 1 月 30 日
张龄修	淄川区罗村镇河东村	—	男	1938 年 1 月 30 日
王义臣	淄川区罗村镇河东村	—	男	1938 年 1 月 30 日
刘永堂	淄川区罗村镇河东村	19	男	1938 年 1 月 30 日
刘妮子	淄川区罗村镇河东村	—	女	1938 年 1 月 30 日
张干修	淄川区罗村镇河东村	26	男	1938 年 1 月 30 日
田本铎之女	淄川区罗村镇河东村	20	女	1938 年 1 月 30 日
田妮子	淄川区罗村镇河东村	—	女	1938 年 1 月 30 日
贾聿法	淄川区罗村镇河东村	27	男	1938 年 1 月 30 日
阎春贞	淄川区罗村镇河东村	—	男	1938 年 1 月 30 日
阎春祥	淄川区罗村镇河东村	—	男	1938 年 1 月 30 日
翟作远	淄川区罗村镇河东村	—	男	1938 年 1 月 30 日
郭文清	淄川区罗村镇河东村	—	男	1938 年 1 月 30 日
王克富	淄川区罗村镇河东村	—	男	1938 年 1 月 30 日
宋文子	淄川区罗村镇河东村	—	男	1938 年 1 月 30 日
刘维忠	淄川区罗村镇河东村	50	男	1938 年 1 月 30 日
张朋训	淄川区罗村镇河东村	—	男	1938 年 1 月 30 日
张朋训家人	淄川区罗村镇河东村	—	男	1938 年 1 月 30 日
刘维堂	淄川区罗村镇河东村	51	男	1938 年 1 月 30 日
张京兰	淄川区罗村镇河东村	29	男	1938 年 1 月 30 日
苗德田	淄川区罗村镇河东村	20	男	1938 年 1 月 30 日
田 大	淄川区罗村镇河东村	13	男	1938 年 1 月 30 日
贾 五	淄川区罗村镇河东村	—	男	1938 年 1 月 30 日
田藏子	淄川区罗村镇河东村	20	男	1938 年 1 月 30 日
田五子	淄川区罗村镇河东村	14	男	1938 年 1 月 30 日
于加子	淄川区罗村镇河东村	—	男	1938 年 1 月 30 日
田怀明	淄川区罗村镇河东村	—	男	1938 年 1 月 30 日
田怀明之妻	淄川区罗村镇河东村	—	女	1938 年 1 月 30 日
田怀明之女	淄川区罗村镇河东村	—	女	1938 年 1 月 30 日
田怀明之女	淄川区罗村镇河东村	—	女	1938 年 1 月 30 日
田怀亮	淄川区罗村镇河东村	—	男	1938 年 1 月 30 日
田怀亮家人	淄川区罗村镇河东村	—	—	1938 年 1 月 30 日
田怀亮家人	淄川区罗村镇河东村	—	—	1938 年 1 月 30 日
张献文	淄川区罗村镇河东村	—	男	1938 年 1 月 30 日

姓 名	籍 贯	年 龄	性 别	死难时间
张献文家人	淄川区罗村镇河东村	—	—	1938 年 1 月 30 日
张献文家人	淄川区罗村镇河东村	—	—	1938 年 1 月 30 日
张献文家人	淄川区罗村镇河东村	—	—	1938 年 1 月 30 日
张献文家人	淄川区罗村镇河东村	—	—	1938 年 1 月 30 日
张献文家人	淄川区罗村镇河东村	—	—	1938 年 1 月 30 日
张风文	淄川区罗村镇河东村	—	男	1938 年 1 月 30 日
张风文家人	淄川区罗村镇河东村	—	—	1938 年 1 月 30 日
张风文家人	淄川区罗村镇河东村	—	—	1938 年 1 月 30 日
张风文家人	淄川区罗村镇河东村	—	—	1938 年 1 月 30 日
张瑞文	淄川区罗村镇河东村	—	男	1938 年 1 月 30 日
张瑞文家人	淄川区罗村镇河东村	—	—	1938 年 1 月 30 日
张瑞文家人	淄川区罗村镇河东村	—	—	1938 年 1 月 30 日
张瑞文家人	淄川区罗村镇河东村	—	—	1938 年 1 月 30 日
于忙子	淄川区罗村镇河东村	—	男	1938 年 1 月 30 日
于忙子家人	淄川区罗村镇河东村	—	—	1938 年 1 月 30 日
于忙子家人	淄川区罗村镇河东村	—	—	1938 年 1 月 30 日
于洪福	淄川区罗村镇河东村	—	男	1938 年 1 月 30 日
于洪福家人之一	淄川区罗村镇河东村	—	—	1938 年 1 月 30 日
于洪福家人之二	淄川区罗村镇河东村	—	—	1938 年 1 月 30 日
于洪福家人之三	淄川区罗村镇河东村	—	—	1938 年 1 月 30 日
张京文	淄川区罗村镇河东村	30	男	1938 年 1 月 30 日
张京文之妻	淄川区罗村镇河东村	30	女	1938 年 1 月 30 日
张京文之女	淄川区罗村镇河东村	5	女	1938 年 1 月 30 日
于成义	淄川区罗村镇河东村	—	男	1938 年 1 月 30 日
于成义家人之一	淄川区罗村镇河东村	—	—	1938 年 1 月 30 日
于成义家人之二	淄川区罗村镇河东村	—	—	1938 年 1 月 30 日
于成义家人之三	淄川区罗村镇河东村	—	—	1938 年 1 月 30 日
于成义家人之四	淄川区罗村镇河东村	—	—	1938 年 1 月 30 日
于成义家人之五	淄川区罗村镇河东村	—	—	1938 年 1 月 30 日
于成义家人之六	淄川区罗村镇河东村	—	—	1938 年 1 月 30 日
高曰友	淄川区罗村镇河东村	—	男	1938 年 1 月 30 日
高曰友家人之一	淄川区罗村镇河东村	—	—	1938 年 1 月 30 日
高曰友家人之二	淄川区罗村镇河东村	—	—	1938 年 1 月 30 日
高曰友家人之三	淄川区罗村镇河东村	—	—	1938 年 1 月 30 日

姓　名	籍　贯	年　龄	性　别	死难时间
高曰友家人之四	淄川区罗村镇河东村	—	—	1938 年 1 月 30 日
张文东	淄川区罗村镇河东村	51	男	1938 年 1 月 30 日
张文东家人之一	淄川区罗村镇河东村	—	—	1938 年 1 月 30 日
张文东家人之二	淄川区罗村镇河东村	—	—	1938 年 1 月 30 日
张文东家人之三	淄川区罗村镇河东村	—	—	1938 年 1 月 30 日
张文东家人之四	淄川区罗村镇河东村	—	—	1938 年 1 月 30 日
张文东家人之五	淄川区罗村镇河东村	—	—	1938 年 1 月 30 日
张士会之母	淄川区罗村镇河东村	—	女	1938 年 1 月 30 日
张士会之兄	淄川区罗村镇河东村	—	男	1938 年 1 月 30 日
张士会之妹	淄川区罗村镇河东村	—	女	1938 年 1 月 30 日
张山峪	淄川区罗村镇河东村	—	男	1938 年 1 月 30 日
阎老汉	淄川区罗村镇河东村	—	男	1938 年 1 月 30 日
王汝松	淄川区寨里镇徐家村	—	男	1938 年 1 月 30 日
耿佃树	淄川区寨里镇徐家村	—	男	1938 年 1 月 30 日
谭有孝	淄川区寨里镇徐家村	—	男	1938 年 1 月 30 日
谭角海	淄川区寨里镇徐家村	—	男	1938 年 1 月 30 日
王角生之二哥	淄川区寨里镇徐家村	—	男	1938 年 1 月 30 日
仇聪宜	淄川区罗村镇河东村	—	男	1938 年 1 月 30 日
仇传书	淄川区罗村镇河东村	—	男	1938 年 1 月 30 日
赵福宽	淄川区罗村镇河东村	—	男	1938 年 1 月 30 日
张宏銮	淄川区罗村镇河东村	—	男	1938 年 1 月 30 日
张良法	淄川区罗村镇河东村	—	男	1938 年 1 月 30 日
张笃海	淄川区罗村镇河东村	—	男	1938 年 1 月 30 日
张建修	淄川区罗村镇河东村	—	男	1938 年 1 月 30 日
张宏告	淄川区罗村镇河东村	—	男	1938 年 1 月 30 日
张良梓	淄川区罗村镇河东村	—	男	1938 年 1 月 30 日
刘源修	淄川区罗村镇河东村	—	男	1938 年 1 月 30 日
刘科修	淄川区罗村镇河东村	—	男	1938 年 1 月 30 日
孙永树	淄川区罗村镇河东村	—	男	1938 年 1 月 30 日
刘明修	淄川区罗村镇河东村	—	男	1938 年 1 月 30 日
李德现	淄川区罗村镇河东村	—	男	1938 年 1 月 30 日
徐福孝	淄川区双杨镇白沙村	18	男	1938 年 1 月 30 日
郗丰臣	淄川区双杨镇白沙村	19	男	1938 年 1 月 30 日
王维武之弟	淄川区罗村镇河东村	30	男	1938 年 1 月 30 日

姓　名	籍　贯	年　龄	性　别	死难时间
郭奉刚	淄川区罗村镇河东村	36	男	1938 年 1 月 30 日
张景之	淄川区罗村镇河东村	—	男	1938 年 1 月 30 日
许建信	淄川区寨里镇佛村	—	男	1938 年 1 月 30 日
王树廷	淄川区罗村镇牟家村	—	男	1938 年 1 月 30 日
王玉荣	淄川区罗村镇牟家村	—	男	1938 年 1 月 30 日
张立安	淄川区罗村镇牟家村	—	男	1938 年 1 月 30 日
王茂厚	淄川区罗村镇牟家村	—	男	1938 年 1 月 30 日
滕茂兰	淄川区罗村镇牟家村	—	男	1938 年 1 月 30 日
王树森	淄川区罗村镇牟家村	—	男	1938 年 1 月 30 日
王树田	淄川区罗村镇牟家村	—	男	1938 年 1 月 30 日
王树兰	淄川区罗村镇牟家村	—	男	1938 年 1 月 30 日
王茂林	淄川区罗村镇牟家村	—	男	1938 年 1 月 30 日
王树德	淄川区罗村镇牟家村	—	男	1938 年 1 月 30 日
王玉山	淄川区罗村镇牟家村	—	男	1938 年 1 月 30 日
王树清	淄川区罗村镇牟家村	—	男	1938 年 1 月 30 日
王茂忠	淄川区罗村镇牟家村	—	男	1938 年 1 月 30 日
徐忠禄	淄川区罗村镇牟家村	—	男	1938 年 1 月 30 日
李丰明	淄川区罗村镇前河村	40	男	1938 年 1 月 30 日
李永前	淄川区罗村镇前河村	38	男	1938 年 1 月 30 日
李永祥	淄川区罗村镇前河村	27	男	1938 年 1 月 30 日
殷尚志	淄川区双杨镇杨寨村	30	男	1938 年 2 月 2 日
殷尚俭	淄川区双杨镇杨寨村	27	男	1938 年 2 月 2 日
殷茂栋	淄川区双杨镇杨寨村	19	男	1938 年 2 月 2 日
殷尚谟	淄川区双杨镇杨寨村	25	男	1938 年 2 月 2 日
殷尚曾	淄川区双杨镇杨寨村	35	男	1938 年 2 月 2 日
罗玉祥	淄川区双杨镇杨寨村	40	男	1938 年 2 月 2 日
罗维心	淄川区双杨镇杨寨村	23	男	1938 年 2 月 2 日
罗维一	淄川区双杨镇杨寨村	20	男	1938 年 2 月 2 日
罗玉本	淄川区双杨镇杨寨村	30	男	1938 年 2 月 2 日
乔立成	淄川区双杨镇杨寨村	42	男	1938 年 2 月 2 日
乔立义	淄川区双杨镇杨寨村	40	男	1938 年 2 月 2 日
乔立树	淄川区双杨镇杨寨村	30	男	1938 年 2 月 2 日
乔大成	淄川区双杨镇杨寨村	20	男	1938 年 2 月 2 日
高隆昌	淄川区双杨镇杨寨村	30	男	1938 年 2 月 2 日

姓 名	籍 贯	年 龄	性 别	死难时间
高玉昌	淄川区双杨镇杨寨村	33	男	1938 年 2 月 2 日
高太法	淄川区双杨镇杨寨村	35	男	1938 年 2 月 2 日
高太君	淄川区双杨镇杨寨村	30	男	1938 年 2 月 2 日
高太茉	淄川区双杨镇杨寨村	26	男	1938 年 2 月 2 日
满光大	淄川区双杨镇杨寨村	40	男	1938 年 2 月 2 日
满勤继	淄川区双杨镇杨寨村	32	男	1938 年 2 月 2 日
满二妮	淄川区双杨镇杨寨村	25	女	1938 年 2 月 2 日
赵聿修	淄川区双杨镇杨寨村	27	男	1938 年 2 月 2 日
赵清溪	淄川区双杨镇杨寨村	30	男	1938 年 2 月 2 日
刘清福	淄川区双杨镇杨寨村	23	男	1938 年 2 月 2 日
韩法禄	淄川区双杨镇杨寨村	22	男	1938 年 2 月 2 日
高兴昌	淄川区双杨镇杨寨村	35	男	1938 年 2 月 2 日
高袁氏	淄川区双杨镇杨寨村	26	女	1938 年 2 月 2 日
高文娟	淄川区双杨镇杨寨村	24	女	1938 年 2 月 2 日
高 妮	淄川区双杨镇杨寨村	10	女	1938 年 2 月 2 日
高庆茉	淄川区双杨镇杨寨村	30	男	1938 年 2 月 2 日
高祥继	淄川区双杨镇杨寨村	40	男	1938 年 2 月 2 日
高付氏	淄川区双杨镇杨寨村	40	女	1938 年 2 月 2 日
高桂荣	淄川区双杨镇杨寨村	82	女	1938 年 2 月 2 日
高庆奉	淄川区双杨镇杨寨村	18	男	1938 年 2 月 2 日
高 减	淄川区双杨镇杨寨村	38	男	1938 年 2 月 2 日
高庆芸	淄川区双杨镇杨寨村	66	女	1938 年 2 月 2 日
高徽屿	淄川区双杨镇杨寨村	55	男	1938 年 2 月 2 日
高徽誊	淄川区双杨镇杨寨村	38	男	1938 年 2 月 2 日
高冉继	淄川区双杨镇杨寨村	35	男	1938 年 2 月 2 日
高祯继	淄川区双杨镇杨寨村	18	男	1938 年 2 月 2 日
高庆法	淄川区双杨镇杨寨村	19	男	1938 年 2 月 2 日
高庆汉	淄川区双杨镇杨寨村	19	男	1938 年 2 月 2 日
高清春	淄川区双杨镇杨寨村	38	男	1938 年 2 月 2 日
张清伦	淄川区双杨镇杨寨村	29	男	1938 年 2 月 2 日
高名光	淄川区双杨镇杨寨村	22	男	1938 年 2 月 2 日
于庆贵	淄川区双杨镇杨寨村	38	男	1938 年 2 月 2 日
于成洛	淄川区双杨镇杨寨村	20	男	1938 年 2 月 2 日
于庆云	淄川区双杨镇杨寨村	30	男	1938 年 2 月 2 日

姓　名	籍　贯	年　龄	性　别	死难时间
于圣筠	淄川区双杨镇杨寨村	48	男	1938 年 2 月 2 日
刘罗氏	淄川区双杨镇杨寨村	43	女	1938 年 2 月 2 日
刘隆武	淄川区双杨镇杨寨村	18	男	1938 年 2 月 2 日
刘基偕	淄川区双杨镇杨寨村	22	男	1938 年 2 月 2 日
高贻训	淄川区双杨镇杨寨村	40	男	1938 年 2 月 2 日
高贻增	淄川区双杨镇杨寨村	44	男	1938 年 2 月 2 日
高绍洲	淄川区双杨镇杨寨村	26	男	1938 年 2 月 2 日
高绍洪	淄川区双杨镇杨寨村	23	男	1938 年 2 月 2 日
张星壁	淄川区双杨镇杨寨村	56	男	1938 年 2 月 2 日
张庆英	淄川区双杨镇杨寨村	26	男	1938 年 2 月 2 日
高徽继	淄川区双杨镇杨寨村	48	男	1938 年 2 月 2 日
高徽祥	淄川区双杨镇杨寨村	40	男	1938 年 2 月 2 日
高徽柯	淄川区双杨镇杨寨村	37	男	1938 年 2 月 2 日
高燫继	淄川区双杨镇杨寨村	41	男	1938 年 2 月 2 日
高煐继	淄川区双杨镇杨寨村	38	男	1938 年 2 月 2 日
胡茂德	淄川区双杨镇杨寨村	25	男	1938 年 2 月 2 日
田延武	淄川区双杨镇杨寨村	35	男	1938 年 2 月 2 日
高春承	淄川区双杨镇杨寨村	52	男	1938 年 2 月 2 日
高秋承	淄川区双杨镇杨寨村	46	男	1938 年 2 月 2 日
高徽酉	淄川区双杨镇杨寨村	40	男	1938 年 2 月 2 日
高常继	淄川区双杨镇杨寨村	27	男	1938 年 2 月 2 日
高春继	淄川区双杨镇杨寨村	45	男	1938 年 2 月 2 日
高丕继	淄川区双杨镇杨寨村	25	男	1938 年 2 月 2 日
高玳继	淄川区双杨镇杨寨村	28	男	1938 年 2 月 2 日
高徽棚	淄川区双杨镇杨寨村	40	男	1938 年 2 月 2 日
高璐继	淄川区双杨镇杨寨村	18	男	1938 年 2 月 2 日
高徽皆	淄川区双杨镇杨寨村	25	男	1938 年 2 月 2 日
高台继	淄川区双杨镇杨寨村	26	男	1938 年 2 月 2 日
高徽磊	淄川区双杨镇杨寨村	50	男	1938 年 2 月 2 日
高万英	淄川区双杨镇杨寨村	13	女	1938 年 2 月 2 日
高毓继	淄川区双杨镇杨寨村	25	男	1938 年 2 月 2 日
高永继	淄川区双杨镇杨寨村	23	男	1938 年 2 月 2 日
高菲成	淄川区双杨镇杨寨村	65	男	1938 年 2 月 2 日
高徽岳	淄川区双杨镇杨寨村	30	男	1938 年 2 月 2 日

姓 名	籍 贯	年 龄	性 别	死难时间
高徽山	淄川区双杨镇杨寨村	40	男	1938 年 2 月 2 日
高仁继	淄川区双杨镇杨寨村	46	男	1938 年 2 月 2 日
高徽瑨	淄川区双杨镇杨寨村	37	男	1938 年 2 月 2 日
高徽兹	淄川区双杨镇杨寨村	26	男	1938 年 2 月 2 日
高萃继	淄川区双杨镇杨寨村	24	男	1938 年 2 月 2 日
高菡继	淄川区双杨镇杨寨村	22	男	1938 年 2 月 2 日
田延护	淄川区双杨镇杨寨村	28	男	1938 年 2 月 2 日
徐宝成	淄川区双杨镇杨寨村	20	男	1938 年 2 月 2 日
刘道喜	淄川区双杨镇杨寨村	40	男	1938 年 2 月 2 日
万光进	淄川区双杨镇杨寨村	60	男	1938 年 2 月 2 日
王继符	淄川区双杨镇杨寨村	20	男	1938 年 2 月 2 日
刘永成	淄川区双杨镇杨寨村	20	男	1938 年 2 月 2 日
张染匠	—	38	男	1938 年 2 月 2 日
于乞丐	—	22	男	1938 年 2 月 2 日
谭玉琪	淄川区双杨镇杨寨村	32	男	1938 年 2 月 2 日
郭　×	淄川区双杨镇杨寨村	30	男	1938 年 2 月 2 日
张庆荣	淄川区双杨镇杨寨村	28	男	1938 年 2 月 2 日
李玉德	淄川区双杨镇杨寨村	25	男	1938 年 2 月 2 日
高灰党	淄川区双杨镇杨寨村	—	男	1938 年 2 月 2 日
高民继	淄川区双杨镇杨寨村	—	男	1938 年 2 月 2 日
高庆香	淄川区双杨镇杨寨村	—	男	1938 年 2 月 2 日
罗玉吉	淄川区双杨镇寨杨寨村	—	男	1938 年 2 月 2 日
高庆丰	淄川区双杨镇杨寨村	—	男	1938 年 2 月 2 日
高滕继	淄川区双杨镇杨寨村	—	男	1938 年 2 月 2 日
高汉继	淄川区双杨镇杨寨村	—	男	1938 年 2 月 2 日
高学继	淄川区双杨镇杨寨村	—	男	1938 年 2 月 2 日
高灰长	淄川区双杨镇杨寨村	—	男	1938 年 2 月 2 日
高灰友	淄川区双杨镇杨寨村	—	男	1938 年 2 月 2 日
高灰岳	淄川区双杨镇杨寨村	—	男	1938 年 2 月 2 日
高清福	淄川区双杨镇杨寨村	—	男	1938 年 2 月 2 日
高慎成	淄川区双杨镇杨寨村	—	男	1938 年 2 月 2 日
高灰汉	淄川区双杨镇杨寨村	—	男	1938 年 2 月 2 日
高庆台	淄川区双杨镇杨寨村	—	男	1938 年 2 月 2 日
罗玉信	淄川区双杨镇杨寨村	—	男	1938 年 2 月 2 日

姓 名	籍 贯	年 龄	性 别	死难时间
高庆岚	淄川区双杨镇杨寨村	—	男	1938 年 2 月 2 日
高县长	淄川区双杨镇杨寨村	—	男	1938 年 2 月 2 日
高庆云	淄川区双杨镇杨寨村	—	男	1938 年 2 月 2 日
高庆来	淄川区双杨镇杨寨村	—	男	1938 年 2 月 2 日
高贤继	淄川区双杨镇杨寨村	—	男	1938 年 2 月 2 日
高念继	淄川区双杨镇杨寨村	—	男	1938 年 2 月 2 日
赵怀安	淄川区双杨镇杨寨村	—	男	1938 年 2 月 2 日
罗玉树	淄川区双杨镇杨寨村	—	男	1938 年 2 月 2 日
乔佃富	淄川区双杨镇杨寨村	—	男	1938 年 2 月 2 日
韩法入	淄川区双杨镇杨寨村	—	男	1938 年 2 月 2 日
殷炳合	淄川区双杨镇杨寨村	—	男	1938 年 2 月 2 日
高其昌之父	淄川区双杨镇杨寨村	—	男	1938 年 2 月 2 日
高冬成之兄	淄川区双杨镇杨寨村	—	男	1938 年 2 月 2 日
高庆宗之妻	淄川区双杨镇杨寨村	—	女	1938 年 2 月 2 日
高令长之妹	淄川区双杨镇杨寨村	—	女	1938 年 2 月 2 日
高庆城之父	淄川区双杨镇杨寨村	—	男	1938 年 2 月 2 日
高庆玉之父	淄川区双杨镇杨寨村	—	男	1938 年 2 月 2 日
方光进	—	—	男	1938 年 2 月 2 日
高灰明	淄川区双杨镇杨寨村	—	男	1938 年 2 月 2 日
高入继	淄川区双杨镇杨寨村	—	男	1938 年 2 月 2 日
于圣海	淄川区双杨镇杨寨村	—	男	1938 年 2 月 2 日
高庆风	淄川区双杨镇杨寨村	—	男	1938 年 2 月 2 日
韩发贵	淄川区龙泉镇龙口村	—	男	1938 年 2 月 4 日
司纪伦	淄川区龙泉镇龙口村	—	男	1938 年 2 月 4 日
刘二成子	淄川区龙泉镇龙口村	—	男	1938 年 2 月 4 日
司纪华	淄川区龙泉镇龙口村	—	男	1938 年 2 月 4 日
司志山	淄川区龙泉镇龙口村	—	男	1938 年 2 月 4 日
刘玉文	淄川区龙泉镇龙口村	—	男	1938 年 2 月 4 日
司志朋	淄川区龙泉镇龙三村	—	男	1938 年 2 月 4 日
司衍太	淄川区龙泉镇龙口村	—	男	1938 年 2 月 4 日
黄泽德	淄川区龙泉镇龙口村	—	男	1938 年 2 月 4 日
司传奎	淄川区龙泉镇龙口村	—	男	1938 年 2 月 4 日
陈 三	淄川区龙泉镇龙口村	—	男	1938 年 2 月 4 日
马衍松	淄川区龙泉镇龙口村	—	男	1938 年 2 月 4 日

姓　名	籍　贯	年　龄	性　别	死难时间
刘哑巴	淄川区龙泉镇龙口村	—	男	1938 年 2 月 4 日
亓元亮	淄川区龙泉镇龙四村	—	男	1938 年 2 月 4 日
范维高	淄川区龙泉镇龙口村	—	男	1938 年 2 月 4 日
姬××	淄川区龙泉镇龙口村	—	男	1938 年 2 月 4 日
张士河	淄川区龙泉镇龙口村	—	男	1938 年 2 月 4 日
宋世国	淄川区岭子镇孤山村	—	男	1938 年 2 月 4 日
胡义俭	淄川区龙泉镇龙口村	—	男	1938 年 2 月 4 日
陈京泉	淄川区龙泉镇龙口村	—	男	1938 年 2 月 4 日
吴纪玉	淄川区龙泉镇龙口村	—	男	1938 年 2 月 4 日
刘纪业	淄川区龙泉镇龙口村	—	男	1938 年 2 月 4 日
戚如胜	淄川区龙泉镇龙口村	—	男	1938 年 2 月 4 日
戚如某	淄川区龙泉镇龙口村	—	男	1938 年 2 月 4 日
司衍峪	淄川区龙泉镇龙口村	—	男	1938 年 2 月 4 日
戚属子	淄川区龙泉镇龙口村	—	男	1938 年 2 月 4 日
孙立安	淄川区龙泉镇龙四村	—	男	1938 年 2 月 4 日
宋建堂	淄川区龙泉镇龙口村	—	男	1938 年 2 月 4 日
司志海	淄川区龙泉镇龙口村	—	男	1938 年 2 月 4 日
司纪密	淄川区龙泉镇龙口村	—	男	1938 年 2 月 4 日
苏作富	淄川区龙泉镇龙口村	—	男	1938 年 2 月 4 日
马衍北之兄	淄川区龙泉镇龙口村	—	男	1938 年 2 月 4 日
司明子	淄川区龙泉镇韩圣村	—	男	1938 年 2 月 4 日
张××	淄川区龙泉镇龙口村	—	男	1938 年 2 月 4 日
姬××	淄川区龙泉镇龙口村	—	男	1938 年 2 月 4 日
亓长春	淄川区龙泉镇龙四村	—	男	1938 年 2 月 4 日
张克相	淄川区龙泉镇龙二村	—	男	1938 年 2 月 4 日
孟光文	淄川区龙泉镇龙口村	—	男	1938 年 2 月 4 日
李善斋	淄川区洪山镇北工社区	26	男	1938 年 2 月
孙印泰	淄川区龙泉镇	—	男	1938 年 2 月
李公茂	淄川区龙泉镇北旺村	25	男	1938 年 2 月
王克义	淄川区双杨镇杨寨村	30	男	1938 年 2 月
王维煦	淄川区双杨镇杨寨村	30	男	1938 年 2 月
满世川	淄川区双杨镇杨寨村	40	男	1938 年 2 月
刘可远	淄川区双杨镇白沙村	40	男	1938 年 3 月 29 日
刘张氏	淄川区双杨镇白沙村	38	女	1938 年 3 月 29 日

姓　名	籍　贯	年龄	性别	死难时间
刘赵氏	淄川区双杨镇白沙村	70	女	1938 年 3 月 29 日
刘可祯	淄川区双杨镇白沙村	18	男	1938 年 3 月 29 日
刘可臣之妻	淄川区双杨镇白沙村	35	女	1938 年 3 月 29 日
刘金蛋	淄川区双杨镇白沙村	3	男	1938 年 3 月 29 日
王成氏	淄川区罗村镇大鸢桥村	—	女	1938 年 2 月
王鲁氏	淄川区罗村镇大鸢桥村	—	女	1938 年 2 月
王鲁氏	淄川区罗村镇大鸢桥村	—	女	1938 年 2 月
王吕氏	淄川区罗村镇大鸢桥村	—	女	1938 年 2 月
王李氏	淄川区罗村镇大鸢桥村	—	女	1938 年 2 月
鲁善田	淄川区罗村镇罗村村	20	男	1938 年 2 月
李玉智	淄川区罗村镇罗村村	18	男	1938 年 2 月
刘成花	淄川区罗村镇小鸢桥村	—	男	1938 年 2 月
王克吉	淄川区罗村镇小鸢桥村	—	男	1938 年 2 月
孙坦友	博山区白塔镇大海眼村	30	男	1938 年 3 月 13 日
孙惟友	博山区白塔镇大海眼村	24	男	1938 年 3 月 13 日
孙文峰	博山区白塔镇大海眼村	30	男	1938 年 3 月 13 日
周连皓	博山区白塔镇大海眼村	62	男	1938 年 3 月 13 日
李长禄	淄川区峨庄乡下雀峪村	36	男	1938 年 3 月
王发仁	淄川区双杨镇双河村	33	男	1938 年 3 月
胡长迎	淄川区双杨镇双河村	17	男	1938 年 3 月
陈埃子	淄川区双杨镇双河村	7	男	1938 年 3 月
胡长河	淄川区双杨镇双河村	36	男	1938 年 3 月
卢立田	淄川区双杨镇牟村	27	男	1938 年 3 月
孙兆丰	淄川区双杨镇牟村	—	男	1938 年 3 月
王　三	淄川区双杨镇牟村	—	男	1938 年 3 月
魏元福	淄川区双杨镇牟村	—	男	1938 年 3 月
孙自修之母	淄川区双杨镇小庄村	65	女	1938 年 3 月
孙迎芬	淄川区龙泉镇龙口村	—	男	1938 年 4 月 4 日
胡以千奶奶	淄川区龙泉镇龙口村	—	女	1938 年 4 月 4 日
牛恒太	淄川区龙泉镇龙口村	—	男	1938 年 4 月 4 日
孙维坤	淄川区龙泉镇龙口村	70	男	1938 年 4 月 4 日
肖永瑞	淄川区峨庄乡东坡村	40	女	1938 年 4 月
王孚友	淄川区黑旺镇土湾村	22	男	1938 年 4 月
孙保水	淄川区双杨镇杨兰村	40	男	1938 年 4 月

姓　名	籍　贯	年龄	性别	死难时间
陈思义	淄川区双杨镇杨兰村	46	男	1938 年 4 月
闫路祥	淄川区双杨镇杨兰村	25	男	1938 年 4 月
王兆葱	淄川区双杨镇杨寨村	50	男	1938 年 4 月
杨为吉	淄川区城南镇贾官村	56	男	1938 年 5 月
杨守举	淄川区城南镇贾官村	58	男	1938 年 5 月
杨为和之祖父	淄川区城南镇贾官村	79	男	1938 年 5 月
张家奎	淄川区城南镇河洼村	55	男	1938 年 5 月
张玉贵之母	淄川区城南镇河洼村	57	女	1938 年 5 月
张衍义之祖母	淄川区城南镇河洼村	58	女	1938 年 5 月
张万成	淄川区城南镇苏王村	58	男	1938 年 5 月
张元喜	淄川区城南镇苏王村	37	男	1938 年 5 月
赵孙氏	淄川区城南镇苏王村	76	女	1938 年 5 月
郇士贤	淄川区城南镇苏王村	61	男	1938 年 5 月
韩法经	淄川区城南镇石门村	65	男	1938 年 5 月
孙维军	淄川区城南镇石门村	64	男	1938 年 5 月
梁玉秋	淄川区城南镇石门村	40	男	1938 年 5 月
韩其明之女	淄川区城南镇石门村	4	女	1938 年 5 月
孙芳凝	淄川区昆仑镇奎三村	——	男	1938 年 5 月
万洪伦	淄川区岭子镇黄家峪村	53	男	1938 年 6 月 26 日
黄孙氏	淄川区岭子镇黄家峪村	35	女	1938 年 6 月 26 日
黄妮子	淄川区岭子镇黄家峪村	2	女	1938 年 6 月 26 日
周贻祥	淄川区岭子镇黄家峪村	14	男	1938 年 6 月 26 日
周长兰	淄川区岭子镇黄家峪村	60	男	1938 年 6 月 26 日
周长秀	淄川区岭子镇黄家峪村	50	男	1938 年 6 月 26 日
周黄氏	淄川区岭子镇黄家峪村	31	女	1938 年 6 月 26 日
周揣子	淄川区岭子镇黄家峪村	2	男	1938 年 6 月 26 日
孙万氏	淄川区岭子镇黄家峪村	56	女	1938 年 6 月 26 日
万代坡	淄川区岭子镇黄家峪村	17	男	1938 年 6 月 26 日
万洪润	淄川区岭子镇黄家峪村	40	男	1938 年 6 月 26 日
黄　子	淄川区岭子镇黄家峪村	23	男	1938 年 6 月 26 日
黄振横	淄川区岭子镇黄家峪村	37	男	1938 年 6 月 26 日
万天玉之妻	淄川区岭子镇黄家峪村	23	女	1938 年 6 月 26 日
黄庆吉	淄川区岭子镇黄家峪村	23	男	1938 年 6 月 26 日
黄庆贵	淄川区岭子镇黄家峪村	54	男	1938 年 6 月 26 日

姓　名	籍　贯	年　龄	性　别	死难时间
丁会申	淄川区岭子镇黄家峪村	60	男	1938 年 6 月 26 日
黄三元	淄川区岭子镇黄家峪村	62	男	1938 年 6 月 26 日
黄秋氏	淄川区岭子镇黄家峪村	60	女	1938 年 6 月 26 日
黄风陈	淄川区岭子镇黄家峪村	35	男	1938 年 6 月 26 日
黄风少	淄川区岭子镇黄家峪村	32	男	1938 年 6 月 26 日
黄冷子	淄川区岭子镇黄家峪村	11	女	1938 年 6 月 26 日
柏尔中	淄川区岭子镇黄家峪村	25	男	1938 年 6 月 26 日
柏文章	淄川区岭子镇黄家峪村	62	男	1938 年 6 月 26 日
柏尔顺	淄川区岭子镇黄家峪村	37	男	1938 年 6 月 26 日
柏德州	淄川区岭子镇黄家峪村	20	男	1938 年 6 月 26 日
黄瑞一	淄川区岭子镇黄家峪村	25	男	1938 年 6 月 26 日
黄朱氏	淄川区岭子镇黄家峪村	40	女	1938 年 6 月 26 日
万洪章	淄川区岭子镇黄家峪村	60	男	1938 年 6 月 26 日
柏方田	淄川区岭子镇黄家峪村	28	男	1938 年 6 月 26 日
黄庆华	淄川区岭子镇黄家峪村	30	男	1938 年 6 月 26 日
黄　氏	淄川区岭子镇黄家峪村	50	女	1938 年 6 月 26 日
柏魏氏	淄川区岭子镇黄家峪村	27	女	1938 年 6 月 26 日
黄元会	淄川区岭子镇黄家峪村	53	男	1938 年 6 月 26 日
柏　氏	淄川区岭子镇黄家峪村	24	女	1938 年 6 月 26 日
柏鲁章	淄川区岭子镇黄家峪村	31	男	1938 年 6 月 26 日
柏小子	淄川区岭子镇黄家峪村	2	男	1938 年 6 月 26 日
黄庆廷之弟	淄川区岭子镇黄家峪村	9	男	1938 年 6 月 26 日
姜圣贵	淄川区岭子镇黄家峪村	27	男	1938 年 6 月 26 日
朱秀兰	淄川区岭子镇黄家峪村	18	女	1938 年 6 月 26 日
黄兴寿	淄川区岭子镇黄家峪村	42	男	1938 年 6 月 26 日
黄万氏	淄川区岭子镇黄家峪村	44	女	1938 年 6 月 26 日
黄兴前	淄川区岭子镇黄家峪村	46	男	1938 年 6 月 26 日
孙董氏	淄川区岭子镇黄家峪村	62	女	1938 年 6 月 26 日
黄兴佃	淄川区岭子镇黄家峪村	19	男	1938 年 6 月 26 日
孙福子	淄川区岭子镇黄家峪村	4	男	1938 年 6 月 26 日
孙妮子	淄川区岭子镇黄家峪村	16	女	1938 年 6 月 26 日
孙程氏	淄川区岭子镇黄家峪村	38	女	1938 年 6 月 26 日
孙董氏	淄川区岭子镇黄家峪村	40	女	1938 年 6 月 26 日
柏丁香	淄川区岭子镇黄家峪村	16	女	1938 年 6 月 26 日

姓 名	籍 贯	年 龄	性 别	死难时间
孙五子	淄川区岭子镇黄家峪村	30	男	1938 年 6 月 26 日
黄柏氏	淄川区岭子镇黄家峪村	22	女	1938 年 6 月 26 日
黄江氏	淄川区岭子镇黄家峪村	55	女	1938 年 6 月 26 日
黄服城	淄川区岭子镇黄家峪村	19	男	1938 年 6 月 26 日
黄传子	淄川区岭子镇黄家峪村	4	男	1938 年 6 月 26 日
柏继柯	淄川区岭子镇黄家峪村	34	男	1938 年 6 月 26 日
黄耿新	淄川区岭子镇黄家峪村	7	男	1938 年 6 月 26 日
黄妮子	淄川区岭子镇黄家峪村	2	女	1938 年 6 月 26 日
黄吕氏	淄川区岭子镇黄家峪村	18	女	1938 年 6 月 26 日
孙兆臣	淄川区岭子镇黄家峪村	14	男	1938 年 6 月 26 日
孙兰子	淄川区岭子镇黄家峪村	6	女	1938 年 6 月 26 日
孙妮子	淄川区岭子镇黄家峪村	4	女	1938 年 6 月 26 日
孙妮子	淄川区岭子镇黄家峪村	2	女	1938 年 6 月 26 日
万夫前	淄川区岭子镇黄家峪村	34	男	1938 年 6 月 26 日
黄姜氏	淄川区岭子镇黄家峪村	55	女	1938 年 6 月 26 日
黄福成	淄川区岭子镇黄家峪村	19	男	1938 年 6 月 26 日
姜棚子	淄川区岭子镇黄家峪村	21	男	1938 年 6 月 26 日
姜六子	淄川区岭子镇黄家峪村	25	男	1938 年 6 月 26 日
黄兴臣	淄川区岭子镇黄家峪村	32	男	1938 年 6 月 26 日
黄 氏	淄川区岭子镇黄家峪村	58	女	1938 年 6 月 26 日
王红彬	淄川区岭子镇黄家峪村	40	男	1938 年 6 月 26 日
王靖氏	淄川区岭子镇黄家峪村	41	女	1938 年 6 月 26 日
黄庆传	淄川区岭子镇黄家峪村	28	男	1938 年 6 月 26 日
柏尔聪	淄川区岭子镇黄家峪村	21	男	1938 年 6 月 26 日
孙发氏	淄川区岭子镇黄家峪村	22	女	1938 年 6 月 26 日
孙周氏	淄川区岭子镇黄家峪村	52	女	1938 年 6 月 26 日
黄李氏	淄川区岭子镇黄家峪村	56	女	1938 年 6 月 26 日
黄郑氏	淄川区岭子镇黄家峪村	41	女	1938 年 6 月 26 日
万妮子	淄川区岭子镇黄家峪村	2	女	1938 年 6 月 26 日
孙程氏	淄川区岭子镇黄家峪村	62	女	1938 年 6 月 26 日
孙运杰	淄川区城南镇北石村	28	男	1938 年 6 月 26 日
黄振言	淄川区岭子镇黄家峪村	20	男	1938 年 6 月 26 日
黄孙氏	淄川区岭子镇黄家峪村	26	女	1938 年 6 月 26 日
孙兆利	淄川区岭子镇黄家峪村	17	男	1938 年 6 月 26 日

姓 名	籍 贯	年 龄	性 别	死难时间
黄翠云	淄川区岭子镇黄家峪村	12	女	1938 年 6 月 26 日
黄振顺	淄川区岭子镇黄家峪村	12	男	1938 年 6 月 26 日
黄元冬	淄川区岭子镇黄家峪村	45	男	1938 年 6 月 26 日
黄振地	淄川区岭子镇黄家峪村	26	男	1938 年 6 月 26 日
万孙氏	淄川区岭子镇黄家峪村	40	女	1938 年 6 月 26 日
万妮子	淄川区岭子镇黄家峪村	8 个月	女	1938 年 6 月 26 日
黄兴林	淄川区岭子镇黄家峪村	23	男	1938 年 6 月 26 日
周贻经	淄川区岭子镇黄家峪村	8	男	1938 年 6 月 26 日
黄庆兰	淄川区岭子镇黄家峪村	41	男	1938 年 6 月 26 日
黄风招	淄川区岭子镇黄家峪村	50	男	1938 年 6 月 26 日
朱秀重	淄川区岭子镇黄家峪村	38	男	1938 年 6 月 26 日
黄风河	淄川区岭子镇黄家峪村	14	男	1938 年 6 月 26 日
黄兴禄	淄川区岭子镇黄家峪村	60	男	1938 年 6 月 26 日
黄风刚	淄川区岭子镇黄家峪村	72	男	1938 年 6 月 26 日
黄庆春	淄川区岭子镇黄家峪村	40	男	1938 年 6 月 26 日
黄庆功	淄川区岭子镇黄家峪村	24	男	1938 年 6 月 26 日
黄恩子	淄川区岭子镇黄家峪村	10	女	1938 年 6 月 26 日
朱奎子	淄川区岭子镇西桃花泉村	20	男	1938 年 6 月 26 日
王金涛之妻	博山区	26	女	1938 年 6 月 26 日
王金涛之子	博山区	4	男	1938 年 6 月 26 日
黄兴增	淄川区岭子镇黄家峪村	22	男	1938 年 6 月 26 日
黄庆年	淄川区岭子镇黄家峪村	22	男	1938 年 6 月 26 日
黄妮子	淄川区岭子镇黄家峪村	7	女	1938 年 6 月 26 日
黄振来之妻	淄川区岭子镇黄家峪村	22	女	1938 年 6 月 26 日
黄妮子	淄川区岭子镇黄家峪村	3	女	1938 年 6 月 26 日
黄元义	淄川区岭子镇黄家峪村	50	男	1938 年 6 月 26 日
黄芬子	淄川区岭子镇黄家峪村	9	女	1938 年 6 月 26 日
黄振汝	淄川区岭子镇黄家峪村	19	男	1938 年 6 月 26 日
朱齐氏	淄川区岭子镇黄家峪村	50	女	1938 年 6 月 26 日
万玲子	淄川区岭子镇黄家峪村	15	女	1938 年 6 月 26 日
万楔子	淄川区岭子镇黄家峪村	12	女	1938 年 6 月 26 日
万洪宜	淄川区岭子镇黄家峪村	19	男	1938 年 6 月 26 日
万高氏	淄川区岭子镇黄家峪村	20	女	1938 年 6 月 26 日
孙发氏	淄川区岭子镇黄家峪村	20	女	1938 年 6 月 26 日

姓 名	籍 贯	年 龄	性 别	死难时间
万洪医	淄川区岭子镇黄家峪村	30	男	1938 年 6 月 26 日
万黄氏	淄川区岭子镇黄家峪村	36	女	1938 年 6 月 26 日
万洪中	淄川区岭子镇黄家峪村	35	男	1938 年 6 月 26 日
牛化民	—	—	男	1938 年 6 月 26 日
白大方	淄川区峨庄乡秦家庄村	30	男	1938 年 6 月
肖来德	淄川区峨庄乡秦家庄村	32	男	1938 年 6 月
肖立生	淄川区峨庄乡秦家庄村	28	男	1938 年 6 月
肖鲁生	淄川区峨庄乡秦家庄村	20	男	1938 年 6 月
赵临芬	淄川区商城路街道慕王社区	—	男	1938 年 6 月
王宋氏	淄川区商城路街道慕王社区	—	女	1938 年 6 月
许树浚	淄川区商城路街道慕王社区	—	男	1938 年 6 月
蒲英瑞	淄川区洪山镇北杨家村	31	男	1938 年 7 月
蒲英森	淄川区洪山镇北杨家村	27	男	1938 年 7 月
张玉美	淄川区洪山镇北杨家村	52	男	1938 年 7 月
张绵生	淄川区洪山镇北杨家村	30	男	1938 年 7 月
王佩常	淄川区西河镇广仁村	29	男	1938 年 7 月
梁学山	淄川区罗村镇梁家村	56	男	1938 年 7 月
闫其田	淄川区双杨镇杨兰村	34	男	1938 年 7 月
孙成伦	淄川区寨里镇大张村	30	男	1938 年 8 月
张怀俭	淄川区罗村镇罗村村	18	男	1938 年 8 月
张张氏	淄川区罗村镇罗村村	30	女	1938 年 8 月
张张氏之子	淄川区罗村镇罗村村	4	男	1938 年 8 月
张张氏之女	淄川区罗村镇罗村村	2	女	1938 年 8 月
张梁氏	淄川区罗村镇罗村村	18	女	1938 年 8 月
梁继苔	淄川区罗村镇罗村村	17	男	1938 年 8 月
梁继全	淄川区罗村镇罗村村	19	男	1938 年 8 月
梁郭氏	淄川区罗村镇罗村村	26	女	1938 年 8 月
戴明贞	淄川区洪山镇太和社区	21	男	1938 年 9 月
李心格	淄川区松龄路街道小李社区	50	男	1938 年 9 月
李二元	淄川区松龄路街道小李社区	18	男	1938 年 9 月
吕爱德之伯	淄川区寨里镇佛村	70	男	1938 年 10 月 3 日
王振声	淄川区寨里镇佛村	19	男	1938 年 10 月 3 日
吕殿德	淄川区寨里镇佛村	22	男	1938 年 10 月 3 日
常会同之妻	淄川区寨里镇佛村	20	女	1938 年 10 月 3 日

姓 名	籍 贯	年 龄	性 别	死难时间
常会同之母	淄川区寨里镇佛村	51	女	1938 年 10 月 3 日
郭维厚	淄川区寨里镇佛村	35	男	1938 年 10 月 3 日
杨在春之姊	淄川区寨里镇佛村	28	女	1938 年 10 月 3 日
李士伦	淄川区寨里镇佛村	25	男	1938 年 10 月 3 日
晏圣汉	淄川区寨里镇佛村	20	男	1938 年 10 月 3 日
徐长祯	淄川区寨里镇佛村	30	男	1938 年 10 月 3 日
徐小刚	淄川区寨里镇佛村	4	男	1938 年 10 月 3 日
许建芝	淄川区寨里镇佛村	60	女	1938 年 10 月 3 日
许道友	淄川区寨里镇佛村	50	男	1938 年 10 月 3 日
孙成殿	淄川区寨里镇佛村	60	男	1938 年 10 月 3 日
孙成松	淄川区寨里镇佛村	35	男	1938 年 10 月 3 日
孙成松之子	淄川区寨里镇佛村	14	男	1938 年 10 月 3 日
孙在汉	淄川区寨里镇佛村	42	男	1938 年 10 月 3 日
孙在清	淄川区寨里镇佛村	16	男	1938 年 10 月 3 日
孙在忠	淄川区寨里镇佛村	37	男	1938 年 10 月 3 日
孙在某	淄川区寨里镇佛村	38	男	1938 年 10 月 3 日
孙振瑞之母	淄川区寨里镇佛村	38	女	1938 年 10 月 3 日
晏德伦	淄川区寨里镇佛村	40	男	1938 年 10 月 3 日
赵加文	淄川区寨里镇佛村	20	男	1938 年 10 月 3 日
郭敬书	淄川区寨里镇佛村	20	男	1938 年 10 月 3 日
郭敬亭之弟	淄川区寨里镇佛村	30	男	1938 年 10 月 3 日
郭敬远之妹	淄川区寨里镇佛村	16	女	1938 年 10 月 3 日
吕云岭之妻	淄川区寨里镇佛村	40	女	1938 年 10 月 3 日
吕心宽	淄川区寨里镇佛村	30	男	1938 年 10 月 3 日
许志明	淄川区寨里镇佛村	17	男	1938 年 10 月 3 日
蒋舒和	博山区城东办事处	26	女	1938 年 10 月 3 日
赵同文	历城县	—	男	1938 年 10 月 3 日
赵同行	历城县	—	男	1938 年 10 月 3 日
吕心书	淄川区寨里镇佛村	26	男	1938 年 10 月 3 日
吕心亮	淄川区寨里镇佛村	16	男	1938 年 10 月 3 日
吕贞德	淄川区寨里镇佛村	29	男	1938 年 10 月 3 日
吕正德之妻	淄川区寨里镇佛村	30	女	1938 年 10 月 3 日
杨德水之妻	淄川区寨里镇佛村	40	女	1938 年 10 月 3 日
吕效记	淄川区寨里镇佛村	65	男	1938 年 10 月 3 日

姓 名	籍 贯	年 龄	性 别	死难时间
常志玉	淄川区寨里镇佛村	70	男	1938 年 10 月 3 日
吕效彬	淄川区寨里镇佛村	30	男	1938 年 10 月 3 日
王××	淄川区寨里镇佛村	30	男	1938 年 10 月 3 日
王××	淄川区寨里镇佛村	27	男	1938 年 10 月 3 日
张××	淄川区寨里镇佛村	28	男	1938 年 10 月 3 日
吕王氏	淄川区寨里镇佛村	39	女	1938 年 10 月 3 日
翟大海	淄川区西河镇河北村	22	男	1938 年 10 月
翟子海	淄川区西河镇河北村	20	男	1938 年 10 月
孙敬恭	淄川区寨里镇邹家村	17	男	1938 年 12 月
牛学均	淄川区松龄路街道城张社区	36	男	1938 年
张大任	淄川区城南镇西楼村	30	男	1938 年
孙向炳	淄川区罗村镇千峪村	22	男	1938 年
仇统海	淄川区罗村镇邢家村	32	男	1938 年
王玉柱	淄川区罗村镇邢家村	28	男	1938 年
仇法坤	淄川区罗村镇邢家村	46	男	1938 年
张铁南	淄川区罗村镇演礼村	35	男	1938 年
秦克祯	淄川区罗村镇演礼村	22	男	1938 年
贾传元	淄川区钟楼街道苗家窝社区	29	男	1938 年
郭先桂	淄川区太河乡双山村	23	男	1938 年
宋信德	淄川区太河乡郭家庄	—	男	1938 年
张子贵	淄川区淄河镇小口头村	—	男	1938 年
杜祥辉	淄川区龙泉镇麓村	43	男	1938 年
门兴华	淄川区西河镇东岭村	24	男	1938 年
陈庆明	淄川区洪山镇马家村	56	男	1938 年
李先太	淄川区洪山镇小红卫村	33	男	1938 年
侯盛代	淄川区峨庄乡鲁子峪村	23	男	1938 年
李纪地	淄川区峨庄乡石沟村	23	男	1938 年
陈业京	淄川区峨庄乡王家村	30	男	1938 年
张临淄	淄川区西河镇薛家峪村	30	男	1938 年
张忠后	淄川区西河镇薛家峪村	4	男	1938 年
李宗源	淄川区般阳路街道城一社区	40	男	1938 年
王延庭	淄川区般阳路街道城一社区	28	男	1938 年
李志华	淄川区般阳路街道城一社区	30	男	1938 年
李瑞芝	淄川区城南镇苏王村	33	男	1938 年

姓 名	籍 贯	年 龄	性 别	死难时间
赵思仲	淄川区城南镇苏王村	24	男	1938 年
张庆河	淄川区城南镇西楼村	25	男	1938 年
马啓义	淄川区城南镇七里村	78	男	1938 年
黄 二	淄川区城南镇七里村	12	男	1938 年
赵刘氏	淄川区城南镇七里村	21	女	1938 年
刘光献	淄川区城南镇七里村	66	男	1938 年
毕德云	淄川区城南镇七里村	65	男	1938 年
司志爱	淄川区城南镇七里村	19	男	1938 年
戈风其	淄川区城南镇七里村	18	男	1938 年
吴圣有	淄川区城南镇七里村	24	男	1938 年
高绵德	淄川区城南镇七里村	64	男	1938 年
孙即广	淄川区城南镇七里村	32	男	1938 年
李润华	淄川区钟楼街道贾村社区	—	男	1938 年
李国坊	淄川区钟楼街道贾村社区	23	男	1938 年
马 四	淄川区钟楼街道贾村社区	24	男	1938 年
商振钱	淄川区商家镇西马村	21	男	1938 年
孙 秋	淄川区龙泉镇韩庄村	20	女	1938 年
孙 妮	淄川区龙泉镇韩庄村	2	女	1938 年
冯衍环	淄川区松龄路街道三里社区	20	男	1938 年
杨立春	淄川区松龄路街道三里社区	21	男	1938 年
陈守平	淄川区岭子镇郝家村	—	男	1938 年
陈月禄	淄川区岭子镇郝家村	—	男	1938 年
张福贵	淄川区岭子镇郝家村	—	男	1938 年
朱脏子	淄川区岭子镇朱家村	—	男	1938 年
曹世吉	淄川区磁村镇河夹村	35	男	1938 年
陈永丰	淄川区磁村镇河石坞村	30	男	1938 年
李世路	淄川区双杨镇牟村	—	男	1938 年
王树奇	淄川区双杨镇西张村	58	男	1938 年
王守先之母	淄川区双杨镇西张村	28	女	1938 年
闫秀祥	淄川区双杨镇杨兰村	25	男	1938 年
高世芸	淄川区双杨镇小赵村	28	男	1938 年
王风亭之祖父	淄川区双杨镇小庄村	84	男	1938 年
王克礼之叔	淄川区双杨镇小庄村	10	男	1938 年
王克礼之父	淄川区双杨镇小庄村	28	男	1938 年

姓　名	籍　　　　贯	年　龄	性　别	死难时间
谭立仁之祖父	淄川区双杨镇小庄村	60	男	1938 年
李世昌之弟	淄川区双杨镇小庄村	32	男	1938 年
李士俭	淄川区双杨镇小庄村	40	男	1938 年
李兆沂	淄川区双杨镇小庄村	38	男	1938 年
李京传	淄川区双杨镇小庄村	68	男	1938 年
刘长夏	淄川区双杨镇小庄村	25	男	1938 年
朱恒福	淄川区双杨镇赵家村	24	男	1938 年
高兰继	淄川区双杨镇月庄村	26	男	1938 年
高庆章	淄川区双杨镇月庄村	25	男	1938 年
高庆仁	淄川区双杨镇月庄村	22	男	1938 年
高咸继	淄川区双杨镇月庄村	61	男	1938 年
王兴伍	淄川区双杨镇梁家村	31	男	1938 年
肖文路	淄川区罗村镇梁家村	—	男	1938 年
王庆华	淄川区太河乡	56	男	1938 年
王明见	淄川区太河乡	35	男	1938 年
徐焕训之父	淄川区太河乡	30	男	1938 年
马厚山之妻	淄川区太河乡	—	女	1938 年
刘绪贤	淄川区太河乡东崖村	—	男	1938 年
刘恒让	淄川区岭子镇岭子村	27	男	1939 年 2 月
李红格	淄川区松龄路街道小李社区	—	男	1939 年 2 月
李清格	淄川区松龄路街道小李社区	—	男	1939 年 2 月
吕乙亭	广饶县吕家庄	24	男	1939 年 3 月 30 日
刘书厢	—	—	男	1939 年 3 月 30 日
鲍　辉	湖北省麻城县鲍家湾	31	男	1939 年 3 月 30 日
潘建军	周村区和庄村	35	男	1939 年 3 月 30 日
邓甫晨	临邑县齐家庄	29	男	1939 年 3 月 30 日
张　林	东营市牛庄区十三图村	22	男	1939 年 3 月 30 日
陈大学	临淄区大夫店村	18	男	1939 年 3 月 30 日
张琴书	广饶县红盆村	24	男	1939 年 3 月 30 日
徐效礼	临淄区敬仲镇徐家圈村	23	男	1939 年 3 月 30 日
王维忠	淄川区罗村镇洼子村	32	男	1939 年 3 月
刘基水	淄川区太河乡宋家村	21	男	1939 年 4 月
刘业可	淄川区太河乡宋家村	19	男	1939 年 4 月
袁以汉	淄川区罗村镇东官村	21	男	1940 年

姓 名	籍 贯	年 龄	性 别	死难时间
周斋元	淄川区罗村镇山周村	22	男	1939 年 5 月
周景春	淄川区罗村镇山周村	21	男	1939 年 5 月
陈安海	淄川区寨里镇邹家村	18	男	1939 年 5 月
罗维俊	淄川区太河乡曹家村	23	男	1939 年 5 月
刘书德	淄川区双杨镇牟村	—	男	1939 年 5 月
刘奉山	淄川区峨庄乡西石村	59	男	1939 年 6 月 2 日
刘守奎	淄川区峨庄乡西石村	—	男	1939 年 6 月 2 日
刘守凯	淄川区峨庄乡西石村	—	男	1939 年 6 月 2 日
刘守坤	淄川区峨庄乡西石村	—	男	1939 年 6 月 2 日
刘守地	淄川区峨庄乡西石村	—	男	1939 年 6 月 2 日
刘恒长	淄川区峨庄乡西石村	—	男	1939 年 6 月 2 日
许学春	淄川区峨庄乡下雀峪村	39	男	1939 年 6 月 2 日
孙谭松	淄川区峨庄乡上雀峪村	52	男	1939 年 6 月 2 日
侯善训	淄川区峨庄乡东西村	—	男	1939 年 6 月 2 日
侯永德	淄川区峨庄乡东西村	—	男	1939 年 6 月 2 日
强怀锡	淄川区峨庄乡东西村	—	男	1939 年 6 月 2 日
肖本和	淄川区峨庄乡东西村	—	男	1939 年 6 月 2 日
侯福水	淄川区峨庄乡东西村	—	男	1939 年 6 月 2 日
肖本来	淄川区峨庄乡东西村	—	男	1939 年 6 月 2 日
刘守功	淄川区峨庄乡东西村	—	男	1939 年 6 月 2 日
贾久连	淄川区钟楼街道苗家窝社区	46	男	1939 年 6 月
孙即秀	淄川区岭子镇刘家村	55	男	1939 年 6 月
刘孟祥	淄川区双杨镇小赵村	43	男	1939 年 6 月
王学顺	淄川区峨庄乡土泉村	18	男	1939 年 9 月 26 日
王芝茂之女	淄川区峨庄乡土泉村	16	女	1939 年 9 月 26 日
王玉芝	淄川区罗村镇下黄村	18	女	1939 年 8 月
陈翠兰	淄川区罗村镇下黄村	19	女	1939 年 8 月
李芳盛	淄川区罗村镇下黄村	30	男	1939 年 8 月
宋训林	淄川区黑旺镇孤山村	29	男	1939 年 10 月
李光祥	淄川区钟楼街道贾村村	36	男	1939 年 11 月
王延祯	淄川区淄河镇小口头村	24	男	1939 年 11 月
李 相	淄川区岭子镇宋家庄村	17	女	1939 年 11 月
马云恒	淄川区罗村镇梁家村	26	男	1939 年 12 月
李白禄	淄川区城南镇双泉村	33	男	1939 年

姓 名	籍 贯	年 龄	性 别	死难时间
王仲修	淄川区磁村镇张李村	38	男	1939 年
马芗芝	淄川区岭子镇张家村	18	男	1939 年
郝学连	淄川区商家镇郝家村	26	男	1939 年
闫满业	淄川区罗村镇鲁家村	20	男	1939 年
闫满宽	淄川区罗村镇鲁家村	23	男	1939 年
闫满志	淄川区罗村镇鲁家村	24	男	1939 年
袁长顺	淄川区罗村镇南韩村	23	男	1939 年
韩昌荣	淄川区罗村镇西官村	38	男	1938 年
张元东	淄川区罗村镇史家村	27	男	1939 年
王孝先	淄川区罗村镇史家村	39	男	1939 年
孙孟先	淄川区寨里镇大张村	28	男	1939 年
张树水	淄川区寨里镇寨里村	24	男	1939 年
李永佩	淄川区寨里镇山头村	40	男	1939 年
范守禄	淄川区寨里镇山头村	45	男	1939 年
吕效勉	淄川区寨里镇南佛村	41	男	1939 年
吕效吉	淄川区寨里镇南佛村	33	男	1939 年
李士富	淄川区双杨镇西张村	21	男	1939 年
张德三	淄川区双杨镇西张村	28	男	1939 年
崔洪顺	淄川区双杨镇彭家村	21	男	1939 年
崔新三	淄川区双杨镇彭家村	31	男	1939 年
高宝继	淄川区双杨镇月庄村	31	男	1939 年
谭梅玉	淄川区钟楼街道东谭社区	24	男	1939 年
张效本	淄川区黑旺镇西崖头村	33	男	1939 年
陈安继	淄川区黑旺镇槲坡村	28	男	1939 年
赵文桐	淄川区黑旺镇赵家岭村	18	男	1939 年
牛著平	淄川区黑旺镇土孤堆村	20	男	1939 年
牛丙水	淄川区黑旺镇东井村	22	男	1939 年
孙克强	淄川区黑旺镇南峪村	34	男	1939 年
刘海峰	淄川区太河乡曹家村	22	男	1939 年
刘守平	淄川区太河乡曹家村	35	男	1939 年
张仲甫	淄川区淄河镇小口头村	43	男	1939 年
刘永常	淄川区峨庄乡杨家村	24	男	1939 年
王德成	淄川区峨庄乡杨家村	20	男	1939 年
李永爱	淄川区峨庄乡下岛坪村	22	男	1939 年

姓 名	籍 贯	年 龄	性 别	死难时间
周胜太	淄川区峨庄乡西岛坪村	42	男	1942 年
侯德全	淄川区峨庄乡东石村	40	男	1939 年
肖本和	淄川区峨庄乡东石村	40	男	1939 年
侯三喜	淄川区峨庄乡东石村	19	男	1939 年
肖本富	淄川区峨庄乡东石村	35	男	1939 年
单成浩	淄川区峨庄乡石安峪村	30	男	1939 年
孙大因	淄川区西河镇薛家峪村	22	男	1939 年
孙小因	淄川区西河镇薛家峪村	19	男	1939 年
孙大义	淄川区西河镇薛家峪村	15	男	1939 年
孙 堂	淄川区西河镇薛家峪村	14	男	1939 年
田福海	淄川区张庄乡田庄村	31	男	1939 年
王绍堂	淄川区张庄乡田庄村	38	男	1939 年
王敬泉	淄川区城南镇苏王村	25	男	1939 年
张太成	淄川区城南镇苏王村	26	男	1939 年
张立久	淄川区城南镇西楼村	23	男	1939 年
王兴汉	淄川区商家镇武家村	23	男	1939 年
杜明水	淄川区松龄路街道小李社区	42	男	1945 年 6 月
张士振	淄川区岭子镇小口村	18	男	1939 年
李克传之母	淄川区岭子镇大口村	—	女	1939 年
孙治祥	淄川区岭子镇东牛角村	—	男	1939 年
李在家	淄川区岭子镇东牛角村	—	男	1939 年
李韩氏	淄川区岭子镇东牛角村	—	女	1939 年
孙治传之母	淄川区岭子镇东牛角村	—	女	1939 年
吕明义	淄川区岭子镇沈家村	—	男	1939 年
刘方义	淄川区岭子镇沈家村	50	男	1939 年
孙保有	淄川区磁村镇四维村	16	男	1939 年
陈永顺	淄川区磁村镇河石坞村	32	男	1939 年
孔王氏	淄川区双杨镇牟村	—	女	1939 年
李世美	淄川区双杨镇小庄村	57	男	1939 年
谭继武	淄川区双杨镇小庄村	28	男	1939 年
李兆湄	淄川区双杨镇小庄村	30	男	1939 年
朱恒祥	淄川区双杨镇赵家村	24	男	1939 年
张省三	淄川区双杨镇赵家村	25	男	1939 年
张世鲜	淄川区罗村镇鲁家村	30	男	1939 年

姓 名	籍 贯	年 龄	性 别	死难时间
张世俊	淄川区罗村镇鲁家村	32	男	1939 年
张笃亲	淄川区罗村镇鲁家村	30	男	1939 年
张功景	淄川区罗村镇鲁家村	22	男	1939 年
黄为汉	淄川区罗村镇大鸾桥村	30	男	1939 年
王维洪	淄川区罗村镇肖家村	30	男	1939 年
王计同	淄川区罗村镇史家村	28	男	1939 年
张元德	淄川区罗村镇史家村	35	男	1939 年
张元厚	淄川区罗村镇史家村	32	男	1939 年
张士友	淄川区罗村镇史家村	37	男	1939 年
李振生	淄川区罗村镇史家村	36	男	1939 年
仇传华	淄川区罗村镇东官村	—	男	1939 年
刘章平	淄川区太河乡	—	男	1939 年
袁圣才	淄川区太河乡李家村	—	男	1939 年
张德胜	淄川区寨里镇邹家村	18	男	1940 年 1 月
高义春	淄川区钟楼街道招村社区	25	男	1940 年 1 月
杜元明	淄川区峨庄乡罗圈峪村	—	男	1940 年 2 月
周胜起	淄川区峨庄乡西石村	25	男	1940 年 3 月
王维良	淄川区峨庄乡土泉村	20	男	1940 年 3 月
王立德之妻	淄川区峨庄乡前沟村	—	女	1940 年 4 月
肖明可之妻	淄川区峨庄乡前沟村	—	女	1940 年 4 月
李万德	淄川区峨庄乡上端士村	27	男	1940 年 4 月
刘守旺	淄川区峨庄乡西石村	31	男	1940 年 4 月
张佃勇	淄川区罗村镇洼子村	28	男	1940 年 4 月
常兆吉	淄川区般阳路街道东关社区	22	男	1940 年 5 月
魏庆增	淄川区峨庄乡东东峪村	18	男	1940 年 5 月
陈光瑞	淄川区淄河镇北岳阴村	25	男	1940 年 6 月
耿佃顺	淄川区东坪镇上台村	19	男	1940 年 6 月
李光淮	淄川区峨庄乡纱帽村	24	男	1940 年 7 月
司传堂	淄川区峨庄乡山桥村	50	男	1940 年 7 月
于纪生	淄川区太河乡南马鹿村	23	男	1940 年 8 月
吕则孔	淄川区罗村镇暖水村	23	男	1940 年 10 月
王丙昌	淄川区岭子镇宋家庄村	25	男	1940 年 10 月
刘福长	淄川区寨里镇夏禹河村	24	男	1940 年 11 月
赵厥明	淄川区双杨镇金马村	33	男	1940 年 12 月

姓 名	籍 贯	年 龄	性 别	死难时间
张月德	淄川区城南镇西楼村	28	男	1940 年
孙迎西	淄川区磁村镇小庄村	38	男	1940 年
李寿贵	淄川区岭子镇小口村	25	男	1940 年
王庆德	淄川区岭子镇赵家楼村	25	男	1940 年
杨宗周	淄川区钟楼街道大邢社区	31	男	1940 年
王计孝	淄川区商家镇馆里村	37	男	1940 年
王克兴	淄川区商家镇郝家村	20	男	1940 年
李世新	淄川区商家镇郝家村	24	男	1940 年
李发明	淄川区商家镇长远村	20	男	1940 年
赵振富	淄川区罗村镇大弯桥村	25	男	1940 年
袁长善	淄川区罗村镇南韩村	25	男	1940 年
陈立诚	淄川区罗村镇千峪村	35	男	1940 年
陈立志	淄川区罗村镇千峪村	21	男	1940 年
陈立认	淄川区罗村镇千峪村	28	男	1940 年
陈树棣	淄川区罗村镇千峪村	28	男	1940 年
陈善元	淄川区罗村镇千峪村	31	男	1940 年
邱义光	淄川区罗村镇千峪村	28	男	1940 年
陈德顺	淄川区罗村镇西官村	34	男	1940 年
仇传宝	淄川区罗村镇东官村	21	男	1940 年
王玉宝	淄川区罗村镇史家村	30	男	1939 年
刘云星	市淄川区罗村镇太平村	30	男	1940 年
陈安西	淄川区寨里镇邹家村	18	男	1940 年
张德水	淄川区寨里镇邹家村	39	男	1940 年
刘海洪	淄川区寨里镇徐家村	30	男	1940 年
范洪梓	淄川区寨里镇山头村	24	男	1940 年
陶文先	淄川区双杨镇西张村	29	男	1940 年
崔长荣	淄川区双杨镇华坞村	28	男	1940 年
刘学瑞	淄川区双杨镇藏梓村	50	男	1940 年
董立友	淄川区双杨镇藏梓村	22	男	1940 年
郭兆华	淄川区双杨镇辛庄村	24	男	1940 年
翟继山	淄川区双杨镇金马村	34	男	1940 年
谭玉树	淄川区双杨镇金马村	27	男	1940 年
罗茂清	淄川区双杨镇金马村	25	男	1940 年
高福昌	淄川区双杨镇赵瓦村	21	男	1940 年

姓 名	籍 贯	年 龄	性 别	死难时间
李现远	淄川区双杨镇赵瓦村	22	男	1940 年
李远友	淄川区双杨镇赵瓦村	24	男	1940 年
董廷祯	淄川区钟楼街道上午村	19	男	1940 年
牛贞田	淄川区黑旺镇土孤堆村	19	男	1940 年
赵家惠	淄川区黑旺镇蓼坞村	29	男	1940 年
王克禄	淄川区太河乡新村村	21	男	1940 年
李元儒	淄川区太河乡东同古村	28	男	1940 年
李百儒	淄川区太河乡西同古村	29	男	1940 年
沈树远	淄川区太河乡宋家村	20	男	1940 年
沈德成	淄川区太河乡宋家村	24	男	1940 年
曹丕堂	淄川区太河乡郭家庄	29	男	1940 年
李桐富	淄川区太河乡北下册村	24	男	1940 年
张希杰	淄川区淄河镇小口头村	29	男	1940 年
董恒居	淄川区淄河镇小山头村	29	男	1940 年
孟现平	淄川区淄河镇南股村	25	男	1940 年
赵素谦	淄川区淄河镇湾头村	28	男	1940 年
李振兴	淄川区东坪镇东庄村	23	男	1940 年
赵福泰	淄川区东坪镇东庄村	22	男	1940 年
李光月	淄川区峨庄乡纱帽村	32	男	1940 年
李吉贵	淄川区峨庄乡上岛坪村	32	男	1940 年
李作增	淄川区峨庄乡王家村	29	男	1940 年
王 健	淄川区龙泉镇韩庄村	22	男	1940 年
李宗臣	淄川区西河镇海庙村	30	男	1940 年
肖增远	淄川区峨庄乡西岛坪村	78	男	1940 年
王成泰	淄川区峨庄乡前沟村	—	男	1940 年
房士信	淄川区峨庄乡峨庄村	50	男	1940 年
肖瑞生	淄川区峨庄乡下端士村	34	男	1940 年
李长兴	淄川区城南镇苏王村	18	男	1940 年
高纯忠	淄川区城南镇苏王村	19	男	1940 年
刘孟士	淄川区城南镇七里村	21	男	1940 年
刘孟广	淄川区城南镇七里村	25	男	1940 年
刘汉民	淄川区城南镇七里村	28	男	1940 年
张光友	淄川区城南镇七里村	24	男	1940 年
吕象财	淄川区岭子镇沈家村	35	男	1940 年

姓 名	籍 贯	年 龄	性 别	死难时间
吕四子	淄川区岭子镇沈家村	17	男	1940 年
崔长华	淄川区双杨镇华坞村	20	男	1940 年
张瑞训	淄川区双杨镇坡子村	22	男	1940 年
王世德	淄川区双杨镇董家村	21	男	1940 年
张笃套	淄川区罗村镇鲁家村	12	男	1940 年
王维礼	淄川区罗村镇洼子村	30	男	1940 年
张成美	淄川区太河乡李家村	—	男	1940 年
梁家禄	淄川区太河乡李家村	—	男	1940 年
梁家祥	淄川区太河乡李家村	—	男	1940 年
宋学史	淄川区罗村镇西官村	24	男	1940 年
仇传法	淄川区罗村镇东官村	17	男	1941 年 10 月
董其瑞	淄川区寨里镇寨里村	21	男	1941 年 1 月
李看柱之子	淄川区岭子镇大口村	童	男	1941 年 1 月
孙圣勤	淄川区岭子镇大口村	—	男	1941 年 1 月
李克祯	淄川区商城路街道二里社区	30	男	1941 年 2 月
杜修德	淄川区罗村镇大王村	22	男	1941 年 2 月
杜茂德	淄川区罗村镇大王村	25	男	1941 年 2 月
周振恒	淄川区黑旺镇野鸡岭村	33	男	1941 年 3 月
邢保信	淄川区太河乡南阳村	20	男	1941 年 3 月
王桂昌	淄川区磁村镇三台村	30	男	1941 年 4 月
杨鸣山	淄川区罗村镇南韩村	42	男	1941 年 4 月
陈德训	淄川区罗村镇千峪村	47	男	1939 年 4 月
王志洪	淄川区商城路街道公义社区	28	男	1941 年 5 月
刘开河	淄川区罗村镇大弯桥村	35	男	1941 年 5 月
王文店	淄川区罗村镇西官村	27	男	1941 年 5 月
高良继	淄川区双杨镇杨寨村	21	男	1941 年 6 月
宋训明	淄川区黑旺镇孤山村	23	男	1941 年 6 月
朱宝山	淄川区黑旺镇孤山村	22	男	1941 年 6 月
蒲法章	淄川区黑旺镇孤山村	22	男	1941 年 6 月
刘守晋	淄川区寨里镇夏禹河村	17	男	1941 年 7 月
于慎忠	淄川区磁村镇河夹村	20	男	1941 年 8 月
袁庆封	淄川区双杨镇牟村	31	男	1941 年 8 月
罗光明	淄川区双杨镇金马村	23	男	1941 年 8 月
孙张氏	淄川区岭子镇西牛角村	70	女	1941 年 8 月

姓　名	籍　贯	年　龄	性　别	死难时间
孙明庆	淄川区岭子镇西牛角村	70	男	1941 年 8 月
孙云芳	淄川区岭子镇西牛角村	60	男	1941 年 8 月
孙李氏	淄川区岭子镇西牛角村	65	女	1941 年 8 月
徐承桂	淄川区罗村镇梁家村	19	男	1941 年 9 月
翟干臣	淄川区寨里镇东周村	34	男	1941 年 9 月
傅克禄	淄川区钟楼街道苗家窝社区	18	男	1941 年 9 月
王丰林	淄川区太河乡曹家村	23	男	1941 年 9 月
徐仁德	淄川区罗村镇暖水村	24	男	1941 年 10 月
孙迎禄	淄川区罗村镇暖水村	26	男	1941 年 10 月
李在朝	淄川区岭子镇大口村	—	男	1941 年 11 月
王　杰	淄川区松龄路街道城三社区	22	女	1941 年
李光臣	淄川区岭子镇榭林村	25	男	1941 年
孙圣泉	淄川区岭子镇王家村	26	男	1941 年
胥上忠	淄川区罗村镇小鸢桥村	25	男	1941 年
王克强	淄川区罗村镇小鸢桥村	27	男	1941 年
王世环	淄川区罗村镇小鸢桥村	27	男	1941 年
李克让	淄川区罗村镇小鸢桥村	27	男	1941 年
王文美	淄川区罗村镇南韩村	41	男	1941 年
李明学	淄川区罗村镇南韩村	28	男	1941 年
张成美	淄川区罗村镇北韩村	26	男	1941 年
郭允常	淄川区罗村镇千峪村	39	男	1941 年
杜汝章	淄川区罗村镇大王村	42	男	1941 年
仇洪绪	淄川区罗村镇东官村	30	男	1941 年
刘奎斌	淄川区罗村镇太平村	27	男	1941 年
张文之	淄川区寨里镇土山峪村	24	男	1941 年
郭敬凤	淄川区寨里镇土山峪村	30	男	1941 年
孙玉元	淄川区寨里镇南黄村	21	男	1941 年
许　奋	淄川区寨里镇南佛村	31	男	1941 年
郭敬义	淄川区寨里镇南佛村	20	男	1941 年
刘曰森	淄川区双杨镇白沙村	55	男	1941 年
韩福祥	淄川区双杨镇白沙村	23	男	1941 年
陈长修	淄川区双杨镇华坞村	35	男	1941 年
肖安长	淄川区双杨镇藏梓村	30	男	1941 年
许光汉	淄川区双杨镇藏梓村	28	男	1941 年

姓 名	籍 贯	年 龄	性 别	死难时间
杨继安	淄川区双杨镇耿家村	30	男	1941 年
袁兆强	淄川区双杨镇小屯村	23	男	1941 年
吴贻章	淄川区双杨镇金马村	19	男	1941 年
高庆章	淄川区双杨镇月庄村	26	男	1941 年
袁长珠	淄川区双杨镇梁家村	18	男	1941 年
袁圣公	淄川区双杨镇梁家村	20	男	1941 年
高聿修	淄川区黄家铺镇店子村	26	男	1941 年
贾道远	淄川区黄家铺镇苗家村	23	男	1941 年
张友坤	淄川区黑旺镇西崖头村	24	男	1941 年
袁长斌	淄川区黑旺镇土湾村	33	男	1941 年
袁长津	淄川区黑旺镇土湾村	39	男	1941 年
白怀武	淄川区黑旺镇蓼坞村	22	男	1941 年
牛如兴	淄川区黑旺镇东井村	22	男	1941 年
周丕左	淄川区黑旺镇苗峪口村	32	男	1941 年
刘 朋	淄川区太河乡西同古村	33	男	1941 年
王纪禄	淄川区太河乡曹家村	30	男	1941 年
宋士远	淄川区太河乡李家村	25	男	1941 年
陈泗才	淄川区太河乡后庄村	25	男	1941 年
孙元恕	淄川区淄河镇小口头村	29	男	1941 年
翟丕旺	淄川区淄河镇小口头村	21	男	1941 年
董占英	淄川区淄河镇小口头村	19	男	1941 年
赵修义	淄川区东坪镇东庄村	38	男	1941 年
王洪伦	淄川区东坪镇东庄村	38	男	1941 年
刘长亮	淄川区东坪镇东庄村	19	男	1941 年
李克亮	淄川区东坪镇东庄村	30	男	1941 年
白德方	淄川区峨庄乡西东峪村	23	男	1941 年
李玉朝	淄川区峨庄乡纱帽村	30	男	1941 年
李祥儒	淄川区峨庄乡上端士村	52	男	1941 年
李学增	淄川区峨庄乡上端士村	19	男	1941 年
房信贤	淄川区峨庄乡西岛坪村	46	男	1941 年
周圣平	淄川区峨庄乡西岛坪村	21	男	1941 年
刘言成	淄川区峨庄乡西岛坪村	23	男	1941 年
王永申	淄川区峨庄乡土泉村	29	男	1941 年
李茂有	淄川区龙泉镇台头村	20	男	1941 年

姓 名	籍 贯	年 龄	性 别	死难时间
姜明俊	淄川区龙泉镇和庄村	29	男	1941 年
陈仲明	淄川区罗村镇	—	男	1941 年
高庆志之兄	淄川区峨庄乡前沟村	—	男	1941 年
司传利之兄	淄川区峨庄乡前沟村	—	男	1941 年
张四唐	淄川区商家镇西马村	23	男	1941 年
刘汉文	淄川区商家镇西马村	22	男	1941 年
司传仁	淄川区东坪镇河湾村	63	男	1941 年
孙即会	淄川区昆仑镇奎三村	—	男	1941 年
李永平	淄川区岭子镇大口村	—	男	1941 年
朱根子	淄川区岭子镇朱家村	—	男	1941 年
田奉山	淄川区双杨镇白沙村	30	男	1941 年
李吉善	淄川区双杨镇赵瓦村	21	男	1941 年
刘承林	淄川区双杨镇袁家村	30	男	1941 年
张佃永	淄川区罗村镇洼子村	28	男	1941 年
王维常	淄川区太河乡辛庄村	—	男	1941 年
王元魁	淄川区太河乡西太河村	—	男	1941 年
徐修连	淄川区太河乡后峪村	—	男	1941 年
刘明远	淄川区太河乡东崖村	—	男	1941 年
张 希	淄川区太河乡东崖村	—	男	1941 年
张门氏	淄川区太河乡东崖村	—	女	1941 年
苏洪洲	淄川区太河乡东崖村	—	男	1941 年
翟作格	淄川区太河乡东下册村	—	男	1941 年
翟作新	淄川区太河乡东下册村	—	男	1941 年
仇士绪	淄川区罗村镇东官村	25	男	1942 年 10 月
李作功	淄川区磁村镇刘瓦村	21	男	1942 年 3 月
赵振昌	淄川区寨里镇西周村	43	男	1942 年 5 月
张万富	淄川区太河乡西同古村	36	男	1942 年 5 月
陈先恺	淄川区淄河镇北岳阴村	39	男	1942 年 5 月
孟光斋	淄川区淄河镇西股村	33	男	1942 年 5 月
亓汝常	淄川区	25	男	1942 年 7 月
马程氏	淄川区双杨镇凤凰村	67	女	1942 年 7 月
高会继	淄川区双杨镇月庄村	31	男	1942 年 8 月
宋现瑞	淄川区黑旺镇蓼坞村	36	男	1942 年 8 月
张庆春	淄川区罗村镇演礼村	20	男	1942 年 9 月

姓　名	籍　贯	年　龄	性　别	死难时间
刘克安之母	淄川区峨庄乡西石村	29	女	1942 年 10 月
高庆珂	淄川区双杨镇杨寨村	25	男	1942 年秋
张希俊	淄川区淄河镇小口头村	32	男	1942 年 11 月 9 日
张子桐	淄川区淄河镇小口头村	21	男	1942 年 11 月 9 日
谭克平	淄川区淄河镇西石门村	36	男	1942 年 11 月 9 日
王凤麟	黑龙江省牡丹江市宁安县	31	男	1942 年 11 月 9 日
李成式	—	—	男	1942 年 11 月 9 日
李绪臣	—	—	男	1942 年 11 月 9 日
孟宪民	—	—	男	1942 年 11 月 9 日
柳京湖	—	—	男	1942 年 11 月 9 日
谢清云	—	—	男	1942 年 11 月 9 日
王奉清	—	—	男	1942 年 11 月 9 日
张永昌	—	—	男	1942 年 11 月 9 日
夏德禄	—	—	男	1942 年 11 月 9 日
尹寿万	—	—	男	1942 年 11 月 9 日
刘庆湖	—	—	男	1942 年 11 月 9 日
李义田	—	—	男	1942 年 11 月 9 日
于　成	—	—	男	1942 年 11 月 9 日
田　二	—	—	男	1942 年 11 月 9 日
小　薛	—	—	男	1942 年 11 月 9 日
老　张	—	—	男	1942 年 11 月 9 日
冯旭臣	青州市长秋村	—	男	1942 年 11 月 9 日
冯文秀	青州市长秋村	27	女	1942 年 11 月 9 日
张永智	—	—	男	1942 年 11 月 9 日
孙玉兰	—	—	女	1942 年 11 月 9 日
冯新年	青州市长秋村	—	女	1942 年 11 月 9 日
冯芦桥	青州市长秋村	—	女	1942 年 11 月 9 日
冯平洋	青州市长秋村	—	女	1942 年 11 月 9 日
张凤友	淄川区罗村镇鲁家村	21	男	1940 年 12 月
马德胜	淄川区洪山镇西省村	24	男	1942 年
邵翠莲	淄川区磁村镇马棚村	17	女	1942 年
韩其友	淄川区岭子镇赵家楼村	39	男	1942 年
孔凡近	淄川区岭子镇台头崖村	23	男	1942 年
靖继顺	淄川区岭子镇峪林村	22	男	1942 年

姓 名	籍 贯	年 龄	性 别	死难时间
张成仁	淄川区商家镇馆里村	22	男	1942 年
王兆相	淄川区罗村镇小鸢桥村	34	男	1942 年
许文清	淄川区罗村镇小鸢桥村	32	男	1942 年
邱 协	淄川区罗村镇小鸢桥村	26	男	1942 年
刘恒义	淄川区罗村镇南韩村	30	男	1942 年
鲁善信	淄川区罗村镇西官村	20	男	1942 年
张保堂	淄川区罗村镇聂村村	23	男	1942 年
张玉西	淄川区罗村镇聂村村	27	男	1942 年
刘长胜	淄川区罗村镇聂村村	27	男	1942 年
陈家资	淄川区罗村镇泉子村	30	男	1942 年
梁惠周	淄川区罗村镇梁家村	22	男	1942 年
庞凤春	淄川区罗村镇梁家村	22	男	1942 年
张洪恩	淄川区罗村镇梁家村	25	男	1942 年
鲁子文	淄川区寨里镇西周村	29	男	1942 年
李法连	淄川区寨里镇北仙村	24	男	1942 年
安绍烈	淄川区寨里镇大张村	18	男	1942 年
孙在进	淄川区寨里镇北佛村	30	男	1942 年
孙士兴	淄川区寨里镇北佛村	25	男	1942 年
孙士禄	淄川区寨里镇北佛村	19	男	1942 年
孙士周	淄川区寨里镇北佛村	21	男	1942 年
赵希林	淄川区寨里镇西周村	17	男	1942 年
刘长胜	淄川区寨里镇夏禹河村	34	男	1942 年
刘长怀	淄川区寨里镇夏禹河村	24	男	1942 年
郭敬才	淄川区寨里镇南佛村	21	男	1942 年
徐福田	淄川区双杨镇白沙村	33	男	1942 年
刘业圣	淄川区双杨镇白沙村	22	男	1942 年
刘颜祜	淄川区双杨镇小赵村	31	男	1942 年
崔福玉	淄川区双杨镇藏梓村	44	男	1942 年
孔宪周	淄川区双杨镇牟村	27	男	1942 年
姚德一	淄川区双杨镇牛家村	22	男	1942 年
杨公勤	淄川区双杨镇安头村	20	男	1942 年
高庆树	淄川区双杨镇赵瓦村	43	男	1942 年
高会先	淄川区双杨镇月庄村	26	男	1942 年
张义仁	淄川区双杨镇梁家村	21	男	1942 年

姓 名	籍 贯	年 龄	性 别	死难时间
贾久耀	淄川区黄家铺镇苗家村	24	男	1942 年
田光礼	淄川区黑旺镇西崖头村	27	男	1942 年
徐维宝	淄川区黑旺镇西崖头村	38	男	1942 年
孙士锡	淄川区黑旺镇土湾村	36	男	1942 年
常来璞	淄川区黑旺镇槲坡村	32	男	1942 年
牛具田	淄川区黑旺镇土孤堆村	25	男	1944 年
刁华善	淄川区黑旺镇蓼坞村	—	男	1942 年
刁耀亭	淄川区黑旺镇蓼坞村	26	男	1942 年
牛长兴	淄川区黑旺镇东井村	20	男	1942 年
赵天建	淄川区黑旺镇东井村	29	男	1942 年
王纪福	淄川区太河乡西余粮村	20	男	1942 年
苗修纯	淄川区太河乡西同古村	35	男	1942 年
李希正	淄川区太河乡西同古村	30	男	1942 年
王昌清	淄川区太河乡东岭村	26	男	1942 年
邹大兴	淄川区太河乡东下册村	22	男	1942 年
董恒德	淄川区淄河镇小口头村	41	男	1942 年
陈万业	淄川区淄河镇北岳阴村	26	男	1942 年
陈先坡	淄川区淄河镇北岳阴村	24	男	1942 年
陈光德	淄川区淄河镇陈家井村	26	男	1942 年
孟照胜	淄川区淄河镇南股村	36	男	1942 年
刘保忠	淄川区东坪镇东庄村	18	男	1942 年
张士忠	淄川区东坪镇核桃峪村	30	男	1942 年
房师法	淄川区峨庄乡峨庄村	47	男	1942 年
刘　君	淄川区峨庄乡响泉村	20	男	1942 年
王德厚	淄川区峨庄乡杨家村	18	男	1942 年
李子敬	淄川区峨庄乡上端士村	20	男	1942 年
周胜太	淄川区峨庄乡西岛坪村	42	男	1942 年
肖增春	淄川区峨庄乡西岛坪村	39	男	1942 年
秦元俊	淄川区峨庄乡秦家庄村	19	男	1942 年
陈士京	淄川区峨庄乡王家村	28	男	1942 年
孙迎柱	淄川区龙泉镇大土屋村	27	男	1942 年
任传荣	淄川区峨庄乡西岛坪村	17	男	1942 年
苏成文	淄川区西河镇马家庄村	40	男	1942 年
黄志庆	淄川区般阳路街道城一居	30	男	1942 年

姓　名	籍　贯	年　龄	性　别	死难时间
耿佃俊	淄川区城南镇公孙村	31	男	1942 年
何长桐	淄川区城南镇公孙村	28	男	1942 年
耿庆昌	淄川区城南镇公孙村	18	男	1942 年
董圣功	淄川区淄河镇小口头村	42	男	1942 年
董圣功家人之一	淄川区淄河镇小口头村	—	—	1942 年
董圣功家人之二	淄川区淄河镇小口头村	—	—	1942 年
董圣功家人之三	淄川区淄河镇小口头村	—	—	1942 年
董圣功家人之四	淄川区淄河镇小口头村	—	—	1942 年
孙征林	淄川区淄河镇小口头村	40	男	1942 年
孙守奉	淄川区淄河镇小口头村	38	男	1942 年
张明玉	淄川区淄河镇东石门村	26	男	1942 年
孟照花	淄川区淄河镇西股村	28	男	1942 年
丁昌明	淄川区龙泉镇韩圣村	31	男	1942 年
孙启衡	淄川区昆仑镇奎三村	—	男	1942 年
孙兆成	淄川区昆仑镇奎三村	—	男	1942 年
朱长青	淄川区岭子镇朱家村	—	男	1942 年
朱长秋	淄川区岭子镇朱家村	—	男	1942 年
朱长云	淄川区岭子镇朱家村	—	男	1942 年
孙迎顺	淄川区磁村镇河石坞村	28	男	1942 年
陈正钱	淄川区磁村镇河石坞村	24	男	1942 年
张效民之妻	淄川区黑旺镇西崖头村	42	女	1942 年
张小二	淄川区黑旺镇西崖头村	16	男	1942 年
张小三	淄川区黑旺镇西崖头村	13	男	1942 年
张有修之妻	淄川区黑旺镇西崖头村	36	女	1942 年
蒲敬章	淄川区黑旺镇孤山村	21	男	1942 年
宋振申	淄川区黑旺镇孤山村	42	男	1942 年
高坤继	淄川区双杨镇南铺村	23	男	1943 年
袁庚长	淄川区双杨镇郭家村	34	男	1942 年
袁盛祥	淄川区双杨镇小屯村	24	男	1942 年
袁兆娥	淄川区双杨镇小屯村	27	男	1942 年
韩法禄	淄川区双杨镇小屯村	29	男	1942 年
李继道	淄川区双杨镇董家村	24	男	1942 年
李远木	淄川区双杨镇董家村	22	男	1942 年
王世泉	淄川区太河乡东余粮村	—	男	1942 年

姓　名	籍　贯	年　龄	性　别	死难时间
邢树环	淄川区太河乡	—	男	1942 年
李福仁	淄川区太河乡西太河村	—	男	1942 年
司继会	淄川区太河乡北牟村	—	男	1942 年
张希环	淄川区太河乡东崖村	—	男	1942 年
邢树成	淄川区太河乡南阳村	—	男	1942 年
朱三平	淄川区峨庄乡东东峪村	58	男	1942 年
张胜唐	淄川区罗村镇聂村村	62	男	1943 年 1 月
冯衍佩	淄川区岭子镇龙泉村	49	男	1943 年 2 月
常来福	淄川区寨里镇夏禹河村	28	男	1943 年 2 月
陈先利	淄川区淄河镇陈家井村	42	男	1943 年 2 月
陈光兰	淄川区淄河镇陈家井村	23	男	1943 年 2 月
孙希杰	淄川区岭子镇黄家村	39	男	1943 年 3 月
李崇兴	淄川区岭子镇槲林村	21	男	1943 年 5 月
王维顺	淄川区寨里镇邹家村	25	男	1943 年 5 月
刘恒长	淄川区峨庄乡西石村	19	男	1943 年 6 月
王永庆	淄川区峨庄乡土泉村	20	男	1943 年 6 月
陈思镐	淄川区寨里镇邹家村	22	男	1943 年 7 月
李会祥	淄川区淄河镇双井村	22	男	1943 年 7 月
孟召海	淄川区淄河镇西股村	22	男	1943 年 7 月
袁长润	淄川区罗村镇南韩村	33	男	1943 年 8 月
孟广建	淄川区淄河镇西股村	23	男	1943 年 8 月
孟现聪	淄川区淄河镇西股村	30	男	1943 年 8 月
张思孝	淄川区张庄乡苗峪村	22	男	1943 年 10 月
周　氏	淄川区峨庄乡杨家村	—	女	1943 年 10 月
董汉奎之母	淄川区峨庄乡杨家村	—	女	1943 年 10 月
李爱子	淄川区峨庄乡杨家村	17	女	1943 年 10 月
王代生	淄川区磁村镇上甘泉村	34	男	1943 年 11 月
王本随	淄川区太河乡东余粮村	24	男	1943 年 12 月
李在堂	淄川区磁村镇石牛埠村	24	男	1943 年冬
孙　喆	淄川区松龄路街道朱家社区	32	男	1943 年
马四山	淄川区洪山镇土峪村	26	男	1943 年
司传生	淄川区洪山镇土峪村	21	男	1943 年
司传民	淄川区洪山镇土峪村	23	男	1943 年
田其贵	淄川区洪山镇东省村	22	男	1943 年

姓　名	籍　贯	年　龄	性　别	死难时间
张向鼎	淄川区洪山镇西省村	21	男	1943 年
张维西	淄川区城南镇山张村	19	男	1943 年
邵永奎	淄川区磁村镇磁村村	22	男	1943 年
王荣兴	淄川区磁村镇马棚村	20	男	1943 年
孙迎仟	淄川区磁村镇车峪口村	20	男	1943 年
李在芳	淄川区岭子镇李里村	23	男	1943 年
黄振纯	淄川区岭子镇黄家村	22	男	1943 年
万宏海	淄川区岭子镇黄家村	26	男	1943 年
赵振海	淄川区罗村镇大鸾桥村	18	男	1943 年
陈他元	淄川区罗村镇千峪村	21	男	1943 年
金清顺	淄川区罗村镇西官村	23	男	1943 年
金清志	淄川区罗村镇西官村	18	男	1943 年
孟光成	淄川区罗村镇西官村	36	男	1943 年
王世瑞	淄川区罗村镇东刘村	29	男	1943 年
刘厥训	淄川区罗村镇东刘村	22	男	1943 年
高宜胜	淄川区寨里镇邹家村	22	男	1943 年
王树泉	淄川区寨里镇小董村	31	男	1943 年
孙化东	淄川区寨里镇北佛村	26	男	1943 年
孙振泉	淄川区寨里镇北佛村	—	男	1943 年
孙　云	淄川区寨里镇北佛村	—	男	1943 年
孙士礼	淄川区寨里镇北佛村	—	男	1943 年
许志德	淄川区寨里镇北佛村	23	男	1943 年
刘金祥	淄川区寨里镇夏禹河村	43	男	1943 年
刘长贵	淄川区寨里镇夏禹河村	37	男	1943 年
吕存禹	淄川区寨里镇南佛村	31	男	1943 年
吕心刊	淄川区寨里镇南佛村	26	男	1943 年
李树标	淄川区寨里镇南佛村	—	男	1943 年
刘金忠	淄川区寨里镇北黄村	29	男	1943 年
刘守桐	淄川区寨里镇北黄村	31	男	1943 年
孙振禄	淄川区寨里镇北佛村	34	男	1943 年
曹友祯	淄川区双杨镇白沙村	34	男	1943 年
王维埔	淄川区双杨镇白沙村	18	男	1943 年
李世昌	淄川区双杨镇东张村	51	男	1943 年
刘颜乐	淄川区双杨镇小赵村	44	男	1943 年

姓　名	籍　贯	年龄	性别	死难时间
芦立忠	淄川区双杨镇牟村	27	男	1943 年
徐道同	淄川区双杨镇牛家村	21	男	1943 年
李阶善	淄川区双杨镇赵瓦村	26	男	1943 年
卢长明	淄川区双杨镇赵瓦村	26	男	1943 年
李功善	淄川区双杨镇赵瓦村	38	男	1943 年
赵鸿生	淄川区钟楼街道店子社区	22	男	1943 年
李兴邦	淄川区钟楼街道贾村社区	21	男	1943 年
柳景湖	淄川区黑旺镇黑旺村	30	男	1943 年
张行三	淄川区黑旺镇西崖头村	28	男	1943 年
张友洪	淄川区黑旺镇西崖头村	25	男	1943 年
张永山	淄川区黑旺镇西崖头村	32	男	1943 年
牛守平	淄川区黑旺镇土孤堆村	26	男	1943 年
白保英	淄川区黑旺镇蓼坞村	—	男	1943 年
齐孝礼	淄川区太河乡西同古村	24	男	1943 年
张信奎	淄川区太河乡北马鹿村	21	男	1943 年
李希顺	淄川区太河乡东岭村	18	男	1943 年
刘安社	淄川区淄河镇池板村	21	男	1943 年
董恒禄	淄川区淄河镇小口头村	42	男	1943 年
孙元桃	淄川区淄河镇小口头村	19	男	1943 年
陈新广	淄川区淄河镇陈家井村	19	男	1943 年
刘长兰	淄川区东坪镇小庄村	19	男	1943 年
郭　英	淄川区东坪镇上台村	24	男	1943 年
韩祥明	淄川区峨庄乡西东峪村	41	男	1943 年
胡宣师	淄川区峨庄乡东东峪村	24	男	1943 年
房师义	淄川区峨庄乡峨庄村	18	男	1943 年
刘　海	淄川区峨庄乡响泉村	22	男	1943 年
刘成吉	淄川区峨庄乡西石村	22	男	1943 年
肖福田	淄川区峨庄乡东石村	21	男	1943 年
李吉地	淄川区峨庄乡石沟村	20	男	1943 年
黄泽亮	淄川区龙泉镇龙二村	21	男	1943 年
车纯仁	淄川区龙泉镇龙二村	22	男	1943 年
张希孟	淄川区黑旺镇黑旺村	17	男	1943 年
张跃庭	淄川区钟楼街道	—	男	1943 年
袁如一	—	—	男	1943 年

姓　名	籍　贯	年　龄	性　别	死难时间
李安镇	淄川区峨庄乡纱帽村	21	男	1943 年
肖云利之奶奶	淄川区峨庄乡西岛坪村	60	女	1943 年
苏成吉	淄川区西河镇马家庄村	33	男	1943 年
张玉清	淄川区城南镇河洼村	54	男	1943 年
李吉祥	淄川区商家镇双山村	22	男	1943 年
张德宝	淄川区商家镇东太村	58	男	1943 年
马立福	淄川区商家镇冶东村	32	男	1943 年
陈光税	淄川区淄河镇北岳阴村	30	男	1943 年
陈光恺	淄川区淄河镇北岳阴村	35	男	1943 年
李孟氏	淄川区淄河镇桑杭村	30	女	1943 年
牛太成	淄川区龙泉镇韩圣村	30	男	1943 年
杜洪文	淄川区东坪镇长兴村	15	男	1943 年
杜元山	淄川区东坪镇长兴村	21	男	1943 年
萧志法	—	—	男	1943 年
陈月先	淄川区岭子镇郝家村	—	男	1943 年
李元奎	淄川区黑旺镇西崖头村	35	男	1943 年
张效明	淄川区黑旺镇西崖头村	28	男	1943 年
张效珍	淄川区黑旺镇西崖头村	31	男	1943 年
张根子	淄川区黑旺镇西崖头村	19	男	1943 年
张效空	淄川区黑旺镇西崖头村	51	男	1943 年
宋世路	淄川区黑旺镇孤山村	28	男	1943 年
李兆文	淄川区双杨镇华坞村	—	男	1943 年
李继运	淄川区双杨镇董家村	28	男	1943 年
王兆策	淄川区罗村镇大弯桥村	25	男	1943 年
刘汉西	淄川区罗村镇北韩村	25	男	1942 年
王培泉	淄川区太河乡	—	男	1943 年
李福信	淄川区太河乡西太河村	—	男	1943 年
张前奎	淄川区太河乡北马鹿村	—	男	1943 年
张门氏	淄川区太河乡北马鹿村	—	女	1943 年
张京仁	淄川区太河乡北马鹿村	—	男	1943 年
张希奎	淄川区太河乡北马鹿村	—	男	1943 年
张　氏	淄川区太河乡北马鹿村	—	女	1943 年
蒲文宽	淄川区太河乡南马鹿村	—	男	1943 年
蒋成儒	淄川区太河乡李家村	—	男	1942 年

姓 名	籍 贯	年 龄	性 别	死难时间
张云堂	淄川区太河乡东桐古村	—	男	1943 年
王文德	淄川区太河乡同古坪村	—	男	1943 年
王福庆	淄川区太河乡同古坪村	—	男	1943 年
李 氏	淄川区太河乡同古坪村	—	女	1943 年
智 生	淄川区太河乡同古坪村	—	男	1943 年
王启政	淄川区太河乡同古坪村	—	男	1943 年
卫加河	淄川区太河乡东下册村	—	男	1943 年
赵砚江	淄川区太河乡东下册村	—	男	1943 年
李加友	淄川区峨庄乡杨家村	—	男	1943 年
牛福利	淄川区峨庄乡杨家村	—	男	1943 年
张义松	淄川区峨庄乡杨家村	—	男	1943 年
赵维宜	淄川区	—	男	1943 年
董卫军	淄川区罗村镇西官村	28	男	1943 年
程先茂	淄川区岭子镇李里村	32	男	1944 年 10 月
袁兆军	淄川区双杨镇袁家村	26	男	1944 年 1 月
张联清	淄川区淄河镇小口头村	21	女	1944 年 1 月
孙成会	淄川区寨里镇大张村	25	男	1944 年 2 月
刘守锋	淄川区寨里镇夏禹河村	24	男	1944 年 3 月
司继富	淄川区太河乡东岭村	30	男	1944 年 3 月
朱立志	淄川区岭子镇黄家村	33	男	1944 年 4 月
陈奎楹	淄川区罗村镇洼子村	21	男	1944 年 4 月
孙淑芝	淄川区岭子镇郝家村	36	男	1944 年 5 月
高西继	淄川区双杨镇月庄村	28	男	1944 年 5 月
李玉贵	淄川区淄河镇亭子崖村	26	男	1944 年 5 月
孟宪清	淄川区双杨镇法家村	22	男	1944 年 6 月
王元昌	淄川区太河乡西太河村	22	男	1944 年 6 月
刘世铎	淄川区太河乡西南牟村	30	男	1944 年 6 月
郎义俊	淄川区淄河镇孙家庄村	19	男	1944 年 6 月
于守军	淄川区淄河镇永泉村	22	男	1944 年 6 月
张敬之	淄川区双杨镇十里铺村	24	男	1944 年 7 月
贾保安	淄川区黑旺镇黑旺村	24	男	1944 年 8 月
张仕环	淄川区太河乡东崖村	21	男	1944 年 8 月
陈渭才	淄川区太河乡后庄村	22	男	1944 年 8 月
王光水	淄川区洪山镇东省村	24	男	1944 年 10 月

姓　名	籍　贯	年　龄	性　别	死难时间
盖玉芳之父	—	—	男	1944 年 10 月
张殿梓	淄川区	33	男	1944 年 11 月
冯衍山	淄川区岭子镇龙泉村	22	男	1944 年 11 月
王延正	淄川区商家镇双山村	20	男	1944 年 11 月
李金成	淄川区双杨镇小庄村	18	男	1944 年 11 月
刘康修	淄川区罗村镇道口村	37	男	1944 年 12 月
张大学	淄川区洪山镇西省村	25	男	1944 年
李在顺	淄川区磁村镇滴水泉村	22	男	1944 年
宋建周	淄川区磁村镇磁村村	—	男	1944 年
于化图	淄川区岭子镇龙泉村	26	男	1944 年
王丙昌	淄川区岭子镇宋家村	28	男	1944 年
杨道贤	淄川区岭子镇郝家村	33	男	1944 年
王崇基	淄川区罗村镇大窎桥村	33	男	1944 年
陈明元	淄川区罗村镇大窎桥村	30	男	1944 年
李长乐	淄川区罗村镇南韩村	19	男	1944 年
袁长水	淄川区罗村镇南韩村	20	男	1944 年
袁长公	淄川区罗村镇南韩村	28	男	1944 年
陈树标	淄川区罗村镇千峪村	22	男	1944 年
常肇田	淄川区罗村镇瓦村村	19	男	1944 年
朱永玉	淄川区罗村镇聂村村	23	男	1944 年
王慎堂	淄川区罗村镇史家村	35	男	1942 年
张世恒	淄川区罗村镇洼子村	23	男	1944 年
张允和	淄川区寨里镇西周村	26	男	1944 年
陈安标	淄川区寨里镇邹家村	45	男	1944 年
孙在山	淄川区寨里镇北佛村	—	男	1944 年
许志清	淄川区寨里镇北佛村	27	男	1944 年
崔守勤	淄川区双杨镇小庄村	25	男	1944 年
王春法	淄川区双杨镇双河村	35	男	1944 年
毕孝先	淄川区双杨镇董家村	24	男	1944 年
张永贵	淄川区黑旺镇西崖头村	24	男	1944 年
白怀华	淄川区黑旺镇蓼坞村	23	男	1944 年
袁永增	淄川区黑旺镇蓼坞村	—	男	1944 年
张义元	淄川区太河乡东余粮村	24	男	1944 年
翟所寅	淄川区太河乡北马鹿村	35	男	1944 年

姓 名	籍 贯	年 龄	性 别	死难时间
张文和	淄川区太河乡东崖村	18	男	1944 年
法兆德	淄川区淄河镇聚峰村	21	男	1944 年
李元太	淄川区淄河镇小口头村	24	男	1944 年
孙元河	淄川区淄河镇小口头村	24	男	1944 年
董占阳	淄川区淄河镇小口头村	19	男	1944 年
张希伦	淄川区淄河镇小口头村	26	男	1944 年
孟宪海	淄川区淄河镇南股村	25	男	1944 年
孟宪国	淄川区淄河镇南股村	21	男	1944 年
孟庆芝	淄川区淄河镇南股村	22	男	1944 年
孟庆和	淄川区淄河镇南股村	27	男	1944 年
孟庆义	淄川区淄河镇南股村	23	男	1944 年
孟宪泰	淄川区淄河镇南股村	31	男	1944 年
郑汝俊	淄川区淄河镇东石门村	26	男	1944 年
殷廷远	淄川区淄河镇亭子崖村	22	男	1944 年
李兴信	淄川区淄河镇亭子崖村	20	男	1944 年
张现泉	淄川区淄河镇本齐村	28	男	1944 年
顾常吉	淄川区淄河镇东坡村	23	男	1944 年
顾传怀	淄川区淄河镇东坡村	25	男	1944 年
秦绪光	淄川区张庄乡翟家崖村	18	男	1944 年
司纪君	淄川区东坪镇大东坪村	33	男	1944 年
白英方	淄川区峨庄乡西东峪村	19	男	1944 年
孙迎生	淄川区峨庄乡纱帽村	20	男	1944 年
李丙公	淄川区峨庄乡十亩地村	19	男	1944 年
马继文	淄川区峨庄乡西石村	25	男	1944 年
王培堂	淄川区峨庄乡土泉村	29	男	1944 年
李孝德	淄川区峨庄乡石沟村	21	男	1944 年
魏作太	淄川区洪山镇西省村	13	男	1944 年
肖光恩	淄川区峨庄乡西岛坪村	38	男	1944 年
房师文	淄川区峨庄乡西东峪村	20	男	1944 年
房师武	淄川区峨庄乡西东峪村	18	男	1944 年
房师彦	淄川区峨庄乡西东峪村	17	男	1944 年
李德勤	淄川区钟楼街道山张社区	31	男	1944 年
解京泗	淄川区商家镇东太村	26	男	1944 年
解京池	淄川区商家镇东太村	32	男	1944 年

姓 名	籍 贯	年 龄	性 别	死难时间
王金阁	淄川区商家镇冶东村	40	男	1944 年
王安富	淄川区淄河镇北岳阴村	26	男	1944 年
陈光祖	淄川区淄河镇北岳阴村	25	男	1944 年
孙迎伦	淄川区松龄路街道三里社区	40	男	1944 年
冯秀贞之父	淄川区松龄路街道三里社区	—	男	1944 年
冯秀贞之母	淄川区松龄路街道三里社区	—	女	1944 年
冯秀贞之哥	淄川区松龄路街道三里社区	—	男	1944 年
孙即祥	淄川区磁村镇刘瓦村	43	男	1944 年
王德佩	淄川区磁村镇刘瓦村	35	男	1944 年
徐小二	淄川区黑旺镇西崖头村	18	男	1944 年
马立祥	淄川区双杨镇凤凰村	24	男	1945 年 7 月
张奎玉	淄川区双杨镇小屯村	30	男	1944 年
张佃梓	淄川区罗村镇洼子村	33	男	1944 年
王昌元	淄川区太河乡东余粮村	—	男	1944 年
王克福	淄川区太河乡辛庄村	—	男	1944 年
王维平	淄川区太河乡辛庄村	—	男	1944 年
李福芝	淄川区太河乡西太河村	—	男	1944 年
翟作林	淄川区太河乡东下册村	—	男	1944 年
肖丕同	淄川区峨庄乡西东峪村	—	男	1944 年
张亭先	淄川区磁村镇马棚村	29	男	1945 年 1 月
李慎云	淄川区岭子镇大口村	22	男	1945 年 1 月
张维功	淄川区寨里镇寨里村	23	男	1945 年 1 月
陈仁先	淄川区太河乡后庄村	40	男	1945 年 1 月
李作公	淄川区磁村镇石牛埠村	22	男	1945 年 3 月
王福荣	淄川区岭子镇杨家店村	21	男	1945 年 3 月
孙振武	淄川区寨里镇北佛村	30	男	1945 年 3 月
高庆林	淄川区双杨镇法家村	27	男	1945 年 3 月
张明义	淄川区淄河镇聚峰村	24	男	1945 年 3 月
李善绪	淄川区寨里镇大张村	34	男	1945 年 4 月
刘可法	淄川区太河乡宋家村	35	男	1945 年 4 月
王仲文	—	—	男	1945 年 4 月 15 日
张永谓	—	20	男	1945 年 4 月 15 日
孙即公	—	—	男	1945 年 4 月 15 日
孙即家	—	—	男	1945 年 4 月 15 日

姓 名	籍 贯	年 龄	性 别	死难时间
闫满林	淄川区罗村镇鲁家村	25	男	1945 年 5 月
徐崇德	淄川区罗村镇暖水村	24	男	1945 年 5 月
陈加忠	淄川区东坪镇大安村	23	男	1945 年 6 月
马文福	淄川区峨庄乡罗圈峪村	23	男	1945 年 6 月
陈宗润	淄川区罗村镇洼子村	41	男	1945 年 6 月
高纯礼	淄川区城南镇双泉村	—	男	1945 年 7 月
孙京铎	淄川区岭子镇北石村	39	男	1945 年 7 月
翟作良	淄川区寨里镇小周村	29	男	1945 年 7 月
孙迎照	淄川区双杨镇凤凰村	29	男	1945 年 7 月
王书明	淄川区双杨镇凤凰村	29	男	1945 年 7 月
赵孝臣	淄川区磁村镇大范村	39	男	1945 年 8 月
马立训	淄川区罗村镇于家村	26	男	1945 年 8 月
耿庆荣	淄川区寨里镇徐家村	22	男	1945 年 8 月
张圣兰	淄川区张庄乡田庄村	22	男	1945 年 8 月
段以信	淄川区峨庄乡西岛坪村	20	男	1945 年 8 月
段以明	淄川区峨庄乡西岛坪村	22	男	1945 年 8 月
梁永成	淄川区东坪镇小东坪村	23	男	1945 年 9 月
满金继	淄川区双杨镇杨寨村	21	男	1945 年 9 月
冯续谱	淄川区松龄路街道三里社区	23	男	1945 年
朱庆林	淄川区松龄路街道朱家社区	19	男	1945 年
宋家昌	淄川区洪山镇车宋村	25	男	1945 年
闫立宪	淄川区洪山镇东省村	23	男	1945 年
张敦茂	淄川区磁村镇磁村村	24	男	1945 年
陈正树	淄川区磁村镇河石坞村	27	男	1945 年
孙迎山	淄川区磁村镇北山寺村	24	男	1945 年
李在钦	淄川区岭子镇大口村	25	男	1945 年
齐成东	淄川区岭子镇北石村	36	男	1945 年
王维贵	淄川区罗村镇小弯桥村	24	男	1945 年
陈守桂	淄川区罗村镇千峪村	25	男	1945 年
陈修忠	淄川区罗村镇千峪村	38	男	1945 年
朱克忠	淄川区罗村镇聂村村	27	男	1945 年
李学业	淄川区罗村镇演礼村	22	男	1945 年
李守俭	淄川区罗村镇演礼村	24	男	1945 年
卢春远	淄川区罗村镇西官村	30	男	1945 年

姓 名	籍 贯	年 龄	性 别	死难时间
潘汝长	淄川区寨里镇莪庄村	38	男	1945 年
张振青	淄川区寨里镇寨里村	—	男	1945 年
段尚永	淄川区寨里镇小董村	27	男	1945 年
孙在胜	淄川区寨里镇北佛村	—	男	1945 年
吕禄德	淄川区寨里镇南佛村	25	男	1945 年
吕云隋	淄川区寨里镇南佛村	24	男	1945 年
王元光	淄川区双杨镇小赵村	33	男	1945 年
艾文祥	淄川区双杨镇董家村	23	男	1945 年
袁流长	淄川区双杨镇安头村	25	男	1945 年
袁燕长	淄川区双杨镇安头村	27	男	1945 年
陈怀社	淄川区双杨镇小屯村	26	男	1945 年
张经伦	淄川区双杨镇小屯村	20	男	1945 年
高壮继	淄川区双杨镇杨寨村	20	男	1945 年
高全继	淄川区双杨镇赵瓦村	34	男	1945 年
胡以泉	淄川区双杨镇赵瓦村	26	男	1945 年
高庆太	淄川区双杨镇赵瓦村	31	男	1945 年
纪金承	淄川区钟楼街道东谭社区	41	男	1945 年
白大聪	淄川区黑旺镇蓼坞村	36	男	1945 年
宋兴广	淄川区黑旺镇蓼坞村	28	男	1945 年
周振言	淄川区黑旺镇野鸡岭村	30	男	1945 年
陈安功	淄川区黑旺镇甘泉村	23	男	1945 年
张业忠	淄川区太河乡东南牟村	27	男	1945 年
房师斌	淄川区太河乡东下册村	28	男	1945 年
刘太士	淄川区淄河镇池板村	23	男	1945 年
刘玉孝	淄川区淄河镇聚峰村	20	男	1945 年
孟元喜	淄川区淄河镇南股村	20	男	1945 年
殷廷孝	淄川区淄河镇亭子崖村	23	男	1945 年
张纪太	淄川区淄河镇本齐村	24	男	1945 年
魏京德	淄川区峨庄乡西东峪村	28	男	1945 年
刘汝俭	淄川区峨庄乡响泉村	—	男	1945 年
刘汝柏	淄川区峨庄乡响泉村	—	男	1945 年
陈光言	淄川区峨庄乡纱帽村	30	男	1945 年
张宗平	淄川区峨庄乡后沟村	30	男	1945 年
张元钦	淄川区龙泉镇龙一村	28	男	1945 年

姓 名	籍 贯	年 龄	性 别	死难时间
范德孝	淄川区龙泉镇龙四村	20	男	1945 年
刘纪雷	淄川区龙泉镇圈子村	30	男	1945 年
戚有美	淄川区龙泉镇圈子村	32	男	1945 年
田来新	淄川区龙泉镇韩圣村	24	男	1945 年
李振郁	淄川区东坪镇上台村	24	男	1945 年
刘曰海	淄川区双杨镇白沙村	50	男	1945 年
张允明	淄川区双杨镇小屯村	29	男	1945 年
袁盛殿	淄川区双杨镇梁家村	27	男	1945 年
袁盛信	淄川区双杨镇梁家村	25	男	1945 年
袁兆瑞之妻	淄川区双杨镇耿家村	29	女	1945 年
徐佃杰	淄川区太河乡西太河村	—	男	1945 年
翟作东	淄川区太河乡东下册村	—	男	1945 年
罗维义	淄川区太河乡曹家村	—	男	1945 年
王世恕	淄川区罗村镇小鸾桥村		男	1945 年
王维儒	淄川区罗村镇小鸾桥村	—	男	—
王克贵	淄川区罗村镇小鸾桥村		男	
邱　杰	淄川区罗村镇小鸾桥村	—	男	—
邱　来	淄川区罗村镇小鸾桥村		男	
胥世明	淄川区罗村镇小鸾桥村	—	男	—
王维礼	淄川区罗村镇小鸾桥村		男	—
纪玉承	淄川区钟楼街道东谭社区	41	男	1942 年
张世承	淄川区钟楼街道东谭社区	—	男	—
于绪芷	淄川区磁村镇河夹村	40	男	1938 年 6 月
孙小玉	淄川区双杨镇凤凰村	—	男	1938 年 6 月
李德宏	淄川区峨庄乡十亩地村	36	男	1938 年
张善记	淄川区磁村镇河夹村	24	男	1938 年
刘世训	淄川区磁村镇河夹村	60	男	1938 年
李士俶	淄川区双杨镇小庄村	46	男	1938 年
孙迎香	淄川区磁村镇河石坞村	28	男	1938 年
孙维忠	淄川区双杨镇凤凰村	—	男	1945 年 1 月
马德凤	淄川区双杨镇凤凰村	50	男	1939 年 10 月
黄汉路	淄川区龙泉镇矾场村	—	男	1939 年
高大顺	淄川区龙泉镇矾场村	—	男	1939 年
万福来	淄川区龙泉镇矾场村	—	男	1939 年

姓 名	籍 贯	年 龄	性 别	死难时间
徐炳南之弟	淄川区龙泉镇矾场村	—	男	1939 年
李元忠	淄川区磁村镇河夹村	30	男	1939 年
刘京海	淄川区磁村镇河夹村	30	男	1939 年
陈永贵	淄川区磁村镇河石坞村	22	男	1939 年
陈正忠	淄川区磁村镇河石坞村	20	男	1939 年
陈正树	淄川区磁村镇河石坞村	21	男	1939 年
李德成	淄川区黑旺镇孤山村	32	男	1939 年
宋训森	淄川区黑旺镇孤山村	29	男	1939 年
李来德	淄川区峨庄乡山桥村	20	男	1940 年 4 月
春蛋子	淄川区峨庄乡山桥村	21	男	1940 年 4 月
司兆恒	淄川区峨庄乡山桥村	23	男	1940 年 4 月
王京民	淄川区双杨镇袁家村	19	男	1940 年
朱兴兄	淄川区峨庄乡后沟村	—	男	1941 年 4 月
司言兄	淄川区峨庄乡后沟村	—	男	1941 年 4 月
司传增	淄川区峨庄乡后沟村	—	男	1941 年 4 月
司传发	淄川区峨庄乡后沟村	—	男	1941 年 4 月
司言福	淄川区峨庄乡后沟村	—	男	1941 年 4 月
朱光启	淄川区峨庄乡后沟村	—	男	1941 年 4 月
崔玉红	淄川区峨庄乡后沟村	—	男	1941 年 4 月
司言昌	淄川区峨庄乡后沟村	—	男	1941 年 4 月
王世增	淄川区峨庄乡后沟村	—	男	1941 年 4 月
李永树	淄川区峨庄乡下岛坪村	27	男	1941 年
李恒田	淄川区峨庄乡下岛坪村	50	男	1941 年
李恒发	淄川区峨庄乡下岛坪村	29	男	1941 年
李得好	淄川区峨庄乡下岛坪村	24	男	1941 年
牛 子	淄川区峨庄乡下岛坪村	16	男	1941 年
张 子	淄川区峨庄乡下岛坪村	22	男	1941 年
耿佃荣	淄川区城南镇公孙村	30	男	1941 年
程贵业	淄川区龙泉镇龙一村	24	男	1941 年
田玉清	淄川区双杨镇白沙村	35	男	1941 年
王孝先	淄川区罗村镇史家村	39	男	1939 年
仇传海	淄川区罗村镇东官村	—	男	1941 年
王历成	淄川区岭子镇宋家庄村	20	男	1942 年 5 月
马德训	淄川区双杨镇凤凰村	32	男	1942 年 7 月

姓　名	籍　贯	年　龄	性　别	死难时间
孙迎德	淄川区双杨镇凤凰村	55	男	1942 年 8 月
吕准子	淄川区岭子镇沈家村	22	男	1942 年 9 月
沈准子	淄川区岭子镇沈家村	23	男	1942 年 9 月
孙迎贵	淄川区峨庄乡王家村	—	男	1942 年
王秀印	淄川区峨庄乡王家村	—	男	1942 年
王秀街	淄川区峨庄乡王家村	—	男	1942 年
李永胜	淄川区峨庄乡王家村	—	男	1942 年
房士镇	淄川区峨庄乡峨庄村	23	男	1942 年
郑世杰	淄川区城南镇公孙村	28	男	1942 年
谭玉谷	淄川区钟楼街道山张社区	32	男	1942 年
程先村	淄川区岭子镇李里村	26	男	1942 年
孙张妮	淄川区岭子镇李里村	20	男	1942 年
朱长院	淄川区岭子镇朱家村	—	男	1942 年
李恒庆	淄川区峨庄乡上岛坪村	—	男	1943 年
李吉星	淄川区峨庄乡上岛坪村	—	男	1943 年
李吉松	淄川区峨庄乡上岛坪村	—	男	1943 年
李吉宗	淄川区峨庄乡上岛坪村	—	男	1943 年
李恒华	淄川区峨庄乡上岛坪村	—	男	1943 年
李以泉	淄川区峨庄乡上岛坪村	—	男	1943 年
张家书	淄川区张庄乡东峪村	—	男	1943 年
张加美	淄川区张庄乡东峪村	—	男	1943 年
张棉贵	淄川区张庄乡东峪村	—	男	1943 年
张京志	淄川区张庄乡东峪村	—	男	1943 年
赵树其	淄川区松龄路街道小李社区	45	男	1943 年
孙即财	淄川区昆仑镇奎三村	—	男	1943 年
孙凝新	淄川区昆仑镇奎二村	—	男	1943 年
赵　三	淄川区昆仑镇奎三村	—	男	1943 年
赵立恒	淄川区昆仑镇奎三村	—	男	1943 年
孙海凝	淄川区昆仑镇奎三村	—	男	1943 年
沈德珍	淄川区城南镇公孙村	17	男	1943 年
孙挨柱	淄川区城南镇公孙村	11	男	1943 年
李明道	淄川区城南镇七里村	26	男	1943 年
李俊山	淄川区城南镇七里村	29	男	1943 年
杨春富	淄川区城南镇七里村	25	男	1943 年

姓 名	籍 贯	年 龄	性 别	死难时间
赵京柱	淄川区城南镇七里村	26	男	1943 年
张春友	淄川区城南镇七里村	25	男	1943 年
张 波	淄川区城南镇七里村	24	男	1943 年
杨克和	淄川区城南镇七里村	26	男	1943 年
孙明地	淄川区城南镇七里村	29	男	1943 年
朱自全	淄川区城南镇七里村	28	男	1943 年
杨克宾	淄川区城南镇七里村	27	男	1943 年
李明顺	淄川区城南镇七里村	20	男	1943 年
朱 德	淄川区城南镇七里村	18	男	1943 年
李德纯	淄川区钟楼街道山张社区	29	男	1943 年
段连泉	淄川区东坪镇长兴村	33	男	1943 年
段连会	淄川区东坪镇长兴村	31	男	1943 年
段士长	淄川区东坪镇长兴村	33	男	1943 年
段士凤	淄川区东坪镇长兴村	34	男	1943 年
段士祥	淄川区东坪镇长兴村	31	男	1943 年
杜元忠	淄川区东坪镇长兴村	31	男	1943 年
翟慎礼	淄川区东坪镇河湾村	32	男	1943 年
翟慎士	淄川区东坪镇河湾村	33	男	1943 年
司传友	淄川区东坪镇河湾村	29	男	1943 年
李在昆	淄川区岭子镇河洼村	51	男	1943 年
李在论	淄川区岭子镇河洼村	50	男	1943 年
鞠奉和	淄川区双杨镇南铺村	—	男	1943 年
鞠董子	淄川区双杨镇南铺村	—	男	1943 年
鞠元井	淄川区双杨镇南铺村	—	男	1943 年
王云祥	淄川区双杨镇南铺村	—	男	1943 年
王云其	淄川区双杨镇南铺村	—	男	1943 年
王凡子	淄川区双杨镇南铺村	—	女	1943 年
王云喜之母	淄川区双杨镇南韩村	—	女	1943 年
王云高	淄川区双杨镇南韩村	—	男	1943 年
王云禄	淄川区双杨镇南韩村	—	男	1943 年
李安水	淄川区峨庄乡纱帽村	—	男	1943 年
李玉福	淄川区峨庄乡纱帽村	—	男	1943 年
李玉香	淄川区峨庄乡纱帽村	—	男	1943 年
李玉香家人之一	淄川区峨庄乡纱帽村	—	男	1943 年

姓 名	籍 贯	年 龄	性 别	死难时间
李玉香家人之二	淄川区峨庄乡纱帽村	—	男	1943 年
李安俊	淄川区峨庄乡纱帽村	—	男	1943 年
大印子	淄川区峨庄乡前沟村	—	男	1943 年
肖明振之弟	淄川区峨庄乡前沟村	—	男	1943 年
肖长利	淄川区峨庄乡前沟村	15	男	1943 年
崔华三	淄川区	—	男	1943 年
李继良	淄川区洪山镇东省村	—	男	1943 年
孙即荣	淄川区昆仑镇奎三村	—	男	1943 年
姬登修	淄川区昆仑镇奎三村	—	男	1943 年
张勤三	—	—	男	1943 年
张立德	—	—	男	1943 年
肖 金	—	—	男	1943 年
王善仁	淄川区洪山镇解庄村	41	男	1944 年
李丙旭	淄川区峨庄乡十亩地村	28	男	1944 年
李允文	淄川区磁村镇滴水泉村	30	男	1944 年
李允香	淄川区磁村镇滴水泉村	31	男	1944 年
王玉谷	淄川区磁村镇滴水泉村	29	男	1944 年
贾明绪	淄川区双杨镇西河村	32	男	1944 年
高贻礼	淄川区般阳路街道窑头村	18	男	1944 年
王东远	淄川区洪山镇东省村	26	男	1945 年 3 月
刘伦修	淄川区罗村镇道口村	17	男	1945 年 7 月
合 计	**1752**			

责任人：刘春玲　　　　　　核实人：刘春玲　魏　猛　　　　填表人：张　慧

填报单位（签章）：淄博市淄川区委党史工作办公室　　　　　填报时间：2009 年 5 月 5 日

淄博市博山区抗日战争时期死难者名录

姓　名	籍　贯	年龄	性　别	死难时间
蒋　固	博山区城东街道大街村	13	男	1937 年 12 月 31 日
康中德	博山区城东街道北岭居	—	男	1937 年 12 月 31 日
李　氏	博山区城东街道	—	女	1937 年 12 月 31 日
翟大和尚	博山区城东街道大街村	—	男	1937 年 12 月 31 日
李玉颜	博山区城西街道菜园边	18	男	1937 年 12 月 31 日
逯　会	博山区城东街道南关村	21	男	1937 年 12 月 31 日
孙　×	博山区城西街道菜园边	15	女	1937 年 12 月 31 日
盛登坤	博山区城东街道北岭村	32	男	1937 年 12 月 31 日
李昌永	博山区域城镇孟家顶村	36	男	1937 年 12 月 31 日
吕　×	博山区城东街道北岭居	27	男	1937 年 12 月 31 日
杜　×	博山区城东街道北岭居	17	男	1937 年 12 月 31 日
王家山	博山区城东街道河东村	44	男	1937 年 12 月 31 日
夏光山	博山区城东街道河东村	16	男	1937 年 12 月 31 日
盛登祥	博山区城东街道河东村	44	男	1937 年 12 月 31 日
李在福	博山区城东街道北岭村	41	男	1937 年 12 月 31 日
彭继恩	博山区城东街道东关居委会东山	21	男	1937 年 12 月 31 日
王忠海	博山区城东街道东关泉子崖	38	男	1937 年 12 月 31 日
王忠江	博山区城东街道东关泉子崖	35	男	1937 年 12 月 31 日
庄玉×	博山区城东街道东关泉子崖	19	男	1937 年 12 月 31 日
韩长武	博山区城东街道东关泉子崖	35	男	1937 年 12 月 31 日
冯美普	博山区城东街道东关泉子崖	34	男	1937 年 12 月 31 日
梁兆永	博山区城西街道菜园地	71	男	1937 年 12 月 31 日
梁乃祐	博山区城西街道菜园地	14	男	1937 年 12 月 31 日
李昌×	博山区城西街道菜园地	20	男	1937 年 12 月 31 日
苗　×	博山区城西街道菜园地	17	男	1937 年 12 月 31 日
王怀实	博山区城西街道西更道	27	男	1937 年 12 月 31 日
孙即安	博山区城西街道北关街	33	男	1937 年 12 月 31 日
宋奋子	博山区城东街道河东村	50	男	1937 年 12 月 31 日
杨　×	博山区	—	男	1937 年 12 月 31 日
李成义	博山区城西街道税北村	28	男	1937 年 12 月 31 日
郑建琇	博山区城西街道赵家后门太尉庙后	23	男	1937 年 12 月 31 日

姓 名	籍 贯	年 龄	性 别	死难时间
郝守俊	博山区城西街道大核桃园	14	男	1937 年 12 月 31 日
王如标	博山区城东街道黑山沟	50	男	1937 年 12 月 31 日
薛耿氏	博山区大柳杭	43	女	1937 年 12 月 31 日
李昌胜	博山区城西街道大辛庄下庄	76	男	1937 年 12 月 31 日
付云泉	博山区城西街道大辛庄	31	男	1937 年 12 月 31 日
李昌祥	博山区城西街道大辛庄	58	男	1937 年 12 月 31 日
孙家浩	博山区城西街道大辛庄下庄	42	男	1937 年 12 月 31 日
宋建彬	博山区城西街道大辛庄	17	男	1937 年 12 月 31 日
马 森	博山区城西街道街中村	—	男	1937 年 12 月 31 日
翟业福	博山区城东街道三元村	—	男	1937 年 12 月 31 日
赵忠友	博山区城东街道三元村	—	男	1937 年 12 月 31 日
岳会茂	博山区城西街道街北村	—	男	1937 年 12 月 31 日
昃驴子	博山区城西街道李家窑	—	男	1937 年 12 月 31 日
赵云清	博山区城西街道街北村	—	男	1937 年 12 月 31 日
刘云喜	博山区城西街道街北村	—	男	1937 年 12 月 31 日
胡希亮	博山区城西街道西寨	50	男	1937 年 12 月 31 日
高如浜	博山区新赵庄	30	男	1937 年 12 月 31 日
张银禄	博山区夏家庄镇五龙村	30	男	1937 年 12 月 31 日
徐加安	博山区城西街道西寨	46	男	1937 年 12 月 31 日
李士海	博山区新赵庄	44	男	1937 年 12 月 31 日
刘福洲	博山区城西街道西寺	15	男	1937 年 12 月 31 日
李治丙	博山区城西街道西冶北胡同	18	男	1937 年 12 月 31 日
牛永昌	博山区城西街道李家窑	30	男	1937 年 12 月 31 日
李登文	博山区	35	男	1937 年 12 月 31 日
昃庆孝	博山区城西街道李家窑中街	—	男	1937 年 12 月 31 日
桑光器	博山区城西街道李家窑中街	—	男	1937 年 12 月 31 日
李向田	博山区城西街道李家窑中街	—	男	1937 年 12 月 31 日
罗茂修	博山区城西街道李家窑中街	—	男	1937 年 12 月 31 日
刘在胜	博山区城西街道大辛庄	28	男	1937 年 12 月 31 日
牛立本	博山区夏家庄镇五龙村	30	男	1937 年 12 月 31 日
王学俊	博山区夏家庄镇五龙村	40	男	1937 年 12 月 31 日
王继汉	博山区夏家庄镇五龙村	17	男	1937 年 12 月 31 日
李家成	博山区夏家庄镇五龙村	48	男	1937 年 12 月 31 日
孙即勤	博山区夏家庄镇五龙村	26	男	1937 年 12 月 31 日

姓 名	籍 贯	年 龄	性 别	死难时间
张永芳	博山区夏家庄镇五龙村	28	男	1937 年 12 月 31 日
胡允凯	博山区夏家庄镇五龙村	21	男	1937 年 12 月 31 日
王继顺	博山区夏家庄镇五龙村	23	男	1937 年 12 月 31 日
于黄子	博山区夏家庄镇五龙村	30	男	1937 年 12 月 31 日
于立子	博山区夏家庄镇五龙村	16	男	1937 年 12 月 31 日
王树银之母	博山区夏家庄镇五龙村	50	女	1937 年 12 月 31 日
孙兆德	博山区夏家庄镇五龙村	35	男	1937 年 12 月 31 日
刘延顺	博山区夏家庄镇五龙村	30	男	1937 年 12 月 31 日
于效贤	博山区夏家庄镇五龙村	30	男	1937 年 12 月 31 日
张小鹿	博山区夏家庄镇五龙村	27	男	1937 年 12 月 31 日
胡立富	博山区夏家庄镇五龙村	40	男	1937 年 12 月 31 日
乔廷俭	博山区夏家庄镇窝疃村	28	男	1937 年 12 月 31 日
赵玉生	博山区夏家庄镇窝疃村	30	男	1937 年 12 月 31 日
王明法	博山区开发区平堵沟	32	男	1937 年 12 月 31 日
魏克功	博山区域城镇黄石屋	21	男	1937 年 12 月 31 日
黄德龙	博山区开发区张家庄	50	男	1937 年 12 月 31 日
王立泰	博山区开发区张家庄	41	男	1937 年 12 月 31 日
商小狗	博山区开发区姚家峪村	15	男	1937 年 12 月 31 日
陈立岩	博山区白塔镇赵庄村	60	男	1937 年
康佃孝	博山区夏家庄镇良庄村	—	男	1937 年
信继文	博山区石马镇桥西村	20	男	1937 年
刘在盛	博山区城西街道新坦村	25	男	1937 年
孙留住	博山区城西街道新坦村	11	男	1937 年
信子明之父	博山区城东街道李家窑村	—	男	1937 年
信子明之弟一	博山区城东街道李家窑村	—	男	1937 年
信子明之弟二	博山区城东街道李家窑村	—	男	1937 年
朱京省	博山区域城镇西厢村	49	男	1937 年
朱秀鲁	博山区域城镇西厢村	31	男	1937 年
李昌荣	博山区城西街道新坦村	30	男	1937 年
李昌荣之弟	博山区城西街道新坦村	27	男	1937 年
钱 五	博山区城西街道新坦村	—	男	1937 年
苏奎铭	博山区北博山镇南沙井村	—	男	1937 年
薛传相	博山区崮山镇岳东村	—	男	1938 年 1 月 1 日
岳普生	博山区崮山镇岳东村	—	男	1938 年 1 月 1 日

姓 名	籍 贯	年 龄	性 别	死难时间
岳会修	博山区崮山镇岳西村	25	男	1938 年 1 月 1 日
曲福山	博山区崮山镇岳西村	36	男	1938 年 1 月 1 日
陈登堂	博山区石马镇东石村	25	男	1938 年 1 月
高秉德之妻	博山开发区大李家村	—	女	1938 年 2 月 1 日
高秉德之子	博山开发区大李家村	—	男	1938 年 2 月 1 日
孙即明	现博山开发区平堵沟村	—	男	1938 年 2 月 21 日
李佑清	现博山开发区平堵沟村	—	男	1938 年 2 月 21 日
于世海	现博山开发区平堵沟村	—	男	1938 年 2 月 21 日
王在禹	现博山开发区平堵沟村	—	男	1938 年 2 月 21 日
李玉清	现博山开发区平堵沟村	—	男	1938 年 2 月 21 日
王明文	现博山开发区平堵沟村	—	男	1938 年 2 月 21 日
李玉友之舅	现博山开发区平堵沟村	—	男	1938 年 2 月 21 日
陈东高	博山区池上镇下小峰村	32	男	1938 年 3 月
徐有礼	博山区城西街道李家窑村	50	男	1938 年 3 月 3 日
刘同文	博山区城西街道李家窑村	—	男	1938 年 3 月 3 日
解三鬼	博山区城西街道李家窑村	—	男	1938 年 3 月 3 日
解三鬼之父	博山区城西街道李家窑村	—	男	1938 年 3 月 3 日
解三鬼之兄	博山区城西街道李家窑村	—	男	1938 年 3 月 3 日
杨立教	博山区白塔镇大海眼村	64	男	1938 年 3 月 13 日
杨春林	博山区白塔镇大海眼村	25	男	1938 年 3 月 13 日
孙坦俭	博山区白塔镇大海眼村	63	男	1938 年 3 月 13 日
孙维龙	博山区白塔镇大海眼村	28	男	1938 年 3 月 13 日
孙坦珠	博山区白塔镇大海眼村	38	男	1938 年 3 月 13 日
孙元芝	博山区白塔镇大海眼村	50	男	1938 年 3 月 13 日
孙迎远	博山区白塔镇大海眼村	45	女	1938 年 3 月 13 日
孙迎利	博山区白塔镇大海眼村	42	男	1938 年 3 月 13 日
孙大光	博山区白塔镇大海眼村	20	男	1938 年 3 月 13 日
孙即隆	博山区白塔镇大海眼村	33	男	1938 年 3 月 13 日
孙即超	博山区白塔镇大海眼村	27	男	1938 年 3 月 13 日
孙希贡	博山区白塔镇大海眼村	38	女	1938 年 3 月 13 日
孙迎富	博山区白塔镇大海眼村	40	男	1938 年 3 月 13 日
孙迎坤	博山区白塔镇大海眼村	52	男	1938 年 3 月 13 日
孙即信	博山区白塔镇大海眼村	50	男	1938 年 3 月 13 日
周连常	博山区白塔镇大海眼村	65	男	1938 年 3 月 13 日

姓 名	籍 贯	年 龄	性 别	死难时间
周李氏	博山区白塔镇大海眼村	62	女	1938 年 3 月 13 日
栾 氏	博山区白塔镇大海眼村	61	女	1938 年 3 月 13 日
程圣周	博山区域城镇岳峪村	36	男	1938 年 6 月 1 日
程圣润	博山区域城镇岳峪村	23	男	1938 年 6 月 1 日
程先树	博山区域城镇岳峪村	54	男	1938 年 6 月 1 日
程郑氏	博山区域城镇岳峪村	51	女	1938 年 6 月 1 日
程传武姑母	博山区域城镇岳峪村	22	女	1938 年 6 月 1 日
马俊生	博山区白塔镇白塔村	39	男	1938 年 5 月 1 日
姜连奎	博山区白塔镇白塔村	—	男	1938 年 5 月 1 日
盖迎政	博山区域城镇桃花泉	28	男	1940 年
贺德柱	博山区池上镇冯家村	12	男	1938 年 6 月
侯兆勤	博山区山头镇河北东	42	男	1938 年 7 月 1 日
赵明铎	博山区八陡镇北河口村	20	男	1938 年 7 月 1 日
赵玉兴	博山区源泉镇源东村	40	男	1938 年 7 月 15 日
王清树	博山区源泉镇源东村	29	男	1938 年 7 月 15 日
王连来	博山区源泉镇源北村	30	男	1938 年 7 月 15 日
赵清祥	博山区源泉镇源北村	28	男	1938 年 7 月 15 日
李振江	博山区源泉镇源北村	34	男	1938 年 7 月 15 日
李兴云	博山区源泉镇源北村	35	男	1938 年 7 月 15 日
孙英春	博山区源泉镇源西村	32	男	1938 年 7 月 15 日
丁惠远	博山区源泉镇源西村	20	男	1938 年 7 月 15 日
李洪臣之母	博山区源泉镇源西村	45	女	1938 年 7 月 15 日
王仲奎	博山区石马镇桥东村	30	男	1938 年 7 月 15 日
周玉泽	博山区石马镇桥东村	25	男	1938 年 7 月 15 日
焦念术	博山区石马镇桥东村	28	男	1938 年 7 月 15 日
张汝孔	博山区石马镇桥东村	32	男	1938 年 7 月 15 日
孙建邦	博山区石马镇桥东村	24	男	1938 年 7 月 15 日
李效泰	博山区石马镇桥东村	23	男	1938 年 7 月 15 日
孙 水	博山区石马镇桥东村	20	男	1938 年 7 月 15 日
李京跃	博山区石马镇桥东村	26	男	1938 年 7 月 15 日
孙廷文	博山区石马镇桥东村	24	男	1938 年 7 月 15 日
周李氏	博山区山头镇东坡村	—	女	1938 年 8 月 1 日
范迎春之妻	博山区山头镇尖西村	—	女	1938 年 8 月 1 日
宋作良之女	博山区山头镇尖西村	—	女	1938 年 8 月 1 日

姓 名	籍 贯	年龄	性别	死难时间
魏锡銮	博山区北博山镇盆泉村	23	男	1938 年 8 月
魏绍禹	博山区北博山镇盆泉村	18	男	1938 年 8 月
蒋行文	博山区石马镇芦家台村	39	男	1938 年 9 月 1 日
毛廷莲	博山区石马镇芦家台村	49	男	1938 年 9 月 1 日
张其杰	博山区石马镇芦家台村	50	男	1938 年 9 月 1 日
毛项明	博山区石马镇芦家台村	48	男	1938 年 9 月 1 日
毛喜明	博山区石马镇芦家台村	50	男	1938 年 9 月 1 日
毛昌明	博山区石马镇芦家台村	47	男	1938 年 9 月 1 日
孙其胜	博山区石马镇芦家台村	45	男	1938 年 9 月 1 日
国丰诚	博山区白塔镇东万山村	—	男	1938 年 9 月 1 日
杜王氏	博山区白塔镇东万山村	—	女	1938 年 9 月 1 日
蒋舒和	博山区城东街道	25	女	1938 年 9 月
翟修平之母	博山区北博山镇洪山口村	35	女	1938 年 9 月 4 日
翟修耀	博山区北博山镇洪山口村	12	男	1938 年 9 月 4 日
翟大厚之母	博山区北博山镇洪山口村	38	女	1938 年 9 月 4 日
翟尊菊	博山区北博山镇洪山口村	14	男	1938 年 9 月 4 日
翟尊菊之弟	博山区北博山镇洪山口村	12	男	1938 年 9 月 4 日
翟路花	博山区北博山镇洪山口村	20	女	1938 年 9 月 4 日
翟根厚大姐	博山区北博山镇洪山口村	22	女	1938 年 9 月 4 日
翟根厚二姐	博山区北博山镇洪山口村	19	女	1938 年 9 月 4 日
翟发厚之母	博山区北博山镇洪山口村	36	女	1938 年 9 月 4 日
翟发厚之姐	博山区北博山镇洪山口村	15	女	1938 年 9 月 4 日
翟发厚之兄	博山区北博山镇洪山口村	13	男	1938 年 9 月 4 日
翟忠德之祖父	博山区北博山镇洪山口村	50	男	1938 年 9 月 4 日
翟忠德之祖母	博山区北博山镇洪山口村	52	女	1938 年 9 月 4 日
翟忠德之叔	博山区北博山镇洪山口村	20	男	1938 年 9 月 4 日
翟业德之母	博山区北博山镇洪山口村	40	女	1938 年 9 月 4 日
翟 同	博山区北博山镇洪山口村	8	男	1938 年 9 月 4 日
翟 店	博山区北博山镇洪山口村	6	女	1938 年 9 月 4 日
翟克北之妻	博山区北博山镇洪山口村	40	女	1938 年 9 月 4 日
翟克北之子	博山区北博山镇洪山口村	8	男	1938 年 9 月 4 日
田兴善	博山区北博山镇盆泉村	—	男	1938 年 9 月 4 日
田 利	博山区北博山镇盆泉村	—	男	1938 年 9 月 4 日
王来福	博山区崮山镇南庄村	18	男	1938 年 11 月 1 日

姓 名	籍 贯	年 龄	性 别	死难时间
李学信	博山区源泉镇麻庄村	39	男	1938 年 12 月 1 日
李洪坤	博山区源泉镇麻庄村	38	男	1938 年 12 月 1 日
张怀义	博山区源泉镇麻庄村	39	男	1938 年 12 月 1 日
孟广海	博山区源泉镇麻庄村	40	男	1938 年 12 月 1 日
李广义	博山区八陡镇青石关村	40	男	1938 年 12 月 1 日
陈瑞年	博山区崮山镇北崮山村	—	男	1938 年
常永吉	博山区白塔镇白塔村	84	男	1938 年
苏词铭	博山区北博山镇南沙井村	—	男	1938 年
张克华	博山区北博山镇洪山口村	21	男	1938 年
翟建福	博山区八陡镇杏花崖村	18	男	1938 年
徐百忍	博山区八陡镇杏花崖村	19	男	1938 年
王子义	博山区池上镇东庄村	18	男	1938 年
郭绍周	博山区源泉镇郑家村	30	男	1938 年
丁慎成	博山区南博山镇下庄	19	男	1938 年
逯振友	博山区南博山镇南博山村	21	男	1938 年
鞠万增	—	—	男	1938 年
李 朴	博山区山头镇窑广村	—	男	1939 年 1 月 1 日
李世德	博山区池上镇中小峰村	15	男	1939 年 1 月
李振乾	博山区池上镇鹿疃村	21	男	1939 年 1 月
李太厚	博山区池上镇鹿疃村	28	男	1939 年 1 月
崔玉富	博山区城西街道西冶街社区	28	男	1939 年 1 月
魏绍坤	博山区北博山镇盆泉村	30	男	1939 年 2 月 11 日
魏崇禄	博山区北博山镇盆泉村	35	男	1939 年 2 月 11 日
田伯文	博山区北博山镇盆泉村	40	男	1939 年 2 月 11 日
王清聿	博山区崮山镇天津湾西村	—	男	1939 年 2 月 27 日
王启梅	博山区白塔镇小海眼村	42	男	1939 年 4 月 1 日
王希曾	博山区白塔镇小海眼村	58	男	1939 年 4 月 1 日
王玉洁	博山区白塔镇小海眼村	4	女	1939 年 4 月 1 日
任传柱	博山区南博山镇结老峪村	—	男	1939 年 4 月 1 日
王其筍	博山区城西街道税务街社区	49	男	1939 年 4 月
谢在序	博山区南博山镇上庄村	31	男	1940 年 1 月
孙兆林	博山区白塔镇小海眼村	24	男	1939 年 5 月 1 日
吴鸿鸣	博山区城西街道双山社区	17	男	1939 年 5 月
丁三子	博山区南博山镇下庄村	19	男	1939 年 6 月 18 日

姓 名	籍 贯	年 龄	性 别	死难时间
翟 ×	博山区南博山镇下庄村	—	女	1939 年 6 月 18 日
薛云亭	陕西省韩城市龙亭乡东范庄	32	男	1939 年 6 月 19 日
王清江	—	—	男	1939 年 6 月 19 日
李文乐	博山区山头镇马公祠村	27	男	1939 年 7 月 1 日
周克明	博山区源泉镇	—	男	1939 年 7 月
张在富	博山区崮山镇东崮山村	42	男	1939 年 8 月 29 日
高少海	博山区八陡镇北峰峪村	21	男	1939 年 9 月
王清玉	博山区池上镇西池村	20	男	1939 年 9 月
刘同轨	博山区池上镇下小峰村	41	男	1939 年 9 月
李克谦	博山区夏家庄镇后峪村	—	男	1939 年 9 月 27 日
黄嫚子	博山区八陡镇北河口村	28	男	1939 年 10 月 1 日
孙廷恭	博山区石马镇桥东村	25	男	1939 年 11 月 1 日
赵子路	博山区八陡镇凤凰岭村	29	男	1939 年 11 月 1 日
孙迎恩	博山区八陡镇小黑山后村	21	男	1939 年 11 月
董玉坤	博山区山头镇建中居委会河南一街	30	男	1939 年 11 月
魏锡端	博山区北博山镇盆泉村	17	男	1939 年 11 月
孙修谭	博山区夏家庄镇良庄村	—	男	1939 年 11 月 11 日
商学永	博山区南博山镇下庄村	31	男	1939 年
商传珍	博山区南博山镇下庄村	50	男	1939 年
商学礼之妻	博山区南博山镇下庄村	29	女	1939 年
商传珠之妻	博山区南博山镇下庄村	30	女	1939 年
商传珠之女	博山区南博山镇下庄村	12	女	1939 年
商学广之女	博山区南博山镇下庄村	3	女	1939 年
冯松甫	博山区南博山镇下庄村	42	男	1939 年
盖迎富	博山区域城镇桃花泉村	—	男	1939 年
宋建洲	博山区山头镇西庄村	—	男	1939 年
赵玉山	博山区山头镇樵岭前村	30	男	1939 年
刘同恩	博山区山头镇樵岭前村	39	男	1939 年
岳贵祥	博山区崮山镇南庄村	50	男	1939 年
焦念重	博山区崮山镇北崮山村	—	男	1939 年
贺久德	博山区池上镇李家块村	21	男	1939 年
鹿注文	博山区池上镇甘泉村	—	男	1939 年
王殿臣	博山区池上镇甘泉村	—	男	1939 年
李登科	博山区八陡镇向阳村	24	男	1939 年

姓 名	籍 贯	年 龄	性 别	死难时间
刘凤春	博山区源泉镇麻庄村	26	男	1939 年
张庆铎	博山区源泉镇东高村	18	男	1939 年
孙传贡	博山区石马镇桥东村	34	男	1939 年
高仕忠	博山区山头镇南神头居委会	19	男	1939 年
卢义言	博山区北博山镇邀兔崖	18	男	1939 年
郑志连	博山区北博山镇邀兔崖	24	男	1939 年
马修谷之父	南博山镇青杨杭村	—	男	1939 年
宋道仁	博山区域城镇尚庄村	19	男	1940 年 1 月 19 日
王积祥	博山区域城镇尚庄村	21	男	1940 年 1 月 19 日
刘子美	博山区南博山镇下庄	25	男	1940 年 1 月
孙加训	博山区南博山镇南邢村	38	男	1940 年 1 月
李玉生	博山区崮山镇东崮山村	41	男	1940 年 1 月
杜在山	博山区南博山镇上庄村	28	男	1940 年 2 月 1 日
李光月	博山区八陡镇青石关村	43	男	1940 年 2 月 1 日
高连升	博山区石马镇响泉村	18	男	1940 年 2 月
周贵珽	博山区八陡镇青石关村	38	男	1940 年 3 月 1 日
李世公	博山区池上镇中小峰村	16	男	1940 年 3 月
闫叔孟	博山区石马镇桥东村	48	男	1940 年 3 月
周维友	博山区白塔镇大海眼村	25	男	1940 年 3 月
谢加傲	博山区南博山镇西瓦峪村	35	男	1940 年 4 月 1 日
谢在现	博山区南博山镇西瓦峪村	36	男	1940 年 4 月 1 日
谢玉胜	博山区南博山镇西瓦峪村	52	男	1940 年 4 月 1 日
丁守昌	博山区池上镇西池村	50	男	1940 年 4 月 11 日
丁慎己	博山区池上镇西池村	19	男	1940 年 4 月 11 日
丁慎可	博山区池上镇西池村	13	男	1940 年 4 月 11 日
鹿清吉	博山区池上镇西池村	—	男	1940 年 4 月 11 日
鹿 氏	博山区池上镇西池村	—	女	1940 年 4 月 11 日
王延明	博山区域城镇岭西村	40	男	1940 年 4 月 23 日
房奎俊	博山区域城镇岭西村	40	男	1940 年 4 月 23 日
李在有	博山区域城镇镇门峪村	30	男	1940 年 4 月 24 日
吴丁瑞	博山区池上镇杨家村	27	男	1940 年 4 月
吕济东	博山区石马镇桥西村	29	男	1940 年 4 月
谢加约	博山区石马镇中石马村	22	男	1940 年 4 月
孙迎杰	博山区白塔镇赵庄村	63	男	1940 年 5 月 1 日

姓 名	籍 贯	年 龄	性 别	死难时间
韩其俭	博山区域城镇东厢村	25	男	1940 年 5 月 10 日
王殿楹	博山区域城镇尚庄村	52	男	1940 年 5 月 20 日
张汉清	博山区八陡镇向阳村	27	男	1940 年 5 月
张江清	博山区八陡镇向阳村	19	男	1940 年 5 月
盖迎富	博山区城西街道龙泽园社区	36	男	1940 年 5 月
马修谷	博山区南博山镇青杨杭村	18	男	1940 年 6 月 1 日
老 楚	博山区南博山镇青杨杭村	30	男	1940 年 6 月 1 日
翟路本	博山区南博山镇下瓦泉村	31	男	1940 年 6 月 1 日
王成富	博山区南博山镇下瓦泉村	38	男	1940 年 6 月 1 日
王妮子	博山区南博山镇下瓦泉村	9	女	1940 年 6 月 1 日
李克林	博山区夏家庄镇后峪村	—	男	1940 年 6 月 1 日
赵纪玉	博山区夏家庄镇后峪村	—	男	1940 年 6 月 1 日
王来青	博山区山头镇南神头村	—	男	1940 年 6 月 1 日
国际梁	博山区白塔镇国家村	13	男	1940 年 6 月 1 日
王化阳	博山区南博山镇王家庄	25	男	1940 年 6 月 1 日
郑玉稿	博山区北博山镇邀兔崖	16	男	1940 年 6 月 1 日
孙即和	博山区夏家庄镇窝疃村	—	男	1940 年 6 月 24 日
刘建成	博山区南博山镇刘家台村	45	男	1940 年 7 月 1 日
刘同兴	博山区南博山镇刘家台村	36	男	1940 年 7 月 1 日
刘化庆	博山区南博山镇刘家台村	27	男	1940 年 7 月 1 日
刘允铨	博山区南博山镇刘家台村	37	男	1940 年 7 月 1 日
刘思远	博山区南博山镇刘家台村	41	男	1940 年 7 月 1 日
刘圣典	博山区南博山镇刘家台村	46	男	1940 年 7 月 1 日
杨希田	博山区南博山镇刘家台村	27	男	1940 年 7 月 1 日
刘孝全	博山区南博山镇刘家台村	48	男	1940 年 7 月 1 日
刘同尧之妻	博山区南博山镇刘家台村	30	女	1940 年 7 月 1 日
刘同尧之女	博山区南博山镇刘家台村	1	女	1940 年 7 月 1 日
孟光训	博山区源泉镇麻庄村	45	男	1940 年 7 月 1 日
孟兆章	博山区源泉镇麻庄村	24	男	1940 年 7 月 1 日
张庆池之母	博山区源泉镇麻庄村	50	女	1940 年 7 月 1 日
赵梅庭	博山区石马镇中石马村	37	男	1940 年 7 月
陈邦伦	博山区石马镇中石马村	25	男	1940 年 7 月
王书会	博山区南博山镇南博山村	20	男	1940 年 7 月
李昌喜	博山区南博山镇南博山村	21	男	1940 年 7 月

姓 名	籍 贯	年 龄	性 别	死难时间
焦文合	博山区崮山镇天津湾村	24	男	1940 年 7 月
翟昌厚	博山区北博山镇五福峪村	28	男	1940 年 7 月
刘化发	博山区南博山镇上瓦泉村	40	男	1940 年 8 月 1 日
翟丕仕	博山区南博山镇上瓦泉村	17	男	1940 年 8 月 1 日
王少增	博山区南博山镇上瓦泉村	40	男	1940 年 8 月 1 日
吴李氏	博山区域城镇东厢村	29	女	1940 年 8 月 1 日
韩其训	博山区域城镇东厢村	35	男	1940 年 8 月 1 日
李成仁	博山区白塔镇小海眼村	41	男	1940 年 8 月 10 日
刘化兴	博山区南博山镇刘家台	16	男	1940 年 9 月
孙焕章	博山区北博山镇北博山村	30	男	1940 年 9 月
夏振京	博山区池上镇东庄村	32	女	1940 年 10 月 1 日
吴丁升	博山区池上镇杨家村	24	男	1940 年 10 月 2 日
崔玉尧	博山区池上镇池卜村	60	男	1940 年 11 月 1 日
崔玉尧之孙	博山区池上镇池卜村	6	男	1940 年 11 月 1 日
王清刚之妻	博山区池上镇池卜村	60	女	1940 年 11 月 1 日
田生禄之女	博山区池上镇池卜村	10	女	1940 年 11 月 1 日
孙兆山	博山区池上镇池卜村	25	男	1940 年 11 月 1 日
崔永祥	博山区池上镇池卜村	60	男	1940 年 11 月 1 日
王世文之姐	博山区池上镇池卜村	—	女	1940 年 11 月 1 日
王世文之母	博山区池上镇池卜村	24	女	1940 年 11 月 1 日
王世皆之祖母	博山区池上镇池卜村	60	女	1940 年 11 月 1 日
谢加行	博山区石马镇中石马村	15	男	1940 年 11 月
闫好善	博山区南博山镇南博山中村	29	男	1940 年 11 月
戴承瑞	博山区城东街道大街村	—	男	1940 年 12 月 1 日
薛小颜	博山区城东街道南关村	12	男	1940 年 12 月 14 日
李玉台	博山区南博山镇南博山村	23	男	1940 年 12 月
李昌言	博山区南博山镇南博山村	25	男	1940 年 12 月
马佃进	博山区北博山镇郭庄	25	男	1940 年 12 月
王建本	博山区南博山镇下庄村	30	男	1940 年 7 月
王建本之弟	博山区南博山镇下庄村	28	男	1940 年 7 月
任玉旺	博山区南博山镇下庄村	41	男	1940 年 7 月
安翠龙之子	博山区南博山镇下庄村	6	男	1940 年 7 月
任传贤	博山区南博山镇下庄村	32	男	1940 年 7 月
商 唤	博山区南博山镇下庄村	28	男	1940 年 7 月

姓　名	籍　贯	年　龄	性　别	死难时间
郑玉瑞	博山区南博山镇下庄村	24	男	1940 年 7 月
任传申之母	博山区南博山镇下庄村	30	女	1940 年
安海文之母	博山区南博山镇下庄村	28	女	1940 年
王建本之妹	博山区南博山镇下庄村	7	女	1940 年
丁　三	博山区南博山镇下庄村	19	男	1940 年
任纪专之妻	博山区南博山镇下庄村	27	女	1940 年
任纪志之女	博山区南博山镇下庄村	13	女	1940 年
任孩子	博山区南博山镇下庄村	11	男	1940 年
李久章	博山区域城镇镇门峪村	65	男	1940 年
李慎义	博山区域城镇镇门峪村	21	男	1940 年
郑振吉	博山区域城镇镇门峪村	67	男	1940 年
张清水之母	博山区域城镇镇门峪村	60	女	1940 年
李撒柱之子	博山区域城镇镇门峪村	20	男	1940 年
李慎增	博山区域城镇镇门峪村	30	男	1940 年
苏文生	博山区域城镇牛角村	25	男	1940 年
孙启孔	博山区山头镇乐疃村	20	男	1940 年
孙大说	博山区山头镇乐疃村	20	男	1940 年
王汝陶	博山区崮山镇岱东村	—	男	1940 年
袁圣开	博山区池上镇大南峪村	78	男	1940 年
赵云宏	博山区池上镇东池村	—	男	1940 年
陈乐尧	博山区池上镇东池村	—	男	1940 年
刘玉玲	博山区池上镇东池村	—	女	1940 年
刘元风	博山区池上镇东池村	—	女	1940 年
赵京训	博山区池上镇东池村	—	男	1940 年
鹿道凯	博山区池上镇甘泉村	—	男	1940 年
鹿纪瑞	博山区池上镇甘泉村	—	男	1940 年
鹿汉清	博山区池上镇甘泉村	—	男	1940 年
赵利平	博山区池上镇韩庄村	62	男	1940 年
孙兆明	博山区白塔镇罗圈沟村	12	男	1940 年
张化路	博山区北博山镇洪山口村	35	男	1940 年
尹东明	博山区北博山镇洪山口村	43	男	1940 年
尹一贞	博山区北博山镇洪山口村	22	男	1940 年
李绍有	博山区池上镇中小峰村	35	男	1940 年
赵洪一	博山区池上镇东池村	30	男	1940 年

姓 名	籍 贯	年 龄	性 别	死难时间
李永祯	博山区池上镇鹿疃村	21	男	1940 年
刘树名	博山区池上镇鹿疃村	26	男	1940 年
杨佃臣	博山区池上镇冯家村	35	男	1940 年
赵继顺	博山区源泉镇泉河村	20	男	1940 年
赵炳和	博山区石马镇桥东村	27	男	1940 年
信恒柱	博山区石马镇桥西村	26	男	1940 年
于连玉	博山区石马镇淄井村	21	男	1940 年
刘同贞	博山区山头镇樵岭前村	21	男	1940 年
孙即恕	博山区山头镇乐疃村	18	男	1940 年
刘文富	博山区南博山镇下庄村	26	男	1940 年
商学纯	博山区南博山镇下庄村	24	男	1940 年
任传耀	博山区南博山镇下庄村	29	男	1940 年
尹玉楼	博山区南博山镇南博山村	19	男	1940 年
王宗清	博山区南博山镇王家庄	36	男	1940 年
张成告	博山区南博山镇下结老峪	21	男	1940 年
翟海城	博山区南博山镇下瓦泉	21	男	1940 年
王斯俊	博山区南博山镇下瓦泉	32	男	1940 年
刘传统	博山区南博山镇下庄村	22	男	1940 年
李同金	博山区崮山镇东崮山村	20	男	1940 年
张作盈	博山区崮山镇岳庄村	24	男	1940 年
聂振法	博山区崮山镇南崮山村	21	男	1940 年
曲恒庆	博山区崮山镇南崮山村	23	男	1940 年
阚奉环	博山区崮山镇天津湾村	26	男	1940 年
王勤整	博山区崮山镇岳庄村	28	男	1940 年
邵长柏	博山区北博山镇北博山村	31	男	1940 年
苏同云	博山区北博山镇北博山村	16	男	1940 年
丁昌标	博山区北博山镇朱家庄	17	男	1940 年
丁慎咏	博山区北博山镇朱家庄	24	男	1940 年
翟以禹	博山区北博山镇朱家庄	23	男	1940 年
张克文	博山区北博山镇西沙井村	21	男	1940 年
李振甲	博山区北博山镇邀兔崖	23	男	1940 年
翟所洲	博山区北博山镇邀兔崖	19	男	1940 年
丁昌禄	博山区北博山镇五福峪村	16	男	1940 年
刘长源	博山区开发区小李社区	33	男	1940 年

姓　名	籍　贯	年龄	性别	死难时间
盖元修	博山区域城镇桃花泉	29	男	1940 年
张东海	博山区域城镇下虎	18	男	1940 年
苏承卓	博山区域城镇牛角	26	男	1940 年
栾玉琪	博山区城东街道	33	男	1940 年
姜　四	博山区崮山镇崮山村	—	男	1941 年 1 月 1 日
张敬功之兄	博山区崮山镇崮山村	—	男	1941 年 1 月 1 日
孙凯道	博山区崮山镇崮山村	—	男	1941 年 1 月 1 日
岳邦坤	博山区八陡镇大黑山后居委会	40	男	1941 年 1 月
张汝宽	博山区石马镇桥西村	37	男	1941 年 1 月
蒋正官	博山区石马镇芦家台村	38	男	1941 年 1 月
蒋行云	博山区石马镇芦家台村	25	男	1941 年 1 月
蒋正德	博山区山头镇河南西居委会	—	男	1941 年 1 月
孙英荣	博山区山头镇乐疃村	17	男	1941 年 1 月
张端德	博山区南博山镇南博山村	24	男	1941 年 1 月
张廷瑞	博山区南博山镇南博山村	22	男	1941 年 1 月
孙连均	博山区南博山镇南邢	18	男	1941 年 1 月
焦念玉	博山区崮山镇北崮山村	22	男	1941 年 1 月
魏念芳	博山区北博山镇西沙井村	20	男	1941 年 10 月
郑玉广	博山区北博山镇郭庄	37	男	1941 年 10 月
翟所恒	博山区北博山镇五福峪村	22	男	1941 年 10 月
高福之	博山区北博山镇郭庄	24	男	1941 年 10 月
王维石	博山区北博山镇朱家庄	25	男	1941 年 1 月
牛其宝	博山区夏家庄镇五龙社区	20	男	1941 年 1 月
高长福	博山区池上镇李家村	27	男	1941 年 2 月
谢纪木	博山区南博山镇马家沟	23	男	1941 年 2 月
岳公赞	博山区崮山镇岳庄村	27	男	1941 年 2 月
魏清友	博山区北博山镇盆泉村	50	男	1941 年 3 月 1 日
徐成道	博山区池上镇西陈疃村	23	男	1941 年 3 月
翟作行	博山区池上镇车峪村	34	男	1941 年 3 月
李同法	博山区池上镇下小峰村	33	男	1941 年 3 月
李花清	博山区池上镇下小峰村	38	男	1941 年 3 月
刘持方	博山区池上镇下小峰村	17	男	1941 年 3 月
赵玉章	博山区池上镇鹿疃村	12	男	1941 年 3 月
陈升车	博山区池上镇东陈疃村	41	男	1941 年 3 月

姓　名	籍　贯	年　龄	性　别	死难时间
王文才	博山区池上镇东陈疃村	15	男	1941 年 3 月
王奉松	博山区池上镇东陈疃村	21	男	1941 年 3 月
黄衍勤	博山区池上镇陡沟村	19	男	1941 年 3 月
王先厚	博山区池上镇赵庄	31	男	1941 年 3 月
孙迎宾	博山区池上镇赵庄	34	男	1941 年 3 月
鹿道明	博山区池上镇西池村	24	男	1941 年 3 月
陈广西	博山区池上镇东陈疃	18	男	1941 年 3 月
丁慎发	博山区池上镇西池村	16	男	1941 年 3 月
翟淑祥	博山区池上镇李家村	18	男	1941 年 3 月
鹿纪美	博山区池上镇西池村	16	男	1941 年 3 月
李金柱	博山区源泉镇源东村	—	男	1941 年 3 月
信恒富	博山区石马镇桥西村	23	男	1941 年 3 月
张延龙	博山区石马镇芦家台村	21	男	1941 年 3 月
孙丙纯	博山区南博山镇南邢	27	男	1941 年 3 月
王清荣	博山区崮山镇天津湾村	24	男	1941 年 3 月
岳崇仁	博山区崮山镇岳西村	29	男	1941 年 3 月
焦心庆	博山区崮山镇天津湾村	31	男	1941 年 3 月
李云祯	博山区北博山镇北博山村	28	男	1941 年 3 月
翟立德	博山区北博山镇五福峪村	20	男	1941 年 3 月
李训禄	博山区城东街道	23	男	1941 年 3 月
张　轩	博山区南博山镇下结村	70	男	1941 年 4 月 1 日
朱兆梓	博山区南博山镇上结村	28	男	1941 年 4 月 1 日
朱兆慈	博山区南博山镇上结村	27	男	1941 年 4 月 1 日
朱玉田	博山区南博山镇上结村	64	男	1941 年 4 月 1 日
朱公义	博山区南博山镇上结村	36	男	1941 年 4 月 1 日
孙迎和	博山区白塔镇国家村	44	男	1941 年 4 月 1 日
毛延恺	博山区石马镇芦家台村	18	男	1941 年 4 月
李云梯	博山区崮山镇岱庄村	29	男	1941 年 4 月
王同章	博山区崮山镇岱庄村	25	男	1941 年 4 月
翟作义	博山区北博山镇朱家庄	23	男	1941 年 4 月
刘化南	博山区域城镇西流泉村	27	男	1941 年 4 月 24 日
黄振河	博山区北博山镇南沙井村	—	男	1941 年 4 月 29 日
于太福	博山区北博山镇南沙井村	—	男	1941 年 4 月 29 日
徐庚远	博山区八陡镇北峰峪居	21	男	1941 年 5 月

姓 名	籍 贯	年 龄	性 别	死难时间
黄秀俊	博山区石马镇东石村	19	男	1941 年 5 月
焦念常	博山区石马镇下焦裕	30	男	1941 年 5 月
高京浩	博山区石马镇响泉村	28	男	1941 年 5 月
国光复	博山区南博山镇刘家台	19	男	1941 年 5 月
焦心平	博山区崮山镇天津湾村	24	男	1941 年 5 月
刘同修	博山区开发区北域城社区	23	男	1941 年 5 月
孙宝森	博山区白塔镇国家村	15	男	1941 年 6 月 1 日
白廷秀	博山区白塔镇国家村	23	男	1941 年 6 月 1 日
白怀玉	博山区八陡镇北河口居	19	男	1941 年 6 月
郑万保	博山区北博山镇朱家庄	45	男	1941 年 6 月
栾曰美	博山区城西街道池子村	35	男	1941 年 6 月
李同文	博山区池上镇下小峰村	33	男	1941 年 7 月
赵明太	博山区源泉镇麻峪村	24	男	1941 年 7 月
袁思海	博山区域城镇西北峪	41	男	1941 年 7 月
李有明	博山区域城镇南闫村	32	男	1941 年 7 月 17 日
张东郊	博山区源泉镇东高村	36	男	1941 年 8 月 1 日
张文林	博山区源泉镇东高村	50	男	1941 年 8 月 1 日
张东臣	博山区源泉镇东高村	35	男	1941 年 8 月 1 日
赵玉孔	博山区石马镇桥东村	36	男	1941 年 8 月 1 日
韩三丰	博山区北博山镇五福峪村	40	男	1941 年 8 月 8 日
翟王氏	博山区北博山镇五福峪村	42	女	1941 年 8 月 8 日
刘延庆	博山区池上镇下小峰村	60	男	1941 年 8 月 28 日
刘延庆之儿媳	博山区池上镇下小峰村	26	女	1941 年 8 月 28 日
孙兆兴之祖父	博山区池上镇下小峰村	44	男	1941 年 8 月 28 日
张连富之祖父	博山区池上镇下小峰村	44	男	1941 年 8 月 28 日
丁云林	博山区八陡镇东顶居	37	男	1941 年 8 月
宋作公	博山区池上镇上小峰村	29	男	1941 年 8 月
陈宏文	博山区池上镇东陈疃村	27	男	1941 年 8 月
王士文	博山区源泉镇东皮村	19	男	1941 年 8 月
赵玉珂	博山区源泉镇麻峪村	18	男	1941 年 8 月
李同信	博山区南博山镇张家台村	21	男	1941 年 8 月
谢可水	博山区南博山镇杨峪村	21	男	1941 年 8 月
张轩之妻	博山区南博山镇下结村	73	女	1941 年 9 月 1 日
刘加善之母	博山区域城镇峪口村	20	女	1941 年 9 月 1 日

姓　名	籍　贯	年龄	性别	死难时间
刘加庆之母	博山区域城镇峪口村	20	女	1941 年 9 月 1 日
沈子秋	博山区域城镇峪口村	18	男	1941 年 9 月 1 日
商正花	博山区南博山镇下庄村	—	女	1941 年 9 月 1 日
商学广之母	博山区南博山镇下庄村	—	女	1941 年 9 月 1 日
商学广之子	博山区南博山镇下庄村	—	男	1941 年 9 月 1 日
商传奎之儿媳	博山区南博山镇下庄村	—	女	1941 年 9 月 1 日
商秀英之叔	博山区南博山镇下庄村	—	男	1941 年 9 月 1 日
王玉珂	博山区八陡镇福山村	19	男	1941 年 9 月 1 日
李云德	博山区域城镇门峪村	49	男	1941 年 9 月 18 日
李在滨	博山区域城镇门峪村	30	男	1941 年 9 月 18 日
翟兰厚	博山区源泉镇东高村	24	男	1941 年 9 月
马佃贵	博山区北博山镇郭庄	16	男	1941 年 9 月
王成章	博山区北博山镇郭庄	28	男	1941 年 9 月
刘同尊	博山区南博山镇刘家台村	35	男	1941 年 10 月 1 日
刘同震	博山区南博山镇刘家台村	31	男	1941 年 10 月 1 日
刘持芳	博山区山头镇樵岭前村	27	男	1941 年 11 月 1 日
赵炳炎	博山区北博山镇南沙井村	—	男	1941 年 11 月 15 日
栾尚书	博山区北博山镇南沙井村	—	男	1941 年 11 月 15 日
苏阴材	博山区北博山镇南沙井村	—	男	1941 年 11 月 15 日
刘同明	博山区池上镇下小峰村	19	男	1941 年 11 月
刘同栾	博山区池上镇下小峰村	19	男	1941 年 11 月
李武治	博山区源泉镇麻庄村	25	男	1941 年 11 月
赵可保	博山区源泉镇泉河村	33	男	1941 年 11 月
孙攻韬	博山区石马镇桥东村	28	男	1941 年 11 月
吕济源	博山区石马镇桥西村	23	男	1941 年 11 月
栾尚义	博山区北博山镇北沙井村	24	男	1941 年 11 月
张　印	博山区南博山镇下结村	62	男	1941 年 12 月 1 日
蒋勖行	博山区城西街道赵家后门村	19	男	1941 年 12 月 19 日
孙即和	博山区石马镇桥西村	27	男	1941 年 12 月
马生乾	博山区南博山镇青杨杭	27	男	1941 年 12 月
孙丙祥	博山区南博山镇北邢村	25	男	1941 年
赵登科	博山区南博山镇南邢村	—	男	1941 年
孙丙政	博山区南博山镇南邢村	74	男	1941 年
耿孙氏	博山区南博山镇南邢村	28	女	1941 年

姓 名	籍 贯	年 龄	性 别	死难时间
耿 过	博山区南博山镇南邢村	7	女	1941 年
孙 氏	博山区南博山镇中邢村	70	女	1941 年
赵明德	博山区南博山镇南邢村	40	男	1941 年
薛玉希	博山区城东街道十字路村	20	男	1941 年
王会仕	博山区池上镇戴家村	28	男	1941 年
张继武	博山区池上镇王疃村	50	男	1941 年
梁 安	博山区池上镇聂家峪村	16	男	1941 年
丁隆秀	博山区白塔镇北万山村	48	男	1941 年
苏爽宜	博山区北博山镇南沙井村	—	男	1941 年
翟所潼	博山区北博山镇南沙井村	42	男	1941 年
冯顺普	博山区北博山镇南沙井村	38	男	1941 年
翟作恒	博山区北博山镇南沙井村	32	男	1941 年
郑志太	博山区北博山镇北博山村	24	男	1941 年
郑志明	博山区北博山镇邀兔崖	32	男	1941 年
郑振富	博山区北博山镇邀兔崖	38	男	1941 年
郑治习	博山区北博山镇邀兔崖	40	男	1941 年
冯发普	博山区北博山镇邀兔崖	33	男	1941 年
张汝习	博山区北博山镇邀兔崖	29	男	1941 年
翟所因	博山区北博山镇邀兔崖	30	男	1941 年
郑万宝	博山区北博山镇邀兔崖	35	男	1941 年
赵肖亭	博山区北博山镇邀兔崖	40	男	1941 年
翟作杰	博山区北博山镇邀兔村	32	男	1941 年
翟慎堂	博山区北博山镇邀兔崖	42	男	1941 年
黄象军	博山区八陡镇阁子前村	24	男	1941 年
徐百丰	博山区八陡镇阁子前居	21	男	1941 年
徐象棣	博山区八陡镇阁子前居	21	男	1941 年
郭文掌	博山区八陡镇向阳村	32	男	1941 年
邵立发	博山区八陡镇金桥村	23	男	1941 年
张甫官	博山区八陡镇大黑山后村	22	男	1941 年
张守恒	博山区八陡镇福山北村居	17	男	1941 年
焦同林	博山区池上镇西陈疃村	20	男	1941 年
鹿清军	博山区池上镇西池村	23	男	1941 年
车锡辙	博山区池上镇东陈疃村	46	男	1941 年
陈升端	博山区池上镇东陈疃村	45	男	1941 年

姓　名	籍　贯	年　龄	性　别	死难时间
李振绥	博山区池上镇鹿疃村	28	男	1941 年
陈心鲁	博山区池上镇东陈疃村	17	男	1941 年
陈宏乙	博山区池上镇东陈疃村	18	男	1941 年
鹿著文	博山区池上镇甘泉村	37	男	1941 年
牛长美	博山区池上镇上小峰村	32	男	1941 年
赵明福	博山区源泉镇麻峪村	38	男	1941 年
丁慎玉	博山区源泉镇珍珠村	21	男	1941 年
张福祥	博山区源泉镇南坡村	21	男	1941 年
李孝伦	博山区源泉镇南坡村	17	男	1941 年
李百忠	博山区源泉镇麻庄村	21	男	1941 年
赵清湖	博山区源泉镇泉河村	33	男	1941 年
李胜三	博山区石马镇东石村	27	男	1941 年
李登三	博山区石马镇东石村	23	男	1941 年
于志清	博山区石马镇淄井村	19	男	1941 年
孙延孟	博山区石马镇桥东村	25	男	1941 年
栾思慎	博山区石马镇桥东村	19	男	1941 年
付廷举	博山区石马镇桥东村	26	男	1941 年
韦会友	博山区山头镇南神头居	21	男	1941 年
刘同修	博山区山头镇樵岭前村	22	男	1941 年
李其富	博山区山头镇马公祠村	31	男	1941 年
刘祥永	博山区南博山镇下庄	25	男	1941 年
栾思长	博山区南博山镇下庄	24	男	1941 年
任纪珍	博山区南博山镇下庄	23	男	1941 年
任传尊	博山区南博山镇下庄	14	男	1941 年
刘世永	博山区南博山镇下庄	21	男	1941 年
王化孔	博山区南博山镇王家庄	28	男	1941 年
王建勋	博山区南博山镇王家庄	21	男	1941 年
王玉芬	博山区南博山镇王家庄	21	男	1941 年
谢加本	博山区南博山镇杨峪	19	男	1941 年
李明志	博山区南博山镇郑家庄	23	男	1941 年
耿瑞林	博山区南博山镇南邢	23	男	1941 年
高奉生	博山区南博山镇南西村	24	男	1941 年
翟慎德	博山区南博山镇下瓦泉	22	男	1941 年
翟修仲	博山区南博山镇下瓦泉	28	男	1941 年

姓　名	籍　贯	年　龄	性　别	死难时间
王久法	博山区南博山镇下瓦泉	26	男	1941 年
翟作友	博山区南博山镇中瓦泉	21	男	1941 年
安海振	博山区南博山镇下庄	20	男	1941 年
谢加宿	博山区南博山镇东瓦峪	27	男	1941 年
郑贵祯	博山区南博山镇郑家庄	21	男	1941 年
王安善	博山区南博山镇下瓦泉	28	男	1941 年
王安仕	博山区南博山镇下瓦泉	31	男	1941 年
李仁昌	博山区崮山镇东崮山村	38	男	1941 年
岳崇贵	博山区崮山镇岳庄村	23	男	1941 年
张福永	博山区崮山镇天津湾村	35	男	1941 年
王松云	博山区北博山镇盆泉村	34	男	1941 年
魏绍年	博山区北博山镇西沙井村	20	男	1941 年
于学孔	博山区北博山镇南沙井村	26	男	1941 年
韩其祥	博山区北博山镇五福峪村	27	男	1941 年
郑志荣	博山区北博山镇五福峪村	33	男	1941 年
翟作斗	博山区北博山镇郭庄	29	男	1941 年
翟慎芝	博山区北博山镇郭庄	20	男	1941 年
王其明	博山区北博山镇郭庄	22	男	1941 年
郑贵民	博山区北博山镇郭庄	23	男	1941 年
孙即福	博山区开发区大乔村	31	男	1941 年
程传文	博山区域城镇岳峪村	16	男	1941 年
薛希泉	博山区域城镇牛角	25	男	1941 年
苏承礼	博山区域城镇牛角	25	男	1941 年
王信昌	博山区城东街道	29	男	1941 年
冷金江	博山区城西街道西冶街社区	21	男	1941 年
李东鲁之女	石马镇东石马村	—	女	1941 年
闫发廪	南博山镇下庄村	—	男	1941 年
刘云程	博山区山头镇樵岭前村	21	女	1942 年 1 月 1 日
王化礼	博山区石马镇桥西村	24	男	1942 年 1 月
薛玉坤	博山区山头镇河北南居东沟街	26	男	1942 年 1 月
张兴龙	博山区山头镇水峪村	30	男	1942 年 1 月
刘云成	博山区山头镇樵岭前村	20	男	1942 年 1 月
刘同登	博山区山头镇樵岭前村	25	男	1942 年 1 月
鹿建尧	博山区南博山镇东村	29	男	1942 年 1 月

姓　名	籍　贯	年　龄	性　别	死难时间
孟庆福	博山区南博山镇南中村	24	男	1942 年 1 月
刘仲模	博山区南博山镇刘家台	29	男	1942 年 1 月
马绍刚	博山区南博山镇青杨杭	42	男	1942 年 1 月
尹以信	博山区南博山镇尹家峪	46	男	1942 年 1 月
郑玉清	博山区北博山镇五福峪村	28	男	1942 年 10 月
盖迎顺	博山区城西街道新坦社区	30	男	1942 年 1 月
翟作凯	博山区北博山镇南沙井村	22	男	1942 年 2 月 1 日
吴光忠	博山区石门镇吴家宅村	46	男	1942 年 2 月 26 日
安加隆	博山区南博山镇下庄	32	男	1942 年 2 月
安海隆	博山区南博山镇下庄	21	男	1942 年 2 月
郑启财	博山区源泉镇郑家村	40	男	1942 年 3 月 1 日
王殿启	博山区域城镇昃家庄村	34	男	1942 年 3 月 1 日
杨在保	博山区池上镇联家峪	22	男	1942 年 3 月
李佃甲	博山区池上镇联家峪	24	男	1942 年 3 月
燕笃信	博山区池上镇下小峰村	31	男	1942 年 3 月
薛京芳	博山区山头镇土门头社区	28	男	1942 年 3 月
翟宝梓	博山区北博山镇洪山口村	23	男	1942 年 3 月
田兴邦	博山区北博山镇盆泉村	26	男	1942 年 3 月
魏志祥	博山区北博山镇盆泉村	28	男	1942 年 3 月
岳西明	博山区北博山镇南沙井村	17	男	1942 年 3 月
张祥先	博山区北博山镇西沙井村	30	男	1942 年 3 月
徐淑英	博山区北博山镇北沙井村	30	男	1942 年 3 月
岳同明	博山区北博山镇北沙井村	21	男	1942 年 3 月
韩来祥	博山区北博山镇五福峪村	27	男	1942 年 3 月
商庆祯	博山区夏家庄镇五龙社区	27	男	1942 年 3 月
赵力生	博山区城东街道	20	男	1942 年 3 月
谢加地	博山区南博山镇杨峪村	30	男	1942 年 4 月 1 日
翟贤德	博山区北博山镇五福峪村	17	女	1942 年 4 月 16 日
翟立德	博山区北博山镇五福峪村	21	男	1942 年 4 月 16 日
翟宝厚	博山区北博山镇五福峪村	30	男	1942 年 4 月 16 日
黄泽英	博山区源泉镇源东村	28	男	1942 年 4 月
王化孔	博山区石马镇桥西村	24	男	1942 年 4 月
吕汉臣	博山区石马镇桥西村	24	男	1942 年 4 月
吴纪孝	博山区山头镇土门头社区	31	男	1942 年 4 月

续表

姓名	籍贯	年龄	性别	死难时间
房天德	博山区南博山镇张家台	23	男	1942年4月
翟慎先	博山区北博山镇邀兔崖	22	男	1942年4月
国承茂	博山区白塔镇国家村	38	男	1942年5月1日
陈东博	博山区石马镇中石马村	20	男	1942年5月
宋道生	博山区山头镇建中居和平巷	26	男	1942年5月
翟恂德	博山区北博山镇五福峪村	31	男	1942年5月
栾尚亭	博山区山头镇西神头村	30	男	1942年6月1日
孙即宝	博山区山头镇西神头村	28	男	1942年6月1日
王以荣	博山区北博山镇盆泉村	38	男	1942年6月1日
田玉坤	博山区北博山镇盆泉村	40	男	1942年6月1日
魏绍义	博山区北博山镇盆泉村	30	男	1942年6月1日
魏绍成	博山区北博山镇盆泉村	24	男	1942年6月1日
魏汝绍	博山区北博山镇盆泉村	30	男	1942年6月1日
李存太	博山区石马镇东石村	24	男	1942年6月
谢加亮	博山区石马镇中石马村	17	男	1942年6月
焦其良	博山区石马镇下焦裕	28	男	1942年6月
谢贻谟	博山区石马镇中石马村	17	男	1942年6月
陈振宝	博山区石马镇中石马村	22	男	1942年6月
范世厚	博山区山头镇尖古堆	20	男	1942年6月
范世修	博山区山头镇尖古堆	22	男	1942年6月
黄连茂	博山区石马镇中石村	20	男	1942年7月1日
周振福	博山区北博山镇北博山村	42	男	1942年7月1日
周振富	博山区北博山镇邀兔村	36	男	1942年7月1日
孙即成	博山区白塔镇小海眼村	32	男	1942年7月16日
孙常氏	博山区白塔镇小海眼村	30	女	1942年7月16日
孙大伟	博山区白塔镇小海眼村	6	男	1942年7月16日
孙二伟	博山区白塔镇小海眼村	4	男	1942年7月16日
孙小娃	博山区白塔镇小海眼村	2	男	1942年7月16日
李桂华	博山区源泉镇麻庄村	23	男	1942年7月
尚连玉	博山区南博山镇南博山中村	30	男	1942年7月
谢可山之妻	博山区南博山镇杨峪村	25	女	1942年8月1日
李继德	博山区南博山镇杨峪村	51	男	1942年8月1日
李继瑞	博山区南博山镇杨峪村	26	男	1942年8月1日
盖元武	博山区域城镇桃花泉村	26	男	1942年8月1日

姓 名	籍 贯	年 龄	性 别	死难时间
盖 妮	博山区域城镇桃花泉村	20	女	1942 年 8 月 1 日
徐悦峰	博山区域城镇桃花泉村	24	男	1942 年 8 月 1 日
黄连池	博山区石马镇中石村	22	男	1942 年 8 月 16 日
郑玉胜	博山区北博山镇北博山村	14	男	1942 年 8 月 16 日
郑良义	博山区池上镇聂家峪	35	男	1942 年 8 月
肖明月	博山区池上镇小里村	27	男	1942 年 8 月
刘同义	博山区石马镇桥西村	20	男	1942 年 8 月
黄在举	博山区石马镇中石马村	25	男	1942 年 8 月
孙丙凯	博山区南博山镇北邢	24	男	1942 年 8 月
李效水	博山区北博山镇北博山村	27	男	1942 年 8 月
张振同	博山区北博山镇邀兔崖	22	男	1942 年 8 月
郝奉明	博山区域城镇徐雅	27	男	1942 年 8 月
宋国祯	博山区域城镇桃花泉	31	女	1942 年 8 月
崔洪瑞	博山区域城镇桃花泉村	—	男	1942 年 8 月
崔岩石	博山区域城镇桃花泉村	19	男	1942 年 8 月
张永祥	博山区域城镇东流泉村	41	男	1942 年 9 月 1 日
翟蓬厚	博山区北博山镇五福峪村	24	男	1942 年 9 月 9 日
郑良训	博山区源泉镇黄台村	27	男	1942 年 9 月
张 林	博山区南博山镇南博山村	23	男	1942 年 9 月
翟作恺	博山区北博山镇邀兔崖	21	男	1942 年 9 月
南维勤	博山区白塔镇南万山村	30	男	1942 年 9 月
薛玉希	博山区城东街道	21	男	1942 年 9 月
杨志文	博山区城东街道	23	男	1942 年 9 月
郑启森	博山区源泉镇郑家村	52	男	1942 年 10 月 1 日
赵洪川之母	博山区源泉镇泉河村	53	女	1942 年 10 月 1 日
杨长记	博山区北博山镇五福峪村	31	男	1942 年 10 月 1 日
杨长友	博山区北博山镇五福峪村	36	男	1942 年 10 月 1 日
董聿坤	博山区八陡镇大黑山后村	20	男	1942 年 10 月 1 日
王怀本	博山区北博山镇盆泉村	30	男	1942 年 11 月 1 日
王报本	博山区北博山镇盆泉村	40	男	1942 年 11 月 1 日
张立永	博山区池上镇陡沟村	37	男	1942 年 11 月
张庆来	博山区源泉镇南坡村	22	男	1942 年 11 月
孙即贞	博山区石马镇桥东村	20	男	1942 年 11 月
国成典	博山区南博山镇上结老峪村	32	男	1942 年 11 月

姓　名	籍　贯	年　龄	性　别	死难时间
王　锐	博山区北博山镇洪山口村	27	男	1942 年 11 月
翟　浩	博山区北博山镇洪山口村	26	男	1942 年 11 月
郇慎民	博山区开发区西域城村	25	男	1942 年 11 月
李安明	博山区域城镇桃园村	33	男	1942 年 11 月
段绪玉	博山区源泉镇中皮村	38	男	1942 年 12 月 1 日
张以正	博山区源泉镇西高村	40	男	1942 年 12 月 1 日
李同池	博山区源泉镇西高村	58	男	1942 年 12 月 1 日
王立贤	博山区石马镇东石村	—	男	1942 年 12 月 1 日
李万丰	博山区石马镇东石村	—	男	1942 年 12 月 1 日
吕等孝	博山区石马镇东石村	—	男	1942 年 12 月 1 日
吕等弟	博山区石马镇东石村	—	男	1942 年 12 月 1 日
李宗文	博山区石马镇东石村	—	男	1942 年 12 月 1 日
王书玉	博山区石马镇东石村	—	男	1942 年 12 月 1 日
王以广	博山区石马镇东石村	—	男	1942 年 12 月 1 日
李宗科	博山区石马镇东石村	—	男	1942 年 12 月 1 日
李振和	博山区石马镇东石村	—	男	1942 年 12 月 1 日
唐圣高	博山区石马镇芦家台村	—	男	1942 年 12 月 1 日
宋承礼	博山区石马镇芦家台村	—	男	1942 年 12 月 1 日
王百仁	博山区石马镇下焦村	—	男	1942 年 12 月 1 日
王成辛	博山区石马镇下焦村	—	男	1942 年 12 月 1 日
唐世美	博山区石马镇下焦村	—	男	1942 年 12 月 1 日
陈士秋	博山区石马镇下焦村	—	男	1942 年 12 月 1 日
王传贤	博山区石马镇下焦村	—	男	1942 年 12 月 1 日
王以铸	博山区石马镇东石村	—	男	1942 年 12 月 1 日
岳子恒	博山区八陡镇北河口村	40	男	1942 年 12 月 1 日
黄振邦	博山区石马镇中石村	—	男	1942 年 12 月 25 日
黄汝林	博山区石马镇中石村	—	男	1942 年 12 月 25 日
焦其柯	博山区石马公社下焦家峪	30	男	1942 年 12 月
钱汝桐	博山区石马镇田庄	35	男	1942 年 12 月
王明耀	博山区南博山镇下瓦泉	25	男	1942 年 12 月
刘升洲	博山区域城镇西流泉	36	男	1942 年 12 月
孙其周	博山区南博山镇北邢村	40	男	1942 年
尹玉孝之妻	博山区南博山镇北邢村	21	女	1942 年
孙其堂之妻	博山区南博山镇北邢村	70	女	1942 年

姓 名	籍 贯	年 龄	性 别	死难时间
朱茂胜	博山区南博山镇上结村	26	男	1942 年
李石头	博山区域城镇镇门峪村	21	男	1942 年
郑元学	博山区域城镇黄连峪村	21	男	1942 年
李贤广	博山区域城镇黄连峪村	23	男	1942 年
黄振峰	博山区石马镇中石村	—	男	1942 年
翟慎修	博山区北博山镇南沙井村	19	男	1942 年
张作同	博山区北博山镇北博山村	21	男	1942 年
郑玉远	博山区北博山镇北博山村	23	男	1942 年
卢义孔	博山区北博山镇北博山村	27	男	1942 年
张敬资	博山区北博山镇洪山口村	45	男	1942 年
焦克忍	博山区北博山镇洪山口村	52	男	1942 年
魏西和	博山区北博山镇盆泉村	35	男	1942 年
张云和	博山区北博山镇盆泉村	30	男	1942 年
郭登兰	博山区八陡镇和平村	21	男	1942 年
张登平	博山区八陡镇苏家沟村	21	男	1942 年
徐光知	博山区八陡镇和平村	20	男	1942 年
李登顺	博山区八陡镇向阳村	31	男	1942 年
王光禄	博山区八陡镇北河口居	24	男	1942 年
赵东吉	博山区池上镇上小峰村	21	男	1942 年
王仕俭	博山区池上镇上小峰村	28	男	1942 年
赵京福	博山区池上镇东池村	33	男	1942 年
刘登清	博山区池上镇下小峰村	26	男	1942 年
赵玉纲	博山区池上镇鹿疃村	30	男	1942 年
丁润昌	博山区池上镇西池村	33	男	1942 年
黄庆亭	博山区池上镇陡沟村	32	男	1942 年
黄庆华	博山区池上镇陡沟村	20	男	1942 年
赵可成	博山区池上镇王疃村	18	男	1942 年
狄奉满	博山区池上镇李家块村	38	男	1942 年
陈兴友	博山区池上镇韩庄村	28	男	1942 年
杜中花	博山区池上镇石臼村	25	男	1942 年
丁东昌	博山区池上镇西池村	30	男	1942 年
张洪业	博山区池上镇吴家台村	24	男	1942 年
王传忠	博山区源泉镇源西高村	24	男	1942 年
郑希财	博山区源泉镇郑家村	34	男	1942 年

姓 名	籍 贯	年 龄	性 别	死难时间
梁东全	博山区源泉镇珍珠村	27	男	1942 年
宋承德	博山区源泉镇麻庄村	25	男	1942 年
赵清耀	博山区源泉镇黄台村	21	男	1942 年
张庆杰	博山区源泉镇东高村	21	男	1942 年
梁传松	博山区源泉公社珍珠村	14	男	1942 年
李汉三	博山区石马镇东石村	29	男	1942 年
陈世亮	博山区石马镇东石村	36	男	1942 年
陈金汉	博山区石马镇桥东村	21	男	1942 年
李京州	博山区石马镇桥东村	22	男	1942 年
白其志	博山区石马镇淄井村	30	男	1942 年
孙良田	博山区石马镇桥东村	23	男	1942 年
谢加茂	博山区石马镇中石马村	22	男	1942 年
范中春	博山区山头镇尖古堆	18	男	1942 年
刘长升	博山区山头镇樵岭前村	17	男	1942 年
房奎平	博山区南博山镇下庄	27	男	1942 年
郑良贵	博山区南博山镇郑家庄	34	男	1942 年
薛玉润	博山区南博山镇王家庄	32	男	1942 年
李绪臣	博山区南博山镇杨峪	21	男	1942 年
董玉芬	博山区南博山镇郑家庄	33	男	1942 年
刘统钧	博山区南博山镇刘家台	27	男	1942 年
马登秀	博山区南博山镇青杨杭	23	男	1942 年
翟以俊	博山区南博山镇中瓦泉	22	男	1942 年
孙廷弼	博山区南博山镇五老峪	18	男	1942 年
朱京莲	博山区南博山镇上结老峪	22	男	1942 年
王书源	博山区南博山镇南博山村	34	男	1942 年
刘长来	博山区崮山镇南崮山村	27	男	1942 年
李湖田	博山区崮山镇南崮山村	24	男	1942 年
焦念周	博山区崮山镇天津湾村	35	男	1942 年
聂玉兰	博山区崮山镇南崮山村	29	男	1942 年
董云鹏	博山区崮山镇岱庄村	32	男	1942 年
李昌龙	博山区崮山镇岱庄村	22	男	1942 年
丁慎谈	博山区北博山镇朱家庄	23	男	1942 年
张德忠	博山区北博山镇西沙井村	21	男	1942 年
郑贵友	博山区北博山镇邀兔崖	21	男	1942 年

姓 名	籍 贯	年 龄	性 别	死难时间
杨长学	博山区北博山镇五福峪村	28	男	1942 年
韩其坤	博山区北博山镇五福峪村	23	男	1942 年
翟克献	博山区北博山镇五福峪村	30	男	1942 年
杨长河	博山区北博山镇五福峪村	21	男	1942 年
翟修身	博山区北博山镇北博山村	24	男	1942 年
马在阳	博山区北博山镇五福峪村	27	男	1942 年
王永合	博山区北博山镇五福峪村	23	男	1942 年
周启生	博山区开发区蕉庄村	24	男	1942 年
王宜盛	博山区开发区西域城村	28	男	1942 年
孙即泰	博山区开发区北域城社区	27	男	1942 年
昃宗顺	博山区开发区房家庄社区	23	男	1942 年
孙淑富	博山区域城镇镇门峪	25	男	1942 年
张兆俊	博山区域城镇镇门峪	47	男	1942 年
刘升祯	博山区域城镇西流泉	23	男	1942 年
聂元生	博山区域城镇南闫	31	男	1942 年
苏承兴	博山区域城镇牛角	30	男	1942 年
赵继合	博山区域城镇大峪口	29	男	1942 年
李同年	博山区域城镇北闫	22	男	1942 年
王洪贤	博山区域城镇茜草峪	32	男	1942 年
王永采	博山区域城镇桃园	24	男	1942 年
闫庆瑶	博山区域城镇昃家庄	47	男	1942 年
盖迎顺	博山区域城镇桃花泉村	—	男	1942 年
盖洪瑞	博山区域城镇桃花泉村	—	男	1942 年
薛聘卿	博山区	—	男	1942 年
郝绪禄	博山区北关大街	—	男	1942 年
宋作政	博山区源泉镇麻庄村	26	男	1943 年 1 月
张庆恕	博山区源泉镇麻庄村	22	男	1943 年 1 月
许永江	博山区石马镇桥西村	19	男	1943 年 1 月
国述政	博山区南博山镇南博山村	31	男	1943 年 1 月
魏仁祥	博山区北博山镇盆泉村	21	男	1943 年 1 月
陆保全	博山区域城镇山王庄村	29	男	1943 年 1 月 12 日
郑老五	博山区域城镇山王庄村	29	男	1943 年 1 月 12 日
郑王氏	博山区域城镇山王庄村	30	女	1943 年 1 月 12 日
陈万春	博山区源泉镇西皮村	56	男	1943 年 1 月 16 日

姓 名	籍 贯	年龄	性别	死难时间
栾日柱	博山区城西街道池子村	26	男	1943 年 2 月 1 日
王淑杰	博山区石马镇芦家台村	26	男	1943 年 2 月
谢长和	博山区北博山镇谢家店	23	男	1943 年 2 月
魏西潭	博山区北博山镇盆泉村	40	男	1943 年 3 月 1 日
王文立	博山区北博山镇盆泉村	40	男	1943 年 3 月 1 日
李存志	博山区北博山镇盆泉村	28	男	1943 年 3 月 1 日
刘树林	博山区池上镇下小峰村	31	男	1943 年 3 月
李宗周	博山区石马镇东古马村	18	男	1943 年 3 月
白太初	博山区石马镇芦家台村	25	男	1943 年 3 月
马文贞	博山区白塔镇东万山村	38	男	1943 年 3 月
张恒斌	博山区南博山镇下结村	50	男	1943 年 4 月 1 日
孟光宝	博山区源泉镇南坡村	35	男	1943 年 4 月 1 日
孟兆龙	博山区源泉镇南坡村	28	男	1943 年 4 月 1 日
王志福	博山区源泉镇南坡村	34	男	1943 年 4 月 1 日
刘 元	博山区夏家庄镇良庄村	—	男	1943 年 4 月 1 日
李 金	博山区夏家庄镇良庄村	—	男	1943 年 4 月 1 日
周全兴	博山区夏家庄镇良庄村	—	男	1943 年 4 月 1 日
盖元谋	博山区夏家庄镇良庄村	—	男	1943 年 4 月 1 日
宋可奎	博山区夏家庄镇良庄村	—	男	1943 年 4 月 1 日
李光敦	博山区夏家庄镇良庄村	—	男	1943 年 4 月 1 日
李玉成	博山区夏家庄镇良庄村	—	男	1943 年 4 月 1 日
孙永俊	博山区夏家庄镇良庄村	—	男	1943 年 4 月 1 日
刘成富	博山区夏家庄镇良庄村	—	男	1943 年 4 月 1 日
刘成富之妻	博山区夏家庄镇良庄村	—	女	1943 年 4 月 1 日
刘宗永	博山区夏家庄镇良庄村	—	男	1943 年 4 月 1 日
刘宗任	博山区夏家庄镇良庄村	—	男	1943 年 4 月 1 日
刘宗焦	博山区夏家庄镇良庄村	—	男	1943 年 4 月 1 日
刘 志	博山区夏家庄镇良庄村	—	男	1943 年 4 月 1 日
田佰福	博山区夏家庄镇良庄村	—	男	1943 年 4 月 1 日
张玉生	博山区夏家庄镇良庄村	—	男	1943 年 4 月 1 日
刘 利	博山区夏家庄镇良庄村	—	男	1943 年 4 月 1 日
高登良	博山区夏家庄镇良庄村	—	男	1943 年 4 月 1 日
王光柱	博山区八陡镇北河口居	21	男	1943 年 4 月
李振传	博山区池上镇北场村	21	男	1943 年 4 月

姓　名	籍　贯	年　龄	性　别	死难时间
马传珠	博山区南博山镇东村	29	男	1943 年 4 月
冯乃岩	博山区南博山镇南博山村	21	男	1943 年 4 月
马传业	博山区南博山镇南博山村	37	男	1943 年 4 月
马生谭	博山区南博山镇青杨杭	22	男	1943 年 4 月
陈东照	博山区北博山镇郭庄村	22	男	1943 年 4 月
房　×	博山区源泉镇南坡村	25	男	1943 年 5 月 1 日
王文立	博山区北博山镇盆泉村	24	男	1943 年 5 月 6 日
司衍志	博山区源泉镇东高村	27	男	1943 年 5 月
李永芹	博山区源泉镇麻庄村	23	男	1943 年 5 月
孙即福	博山区夏家庄镇后峪村	—	男	1943 年 6 月 3 日
魏春起	博山区北博山镇北博山村	30	男	1943 年 6 月 22 日
刘汉之	博山区北博山镇北博山村	—	男	1943 年 6 月 22 日
王玉泽	博山区北博山镇北博山村	—	男	1943 年 6 月 22 日
邵长来	博山区北博山镇北博山村	—	男	1943 年 6 月 22 日
王化鲁	博山区北博山镇北博山村	—	男	1943 年 6 月 22 日
马得志	博山区北博山镇北博山村	—	男	1943 年 6 月 22 日
翟修讲	博山区北博山镇洪山村	24	男	1943 年 6 月 22 日
翟涵厚	博山区北博山镇洪山口村	24	男	1943 年 6 月 22 日
马汝耀	博山区南博山镇青杨杭	38	男	1943 年 6 月
王克文	博山区北博山镇朱家庄	25	男	1943 年 6 月
孙小栓	博山区白塔镇赵庄村	16	男	1943 年 7 月 1 日
高长云	博山区池上镇李家村	33	男	1943 年 7 月
赵太祥	博山区源泉镇麻峪村	40	男	1943 年 7 月
马传顺	博山区南博山镇南博山村	27	男	1943 年 7 月
田可瑞	博山区北博山镇盆泉村	23	男	1943 年 7 月
赵清林	博山区源泉镇黄台村	42	男	1943 年 8 月 1 日
赵清发	博山区源泉镇黄台村	42	男	1943 年 8 月 1 日
蒋正新	博山区山头镇河北东	31	男	1943 年 8 月 1 日
张兆忠	博山区八陡镇和平村	25	男	1943 年 8 月 1 日
孙即连	博山区山头镇乐疃村	18	男	1943 年 8 月 1 日
张永银	博山区开发区张庄村	28	男	1943 年 8 月 1 日
栾日长	博山区城西街道池子村	29	男	1943 年 9 月 1 日
翟所礼	博山区池上镇车峪村	28	男	1943 年 9 月
王纪礼	博山区池上镇鹿疃村	25	男	1943 年 9 月

姓 名	籍 贯	年 龄	性 别	死难时间
董先茂	博山区池上镇小里村	27	男	1943 年 9 月
毛宪文	博山区石马镇芦家台村	31	男	1943 年 9 月
孙英戌	博山区山头镇乐疃村	21	男	1943 年 9 月
韩其恩	博山区崮山镇南崮山南村	27	男	1943 年 9 月
郑玉新	博山区北博山镇五福峪村	26	男	1943 年 9 月
王 氏	博山区南博山镇王家庄村	27	女	1943 年 10 月 1 日
王孩子	博山区南博山镇王家庄村	2	男	1943 年 10 月 1 日
房奎贞	博山区源泉镇麻庄村	39	男	1943 年 10 月 1 日
李同文	博山区源泉镇麻庄村	42	男	1943 年 10 月 1 日
李同文之女	博山区源泉镇麻庄村	12	女	1943 年 10 月 1 日
李富英	博山区源泉镇麻庄村	32	女	1943 年 10 月 1 日
庞云礼	博山区白塔镇大海眼村	16	男	1943 年 11 月 1 日
邵振兴	博山区石马镇桥东村	23	男	1943 年 11 月
焦其桓	博山区石马镇下焦裕	20	男	1943 年 11 月
马修其	博山区南博山镇青杨杭	21	男	1943 年 11 月
魏新亭	博山区南博山镇南博山村	19	男	1943 年 11 月
张立业	博山区源泉镇西高村	57	男	1943 年 12 月 1 日
李志华	博山区源泉镇西高村	27	男	1943 年 12 月 1 日
郑振泉	博山区域城镇门峪村	50	男	1943 年
穆汝地	博山区域城镇天门峪村	37	男	1943 年
郑元珍	博山区域城镇黄连峪村	21	男	1943 年
焦其茂	博山区石马镇下焦村	—	男	1943 年
焦可勇	博山区石马镇下焦村	—	男	1943 年
焦可顺	博山区石马镇下焦村	—	男	1943 年
宋道昌	博山区山头镇西庄村	—	男	1943 年
马 二	博山区崮山镇岱东村	—	男	1943 年
聂 丁	博山区崮山镇南北村	18	男	1943 年
徐颜神	博山区崮山镇南北村	18	男	1943 年
翟所洲	博山区北博山镇南沙井村	20	男	1943 年
翟作孟	博山区北博山镇南沙井村	23	男	1943 年
魏元向	博山区北博山镇盆泉村	23	男	1943 年
魏西佑	博山区北博山镇盆泉村	50	男	1943 年
魏文俊	博山区北博山镇盆泉村	30	男	1943 年
王连本之女	博山区北博山镇盆泉村	20	女	1943 年

姓 名	籍 贯	年 龄	性 别	死难时间
李绍传	博山区池上镇中小峰村	33	男	1943 年
赵炳政	博山区池上镇东池村	31	男	1943 年
丁燕昌	博山区池上镇西池村	36	男	1943 年
丁敦昌	博山区池上镇西池村	18	男	1943 年
丁修胜	博山区池上镇西池村	28	男	1943 年
吴丁生	博山区池上镇杨家村	28	男	1943 年
李怀厚	博山区池上镇鹿疃	29	男	1943 年
张圣业	博山区源泉镇源东村	20	男	1943 年
董佩岭	博山区源泉镇源东村	22	男	1943 年
王际道	博山区源泉镇源西村	24	男	1943 年
刘圣伦	博山区源泉镇郑家村	32	男	1943 年
赵学有	博山区源泉镇珍珠村	24	男	1943 年
李凤鲁	博山区源泉镇麻庄村	22	男	1943 年
张念民	博山区源泉镇麻庄村	29	男	1943 年
柴念尧	博山区源泉镇黄台村	24	男	1943 年
梁绪成	博山区源泉镇麻庄村	31	男	1943 年
谢甲珍	博山区石马镇中石马村	41	男	1943 年
王文清	博山区石马镇淄井村	38	男	1943 年
刘传贤	博山区石马镇桥东村	26	男	1943 年
张登来	博山区石马镇淄井村	31	男	1943 年
于绪德	博山区石马镇淄井村	28	男	1943 年
陈邦营	博山区石马镇中石马村	30	男	1943 年
黄在武	博山区石马镇东古马村	20	男	1943 年
刘同利	博山区山头镇樵岭前村	44	男	1943 年
刘升民	博山区山头镇樵岭前村	22	男	1943 年
李其云	博山区山头镇马公祠村	23	男	1943 年
张胜明	博山区南博山镇下庄	30	男	1943 年
任永常	博山区南博山镇下庄	29	男	1943 年
马得峰	博山区南博山镇南博山村	28	男	1943 年
尹长庆	博山区南博山镇南博山村	28	男	1943 年
王玉泉	博山区南博山镇王家庄	28	男	1943 年
王化属	博山区南博山镇王家庄	28	男	1943 年
房宽德	博山区南博山镇张家台	23	男	1943 年
谢振英	博山区南博山镇上庄	35	男	1943 年

姓　名	籍　贯	年　龄	性　别	死难时间
张成明	博山区南博山镇下结老峪	18	男	1943 年
杜在美	博山区南博山镇上庄	23	男	1943 年
孙忠新	博山区南博山镇下瓦泉	21	男	1943 年
翟丕作	博山区南博山镇下瓦泉	30	男	1943 年
翟荣本	博山区南博山镇下瓦泉	25	男	1943 年
王明树	博山区南博山镇下瓦泉	30	男	1943 年
姬万年	博山区南博山镇南中村	28	男	1943 年
闫发林	博山区南博山镇上结老峪	21	男	1943 年
闫发生	博山区南博山镇上结老峪	31	男	1943 年
尹玉贤	博山区南博山镇南博山村	31	男	1943 年
李纪瑞	博山区南博山镇杨峪	25	男	1943 年
李纪富	博山区南博山镇杨峪	23	男	1943 年
李仕昌	博山区崮山镇东崮山村	47	男	1943 年
李治忠	博山区崮山镇东崮山村	28	男	1943 年
徐承奎	博山区崮山镇东崮山村	33	男	1943 年
徐德元	博山区崮山镇东崮山村	43	男	1943 年
邹道禹	博山区崮山镇天津湾村	21	男	1943 年
李鸿谷	博山区崮山镇南崮山村	23	男	1943 年
李洪科	博山区崮山镇南崮山村	21	男	1943 年
徐贵远	博山区崮山镇南崮山北村	19	男	1943 年
邹习禹	博山区崮山镇天津湾村	22	男	1943 年
阚尧田	博山区崮山镇天津湾村	24	男	1943 年
岳邦翊	博山区崮山镇岳庄村	39	男	1943 年
王玉和	博山区北博山镇北博山村	26	男	1943 年
魏汝泽	博山区北博山镇盆泉村	28	男	1943 年
田兴太	博山区北博山镇盆泉村	39	男	1943 年
郑玉渭	博山区北博山镇朱家庄	22	男	1943 年
尹兆川	博山区北博山镇朱家庄	27	男	1943 年
郑志怀	博山区北博山镇邀兔崖	23	男	1943 年
冯延福	博山区北博山镇邀兔崖	24	男	1943 年
郑贵华	博山区北博山镇邀兔崖	20	男	1943 年
王永福	博山区北博山镇五福峪村	23	男	1943 年
杨清保	博山区北博山镇五福峪村	33	男	1943 年
郑志德	博山区北博山镇五福峪村	26	男	1943 年

姓　名	籍　贯	年 龄	性 别	死难时间
薛成美	博山区北博山镇五福峪村	26	男	1943 年
邵长丰	博山区北博山镇北博山村	38	男	1943 年
翟作孟	博山区北博山镇邀兔崖	18	男	1943 年
韩发新	博山区北博山镇五福峪村	25	男	1943 年
丁会武	博山区北博山镇郭庄	29	男	1943 年
陈玉禄	博山区北博山镇郭庄	24	男	1943 年
赵增全	博山区白塔镇掩的村	26	男	1943 年
侯本义	博山区开发区邑山社区	30	男	1943 年
李自新	博山区域城镇石匣	27	男	1943 年
穆绍民	博山区域城镇夹山	19	男	1943 年
吴宗照	博山区域城镇夹山	24	男	1943 年
段春茂	博山区域城镇夹山	31	男	1943 年
吴光台	博山区域城镇夹山	30	男	1943 年
吴宗×	博山区域城镇龙门	23	男	1943 年
蒋清西	博山区域城镇桃花泉	24	男	1943 年
周文成	博山区域城镇上虎	25	男	1943 年
蒋绪成	博山区域城镇上虎	17	男	1943 年
盖元禄	博山区域城镇桃花泉	28	男	1943 年
张　军	博山区城东街道	23	男	1943 年
李昌升	博山区崮山镇岱西村	46	男	1944 年 1 月 25 日
杜英华	博山区崮山镇岱南村	30	男	1944 年 1 月 25 日
杜英彬	博山区崮山镇岱南村	26	男	1944 年 1 月 25 日
刘树教	博山区池上镇下小峰村	19	男	1944 年 1 月
谢京珍	博山区石马镇中石马村	36	男	1944 年 1 月
孙其超	博山区山头镇乐疃村	21	男	1944 年 1 月
薛玉珍	博山区南博山镇南博山村	37	男	1944 年 1 月
丁沛保	博山区八陡镇苏家沟村	46	男	1944 年 2 月
田玉谷	博山区北博山镇盆泉村	40	男	1944 年 2 月
孙兆福	博山区域城镇岳峪村	28	男	1944 年 2 月
郑振生	博山区域城镇山王庄村	24	男	1944 年 2 月
魏继君	博山区域城镇山王庄村	26	男	1944 年 2 月
赵京喜	博山区域城镇山王庄村	30	男	1944 年 2 月
孙即佳	博山区域城镇岳峪村	23	男	1944 年 3 月 1 日
曲庆山	博山区八陡镇小黑山后村	40	男	1944 年 3 月 1 日

姓　名	籍　贯	年　龄	性　别	死难时间
于春贵	博山区北博山镇朱家庄	19	男	1944 年 3 月
孙廷坡	博山区石马镇桥东村	24	男	1944 年 4 月 1 日
王颜神	博山区山头镇乐疃村	20	男	1944 年 4 月
黄在忠	博山区石马镇中石马村	26	男	1944 年 5 月
刘方朴	博山区源泉镇源东村	30	男	1944 年 6 月 1 日
贺秀德	博山区池上镇李家村	21	男	1944 年 6 月
马加忠	博山区南博山镇南中村	18	男	1944 年 7 月
孙良山	博山区北博山镇盆泉村	29	男	1944 年 7 月
丁俭昌	博山区池上镇西池村	22	男	1944 年 8 月
孙迎训	博山区山头镇乐疃村	20	男	1944 年 8 月
王殿权	博山区域城镇尚庄村	45	男	1944 年 9 月 1 日
王殿臣	博山区域城镇尚庄村	45	男	1944 年 9 月 1 日
王殿照	博山区域城镇尚庄村	46	男	1944 年 9 月 1 日
王殿照之妻	博山区域城镇尚庄村	46	女	1944 年 9 月 1 日
阚奉会	博山区崮山镇天津湾村	27	男	1944 年 9 月
张永春	博山区域城镇东流泉村	26	男	1944 年 10 月 1 日
孙永文	博山区石马镇桥东村	40	男	1944 年 11 月
焦念富	博山区北博山镇五福峪村	24	男	1944 年 11 月
王加志	博山区南博山镇南博山村	24	男	1944 年 12 月
王玉绍	博山区山头镇西庄村	—	男	1944 年
刘升肇	博山区山头镇樵岭前村	20	男	1944 年
刘同贵	博山区山头镇樵岭前村	40	男	1944 年
庞纪海	博山区白塔镇大海眼村	43	男	1944 年
孙大更	博山区白塔镇大海眼村	21	男	1944 年
王连三	博山区八陡镇北峰峪村	20	男	1944 年
鹿道红	博山区池上镇板山村	26	男	1944 年
鹿纪会	博山区池上镇甘泉村	22	男	1944 年
张庆云	博山区池上镇赵庄	28	男	1944 年
孙德业	博山区池上镇石臼村	24	男	1944 年
节长河	博山区源泉镇中皮村	22	男	1944 年
周兰惠	博山区源泉镇东高村	28	男	1944 年
张连楷	博山区石马镇淄井村	29	男	1944 年
于康德	博山区石马镇淄井村	24	男	1944 年
谢玉镖	博山区石马镇中石马村	41	男	1944 年

姓 名	籍 贯	年 龄	性 别	死难时间
黄治善	博山区石马镇中石马村	26	男	1944 年
徐荣珍	博山区石马镇中石马村	22	男	1944 年
王先成	博山区山头镇河南西居西庄街	20	男	1944 年
王先昌	博山区山头镇河南西居西庄街	22	男	1944 年
孟纪盛	博山区山头镇新博居	28	男	1944 年
孙即禄	博山区山头镇新博居	30	男	1944 年
孙兆华	博山区山头镇乐疃村	21	男	1944 年
宋作顺	博山区山头镇尖古堆	40	男	1944 年
范新佐	博山区山头镇尖古堆	16	男	1944 年
李昌信	博山区山头镇樵岭前村	27	男	1944 年
毛光明	博山区山头镇水峪村	24	男	1944 年
范春兴	博山区山头镇乐疃村	21	男	1944 年
孙其训	博山区山头镇乐疃村	23	男	1944 年
刘升兆	博山区山头镇樵岭前村	21	男	1944 年
李昌颜	博山区山头镇樵岭前村	37	男	1944 年
商传贵	博山区南博山镇下庄	22	男	1944 年
任纪礼	博山区南博山镇下庄	20	男	1944 年
任永平	博山区南博山镇下庄	30	男	1944 年
马登营	博山区南博山镇青杨杭	35	男	1944 年
王明德	博山区南博山下瓦泉	22	男	1944 年
王钦法	博山区南博山镇下瓦泉	25	男	1944 年
孙同心	博山区南博山镇下瓦泉	17	男	1944 年
翟绪本	博山区南博山镇下瓦泉	25	男	1944 年
付建本	博山区南博山镇上瓦泉	30	男	1944 年
任传伟	博山区南博山镇下庄	29	男	1944 年
曲凯庆	博山区崮山镇南崮山南村	29	男	1944 年
李建学	博山区崮山镇南崮山村	—	男	1944 年
李全安	博山区北博山镇北博山村	22	男	1944 年
安敬宪	博山区北博山镇盆泉村	23	男	1944 年
魏京元	博山区北博山镇盆泉村	26	男	1944 年
徐学勤	博山区北博山镇朱家庄	26	男	1944 年
孙即忠	博山区开发区东域城村	22	男	1944 年
孙迎祯	博山区域城镇岳峪村	22	男	1944 年
孙即熬	博山区域城镇岳峪村	23	男	1944 年

姓 名	籍 贯	年 龄	性 别	死难时间
郑作迁	博山区域城镇黄连峪	24	男	1944 年
郑作亮	博山区域城镇黄连峪	22	男	1944 年
李慎永	博山区域城镇黄连峪	19	男	1944 年
李龙可	博山区域城镇黄连峪	26	男	1944 年
郑元福	博山区域城镇黄连峪	24	男	1944 年
郑作俊	博山区域城镇黄连峪	20	男	1944 年
郑作提	博山区域城镇黄连峪	19	男	1944 年
李贤秋	博山区域城镇黄连峪	31	男	1944 年
郑元启	博山区域城镇黄连峪	17	男	1944 年
郑元芳	博山区域城镇镇门峪	21	男	1944 年
魏念吉	博山区域城镇石匣	28	男	1944 年
吴光龙	博山区域城镇峪口	24	男	1944 年
刘方坤	博山区域城镇峪口	19	男	1944 年
吴光文	博山区域城镇东厢	26	男	1944 年
刘持伦	博山区域城镇西流泉	19	男	1944 年
蒋衍丰	博山区城东街道	16	男	1944 年
王先谷	博山区城西街道西冶街社区	26	男	1944 年
邵洪福	博山区北博山镇北博山村	24	男	1945 年 1 月
魏锡玖	博山区北博山镇盆泉村	23	男	1945 年 1 月
张云和	博山区北博山镇盆泉村	23	男	1945 年 1 月
孙即傲	博山区域城镇岳峪村	20	男	1945 年 3 月 1 日
马宗信	博山区南博山镇杨峪	24	男	1945 年 3 月
岳立香	博山区崮山镇岳庄村	22	男	1945 年 3 月
许 杰	博山区城东街道	23	男	1945 年 3 月
张绪来	博山区八陡镇虎头崖村	25	男	1945 年 4 月 1 日
李成山	博山区池上镇中小峰村	28	男	1945 年 4 月
王道之	博山区南博山镇南博山村	32	男	1945 年 4 月
赵明智	博山区八陡镇阁子前居	28	男	1945 年 5 月
徐成贤	博山区池上镇上小峰村	21	男	1945 年 5 月
王维松	博山区北博山镇朱家庄	20	男	1945 年 5 月
崔道杰	博山区域城镇桃花泉	24	男	1945 年 5 月
贺光深	博山区池上镇李家块村	25	男	1945 年 6 月
赵京辉	博山区池上镇东池村	22	男	1945 年 6 月
王永纯	博山区石马镇蛟龙村	30	男	1945 年 6 月

姓　名	籍　贯	年　龄	性　别	死难时间
吕济奎	博山区石马镇桥西村	31	男	1945 年 6 月
李锡三	博山区石马镇东古马村	25	男	1945 年 7 月
栾思德	博山区石马镇桥东村	22	男	1945 年 7 月
魏元宵	博山区北博山镇盆泉村	24	男	1945 年 7 月
曲福泉	博山区八陡镇小黑山后村	45	男	1945 年 8 月
闫永厚	博山区池上镇小里村	19	男	1945 年 8 月
王秀元	博山区源泉镇麻庄村	26	男	1945 年 8 月
房崇坤	博山区南博山镇张家台	20	男	1945 年 8 月
郑贵俊	博山区南博山镇郑家庄	21	男	1945 年 8 月
邢维玖	博山区北博山镇盆泉村	23	男	1945 年 8 月
高纯美	博山区白塔镇白塔村	37	男	1945 年 12 月 8 日
杨存仪	博山区八陡镇和平村	25	男	1945 年
徐梓远	博山区八陡镇和平村	29	男	1945 年
宋成全	博山区八陡镇北峰峪居	28	男	1945 年
肖尚俊	博山区八陡镇金桥村	24	男	1945 年
张京臣	博山区八陡镇金桥村	27	男	1945 年
徐洪恩	博山区八陡镇虎头崖	62	男	1945 年
翟作来	博山区池上镇车峪村	31	男	1945 年
狄希会	博山区池上镇李家块村	22	男	1945 年
贺德志	博山区池上镇戴家村	25	男	1945 年
袁兆森	博山区池上镇大南峪村	25	男	1945 年
赵有祥	博山区池上镇虎林村	26	男	1945 年
赵修圣	博山区源泉镇麻庄村	26	男	1945 年
李治华	博山区源泉镇西高村	26	男	1945 年
陈长发	博山区石马镇东古马村	27	男	1945 年
孙承栾	博山区石马镇桥东村	20	男	1945 年
赵淑吉	博山区石马镇桥东村	18	男	1945 年
孙延训	博山区石马镇桥东村	16	男	1945 年
张福顺	博山区山头镇新博居	43	男	1945 年
郭希增	博山区山头镇新博居	23	男	1945 年
宋作吉	博山区山头镇河南西居西庄村	24	男	1945 年
宋建周	博山区山头镇河南西居西庄村	29	男	1945 年
苏振秘	博山区山头镇建中居河南一街	45	男	1945 年
钱家贞	博山区山头镇西岭村	35	男	1945 年

姓 名	籍 贯	年 龄	性 别	死难时间
孙英朋	博山区山头镇乐疃村	21	男	1945 年
任玉成	博山区南博山镇下庄	25	男	1945 年
毕先进	博山区南博山镇南博山村	26	男	1945 年
谢加良	博山区南博山镇东瓦峪	34	男	1945 年
李学笃	博山区南博山镇中瓦泉	24	男	1945 年
岳茂昌	博山区崮山镇岳庄村	33	男	1945 年
李维新	博山区崮山镇南崮山村	22	男	1945 年
李志诚	博山区北博山镇盆泉村	25	男	1945 年
尹以明	博山区北博山镇朱家庄	19	男	1945 年
梁茂福	博山区白塔镇国家庄	29	男	1945 年
张敬银	博山区夏家庄镇安上社区	21	男	1945 年
孙即家	博山区域城镇岳峪村	23	男	1945 年
魏念贵	博山区域城镇石匣	21	男	1945 年
吴宗善	博山区域城镇夹山	27	男	1945 年
韩银祥	博山区域城镇东厢	24	男	1945 年
孙即源	博山区城东街道	25	男	1945 年
郑淑甲	博山区城东街道	25	男	1945 年
吕相洪	博山区城东街道	24	男	1945 年
宋作申	博山区山头镇西庄村	—	男	—
冯乃厚	博山区山头镇冯八峪村	—	男	—
孙兆柱之父	博山区山头镇南神头村	—	男	—
范彬周	博山区山头镇乐疃村	20	男	—
李同新	博山区崮山镇岱西村	—	男	—
董汉文	博山区崮山镇岱西村	—	男	—
李元英	博山区崮山镇岱西村	—	男	—
蒋延仪	博山区城东街道大街村	—	男	—
信恒洲	博山区石马镇田庄	—	男	—
焦念明	博山区石马镇桥东村	—	男	—
王家资	博山区南博山镇上瓦泉	—	男	—
刘家本	博山区南博山镇上瓦泉	—	男	—
张永位	博山区开发区张庄村	33	男	—
穆若珍	博山区域城镇夹山	15	男	—
刘升景	博山区域城镇西流泉	26	男	—
崔道通	博山区域城镇桃花泉	29	男	—

姓　名	籍　贯	年　龄	性　别	死难时间
盖元床	博山区域城镇桃花泉	—	男	—
苏启俊	博山区域城镇牛角	30	男	—
蒋　异	博山区城东街道	27	男	—
赵炳玉	博山区城东街道	24	男	—
李　森	博山区城西街道税务街社区	28	男	—
刘道一	博山区城西街道西寨社区	13	男	—
焦其环	博山区石马镇下焦村	—	男	—
李大本	博山区崮山镇南村	—	男	—
王久兰	博山区石马镇淄井村	—	男	1938 年 5 月
李绪山	博山区石马镇淄井村	—	男	1938 年 5 月
李继功	博山区石马镇淄井村	—	男	1938 年 5 月
谢加本	博山区石马镇淄井村	—	男	1938 年 5 月
王济尊	博山区八陡镇茂岭村	39	女	1938 年 7 月
王有仁	博山区八陡镇茂岭村	42	女	1938 年 7 月
李效忠	博山区八陡镇茂岭村	16	男	1938 年 7 月
崔守合	博山区八陡镇小黑山后村	42	男	1938 年 7 月
李廷禄	博山区八陡镇茂岭村	26	男	1938 年 8 月
马登明	博山区山头镇南神头村	—	男	1940 年 2 月
李廷喜	博山区八陡镇茂岭村	31	男	1940 年 4 月
谢加海	博山区八陡镇小黑山后村	21	男	1940 年 7 月
谢加革	博山区八陡镇小黑山后村	19	男	1940 年 8 月
王义来	博山区八陡镇小黑山后村	21	男	1940 年 8 月
张德发之长子	博山东大公司太平岭六号井	—	男	1940 年 12 月
张德发之次子	博山东大公司太平岭六号井	—	男	1940 年 12 月
张庆道之兄	博山东大公司太平岭六号井	—	男	1940 年 12 月
沈子由	博山东大公司太平岭六号井	—	男	1940 年 12 月
沈子巩	博山东大公司太平岭六号井	—	男	1940 年 12 月
沈得位	博山东大公司太平岭六号井	—	男	1940 年 12 月
吴寿远	博山东大公司太平岭六号井	—	男	1940 年 12 月
沈子财	博山复丰兴煤矿	—	男	1941 年 1 月
沈得安	博山复丰兴煤矿	—	男	1941 年 1 月
沈子柱	博山复丰兴煤矿	—	男	1941 年 1 月
沈子玉	博山复丰兴煤矿	—	男	1941 年 1 月
高全成	博山复丰兴煤矿	—	男	1941 年 1 月

姓 名	籍 贯	年 龄	性 别	死难时间
陈建花	博山复丰兴煤矿	—	男	1941 年 1 月
王云东	博山复丰兴煤矿	—	男	1941 年 1 月
王云圣	博山复丰兴煤矿	—	男	1941 年 1 月
陈汝照	博山复丰兴煤矿	—	男	1941 年 1 月
王同顺	博山复丰兴煤矿	—	男	1941 年 1 月
李治刚	博山区山头镇北神头村	30	男	1941 年 2 月
李同会	莒县华成煤矿	—	男	1941 年 6 月
李同年	莒县华成煤矿	—	男	1941 年 6 月
李贵昌	莒县华成煤矿	—	男	1941 年 6 月
李治恩	莒县华成煤矿	—	男	1941 年 6 月
李同武	莒县华成煤矿	—	男	1941 年 6 月
刘同树	莒县华成煤矿	—	男	1941 年 6 月
刘洪生	博山区北博山镇南沙井村	—	男	1941 年 6 月 29 日
刘文瑞	博山区北博山镇南沙井村	—	男	1941 年 6 月 29 日
刘同顺	博山区北博山镇南沙井村	—	男	1941 年 6 月 29 日
赵禾祥	博山区北博山镇南沙井村	—	男	1941 年 6 月 29 日
孙即业	博山区北博山镇南沙井村	—	男	1941 年 6 月 29 日
于希恩	博山区北博山镇南沙井村	—	男	1941 年 6 月 29 日
于慎德	博山区八陡镇小黑山后村	21	女	1941 年 7 月
燕锡芳	博山东大公司太平岭五号井	—	男	1941 年 8 月
燕东堂	博山东大公司太平岭五号井	—	男	1941 年 8 月
王恩梓	博山东大公司太平岭五号井	—	男	1941 年 8 月
燕锡廷	博山东大公司太平岭五号井	—	男	1941 年 8 月
王兆成	博山东大公司太平岭五号井	—	男	1941 年 8 月
燕锡明	博山东大公司太平岭五号井	—	男	1941 年 8 月
王会川	博山东大公司太平岭五号井	—	男	1941 年 8 月
燕锡广	博山东大公司太平岭五号井	—	男	1941 年 8 月
燕芹堂	博山东大公司太平岭五号井	—	男	1941 年 8 月
焦其军	博山东大公司太平岭五号井	—	男	1941 年 8 月
焦念训	博山东大公司太平岭五号井	—	男	1941 年 8 月
冯腊	博山东大公司太平岭五号井	—	男	1941 年 8 月
高小喜	博山东大公司太平岭五号井	—	男	1941 年 8 月
孙祥	博山东大公司太平岭五号井	—	男	1941 年 8 月
王安东	博山东大公司太平岭五号井	—	男	1941 年 8 月

姓　名	籍　贯	年　龄	性　别	死难时间
王延福	博山东大公司太平岭五号井	—	男	1941 年 8 月
周尔会	博山区域城镇峪口村	17	男	1941 年 9 月
赵春津	博山区域城镇峪口村	17	男	1941 年 9 月
石志祥	博山区域城镇峪口村	20	男	1941 年 9 月
王振安	博山区域城镇峪口村	20	男	1941 年 9 月
张友臣	博山区域城镇峪口村	18	男	1941 年 9 月
周庆杰	博山区域城镇峪口村	17	男	1941 年 9 月
赵曰恩	博山区域城镇峪口村	19	男	1941 年 9 月
栾粥汉	博山区域城镇峪口村	20	男	1941 年 9 月
焦念财	博山区域城镇峪口村	20	男	1941 年 9 月
张连英之女	博山区石马镇蛟龙村	—	女	1941 年 12 月
毛　四	博山区石马镇蛟龙村	—	男	1941 年 12 月
岳祥志	博山区石马镇蛟龙村	—	男	1941 年 12 月
孙宝禄	博山区石马镇蛟龙村	—	男	1941 年 12 月
赵玉林	博山区石马镇蛟龙村	—	男	1941 年 12 月
赵　呆	淄博吉成煤矿吹手地井	—	男	1942 年 5 月 12 日
刘焕祥	淄博吉成煤矿吹手地井	—	男	1942 年 5 月 12 日
颜来福	淄博吉成煤矿吹手地井	—	男	1942 年 5 月 12 日
魏元湘	淄博吉成煤矿吹手地井	—	男	1942 年 5 月 12 日
岳丰明	淄博吉成煤矿吹手地井	—	男	1942 年 5 月 12 日
苏德明	淄博吉成煤矿吹手地井	—	男	1942 年 5 月 12 日
魏克孝	淄博吉成煤矿吹手地井	—	男	1942 年 5 月 12 日
于法春	淄博吉成煤矿吹手地井	—	男	1942 年 5 月 12 日
崔丰义	淄博吉成煤矿吹手地井	—	男	1942 年 5 月 12 日
刘圣传	淄博吉成煤矿吹手地井	—	男	1942 年 5 月 12 日
翟慎言之母	淄博吉成煤矿吹手地井	—	女	1942 年 5 月 12 日
阮丕刚之母	淄博吉成煤矿吹手地井	—	女	1942 年 5 月 12 日
方增宽之子	淄博吉成煤矿吹手地井	—	男	1942 年 5 月 12 日
曲庆堂	淄博吉成煤矿吹手地井	—	男	1942 年 5 月 12 日
朱义顺	淄博吉成煤矿吹手地井	—	男	1942 年 5 月 12 日
许永满	淄博吉成煤矿吹手地井	—	男	1942 年 5 月 12 日
曲庆仁	淄博吉成煤矿吹手地井	—	男	1942 年 5 月 12 日
曲　存	淄博吉成煤矿吹手地井	—	男	1942 年 5 月 12 日
曲　面	淄博吉成煤矿吹手地井	—	男	1942 年 5 月 12 日

姓　名	籍　贯	年　龄	性　别	死难时间
李秀英	淄博吉成煤矿吹手地井	—	男	1942 年 5 月 12 日
曲福堂	博山区石马镇上焦村	22	男	1943 年 4 月
王怀礼	博山区八陡镇小黑山后村	42	男	1943 年 6 月
胡云智之父	博山区山头镇河北东村	53	男	1943 年 9 月
韩其太	博山区白塔镇大海眼村	16	男	1943 年 11 月
韩其明	博山区域城镇岳峪村	45	男	1944 年 1 月
韩其证	博山博大公司山头岭竖井	—	男	1944 年 1 月
韩其义	博山博大公司山头岭竖井	—	男	1944 年 1 月
庞云礼	博山博大公司山头岭竖井	—	男	1944 年 1 月
庞云海	博山博大公司山头岭竖井	—	男	1944 年 1 月
孙大更	博山博大公司山头岭竖井	—	男	1944 年 1 月
孙即方	博山博大公司山头岭竖井	—	男	1944 年 1 月
孙即祥	博山博大公司山头岭竖井	—	男	1944 年 1 月
周维贵	博山博大公司山头岭竖井	—	男	1944 年 1 月
孙迎和	博山博大公司山头岭竖井	—	男	1944 年 1 月
合　计	**1406**			

责任人：李　青　　　　　　　核实人：李　青　　　　　　　填表人：孙启伟

填报单位（签章）：淄博市博山区委党史办公室　　　　　　　填报时间：2009 年 4 月

淄博市临淄区抗日战争时期死难者名录

姓 名	籍 贯	年 龄	性 别	死难时间
宗保环	临淄区敬仲镇白兔丘南村	50	男	1937 年
王洪孝	临淄区皇城镇刘辛村	21	男	1937 年
崔长青	临淄区皇城镇刘辛村	24	男	1937 年
刘奎龙	临淄区朱台镇上河东村	40	男	1937 年
于景河	临淄区皇城镇郑六端村	25	男	1937 年
王芳伍	临淄区稷下街道孙娄东村	57	男	1937 年
王赵氏	临淄区稷下街道孙娄东村	36	女	1937 年
王慧才	临淄区稷下街道孙娄东村	14	女	1937 年
王小栓	临淄区稷下街道王家营村	18	男	1937 年
胡掌柜	临淄区稷下街道尧王村	—	男	1937 年
李文光	临淄区雪宫街道单家村	56	男	1937 年
胡经榕	临淄区稷下街道尧王村	—	男	1937 年
董浩林之祖母	临淄区齐都镇龙贯村	—	女	1937 年
谢洪庄	临淄区齐都镇谢家村	28	男	1942 年
许文同之妹	临淄区齐都镇赵王村	—	女	1937 年
陈玉森	临淄区皇城镇郑六端村	21	男	1937 年
徐继章	临淄区皇城镇东南羊村	24	男	1937 年
胡绍雨	临淄区稷下街道尧王村	—	男	1942 年
赵允美	临淄区稷下街道董褚村	12	女	1937 年
徐问文	临淄区敬仲镇户王村	40	男	1938 年 1 月
路希太	临淄区凤凰镇西陈家村	23	男	1938 年 1 月
孙胜堂	临淄区凤凰镇大张村	20	男	1938 年 1 月
王洪山	临淄区凤凰镇北罗村	45	男	1938 年 1 月
王作文	临淄区辛店街道安乐店村	50	男	1938 年 1 月
赵慧贞	临淄区闻韶街道东王社区	30	女	1938 年 1 月
朱恒喜之祖父	临淄区敬仲镇西苇村	42	男	1938 年 1 月 12 日
朱三野	临淄区敬仲镇西苇村	36	男	1938 年 1 月 12 日
朱贞七之兄	临淄区敬仲镇西苇村	22	男	1938 年 1 月 12 日
朱恒成之伯父	临淄区敬仲镇西苇村	21	男	1938 年 1 月 12 日
李希福	临淄区雪宫街道埝皋村	40	男	1938 年 1 月 12 日
李平杰	临淄区辛店街道杨家村	24	男	1938 年 1 月 23 日

姓 名	籍 贯	年 龄	性 别	死难时间
王福林之妹	临淄区南王镇王寨东村	6	女	1938 年 2 月 1 日
王道远	临淄区南王镇王寨东村	40	男	1938 年 2 月 1 日
韩家义	临淄区南王镇韩家村	40	男	1938 年 2 月 1 日
王会才	临淄区南王镇王寨东村	26	男	1938 年 2 月
王道农之妹	临淄区南王镇王寨东村	6	女	1938 年 2 月
王道农之母	临淄区南王镇王寨东村	40	女	1938 年 2 月
陈有成	临淄区敬仲镇西周村	39	男	1938 年 2 月
范近志	临淄区凤凰镇北田旺村	20	男	1938 年 2 月
毕秋吉	临淄区凤凰镇北田旺村	30	男	1938 年 2 月
路荣章	临淄区凤凰镇北田旺村	40	男	1938 年 2 月
路子润	临淄区凤凰镇北田旺村	31	男	1938 年 2 月
牛永昌	临淄区辛店街道矮槐村	23	男	1938 年 2 月
石立鹏之妻	临淄区辛店街道矮槐村	32	女	1938 年 2 月
张玉荣	临淄区稷下街道耿王村	22	男	1938 年 2 月 1 日
毛洪芸	临淄区稷下街道商王村	16	男	1938 年 2 月 24 日
王象德	临淄区南王镇业旺东村	62	男	1938 年 3 月 1 日
王文力	临淄区南王镇业旺东村	71	男	1938 年 3 月 1 日
王文吉	临淄区南王镇业旺东村	18	男	1938 年 3 月 1 日
常绪东	临淄区凤凰镇北金村	36	男	1938 年 3 月
王连仲	临淄区凤凰镇北金村	24	男	1938 年 3 月
王克学	临淄区凤凰镇北金村	57	男	1938 年 3 月
边保长	临淄区凤凰镇北金村	35	男	1938 年 3 月
边清章	临淄区凤凰镇北金村	35	男	1938 年 3 月
常焕章	临淄区边河乡北刘村	30	男	1938 年 3 月
于清深	临淄区辛店街道大武村	—	男	1938 年 3 月
王雨亭	临淄区辛店街道安乐店村	—	男	1938 年 3 月
苑风高	临淄区齐陵街道西龙池村	32	男	1938 年 3 月
李成忠	临淄区南王镇王寨西村	30	男	1938 年 3 月 8 日
桑树本	临淄区雪宫街道桑家村	29	男	1938 年 3 月
王永会	临淄区雪宫街道西高村	50	男	1938 年
王钦文	临淄区雪宫街道西高村	20	男	1938 年
王荣吉	临淄区梧台镇西老村	20	男	1938 年 3 月 31 日
董长富	临淄区梧台镇西老村	25	男	1938 年
胡文奎	临淄区梧台镇东老村	18	男	1939 年

姓 名	籍 贯	年 龄	性 别	死难时间
孙伦纯	临淄区凤凰镇南金村	72	男	1938 年
丁方斌之妻	临淄区凤凰镇南金村	57	女	1938 年 3 月 31 日
于希发	临淄区凤凰镇南金村	38	男	1938 年
方士林之妻	临淄区辛店街道辛店街村	23	女	1938 年
马钦俭	临淄区辛店街道安乐店村	—	男	1938 年
刘 氏	临淄区辛店街道矮槐村	58	女	1938 年
石子美	临淄区辛店街道毛托村	17	男	1938 年
李文明	临淄区辛店街道窝托村	40	男	1938 年
石玉干	临淄区辛店街道窝托村	50	男	1938 年 3 月 31 日
李 保	临淄区辛店街道窝托村	30	男	1938 年
单成训之祖父	临淄区辛店街道窝托村	—	男	1938 年
李思齐	临淄区辛店街道窝托村	—	男	1938 年
丁国成	临淄区辛店街道窝托村	—	男	1938 年
朱文郁	临淄区敬仲镇毛家村	30	男	1938 年
张宗顺	临淄区敬仲镇东柳村	27	男	1938 年
常和当	临淄区朱台镇槐北村	—	男	1938 年 4 月
刘金生	临淄区皇城镇张家村	30	男	1938 年 4 月
王来和	临淄区凤凰镇北金村	22	男	1938 年 4 月
王绪发	临淄区凤凰镇北金村	21	男	1938 年 4 月
张新文	临淄区皇城镇张家村	28	男	1938 年 4 月
王衡文	临淄区南王镇业旺东村	28	男	1938 年 4 月 9 日
刘希奎	临淄区辛店街道矮槐树村	—	男	1938 年 4 月
许方荣	临淄区敬仲镇东姬村	21	男	1938 年
段希荣	临淄区凤凰镇西召村	36	男	1938 年 5 月
李文斗	临淄区雪宫街道东高村	17	男	1938 年
崔英奎	临淄区敬仲镇杨官村	20	男	1938 年
朱连喜之叔	临淄区朱台镇薛家村	21	男	1938 年
路文永	临淄区凤凰镇西陈家村	—	男	1938 年 6 月
路希明	临淄区凤凰镇西陈家村	53	男	1938 年 6 月
路希贵	临淄区凤凰镇西陈家村	50	男	1938 年 6 月
路龙章	临淄区凤凰镇西陈家村	50	男	1938 年 6 月
路希农	临淄区凤凰镇西陈家村	—	男	1938 年 6 月
路春秀	临淄区凤凰镇西陈家村	39	男	1938 年 6 月
路希商	临淄区凤凰镇西陈家村	25	男	1938 年 6 月

姓 名	籍 贯	年 龄	性 别	死难时间
路象春	临淄区凤凰镇西陈家村	23	男	1938 年 6 月
路秀水	临淄区凤凰镇西陈家村	15	男	1938 年 6 月
边荣田	临淄区凤凰镇郝家村	23	男	1938 年 6 月
王佃俊	临淄区辛店街道合顺店村	60	男	1938 年 6 月
商孝先	临淄区稷下街道商王村	30	男	1938 年 6 月
李志士	临淄区齐陵街道驻佛村	42	男	1938 年
高奎文	临淄区凤凰镇朱家屯村	45	男	1938 年 6 月 2 日
天 津	临淄区雪宫街道单家村	6	男	1938 年 6 月
崔佩瑶	临淄区敬仲镇赵家村	30	男	1938 年
徐之银	临淄区敬仲镇徐家圈村	17	男	1938 年 7 月
王贵禄	临淄区朱台镇大柳村	28	男	1938 年 7 月
王殿英	临淄区朱台镇大柳村	24	男	1938 年 7 月
崔玉美	临淄区朱台镇大柳村	30	男	1938 年 7 月
王福三	临淄区朱台镇大柳村	38	男	1938 年 7 月
王其禄	临淄区朱台镇大柳村	27	男	1938 年 7 月
于闪光	临淄区皇城镇前孔村	21	男	1938 年 7 月
郝兴业	临淄区凤凰镇郝家村	19	男	1938 年 7 月
刘志枚	临淄区凤凰镇红花村	27	男	1938 年 7 月
王玉梅	临淄区闻韶街道东王社区	40	女	1938 年 7 月
商小三	临淄区稷下街道商王村	11	女	1938 年 7 月
陈风武	临淄区敬仲镇杨官村	22	男	1938 年
王登弟	临淄区南王镇王寨东村	48	男	1938 年 2 月
王友云	临淄区南王镇王寨西村	45	男	1938 年 8 月
王予恩	临淄区南王镇王寨东村	25	男	1938 年 8 月 23 日
王文氏	临淄区南王镇王寨西村	30	女	1938 年 12 月
许 根	临淄区敬仲镇西姬村	28	男	1938 年 8 月
徐德祥	临淄区敬仲镇西周村	41	男	1938 年
崔西吉	临淄区敬仲镇杨官村	21	男	—
徐希贵	临淄区敬仲镇徐家圈村	18	男	1938 年 8 月
齐秀堂	临淄区朱台镇前夏西村	—	男	1938 年
徐金甲	临淄区皇城镇四官村	37	男	1938 年 8 月
刘长贵	临淄区凤凰镇大张村	53	男	1938 年 8 月
路洁身	临淄区凤凰镇大路北村	18	男	1938 年 8 月
袁永祯	临淄区边河乡袁上村	57	男	1938 年 8 月

姓 名	籍 贯	年 龄	性 别	死难时间
边长修	临淄区边河乡大寨村	32	男	1938 年 8 月
王新禄	临淄区辛店街道仇行村	35	男	1938 年 8 月
疯结实	临淄区辛店街道安乐店村	50	男	1938 年 8 月 1 日
梁传柳	临淄区齐陵街道梁家终村	20	男	1938 年 8 月
袁昭喜	临淄区边河乡袁上村	58	男	1938 年 8 月 2 日
张王氏	临淄区南王镇王寨西村	30	女	1938 年 8 月 23 日
唐夕钧	临淄区南王镇南仇西村	29	男	1938 年 8 月 12 日
张立德	临淄区南王镇南仇西村	22	男	1938 年 8 月 12 日
关长彦	临淄区南王镇南仇西村	36	男	1938 年 8 月 12 日
王利香	临淄区南王镇王寨东村	28	女	1938 年 8 月 23 日
王金诰	临淄区南王镇王寨东村	15	男	1938 年 8 月 23 日
王永斌	临淄区南王镇王寨东村	55	男	1938 年 8 月 23 日
王正绅	临淄区南王镇王寨西村	45	男	1938 年 8 月 23 日
刘王氏	临淄区南王镇王寨西村	47	女	1938 年 8 月 23 日
王文政	临淄区南王镇王寨西村	20	男	1938 年 8 月 23 日
乔玉海	临淄区南王镇王寨西村	26	男	1938 年 8 月 23 日
王于氏	临淄区南王镇王寨东村	30	女	1938 年 8 月 23 日
李思宽	临淄区边河乡搭岭村	28	男	1938 年 8 月
李思敬之妻	临淄区边河乡搭岭村	60	女	1938 年 8 月
李思宽之母	临淄区边河乡搭岭村	62	女	1938 年 8 月
李万田之祖母	临淄区边河乡搭岭村	51	女	1938 年 8 月
李思坤	临淄区边河乡搭岭村	52	男	1938 年 8 月
徐怡松	临淄区金岭镇三村	33	男	1938 年 9 月
尹士文	临淄区金岭镇三村	30	男	1938 年 9 月 1 日
崔佩英	临淄区敬仲镇赵家村	18	男	1938 年
李公田	临淄区敬仲镇李官村	22	男	1938 年
杨丹信	临淄区朱台镇王西村	38	男	1938 年 9 月
郭诸田之弟	临淄区朱台镇王西村	41	男	1938 年 9 月
郭齐田	临淄区朱台镇王西村	41	男	1938 年 9 月 1 日
于增富	临淄区皇城镇郑家村	60	男	1938 年 9 月
王清礼	临淄区凤凰镇北金村	35	男	1938 年 9 月
王清校	临淄区凤凰镇北金村	22	男	1938 年 9 月
王清礼之子	临淄区凤凰镇北金村	1	男	1938 年 9 月
王小玉	临淄区闻韶街道西王社区	13	女	1938 年 9 月

姓　名	籍　贯	年　龄	性　别	死难时间
王　氏	临淄区闻韶街道石鼓社区	45	女	1938 年 9 月
刘昌恒之母	临淄区凤凰镇天务村	68	女	1938 年 9 月 18 日
郭云泰	临淄区凤凰镇天务村	29	男	1938 年 9 月 18 日
耿佃文之父	临淄区凤凰镇天务村	59	男	1938 年 9 月 18 日
李善文	临淄区凤凰镇天务村	38	男	1938 年 9 月 18 日
路下田	临淄区凤凰镇北龙村	58	男	1938 年 9 月 19 日
侯佃清	临淄区凤凰镇北龙村	50	男	1938 年 9 月 19 日
崔源永	临淄区敬仲镇毛家村	40	男	1938 年
杨立忠	临淄区边河乡涧西村	19	男	1938 年 10 月
邱克勤	临淄区边河乡南术北村	38	男	1938 年 10 月
刘延伦	临淄区辛店街道东夏村	39	男	1938 年 10 月
刘玉贵	临淄区辛店街道东夏村	18	男	1938 年 10 月
刘爱荣之妻	临淄区边河乡南术北村	47	女	1938 年 10 月
宋加俊	临淄区边河乡中疃村	68	男	1938 年 10 月
王司喜	临淄区凤凰镇王桥村	40	男	1938 年 10 月
曹传清	临淄区辛店街道曹家村	58	男	1938 年 10 月
孙继昌	临淄区辛店街道上庄村	—	男	1938 年 10 月
薛可诗	临淄区辛店街道上庄村	—	男	1938 年 10 月
徐广建	临淄区敬仲镇朱家村	60	男	1938 年 10 月
高新广	临淄区敬仲镇朱家村	50	男	1938 年 10 月
王平新	临淄区敬仲镇北伯村	30	男	1938 年 11 月
崔继增	临淄区敬仲镇崔官村	29	男	1938 年 11 月
朱来之	临淄区朱台镇朱北村	17	男	1938 年 11 月
鞠连奎	临淄区朱台镇桐林村	37	男	1938 年 11 月
王洪富	临淄区朱台镇东台村	21	男	1938 年 11 月
魏靖清	临淄区朱台镇北高西村	22	男	1938 年 11 月
赵希朋	临淄区凤凰镇西召村	52	男	1938 年 11 月
崔方德	临淄区边河乡北刘村	33	男	1938 年 11 月
张本宏	临淄区敬仲镇呈羔村	19	男	1938 年 11 月
王王氏	临淄区南王镇业旺东村	33	女	1938 年 12 月
于永山	临淄区凤凰镇中金村	38	男	1938 年 12 月
边树彬	临淄区凤凰镇中金村	47	男	1938 年 12 月
张连元	临淄区凤凰镇中金村	35	男	1938 年 12 月
于登英	临淄区凤凰镇中金村	23	女	1938 年 12 月

姓　名	籍　贯	年　龄	性　别	死难时间
于永山之女	临淄区凤凰镇中金村	1	女	1938 年 12 月
田昌林	临淄区辛店街道毛托村	21	男	1938 年 12 月
王荣刚	临淄区辛店街道辛店街村	27	男	1938 年 12 月
李怀德	临淄区雪宫街道单家居	16	男	1938 年 12 月 5 日
孙茂友	临淄区辛店街道车站居	33	男	1938 年 12 月
屈志平	临淄区齐陵街道高家村	28	男	1938 年 12 月
董善玉	临淄区齐都镇南马坊村	—	男	1938 年
苏贴祥	临淄区齐都镇尹家村	—	男	1938 年
袁家荣	临淄区齐都镇南门村	30	男	1938 年
于希伦	临淄区齐都镇葛家村	19	男	1941 年
于金城	临淄区齐都镇葛家村	19	男	1941 年
于维梁	临淄区齐都镇葛家村	31	男	1940 年
于希泉	临淄区齐都镇葛家村	25	男	1942 年
商文焕	临淄区齐都镇葛家村	26	男	1942 年
宋祥章	临淄区朱台镇杨店村	20	男	1938 年
李士文	临淄区朱台镇杨店村	20	男	1938 年
路长去	临淄区朱台镇杨店村	20	男	1938 年
国立忠之兄	临淄区朱台镇杨店村	20	男	1938 年
张李氏	临淄区皇城镇郑家村	52	女	1938 年
郑其河	临淄区皇城镇郑辛村	62	男	1938 年
李　氏	临淄区皇城镇刘辛村	21	女	1938 年
高树桐	临淄区皇城镇后下村	38	男	1938 年
高俊亭	临淄区皇城镇后下村	35	男	1938 年
王洪斌	临淄区皇城镇后下村	40	男	1938 年
王连贞之母	临淄区皇城镇后下村	50	女	1938 年
吴江南	临淄区皇城镇崖头村	50	男	1938 年
李子塘	临淄区皇城镇誉李村	17	男	1938 年
杨方聚	临淄区梧台镇北安合村	25	男	1938 年
孙干卿之弟	临淄区梧台镇北安合村	25	男	1938 年
边　氏	临淄区梧台镇柴南村	40	女	1938 年
齐玉生	临淄区梧台镇东齐村	22	男	1938 年
王　氏	临淄区梧台镇柴南村	18	女	1938 年
崔金祯	临淄区边河乡北刘村	33	男	1938 年
毕青同	临淄区辛店街道辛店街村	30	男	1938 年

姓 名	籍 贯	年 龄	性 别	死难时间
王学文	临淄区辛店街道辛店街村	22	男	1938 年
曹久经	临淄区辛店街道曹家村	57	男	1938 年
曹家英	临淄区辛店街道曹家村	27	男	1938 年
于守经	临淄区稷下街道赵家村	35	男	1938 年
于守凡	临淄区稷下街道赵家村	34	男	1938 年
于成功	临淄区稷下街道赵家村	41	男	1938 年
于连海	临淄区稷下街道赵家村	22	男	1938 年
陈清田	临淄区稷下街道陈家村	—	男	1938 年
孙振义	临淄区稷下街道陈家村	21	男	1938 年
刘以堂	临淄区齐陵街道淄河村	41	男	1938 年
徐英昌	临淄区齐陵街道淄河村	37	男	1938 年
孙道修	临淄区齐陵街道南山村	28	男	1938 年
李　×	临淄区齐陵街道刘家终村	28	男	1938 年
赵文炳	临淄区齐都镇南关村	23	男	1939 年 1 月
赵荣申	临淄区齐都镇南关村	18	男	1939 年 1 月
赵德三	—	—	男	1939 年 1 月
徐继宗	临淄区敬仲镇徐家圈村	19	男	1939 年 1 月
张元吉	临淄区朱台镇张王村	—	男	1939 年 1 月
张相正	临淄区朱台镇张王村	—	男	1939 年 1 月
张相明	临淄区朱台镇张王村	20	男	1939 年 1 月
张锡畴	临淄区朱台镇张王村	—	男	1939 年 1 月
张云祥	临淄区朱台镇张王村	—	男	1939 年 1 月
张　源	临淄区朱台镇张王村	—	男	1939 年 1 月
张抢妮	临淄区朱台镇张王村	—	女	1939 年 1 月
张相会	临淄区朱台镇张王村	—	男	1939 年 1 月
张源星	临淄区朱台镇张王村	—	男	1939 年 1 月
张炳普	临淄区朱台镇张王村	—	男	1939 年 1 月
张炳炎	临淄区朱台镇张王村	50	男	1939 年 1 月
张炳哲	临淄区朱台镇张王村	50	男	1939 年 1 月
张若成之父	临淄区朱台镇张王村	32	男	1939 年 1 月
张相润	临淄区朱台镇张王村	20	男	1939 年 1 月
张丙岭之姐	临淄区朱台镇张王村	7	女	1939 年 1 月
张立冬之父	临淄区朱台镇张王村	45	男	1939 年 1 月
张元顺	临淄区朱台镇张王村	50	男	1939 年 1 月

姓 名	籍 贯	年 龄	性 别	死难时间
张丙新	临淄区朱台镇张王村	—	男	1939 年 1 月
张若叶	临淄区朱台镇张王村	78	男	1939 年 1 月
朱良才	临淄区朱台镇大柳村	20	男	1939 年 1 月
王金山	临淄区朱台镇宁北村	43	男	1939 年 1 月
许永荣之女	临淄区朱台镇宁北村	4	女	1939 年 1 月
张明三之兄	临淄区朱台镇宁西村	35	男	1939 年 1 月
孙希禹	临淄区皇城镇大马岱村	32	男	1939 年 1 月
王俊杰	临淄区皇城镇大马岱村	15	男	1939 年 1 月
冯世传	临淄区皇城镇小马岱村	30	男	1939 年 1 月
孙效禹	临淄区皇城镇小马岱村	22	男	1939 年 1 月
吴兴洲	临淄区皇城镇埝头村	31	男	1939 年 1 月
李成友	临淄区皇城镇店子村	29	男	1939 年 1 月
王德志	临淄区凤凰镇北金村	30	男	1939 年 1 月
孙立训	临淄区凤凰镇大张村	47	男	1939 年 1 月
孙成武	临淄区稷下街道东孙村	26	男	1939 年 1 月
李长海	临淄区齐陵街道淄河村	23	男	1939 年 1 月
尹家庆	临淄区皇城镇大马岱村	22	男	1939 年 1 月
王维彦	临淄区皇城镇小马岱村	29	男	1939 年 1 月
尹松令	临淄区皇城镇大马岱村	51	男	1939 年 1 月
赵有卫	临淄区皇城镇小马岱村	15	男	1939 年 1 月
王怀玉	临淄区皇城镇小马岱村	31	男	1939 年 1 月
王象敬	临淄区雪宫街道西高村	28	男	1939 年 1 月
朱见公	临淄区朱台镇朱台东村	21	男	1939 年
孙希浩	临淄区皇城镇大马岱村	23	男	1939 年 2 月
唐桂林	临淄区皇城镇坡子村	70	男	1939 年 2 月
李相朋	临淄区皇城镇西上村	18	男	1939 年 2 月
路其昌	临淄区凤凰镇北田旺村	31	男	1939 年 2 月
窦长胜	临淄区皇城镇大马岱村	24	男	1939 年 2 月
李安祥	临淄区皇城镇西上村	19	男	1939 年 2 月
李昌元	临淄区皇城镇西上村	17	男	1939 年 2 月
李乾元	临淄区皇城镇西上村	18	男	1939 年 2 月
李光新之妻	临淄区皇城镇西上村	23	女	1939 年 2 月
姜玉水	临淄区齐都镇西关村	21	男	1939 年 3 月
张光曙	临淄区敬仲镇双庙村	16	男	1939 年

姓 名	籍 贯	年 龄	性 别	死难时间
李云成	临淄区敬仲镇北谢家村	19	男	1939 年 3 月
付德顺	临淄区朱台镇薛家村	20	男	1939 年 3 月
崔继尧	临淄区朱台镇桐林村	50	男	1939 年 3 月
房王氏	临淄区朱台镇王西村	49	女	1939 年 3 月
朱田德之妻	临淄区朱台镇王西村	53	女	1939 年 3 月
王景谦之女	临淄区朱台镇王西村	—	女	1939 年 3 月
杜学成	临淄区皇城镇大马岱村	52	男	1939 年 3 月
王维汉	临淄区皇城镇大蓬科村	34	男	1939 年 3 月
陈象成	临淄区皇城镇灯笼村	25	男	1939 年 3 月
郑玉清	临淄区皇城镇郑辛村	18	男	1939 年 3 月
边塞子	临淄区凤凰镇中金村	30	男	1939 年 3 月
路普臣	临淄区凤凰镇西陈家村	20	男	1939 年 3 月
路希纯	临淄区凤凰镇西陈家村	23	男	1939 年 3 月
路梁图之女	临淄区凤凰镇山庄村	12	女	1939 年 3 月
杨奉慎之母	临淄区边河乡西刘村	38	女	1939 年 3 月
崔万子之子	临淄区凤凰镇红花村	5	男	1939 年 3 月
蔡廷格	临淄区凤凰镇南坞西村	30	男	1939 年 3 月
韩郭氏	临淄区梧台镇彩家村	58	女	1939 年 3 月
孙延华	临淄区凤凰镇西申村	28	男	1939 年 3 月
田承信	临淄区凤凰镇小曹村	19	男	1939 年 3 月
孟继友	临淄区凤凰镇东召村	31	男	1939 年 3 月
张传芬	临淄区凤凰镇南坞东村	—	男	1939 年 3 月
李怀智	临淄区辛店街道山王村	30	男	1939 年
李丙银	临淄区辛店街道山王村	13	男	1940 年
徐方荣	临淄区辛店街道矮槐村	12	男	1939 年
杨希水	临淄区辛店街道安乐店村	—	男	1939 年
孙希鲁	临淄区辛店街道大武村	—	男	1939 年
孙思减	临淄区辛店街道大武村	—	男	1939 年
于永元	临淄区齐陵街道宋家村	17	男	1939 年 3 月 31 日
张敦利	临淄区敬仲镇呈羔村	30	男	1939 年 3 月
张中法	临淄区敬仲镇呈羔村	71	男	1939 年 3 月
张允志	临淄区敬仲镇呈羔村	81	男	1939 年 3 月
田培玉	临淄区敬仲镇毕家村	16	男	1939 年 4 月
郭允昌	临淄区朱台镇桐林村	40	男	1939 年 4 月

姓 名	籍 贯	年 龄	性 别	死难时间
朱孙氏	临淄区朱台镇王西村	53	女	1939 年 4 月
孙海云	临淄区凤凰镇大张村	47	男	1939 年 4 月
崔长方	临淄区敬仲镇许家屯村	28	男	1939 年 4 月 23 日
崔银海	临淄区敬仲镇许家屯村	28	男	1939 年 4 月 23 日
崔家禄	临淄区敬仲镇许家屯村	32	男	1939 年 4 月 23 日
崔家骧	临淄区敬仲镇许家屯村	49	男	1939 年 4 月 23 日
崔菊圃	临淄区敬仲镇许家屯村	25	男	1939 年 4 月 23 日
崔乃庚	临淄区敬仲镇许家屯村	26	男	1939 年 4 月 23 日
崔继伟	临淄区敬仲镇许家屯村	19	男	1939 年 4 月 23 日
崔贻廷	临淄区敬仲镇许家屯村	23	男	1939 年 4 月 23 日
巩良运	临淄区敬仲镇钓鱼村	23	男	1939 年
张英成	临淄区敬仲镇西周村	18	男	1939 年 5 月
王鹤令	临淄区皇城镇北羊村	21	男	1939 年 5 月
张树标	临淄区梧台镇温家村	30	男	1939 年 5 月
路枫章	临淄区凤凰镇西陈家村	39	男	1939 年 5 月
边培让	临淄区凤凰镇东召北村	21	男	1939 年 5 月
殷道升	临淄区凤凰镇东召北村	40	男	1939 年 5 月
苗延寿	临淄区凤凰镇东召南村	22	男	1939 年 6 月 22 日
许家福	临淄区边河乡涧西村	31	男	1939 年 5 月
石毓温	临淄区辛店街道矮槐村	—	男	1939 年 5 月
边又发	临淄区凤凰镇东召村	50	男	1939 年 5 月 8 日
边又增	临淄区凤凰镇东召村	50	男	1939 年 5 月 8 日
边承明	临淄区凤凰镇东召村	52	男	1939 年 5 月 8 日
边树栋	临淄区凤凰镇东召村	38	男	1939 年 5 月 8 日
边芒种	临淄区凤凰镇东召村	20	男	1939 年 5 月 8 日
边善骄	临淄区凤凰镇东召村	40	男	1939 年 5 月 8 日
二老殷	临淄区凤凰镇东召村	30	男	1939 年 5 月 8 日
崔福训	临淄区齐都镇西古城村	17	男	1939 年 6 月
王延年	临淄区齐都镇郎家村	33	男	1939 年 6 月
巩左运	临淄区敬仲镇钓鱼村	24	男	1939 年 6 月
朱中成	临淄区朱台镇朱西村	21	男	1939 年 6 月
崔晓耳	临淄区朱台镇桐林村	20	男	1939 年 6 月
张志远	临淄区皇城镇大铁村	36	男	1939 年 6 月
郭光太	临淄区皇城镇前孔村	18	男	1939 年 6 月

姓 名	籍 贯	年 龄	性 别	死难时间
王学闵	临淄区梧台镇北曹村	29	男	1939 年 6 月 1 日
边文同	临淄区凤凰镇东召西村	18	男	1939 年 6 月 1 日
边希尧	临淄区凤凰镇东召西村	70	男	1939 年 6 月 1 日
边学孔	临淄区凤凰镇东召西村	22	男	1939 年 6 月 1 日
石玉志	临淄区稷下街道小杨村	27	男	1939 年 6 月 1 日
崔一志	临淄区齐陵街道聂仙村	25	男	1939 年 6 月 2 日
朱有生	临淄区敬仲镇东苇村	60	男	1939 年 6 月 8 日
贾俊良之兄	临淄区敬仲镇东苇村	—	男	1939 年 6 月 8 日
贾来用之祖父	临淄区敬仲镇东苇村	44	男	1939 年 6 月 8 日
贾双成	临淄区敬仲镇东苇村	24	男	1939 年 6 月 8 日
孙佃英	临淄区敬仲镇东苇村	17	男	1939 年 6 月 8 日
贾俊良之祖父	临淄区敬仲镇东苇村	60	男	1939 年 6 月 8 日
边道横	临淄区凤凰镇东召南村	51	男	1939 年 6 月 22 日
边希友	临淄区凤凰镇东召南村	25	男	1939 年 6 月 22 日
边道恒之弟	临淄区凤凰镇东召南村	45	男	1939 年 6 月 22 日
边道恒之弟	临淄区凤凰镇东召南村	41	男	1939 年 6 月 22 日
边道恒之侄	临淄区凤凰镇东召南村	10	男	1939 年 6 月 22 日
边纯喜	临淄区凤凰镇东召南村	86	男	1939 年 6 月 22 日
边守居	临淄区凤凰镇东召村	50	男	1939 年 6 月 22 日
边心德	临淄区凤凰镇东召村	20	男	1939 年 6 月 22 日
边照然	临淄区凤凰镇东召村	16	男	1939 年 6 月 22 日
边金亮	临淄区凤凰镇东召村	43	男	1939 年 6 月 22 日
边泽钦	临淄区凤凰镇东召村	27	男	1939 年 6 月 22 日
边应吉	临淄区凤凰镇东召村	40	男	1939 年 6 月 22 日
边道立	临淄区凤凰镇东召村	40	男	1939 年 6 月 22 日
边东屋	临淄区凤凰镇东召村	20	男	1939 年 6 月 22 日
边金章	临淄区凤凰镇东召村	37	男	1939 年 6 月 22 日
边冷吉	临淄区凤凰镇东召村	40	男	1940 年
王泽斌	临淄区凤凰镇王桥村	35	男	1939 年
兴	临淄区凤凰镇王桥村	20	男	1939 年
崔延德	临淄区敬仲镇李官村	79	男	1939 年
泥希三	临淄区朱台镇宁西村	32	男	1939 年 7 月
泥岳三	临淄区朱台镇宁西村	40	男	1939 年 7 月
赵延功	临淄区朱台镇南高村	18	男	1939 年 7 月

姓 名	籍 贯	年 龄	性 别	死难时间
王建礼	临淄区朱台镇槐北村	—	男	1939 年 7 月
王中秀	临淄区朱台镇槐北村	—	男	1939 年 7 月
于呈祥	临淄区皇城镇西上村	18	男	1939 年 7 月
王学信	临淄区梧台镇北曹村	34	男	1939 年 7 月
王来兴	临淄区凤凰镇朱家屯村	37	男	1939 年 7 月
王福兴	临淄区凤凰镇朱家屯村	35	男	1939 年 7 月
关云起	临淄区凤凰镇朱家村	27	男	1939 年 7 月
关云瑾	临淄区凤凰镇朱家村	27	男	1939 年 7 月
贾化美	临淄区辛店街道仉行村	35	男	1939 年 7 月
袁春桐	临淄区稷下街道范家村	28	男	1939 年 7 月
朱连仲	临淄区敬仲镇东苇村	—	男	1939 年 7 月 22 日
贾立邦之父	临淄区敬仲镇东苇村	—	男	1939 年 7 月 22 日
贾富邦之父	临淄区敬仲镇东苇村	—	男	1939 年 7 月 22 日
铁儿	临淄区敬仲镇东苇村	—	男	1939 年 7 月 22 日
枝儿	临淄区敬仲镇东苇村	—	男	1939 年 7 月 22 日
冯宝训	临淄区敬仲镇张王村	30	男	1939 年
刘廷干	临淄区齐都镇东石村	26	男	1939 年 8 月
于文正	临淄区齐都镇东关村	20	男	1939 年 8 月
张方余	临淄区敬仲镇钓鱼村	22	男	—
崔昌宗	临淄区敬仲镇褚家村	40	男	1939 年 8 月
陈有平	临淄区敬仲镇西周村	37	男	1941 年
崔继利	临淄区敬仲镇崔官村	24	男	1939 年
李省三	临淄区皇城镇南卧石村	50	男	1939 年 8 月
张继成	临淄区皇城镇灯笼村	20	男	1939 年 8 月 1 日
肖日新	临淄区皇城镇东南羊村	18	男	1939 年 8 月
崔洪花	临淄区边河乡北刘村	27	男	1939 年 8 月
杨玉昌	临淄区辛店街道西夏村	20	男	1939 年 8 月
张敦礼	临淄区敬仲镇小东王村	40	男	1939 年 8 月
张敦亭	临淄区敬仲镇小东王村	35	男	1939 年 8 月
张敦本	临淄区敬仲镇双庙村	45	男	1939 年
张象玉	临淄区齐都镇赵王村	21	男	1939 年 9 月
宗相元	临淄区敬仲镇朱家村	40	男	1939 年 9 月
崔恒适	临淄区敬仲镇辛入村	31	男	1939 年 9 月
崔沾化	临淄区敬仲镇辛入村	62	男	1939 年 9 月

姓　名	籍　贯	年　龄	性　别	死难时间
崔中华	临淄区敬仲镇辛入村	36	男	1939 年 9 月
郑启发	临淄区敬仲镇岳家村	37	男	1939 年
陈风书	临淄区敬仲镇杨官村	21	男	1939 年
崔继慎之伯父	临淄区敬仲镇崔官村	26	男	1939 年
郑修祥	临淄区皇城镇郑辛村	31	男	1939 年
王克俱	临淄区凤凰镇北金村	56	男	1939 年 9 月
王天曾	临淄区凤凰镇北金村	55	男	1939 年 9 月
路树南	临淄区凤凰镇田旺村	32	男	1939 年 9 月
孙富连	临淄区凤凰镇南金村	18	男	1939 年 9 月
徐宗田	临淄区稷下街道徐家村	28	男	1939 年 9 月
王福吉	临淄区稷下街道耿王村	28	男	1939 年 9 月
朱可荣	临淄区敬仲镇张王村	30	男	1939 年 9 月
蔡青华	临淄区敬仲镇蔡王村	19	男	1939 年 9 月
蔡英华	临淄区敬仲镇蔡王村	23	男	1939 年 9 月
朱曰圣	临淄区朱台镇王东村	29	男	1939 年 10 月 1 日
韩方溪之祖父	临淄区朱台镇北高东村	—	男	1939 年 10 月
郭洪明之叔	临淄区朱台镇北高东村	—	男	1939 年 10 月
韩发山	临淄区朱台镇革新村	—	男	1939 年 10 月
王洪征	临淄区齐陵街道聂仙村	40	男	1939 年 10 月
李广仁	临淄区雪宫街道西高村	25	男	1939 年 10 月
王一温	临淄区梧台镇西老村	31	男	1939 年 10 月
韩风奎	临淄区梧台镇彩家村	42	男	1939 年 10 月
王喜臣	临淄区凤凰镇南罗村	40	男	1939 年
罗风阶	临淄区凤凰镇南罗村	42	男	1939 年
罗臣贤	临淄区凤凰镇南罗村	45	男	1939 年
财　神	临淄区辛店街道大武村	72	男	1939 年
荣衍友	临淄区齐陵街道小交流村	40	男	1939 年
徐福禄之祖父	临淄区敬仲镇户王村	39	男	1939 年 10 月
徐保良	临淄区敬仲镇张王村	35	男	1939 年 10 月
李相政	临淄区敬仲镇郝家村	30	男	1939 年 10 月
赵洪滨	临淄区敬仲镇郝家村	87	男	1939 年 10 月
陈万青	临淄区敬仲镇蔡王村	21	男	1939 年 10 月
高太河	临淄区敬仲镇蔡王村	30	男	1939 年 10 月
蔡中华	临淄区敬仲镇蔡王村	20	男	1939 年 10 月

姓 名	籍 贯	年 龄	性 别	死难时间
王贵森	临淄区敬仲镇蔡王村	73	男	1939 年 10 月
付春池	临淄区敬仲镇蔡王村	78	男	1939 年 10 月
李曰胜	临淄区朱台镇谢家村	26	男	1939 年 11 月
郭兀子	临淄区朱台镇高家村	—	男	1939 年 11 月
孙为胜	临淄区朱台镇高家村	—	男	1939 年 11 月
高树梅	临淄区朱台镇高家村	—	女	1939 年 11 月
常河忠	临淄区朱台镇槐北村	19	男	1939 年 11 月
朱佃元	临淄区皇城镇堐头村	21	男	1939 年 11 月
张九功	临淄区皇城镇堐头村	17	男	1939 年 11 月
吴明仁	临淄区皇城镇小铁村	28	男	1939 年 11 月
魏士龙	临淄区凤凰镇东齐村	46	男	1939 年 11 月
刘进信	临淄区齐陵街道望寺村	28	男	1939 年 11 月 1 日
田树林	临淄区敬仲镇西姬村	29	男	1939 年 12 月
徐连贞	临淄区敬仲镇徐家圈村	21	男	1939 年 12 月
孙德润	临淄区朱台镇上河东村	30	男	1939 年 12 月
孙王氏	临淄区朱台镇上河东村	32	女	1939 年 12 月
孙建国	临淄区朱台镇上河东村	51	男	1939 年 12 月
孙铭三	临淄区朱台镇上河东村	29	男	1939 年 12 月
孙椿芳	临淄区朱台镇上河西村	38	男	1939 年 12 月
王正礼	临淄区朱台镇宁东村	16	男	1939 年 12 月
郭贯田	临淄区朱台镇王东村	—	男	1939 年 12 月
朱景芳	临淄区朱台镇王东村	45	男	1939 年 12 月
朱曰美	临淄区朱台镇王东村	20	男	1939 年 12 月
朱曰德	临淄区朱台镇王东村	23	男	1939 年 12 月
朱士杰	临淄区朱台镇王东村	43	男	1939 年 12 月
于相林	临淄区皇城镇郑六端村	28	男	1939 年 12 月
于德训	临淄区皇城镇于家村	17	男	1939 年 12 月
于孟邻	临淄区皇城镇于家村	15	男	1939 年 12 月
王 科	临淄区皇城镇东官村	29	男	1939 年 12 月 1 日
边 氏	临淄区凤凰镇西召村	43	女	1939 年 12 月
边振永之女	临淄区凤凰镇西召村	19	女	1939 年 12 月
路善守之母	临淄区凤凰镇寇家村	50	女	1939 年 12 月 1 日
王木林	临淄区凤凰镇寇家村	49	男	1939 年 12 月
李曦晨	临淄区齐陵街道齐家终村	28	男	1939 年 12 月

姓　名	籍　贯	年　龄	性　别	死难时间
许从礼	临淄区齐陵街道齐家终村	28	男	1938 年
刘锡珍	临淄区齐陵街道望寺村	26	男	1939 年 12 月
耿佃元	临淄区梧台镇王青屯村	19	男	1939 年
屈志刚	临淄区齐陵街道高家村	28	男	1938 年
袁希善	临淄区齐都镇西关村	—	男	1939 年
谢廷琴	临淄区齐都镇西门村	17	男	1939 年
史炳正	临淄区齐都镇西门村	15	男	1939 年
齐民安	临淄区齐都镇西关南村	21	男	1939 年
黄泽令	临淄区齐都镇傅家村	19	男	1939 年
韩昌盛	临淄区齐都镇南马坊村	26	男	1939 年
朱见梅之叔	临淄区朱台镇朱东村	30	男	1939 年
闫　四	临淄区朱台镇大夫店村	40	男	1939 年
王乐颜	临淄区朱台镇陈营村	35	男	1939 年
李曰信	临淄区朱台镇陈营村	36	男	1939 年
张炳善	临淄区朱台镇张王村	24	男	1940 年
张相庆	临淄区朱台镇张王村	19	男	1940 年
孙文和	临淄区朱台镇槐北村	—	男	1939 年
王连永	临淄区朱台镇槐北村	—	男	1939 年
常继生	临淄区朱台镇槐北村	—	男	1939 年
常兆随	临淄区朱台镇槐北村	—	男	1939 年
于子德	临淄区皇城镇石槽村	30	男	1939 年
郑传家	临淄区皇城镇郑辛村	54	男	1939 年
郑其浩	临淄区皇城镇郑辛村	55	男	1939 年
王俊才	临淄区皇城镇大马岱村	30	男	1939 年
许占元	临淄区皇城镇许家村	36	男	1939 年
吴中信	临淄区皇城镇崖头村	25	男	1939 年
陈兰池	临淄区皇城镇皇城村	23	男	1939 年
于佩珍	临淄区皇城镇五路口村	27	男	1939 年
郑春野	临淄区皇城镇郑辛村	28	男	1939 年
王竹铭	临淄区梧台镇西刘村	38	男	1938 年
王荣海	临淄区梧台镇北安合村	24	男	1939 年
李东河	临淄区梧台镇北安合村	17	男	1939 年
王兰阶	临淄区梧台镇南王村	20	男	1939 年
崔效增	临淄区梧台镇刘地村	19	男	1939 年

姓 名	籍 贯	年 龄	性 别	死难时间
史悦农	临淄区梧台镇刘地村	20	男	1939 年
王景周	临淄区梧台镇土桥村	18	男	1939 年
张春田	临淄区梧台镇土桥村	18	男	1939 年
王洪凡	临淄区梧台镇西梧村	38	男	1938 年
王齐和	临淄区凤凰镇北金村	20	男	1939 年
路良图之女	临淄区凤凰镇山庄村	—	女	1939 年
常成德	临淄区边河乡北刘村	29	男	1939 年
孙许氏	临淄区边河乡北刘村	25	女	1939 年
长 增	临淄区辛店街道安乐店村	18	男	1939 年
赵小柱	临淄区辛店街道高家村	16	男	1939 年
苗同云	临淄区辛店街道西夏村	—	男	1939 年
孙圣本	临淄区稷下街道西孙村	52	男	1939 年
刘 ×	临淄区齐陵街道刘营村	46	男	1939 年
许佃邦	临淄区齐陵街道齐家终村	21	男	1939 年
张连路	临淄区敬仲镇朱家村	61	男	1940 年 1 月
高春山	临淄区敬仲镇朱家村	30	男	1940 年 1 月
徐胜阶	临淄区敬仲镇朱家村	39	男	1940 年 1 月
胡春梅	临淄区敬仲镇西胡村	21	男	1940 年 1 月
李尚勤	临淄区敬仲镇李家西村	20	男	1940 年 1 月
崔敦信	临淄区敬仲镇北赵家村	29	男	1940 年 1 月
孙希成之祖父	临淄区朱台镇东单村	—	男	1940 年 1 月
于培俊	临淄区皇城镇大马岱村	29	男	1940 年 1 月
翟作奎	临淄区皇城镇锡腊村	16	男	1940 年 1 月
房冠卿	临淄区皇城镇房六端村	35	男	1940 年 1 月
吴星辉	临淄区皇城镇堐头村	20	男	1940 年 1 月
钟书文	临淄区梧台镇温家村	29	男	1940 年 1 月
赵洪章	临淄区敬仲镇郝家村	87	男	1940 年 1 月
崔书佃	临淄区齐都镇西古村	24	男	1940 年 2 月
李景文	临淄区敬仲镇李家西村	17	男	1940 年
崔修福	临淄区敬仲镇东周村	21	男	1940 年 2 月
于菊堂	临淄区皇城镇大马岱村	30	男	1940 年 2 月
李同绪	临淄区皇城镇于家村	16	男	1940 年 2 月
于良政	临淄区皇城镇于家村	18	男	1940 年 2 月
崔江亭	临淄区皇城镇许家村	19	男	1940 年 2 月

姓 名	籍 贯	年 龄	性 别	死难时间
郭成文	临淄区皇城镇前孔村	19	男	1940 年 2 月
刘炳仁	临淄区凤凰镇周家村	25	男	1940 年 2 月
李书进	临淄区敬仲镇李西村	40	男	1940 年 3 月
崔俊良	临淄区敬仲镇崔官村	27	男	1940 年 3 月
吴树森	临淄区敬仲镇西周村	23	男	1945 年 3 月
朱士杰	临淄区朱台镇朱台东村	49	男	1940 年 3 月
李洪右	临淄区朱台镇南高村	21	男	1940 年 3 月
李怀春	临淄区朱台镇南高村	30	男	1940 年 3 月
李东岳	临淄区朱台镇南高村	20	男	1940 年 3 月
杨清慈之父	临淄区朱台镇南高村	30	男	1940 年 3 月
王方田	临淄区朱台镇徐屯村	—	男	1940 年 3 月
李德林	临淄区皇城镇南卧石村	34	男	1940 年 3 月
李中垣	临淄区皇城镇南卧石村	31	男	1940 年 3 月
王安义	临淄区皇城镇崖付村	23	男	1940 年 3 月
荆昌年	临淄区皇城镇南卧石村	21	男	1940 年 3 月
许振海	临淄区皇城镇许家村	21	男	1940 年 3 月
王法晋	临淄区梧台镇水牛村	35	男	1940 年 3 月
闫风格	临淄区边河乡阎下村	22	男	1940 年 3 月
任锡符	临淄区齐陵街道淄河村	29	男	1940 年 3 月
刘洪文	临淄区敬仲镇刘家村	33	男	1940 年 3 月 4 日
李同书	临淄区皇城镇南卧石村	—	男	1940 年
崔敦培	临淄区敬仲镇赵家村	22	男	1940 年
崔福庆	临淄区敬仲镇西王官村	28	男	1940 年 4 月
冯允修	临淄区敬仲镇冯家村	22	男	1940 年
李维军	临淄区朱台镇房家村	33	男	—
耿茂者	临淄区朱台镇耿家村	25	男	1940 年 4 月
路志和	临淄区梧台镇北曹村	22	男	1940 年
边树章	临淄区凤凰镇东召村	27	男	1940 年 4 月
于江玉	临淄区辛店街道大武村	69	男	1940 年 4 月
李蓝子	临淄区闻韶街道相家村	30	男	1940 年 4 月
刘永华	临淄区齐陵街道望寺村	31	男	1940 年 4 月
王英三	临淄区齐都镇东门村	20	男	1940 年 5 月
国景旭	临淄区齐都镇国家村	20	男	1940 年 5 月
国景太	临淄区齐都镇国家村	24	男	1940 年 5 月

姓 名	籍 贯	年 龄	性 别	死难时间
张凤阁	临淄区齐都镇赵王村	18	男	1940 年 5 月
李玉端	临淄区敬仲镇李家西村	21	男	1940 年 5 月
姜希胜	临淄区敬仲镇东姬村	33	男	1940 年 5 月
张允绪	临淄区敬仲镇双庙村	25	男	1940 年
谢曰忠	临淄区朱台镇谢家村	—	男	1940 年 5 月
金永望	临淄区朱台镇枣园村	33	男	1940 年 5 月
朱中厚	临淄区朱台镇朱西村	22	男	1940 年 5 月
邢保民	临淄区朱台镇前夏西村	—	男	1940 年
张乐善	临淄区朱台镇大夫店村	32	男	1940 年 5 月
杨武奎	临淄区皇城镇杨王六端村	23	男	1940 年 5 月
郑书修	临淄区皇城镇郑六端村	23	男	1940 年 5 月
于百福	临淄区皇城镇郑六端村	21	男	1940 年 5 月
刘　坤	临淄区皇城镇刘家辛村	25	男	1940 年 5 月
李士恭	临淄区皇城镇南卧石村	17	男	1940 年 5 月
吴治惠	临淄区皇城镇小铁村	23	男	1940 年 5 月
于保光	临淄区皇城镇前孔村	35	男	1940 年 5 月
王纯诚	临淄区梧台镇西老村	18	男	1940 年 5 月
王相贞	临淄区梧台镇柴南村	21	男	1940 年 5 月
刘怀英	临淄区梧台镇店子村	20	男	1940 年 5 月
边锦州	临淄区凤凰镇寇家村	42	男	1940 年 5 月
耿玉振	临淄区凤凰镇南坞西村	21	男	1940 年 5 月
王兴业	临淄区凤凰镇蒋家村	36	男	1940 年 5 月
周树栋	临淄区凤凰镇田旺村	24	男	1940 年 5 月
边振淦	临淄区凤凰镇中金村	25	男	1940 年 5 月
于永年	临淄区凤凰镇中金村	24	男	1940 年 5 月
于希江	临淄区凤凰镇南金村	22	男	1940 年 5 月
孙承烈	临淄区凤凰镇大张村	30	男	1940 年 5 月
王成立	临淄区辛店街道辛店街村	21	男	1940 年 5 月
孟宪兴	临淄区稷下街道永流村	30	男	1940 年 5 月
邹斯壁	临淄区稷下街道永流村	30	男	1940 年 5 月
闫荣祥	临淄区稷下街道闫家村	21	男	1940 年 5 月
苏德广	临淄区齐陵街道东刘家村	29	男	1940 年 5 月
刘柄照	临淄区齐陵街道刘营村	16	男	1940 年 5 月
孙云生	临淄区齐陵街道刘营村	16	男	1940 年 5 月

姓 名	籍 贯	年 龄	性 别	死难时间
刘来昌	临淄区齐陵街道刘营村	17	男	1940 年 5 月
刘云昌	临淄区齐陵街道刘营村	20	男	1940 年 5 月
崔师古	临淄区敬仲镇许家屯村	23	男	1943 年 6 月
崔亮功	临淄区敬仲镇东胡村	30	男	1940 年
许保光	临淄区敬仲镇东姬村	19	男	1940 年
李来学	临淄区敬仲镇李西村	40	男	1940 年
郭兆谟	临淄区朱台镇王庄村	20	男	1940 年 6 月
郭锡恩	临淄区朱台镇北高东村	22	男	1940 年 6 月
李居正	临淄区皇城镇南卧石村	50	男	1940 年 6 月
高登成	临淄区皇城镇小马岱村	26	男	1940 年 6 月
裴景汤	临淄区临淄区皇城镇北羊村	26	男	1940 年 6 月
许清田	临淄区朱台镇宁南村	20	男	1940 年 7 月
邵永庆	临淄区皇城镇锡腊村	33	男	1940 年 7 月
于思久	临淄区皇城镇于家村	20	男	1940 年 7 月
徐育才	临淄区齐都镇长胡村	24	男	1940 年 8 月
朱宝鑫	临淄区齐都镇傅家村	26	男	1940 年 8 月
于福元	临淄区齐都镇东关村	17	男	1940 年 8 月
户茂林	临淄区敬仲镇西周村	42	男	1940 年 8 月
陈雨亭	临淄区敬仲镇西周村	33	男	1940 年
胡景平	临淄区敬仲镇西胡村	22	男	1940 年 8 月
杨士修	临淄区敬仲镇赵家村	21	男	1940 年
王中亭	临淄区朱台镇大柳村	51	男	1940 年 8 月
泥　儒	临淄区朱台镇房家村	29	男	—
于恩惠	临淄区皇城镇灯笼村	35	男	1940 年 8 月
王洪谋	临淄区梧台镇西梧村	30	男	1938 年
王洪奎	临淄区梧台镇西梧村	40	男	1938 年
王树朴	临淄区梧台镇西梧村	21	男	1938 年
路伊然	临淄区梧台镇西梧村	46	男	1938 年
王绪法	临淄区凤凰镇北金村	20	男	1940 年 8 月
孙来学	临淄区边河乡西崖村	27	男	1940 年 8 月
孙景智之父	临淄区辛店街道大武村	—	男	1940 年 8 月
高尚和	临淄区辛店街道矮槐村	25	男	1940 年 8 月
王化荣	临淄区稷下街道合里村	23	男	1940 年 8 月
崔又仁	临淄区齐都镇西古城村	18	男	1940 年 9 月

姓 名	籍 贯	年 龄	性 别	死难时间
崔又盛	临淄区齐都镇西古城村	20	男	1940 年 9 月
田书林	临淄区敬仲镇西姬村	30	男	1940 年
张本勇	临淄区敬仲镇呈羔西村	22	男	1940 年
崔纪忠	临淄区敬仲镇崔官村	23	男	1940 年
崔福海	临淄区敬仲镇大寇村	20	男	1940 年 9 月
李孝道	临淄区敬仲镇李东村	18	男	1940 年
王金碧	临淄区朱台镇东台村	93	男	—
边廷臣	临淄区凤凰镇西召村	19	男	1940 年 9 月
李新民	临淄区凤凰镇大张村	22	男	1940 年 9 月
孙玉经	临淄区凤凰镇大张村	22	男	1940 年 9 月
罗本固	临淄区边河乡辛庄村	29	男	1940 年 9 月
刘焕章	临淄区边河乡辛庄村	38	男	1940 年 9 月
石次昆	临淄区辛店街道毛托村	31	男	1940 年 9 月
曹泉涌	临淄区稷下街道大杨村	22	男	1940 年 9 月
郭亨元	临淄区稷下街道大杨村	36	男	1940 年 9 月
张新德	临淄区敬仲镇东柳村	37	男	1940 年
林江东	临淄区敬仲镇褚家村	28	男	1940 年
齐连友	临淄区朱台镇桐林村	72	男	1940 年 10 月
齐 政	临淄区朱台镇桐林村	48	男	1940 年 10 月
齐 斌	临淄区朱台镇桐林村	53	男	1940 年 10 月
齐永禄	临淄区朱台镇桐林村	20	男	1940 年 10 月
齐永祥	临淄区朱台镇桐林村	23	男	1940 年 10 月
路振玲	临淄区朱台镇桐林村	20	女	1940 年 10 月
齐斌之妻	临淄区朱台镇桐林村	43	女	1940 年 10 月
孙如喜	临淄区朱台镇耿家村	—	男	1940 年
许秀昌	临淄区朱台镇宁西村	22	男	1940 年 10 月
许青田	临淄区朱台镇宁西村	21	男	1940 年 10 月
杨 厚	临淄区朱台镇东台村	82	男	—
王振生	临淄区皇城镇高六端村	20	男	1940 年 10 月
孙继恭	临淄区雪宫街道孙家村	28	男	1940 年 10 月 16 日
袁维新	临淄区梧台镇辛兴村	38	男	1940 年
袁维新之妻	临淄区梧台镇辛兴村	40	女	1940 年
狗 妮	临淄区凤凰镇寇家村	7	女	1940 年
罗福之之叔	临淄区朱台镇罗家村	19	男	1940 年 11 月 1 日

姓　名	籍　贯	年　龄	性　别	死难时间
王志明	临淄区朱台镇大柳村	19	男	1940 年 11 月
李允信	临淄区朱台镇房家村	26	男	1940 年 11 月
徐学诚	临淄区皇城镇四官村	18	男	1940 年 11 月
李　鑫	临淄区皇城镇南卧石村	30	男	1940 年 11 月
李心证	临淄区皇城镇垭头村	22	男	1940 年 11 月
张本良	临淄区敬仲镇双庙村	18	男	1940 年
路　氏	临淄区朱台镇大夫店村	43	女	1940 年
王　氏	临淄区朱台镇大夫店村	45	女	1940 年 12 月
冯家彬	临淄区朱台镇徐王村	33	男	1940 年 12 月
韩之德	临淄区朱台镇徐王村	24	男	1940 年 12 月
荣衍顺	临淄区皇城镇荣家村	34	男	1940 年 12 月
王其太	临淄区皇城镇后下村	27	男	1940 年 12 月
乔家禄	临淄区皇城镇后下村	27	男	1940 年 12 月
王维源	临淄区齐都镇东古城村	—	男	1940 年
王执馆	临淄区齐都镇东古城村	—	男	1940 年
林盛春	临淄区齐都镇西关北村	22	男	1940 年
吴元亨	临淄区齐都镇西关北村	32	男	1940 年
崔景禹	临淄区齐都镇西古城村	20	男	1940 年
崔　健	临淄区齐都镇西古城村	18	女	1940 年
崔华邦	临淄区齐都镇石佛村	39	男	1940 年
刘春修	临淄区齐都镇傅家村	21	男	1940 年
王学之	临淄区齐都镇崔家村	35	男	1940 年
贾树青	临淄区齐都镇南马坊村	29	男	1940 年
王志诰	临淄区朱台镇耿家村	30	男	1940 年
朱树南	临淄区朱台镇槐西村	27	男	1940 年
常承志	临淄区朱台镇槐西村	—	男	1940 年
周广荣	临淄区朱台镇香坊村	50	男	1940 年
郭金堂	临淄区朱台镇殷家村	30	男	1940 年
张洪吉	临淄区皇城镇郑家村	24	男	1940 年
于相亨	临淄区皇城镇郑家村	54	男	1940 年
李同训	临淄区皇城镇于家村	24	男	1940 年
于子成	临淄区皇城镇石槽村	30	男	1940 年
于在柱	临淄区皇城镇石槽村	58	男	1940 年
于清海之祖父	临淄区皇城镇石槽村	60	男	1940 年

姓 名	籍 贯	年 龄	性 别	死难时间
王希玉	临淄区皇城镇西南羊村	26	男	1940 年
陈修业	临淄区皇城镇皇城村	14	男	1940 年
陈寿杰	临淄区皇城镇皇城村	29	男	1940 年
徐成智	临淄区皇城镇四官村	38	男	1940 年
刘相振	临淄区皇城镇四官村	23	男	1940 年
于翠英	临淄区皇城镇五路村	20	男	1940 年
于世昌	临淄区皇城镇坡子村	24	男	1940 年
李景春	临淄区皇城镇郑六端村	25	男	1940 年
刘长兴	临淄区皇城镇崖付村	27	男	1940 年
刘延昌	临淄区皇城镇刘家辛村	23	男	1940 年
刘延勋	临淄区皇城镇刘家辛村	15	男	1940 年
李慈忠	临淄区皇城镇大铁村	19	男	1940 年
冯际禹	临淄区皇城镇西南羊村	35	男	1940 年
徐若昆	临淄区皇城镇东南羊村	22	男	1940 年
徐好廉	临淄区皇城镇东南羊村	25	男	1940 年
徐辍然	临淄区皇城镇东南羊村	23	男	1940 年
徐素梅	临淄区皇城镇东南羊村	20	女	1940 年
李文元	临淄区皇城镇西上村	18	男	1940 年
宋佃士	临淄区梧台镇刘地村	26	男	1941 年
耿玉秉	临淄区梧台镇王青屯村	23	男	1940 年
邢云芝	临淄区梧台镇林家村	30	男	1940 年
王树方	临淄区梧台镇柴北村	21	男	1940 年
王绪俭	临淄区梧台镇柴北村	25	男	1940 年
王成德	临淄区梧台镇王青村	21	男	1940 年
李孝先	临淄区梧台镇土桥村	21	男	1941 年
王学孟	临淄区梧台镇北曹村	40	男	1940 年
路志正	临淄区梧台镇北曹村	30	男	1940 年
王新友	临淄区梧台镇柴北村	50	男	1940 年
王民悦	临淄区梧台镇东老村	29	男	1940 年
齐兴文	临淄区凤凰镇西齐村	23	男	1941 年
于文秀	临淄区凤凰镇中金村	32	男	1940 年
高全顺	临淄区凤凰镇大薄村	17	男	1940 年
王奎金	临淄区凤凰镇王桥村	23	男	1940 年
王书军	临淄区辛店街道安里村	11	男	1940 年

姓　名	籍　贯	年　龄	性　别	死难时间
刘孩子	临淄区辛店街道安乐店村	17	男	1940 年
石次昆	临淄区辛店街道矮槐村	31	男	1940 年
曹家烈	临淄区辛店街道曹家村	19	男	1940 年
张保位	临淄区辛店街道王朱村	22	男	1940 年
田长啸	临淄区辛店街道毛托村	29	男	1940 年
袁春辉	临淄区稷下街道范家村	32	男	1940 年
孙树桐	临淄区稷下街道东孙村	94	男	1940 年
丁传孝	临淄区稷下街道槐行村	—	男	1940 年
杨乐信	临淄区齐陵街道太平村	50	男	1940 年
刘云秀	临淄区齐陵街道刘营村	32	男	1941 年
周洪祯	临淄区齐陵街道东龙池村	21	男	1940 年
张凤义	临淄区齐都镇小徐村	23	男	1941 年 1 月
万世芳	临淄区齐都镇西关南村	22	男	1941 年 1 月
刘奉信	临淄区齐都镇东石村	20	男	1941 年 1 月
宋振山	临淄区金岭回族镇披甲村	25	男	1941 年 1 月
李长荣	临淄区敬仲镇李西村	23	男	1941 年 1 月
高士杰	临淄区敬仲镇白兔丘北村	25	男	—
朱锡会	临淄区朱台镇魏家村	—	男	1941 年 1 月
朱锡会之妻	临淄区朱台镇魏家村	—	女	1941 年 1 月
李希田之妻	临淄区朱台镇魏家村	—	女	1941 年 1 月
王延喜	临淄区皇城镇西南羊村	27	男	1941 年 1 月
王锡玉	临淄区皇城镇西南羊村	24	男	1941 年 1 月
罗俊臣	临淄区梧台镇李老村	18	男	1940 年
边柳亭	临淄区凤凰镇西召村	28	男	1941 年 1 月
郝兴业	临淄区凤凰镇郝家村	22	男	1941 年 1 月
朱德平	临淄区凤凰镇寇家村	20	男	1941 年 1 月
高士元	临淄区凤凰镇大薄村	23	男	1941 年 1 月
李冠三	临淄区稷下街道耿王村	21	男	1941 年 1 月
姚兆彦	临淄区齐都镇田家村	17	男	1941 年 2 月
崔继武	临淄区敬仲镇崔官村	19	男	1941 年
李振法	临淄区敬仲镇李家村	25	男	1941 年
于菊堂	临淄区皇城镇大马岱村	40	男	1941 年 2 月
郑焕文	临淄区凤凰镇东召西村	40	男	1941 年 2 月
路书田	临淄区凤凰镇寇家村	73	男	1941 年 2 月

姓 名	籍 贯	年 龄	性 别	死难时间
路善成	临淄区凤凰镇寇家村	29	男	1941 年 2 月
路善卫	临淄区凤凰镇寇家村	42	男	1941 年 2 月
路声廷	临淄区凤凰镇寇家村	40	男	1941 年 2 月
路善友	临淄区凤凰镇寇家村	31	男	1941 年 2 月
王受祥	临淄区凤凰镇寇家村	32	男	1941 年 2 月
朱玉会	临淄区凤凰镇寇家村	23	男	1941 年 2 月
王贤臣	临淄区凤凰镇王桥村	34	男	1941 年
李根友	临淄区敬仲镇李东村	20	男	1941 年 3 月
崔洪岛	临淄区敬仲镇石桥村	41	男	1941 年 3 月
朱贞佑	临淄区朱台镇朱东村	21	男	1941 年
李永康	临淄区皇城镇南卧石村	62	男	1941 年 3 月
李西平	临淄区皇城镇南卧石村	61	男	1941 年 3 月
于三道	临淄区皇城镇淄东张村	17	男	1941 年 3 月
乔宗文	临淄区皇城镇后下村	20	男	1941 年 3 月
许洪鳌	临淄区皇城镇许家村	22	男	1941 年 3 月
周树甲	临淄区凤凰镇田旺村	30	男	1941 年 3 月
王吉平	临淄区梧台镇西老村	42	男	1941 年
徐香亭	临淄区敬仲镇徐家圈村	41	男	1941 年 3 月
刘明山	临淄区金岭回族镇刘辛村	35	男	1941 年 4 月
孙恩增	临淄区金岭回族镇披甲村	43	男	1941 年 4 月
李应祥	临淄区敬仲镇李南村	41	男	1941 年
朱贞汉	临淄区朱台镇朱东村	21	男	1941 年
王之盘	临淄区皇城镇油坊村	37	男	1941 年 4 月
李禹九	临淄区皇城镇大马岱村	20	男	1941 年 4 月
李来朋	临淄区皇城镇南卧石村	20	男	1941 年 4 月
练洪文	临淄区皇城镇北羊村	18	男	1941 年 4 月
范成德	临淄区皇城镇北羊村	27	男	1941 年 4 月
于景文	临淄区皇城镇小铁村	30	男	1941 年 4 月
尹殿修	临淄区凤凰镇西召村	28	男	1941 年 4 月
孙来清	临淄区凤凰镇西申村	30	男	1941 年 4 月
孙来森	临淄区凤凰镇西申村	30	男	1941 年 4 月
张继发	临淄区凤凰镇南坞西村	—	男	1941 年 4 月
苑秉刚	临淄区齐陵街道西龙池村	38	男	1941 年 4 月
朱洪恩	临淄区齐都镇督府村	23	男	1941 年 5 月

姓 名	籍 贯	年 龄	性 别	死难时间
陈培荣	临淄区敬仲镇李官村	76	男	1941 年
孙呈堂	临淄区敬仲镇东胡村	22	男	1941 年
陈金玉	临淄区敬仲镇双庙村	23	男	1941 年
崔英杰	临淄区敬仲镇北谢家村	26	男	1941 年
王希林	临淄区敬仲镇西苇村	15	男	1941 年
李杨林	临淄区敬仲镇李东村	21	男	1941 年
徐立洪	临淄区朱台镇后夏村	51	男	1941 年 5 月
李式本	临淄区朱台镇枣园村	19	男	1941 年 5 月
周绪章	临淄区朱台镇王营村	26	男	1941 年 5 月
郭面银	临淄区朱台镇北高西村	—	男	1941 年 5 月
魏海青之父	临淄区朱台镇北高西村	—	男	1941 年 5 月
赵光俊	临淄区朱台镇北高西村	—	男	1941 年
郭安亭之兄	临淄区朱台镇北高西村	—	男	1941 年
常 氏	临淄区朱台镇北高西村	—	女	1941 年 5 月
付绍英	临淄区朱台镇北高西村	—	女	1941 年 5 月
魏义清	临淄区朱台镇北高西村	—	男	1941 年 5 月
刘洪亭	临淄区皇城镇埝头村	21	男	1941 年 5 月
袁新修	临淄区敬仲镇呈羔东村	21	男	1941 年
黄泽生	临淄区齐都镇傅家村	20	男	1941 年 6 月
赵春江	临淄区齐都镇赵王村	26	男	1941 年 6 月
邢玉堂	临淄区齐都镇赵王村	39	男	1941 年 6 月
刘长庆	临淄区敬仲镇东周村	41	男	1941 年
崔天佐	临淄区敬仲镇崔官村	28	男	1941 年
崔廷明	临淄区敬仲镇李官村	75	男	1941 年
李景玉	临淄区敬仲镇李家西村	31	男	1941 年 6 月
贾伯允	临淄区敬仲镇东苇村	26	男	1941 年
崔天祐	临淄区敬仲镇崔官村	17	男	1941 年 6 月
刘洪才之叔	临淄区敬仲镇石桥村	40	男	1941 年
高增利	临淄区敬仲镇白兔丘北村	25	男	—
付洪章	临淄区朱台镇薛家村	22	男	1941 年 6 月
朱贞平	临淄区朱台镇朱东村	29	男	1941 年
杨振林	临淄区朱台镇宋桥村	22	男	1941 年 6 月
顾德文	临淄区朱台镇大夫店村	18	男	1941 年 6 月
顾德来	临淄区朱台镇大夫店村	23	男	1941 年 6 月

姓 名	籍 贯	年 龄	性 别	死难时间
杨新田	临淄区朱台镇东台村	20	男	1941 年 6 月
刘小妮	临淄区朱台镇东台村	19	女	1941 年 6 月
王文富	临淄区皇城镇小马岱村	44	男	1941 年 6 月
冯文彬	临淄区皇城镇郑六端村	22	男	1941 年 6 月
李永馨	临淄区皇城镇郑六端村	28	男	1941 年 6 月
拖安林	临淄区皇城镇石槽村	32	男	1941 年 6 月
刘慎远	临淄区皇城镇刘家辛村	21	男	1941 年 6 月
李兴义	临淄区皇城镇南卧石村	22	男	1941 年 6 月
张希仁	临淄区皇城镇北羊村	29	男	1941 年 6 月
田承章	广饶县	30	男	1941 年 6 月
边克忠	临淄区凤凰镇东召北村	25	男	1941 年 6 月
边凤山	临淄区凤凰镇北金村	22	男	1941 年 6 月
边树范	临淄区凤凰镇东召村	26	男	1941 年 6 月
李法宗	临淄区稷下街道耿王村	23	男	1941 年 6 月
孙群云	临淄区稷下街道西安村	20	男	1941 年 6 月
孙传广	临淄区稷下街道南安村	21	男	1941 年 6 月
杜言顺	临淄区稷下街道王家村	21	男	1941 年 6 月
李法成	临淄区齐陵街道东刘家村	21	男	1941 年 6 月
于增合	临淄区齐陵街道东刘家村	28	男	1941 年 6 月
李福祥	临淄区敬仲镇岳家村	19	男	1942 年 4 月
韩廷彬	临淄区朱台镇徐王村	20	男	1941 年 7 月
韩允信	临淄区朱台镇徐王村	19	男	1941 年 7 月
韩之堂	临淄区朱台镇徐王村	36	男	1941 年 7 月
王好修	临淄区皇城镇北羊村	—	男	1941 年 7 月
高大礼	临淄区皇城镇大马岱村	40	男	1941 年 7 月
乔家业	临淄区皇城镇后下村	20	男	1941 年 7 月
王作圣	临淄区皇城镇北羊村	19	男	1941 年 7 月
石卫田	临淄区凤凰镇北田旺村	17	男	1941 年 7 月
周树楠	临淄区凤凰镇田旺村	27	男	1941 年 7 月
卢继德	临淄区凤凰镇南坞东村	—	男	1941 年 7 月
孙连奎	临淄区皇城镇北羊村	—	男	1941 年 7 月
孙连科	临淄区皇城镇北羊村	—	男	1941 年 7 月
王 ✕	临淄区皇城镇北羊村	—	男	1941 年 7 月
赵重阳	临淄区皇城镇北羊村	30	男	1941 年 7 月

姓 名	籍 贯	年 龄	性 别	死难时间
张云玉	临淄区皇城镇北羊村	34	男	1941 年 7 月
宗汝钦	临淄区皇城镇北羊村	35	男	1941 年 7 月
宗汝才	临淄区皇城镇北羊村	31	男	1941 年 7 月
范文光	临淄区雪宫街道东高留村	22	男	1941 年 7 月
王文吉	临淄区雪宫街道东高留村	31	男	1941 年 7 月
闫树圃	临淄区南王镇南杨村	38	男	1941 年 8 月
李培民	临淄区敬仲镇褚家村	32	男	1941 年
崔士径	临淄区敬仲镇东胡村	21	男	1941 年
钟友信	临淄区敬仲镇北冯家村	31	男	1941 年 8 月
张洪恩	临淄区敬仲镇东柳村	28	男	1941 年 8 月 1 日
崔拾一	临淄区敬仲镇东胡村	28	男	1941 年
朱佩章	临淄区敬仲镇白兔丘北村	23	男	1941 年
谢周南	临淄区朱台镇谢家村	22	男	1941 年 8 月
王允玉	临淄区皇城镇西南羊村	26	男	1941 年 8 月
齐彩云	临淄区凤凰镇中齐村	21	男	1941 年 8 月
李守本	临淄区齐陵街道杨西村	22	男	1941 年 8 月
崔继仁	临淄区敬仲镇崔官村	31	男	1941 年
崔常兴	临淄区敬仲镇东胡村	24	男	1941 年
王志孟	临淄区朱台镇耿家村	20	男	1941 年 9 月
郭锡章	临淄区朱台镇北高东村	24	男	1941 年 9 月
于书孝	临淄区皇城镇锡腊村	19	男	1941 年 9 月
于后传	临淄区皇城镇于家村	21	男	1941 年 9 月
于承宗	临淄区皇城镇于家村	17	男	1941 年 9 月
王景和	临淄区皇城镇北羊村	27	男	1941 年 9 月
徐友德	临淄区皇城镇西上村	21	男	1941 年 9 月
李大德	临淄区皇城镇西上村	20	男	1941 年 9 月
杨敬全	临淄区边河乡西刘村	31	男	1941 年 9 月
王来喜	临淄区辛店街道朱家村	19	男	1942 年 9 月
孟庆祥	临淄区齐陵街道石庙孝陵村	23	男	1941 年 9 月
李希明	临淄区敬仲镇郝家村	22	男	1941 年 10 月
高基云之父	临淄区朱台镇罗家村	33	男	1941 年 10 月
韩廷栋之妻	临淄区朱台镇徐王村	34	女	1941 年 10 月
齐维新	临淄区皇城镇于家村	21	男	1941 年 10 月 1 日
于同刚	临淄区皇城镇于家村	21	男	1941 年 10 月 1 日

姓 名	籍 贯	年 龄	性 别	死难时间
于明传	临淄区皇城镇于家村	24	男	1941 年 10 月 1 日
王东山	临淄区凤凰镇北罗村	27	男	1941 年
陈际武	临淄区敬仲镇陈家村	41	男	1941 年 10 月
陈兴云	临淄区敬仲镇陈家村	50	男	1941 年 10 月
周延生	临淄区朱台镇王营村	25	男	1941 年 11 月
李晓銮	临淄区皇城镇曹村	23	男	1941 年 11 月
房冠文	临淄区皇城镇房六端村	39	男	1941 年 11 月
李效新	临淄区皇城镇南卧石村	27	男	1941 年 11 月
田守苍	临淄区边河乡辛庄村	22	男	1941 年 11 月
杨敬坤	临淄区边河乡西刘村	35	男	1941 年 11 月
杨奉实	临淄区边河乡西刘村	21	男	1941 年 11 月
杨立远	临淄区边河乡西刘村	22	男	1941 年 11 月
田明玉	临淄区边河乡田旺村	16	男	1941 年 11 月
杨敬水	临淄区边河乡西刘村	26	男	1941 年 11 月
杨廷富	临淄区辛店街道西夏村	21	男	1941 年 11 月
王清吉	临淄区齐陵街道石庙孝陵村	20	男	1941 年 11 月
崔洪宝	临淄区边河乡北刘村	32	男	1941 年 11 月
张景春	临淄区边河乡坡子村	20	男	1941 年 11 月
王运泗	临淄区边河乡边河村	28	男	1941 年 11 月
景克礼	临淄区边河乡边河村	31	男	1941 年 11 月
孙福昌	临淄区敬仲镇刘王村	35	男	1941 年 12 月
李龙起	临淄区皇城镇西上村	16	男	1941 年 12 月
王福兴	临淄区稷下街道合里村	19	男	1941 年 12 月
钟嘉林	临淄区凤凰镇大薄村	36	男	1941 年
崔月亮	临淄区边河乡北刘村	24	男	1941 年 12 月
常玉光	临淄区边河乡北刘村	26	男	1941 年 12 月
苏静轩	临淄区齐都镇尹家村	28	男	1941 年
周晋书	临淄区齐都镇小徐村	16	男	1941 年
于境海	临淄区齐都镇西关南村	29	男	1941 年
宋廷杨	临淄区齐都镇西关南村	23	男	1941 年
吴天谋	临淄区齐都镇西关村	23	男	1941 年
崔栋生	临淄区齐都镇西古城村	20	男	1941 年
徐汉三	临淄区齐都镇长胡村	20	男	1941 年
徐星海	临淄区齐都镇长胡村	40	男	1941 年

姓　名	籍　贯	年　龄	性　别	死难时间
崔英奎	临淄区齐都镇石佛村	21	男	1941 年
刘振生	临淄区齐都镇阚家村	21	男	1941 年
贾明轩	临淄区齐都镇南马坊村	32	男	1941 年
张　渔	临淄区齐都镇赵王村	36	男	1941 年
闫增禄	临淄区南王镇南杨村	—	男	1941 年
谢曰成	临淄区朱台镇谢家村	—	男	1941 年
付云田	临淄区朱台镇谢家村	—	男	1941 年
张相范	临淄区朱台镇张王村	17	男	1941 年
鲁尊通	临淄区朱台镇鲁家村	26	男	1941 年
郭安亭之兄	临淄区朱台镇北高南村	—	男	1941 年
赵光信	临淄区朱台镇北高南村	—	男	1941 年
赵光俊	临淄区朱台镇北高南村	—	男	1941 年
邵方习之祖父	临淄区朱台镇北高南村	—	男	1941 年
杨文谨	临淄区朱台镇北高南村	—	男	1941 年
郭洪明之二叔	临淄区朱台镇北高南村	—	男	1941 年
郭洪明之三叔	临淄区朱台镇北高南村	—	男	1941 年
冯振明之伯父	临淄区朱台镇北高南村	—	男	1941 年
常连德	临淄区朱台镇槐务北村	19	男	1941 年
于相成	临淄区皇城镇杨王村	29	男	1941 年
于相林	临淄区皇城镇史王村	40	男	1941 年
郑庆平	临淄区皇城镇郑郭村	26	男	1941 年
刘居德	临淄区皇城镇郑郭村	32	男	1941 年
訾长富	临淄区皇城镇訾李村	28	男	1941 年
曹洪武	临淄区皇城镇訾李村	52	男	1941 年
郑长江	临淄区皇城镇郑辛村	22	男	1941 年
王　氏	临淄区皇城镇郑辛村	65	女	1941 年
郑新春	临淄区皇城镇郑辛村	32	男	1941 年
于寿国	临淄区皇城镇麻卸村	25	男	1941 年
于效孟	临淄区皇城镇麻卸村	24	男	1941 年
李树梓	临淄区皇城镇崖头村	40	男	1941 年
陈玉庆	临淄区皇城镇皇城村	20	男	1941 年
王金章	临淄区皇城镇四官村	22	男	1941 年
于如海	临淄区皇城镇五路村	23	男	1941 年
孙有智	临淄区皇城镇小马岱村	22	男	1941 年

姓　名	籍　贯	年　龄	性　别	死难时间
吴文章	临淄区皇城镇坡子村	22	男	1941 年
李桂树	临淄区皇城镇郑六端村	18	男	1941 年
张春福	临淄区皇城镇大马岱村	22	男	1941 年
于企真	临淄区皇城镇于家村	20	男	1941 年
于　枰	临淄区皇城镇于家村	20	男	1941 年
李继先	临淄区皇城镇淄东张村	30	男	1941 年
崔元英	临淄区皇城镇崔郭村	28	男	1941 年
崔法昌	临淄区皇城镇崔郭村	22	男	1941 年
崔松林	临淄区皇城镇崔郭村	25	男	1941 年
张玉润	临淄区皇城镇刘家辛村	22	男	1941 年
张玉成	临淄区皇城镇刘家辛村	38	男	1941 年
李志润	临淄区皇城镇南卧石村	24	男	1941 年
张砚池	临淄区皇城镇堐头村	16	男	1941 年
于寿朋	临淄区皇城镇东上村	28	男	1941 年
李海清	临淄区皇城镇前下村	21	男	1941 年
李相科	临淄区皇城镇西上村	24	男	1941 年
王志义	临淄区皇城镇西上村	27	男	1941 年
王启凤	临淄区梧台镇柴北村	50	男	1941 年
倪宝山	临淄区梧台镇水牛村	34	男	1941 年
王克连	临淄区梧台镇水牛村	25	男	1941 年
王纯守	临淄区梧台镇西老村	21	男	1941 年
许其言	临淄区梧台镇刘地村	27	男	1941 年
周崇义	临淄区梧台镇刘地村	18	男	1941 年
王金玲	临淄区梧台镇南霸村	21	男	1941 年
耿佃士	临淄区梧台镇王青屯村	22	男	1941 年
车茂林	临淄区梧台镇温家村	19	男	1941 年
王向贞	临淄区梧台镇柴北村	28	男	1941 年
王向观	临淄区梧台镇柴北村	40	男	1941 年
王佐臣	临淄区梧台镇柴南村	47	男	1941 年
王保章	临淄区梧台镇王青村	16	男	1941 年
李培贵	临淄区梧台镇王青村	22	男	1941 年
孙荣宗	临淄区凤凰镇西召村	23	男	1941 年
边光元	临淄区凤凰镇东召南村	20	男	1941 年
王玉阶	临淄区凤凰镇王桥村	23	男	1941 年

姓 名	籍 贯	年龄	性别	死难时间
王贤臣	临淄区凤凰镇王桥村	34	男	1941 年
孙玉典	临淄区边河乡西崖村	17	男	1941 年
石泽璞	临淄区辛店街道矮槐村	—	男	1941 年
王铭喜	临淄区辛店街道安里村	28	男	1941 年
韩宝忠之侄女	临淄区辛店街道大武村	—	女	1941 年
杨廷佐	临淄区辛店街道西夏村	34	男	1941 年
孙振图	临淄区辛店街道渠村	23	男	1941 年
孙务德	临淄区辛店街道渠村	26	男	1941 年
郗振东	临淄区辛店街道王朱村	18	男	1941 年
石星垣	临淄区辛店街道毛托村	30	男	1941 年
闫孟春	临淄区齐陵街道后李村	27	男	1941 年
范立德	临淄区齐陵街道刘营村	20	男	1941 年
刘守道	临淄区齐陵街道南山村	26	男	1941 年
周法武	临淄区齐陵街道西龙池村	33	男	1941 年
刘瑞云	临淄区齐都镇刘家寨村	35	男	1942 年
钟景禄	临淄区朱台镇罗家村	32	男	1942 年 1 月 1 日
王志宽	临淄区朱台镇麻王村	30	男	1942 年 1 月
李桂之	临淄区边河乡阎下村	20	男	1942 年 1 月
单保连	临淄区朱台镇西单村	25	男	1942 年 2 月 1 日
荣子修	临淄区皇城镇荣家村	28	男	1942 年 2 月
孙永成	临淄区皇城镇小马岱村	26	男	1942 年
丁方圣	临淄区凤凰镇南金村	28	男	1942 年 2 月
刘孝英	临淄区凤凰镇南金村	29	女	1942 年 2 月
李应对	临淄区敬仲镇李南村	35	男	1942 年 3 月
李仿敏	临淄区敬仲镇李南村	51	男	1942 年 3 月
王志南	临淄区敬仲镇李南村	36	男	1942 年 3 月
崔允孟	临淄区敬仲镇西王官村	36	男	1941 年 2 月
李孝章	临淄区敬仲镇李东村	24	男	1942 年
高风武	临淄区敬仲镇白兔丘南村	40	男	1942 年
李松氏	临淄区皇城镇南卧石村	50	女	1942 年 3 月
于清德	临淄区皇城镇大蓬科村	19	男	1942 年 3 月
张德厚之母	临淄区边河乡坡子村	31	女	1942 年 3 月
崔建永	临淄区敬仲镇西王官村	25	男	—
张景前之妹	临淄区边河乡坡子村	12	女	1942 年 3 月

姓 名	籍 贯	年 龄	性 别	死难时间
张福礼	临淄区边河乡坡子村	40	男	1942 年 3 月
张培男	临淄区边河乡坡子村	40	男	1942 年 3 月
刘晨光	临淄区皇城镇西上村	—	男	1942 年 3 月 5 日
苑法孟	临淄区梧台镇西老村	19	男	1942 年
陈树云	临淄区敬仲镇陈家村	30	男	1942 年 3 月
陈汉云	临淄区敬仲镇陈家村	25	男	1942 年 3 月
陈长庚	临淄区敬仲镇陈家村	20	男	1942 年 3 月
陈青云	临淄区敬仲镇陈家村	30	男	1942 年 3 月
李 修	临淄区敬仲镇李东村	19	男	1942 年
田振东	临淄区敬仲镇西姬村	32	男	1942 年
许金告	临淄区敬仲镇东姬村	22	男	1942 年
王若颜	临淄区朱台镇陈营村	22	男	1942 年 4 月
杨志远	临淄区皇城镇灯笼村	29	男	1942 年 4 月
李居平	临淄区皇城镇南卧石村	25	男	1942 年 4 月
李居太	临淄区皇城镇南卧石村	20	男	1942 年 4 月
李居民	临淄区皇城镇南卧石村	22	男	1942 年 4 月
李洪禄	临淄区皇城镇南卧石村	21	男	1942 年 4 月
崔长发	临淄区皇城镇北羊村	23	男	1942 年 4 月
李春梅	临淄区齐陵街道北山西村	23	女	1942 年 4 月
李春兰	临淄区齐陵街道北山西村	21	女	1942 年 4 月
朱星显	临淄区敬仲镇西苇村	22	男	1942 年 4 月 5 日
田玉朋	临淄区凤凰镇南坞东村	30	男	1942 年
薛连奎	临淄区齐都镇河崖村	20	男	1942 年 5 月
张具成	临淄区敬仲镇西周村	32	男	1942 年
刘保善	临淄区敬仲镇刘王村	29	男	1942 年 5 月
孙圣堂	临淄区敬仲镇东胡村	26	男	1942 年
边云亮	临淄区朱台镇前夏西村	18	男	1942 年
单芳田	临淄区朱台镇东单村	28	男	1942 年 5 月
冯长青	临淄区皇城镇高六端村	22	男	1942 年 5 月
颜景玉	临淄区皇城镇高六端村	32	男	1942 年 5 月
杨效森	临淄区皇城镇大马岱村	30	男	1942 年 5 月
王云腾	临淄区梧台镇东老村	21	男	1942 年 5 月
徐有才	临淄区梧台镇东老村	20	男	1942 年 5 月
刘兴武	临淄区凤凰镇中金村	19	男	1942 年 5 月

姓 名	籍 贯	年 龄	性 别	死难时间
崔洪渚	临淄区敬仲镇东王官村	35	男	1942 年 5 月 3 日
丁一民	寿光县马店乡高家庄	26	男	1942 年 5 月 28 日
徐东诺	临淄区敬仲镇徐家圈村	41	男	1942 年 5 月
李尚义	临淄区敬仲镇李家西村	21	男	1942 年
张殿泉	临淄区朱台镇大柳村	29	男	1942 年 6 月
王领嵩	临淄区梧台镇王青村	19	男	1942 年 6 月
朱长安	临淄区梧台镇南霸村	21	男	1942 年 6 月
李悦来	临淄区敬仲镇李西村	30	男	1942 年 6 月 24 日
张雨田	临淄区齐都镇河崖村	20	男	1942 年 7 月
路世长	临淄区朱台镇大夫店村	22	男	1942 年 7 月
李俊杰	临淄区皇城镇南卧石村	25	男	1942 年 7 月
鲍汉英	临淄区敬仲镇东柳村	38	男	1942 年
崔继兴之兄	临淄区敬仲镇崔官村	22	男	1942 年
田淑芬	临淄区敬仲镇西苇村	24	女	1942 年
王洪见	临淄区敬仲镇东王官村	28	男	1942 年
崔洪桥	临淄区朱台镇花沟村	—	男	1942 年 8 月
王向耀	临淄区朱台镇耿家村	—	男	1942 年 8 月
王向琪	临淄区朱台镇耿家村	—	男	1942 年 8 月
李玉科	临淄区皇城镇郭家村	23	男	1942 年 8 月
于光增	临淄区皇城镇五路村	28	男	1942 年 8 月
崔 氏	临淄区敬仲镇东王官村	20	女	1942 年 8 月
李玉甫	临淄区皇城镇郭家村	37	男	1942 年 8 月
张奉彦	临淄区皇城镇店子村	26	男	1942 年 8 月
李兆修	临淄区皇城镇店子村	60	男	1942 年 8 月
张守业	临淄区敬仲镇二张村	18	男	1942 年 9 月
朱贞烈	临淄区敬仲镇西苇村	23	男	1942 年
唐增福	临淄区朱台镇朱东村	—	男	1942 年
李希伦	临淄区皇城镇曹村	23	男	1942 年 9 月
邵清堂	临淄区皇城镇顾邵六端村	25	男	1942 年 9 月
许茂凯	临淄区皇城镇许家村	23	男	1942 年 9 月
赵兰田	临淄区雪宫街道孙家村	29	男	1942 年
穆修吉	临淄区朱台镇房家村	23	男	1942 年
关长春	临淄区凤凰镇朱家屯村	40	男	1942 年 10 月
孙怀信	临淄区凤凰镇朱家屯村	40	男	1942 年 10 月

姓　名	籍　贯	年　龄	性　别	死难时间
刘兴伦	临淄区齐陵街道老刘村	25	男	1942 年 10 月
王玉南之妻	临淄区凤凰镇北龙村	48	女	1942 年
邵仁全	临淄区边河乡南术南村	23	男	1942 年
户本固	临淄区敬仲镇张王村	23	男	1942 年 10 月
边士杰	临淄区边河乡大寨村	24	男	1942 年 10 月
徐延荣	临淄区皇城镇东南羊村	23	男	1942 年 11 月
付文彬	临淄区边河乡阎下村	21	男	1942 年 11 月
窦振林	临淄区边河乡东张村	39	男	1942 年 11 月
于建康	临淄区皇城镇淄东张村	32	男	1942 年 12 月
李文丙	临淄区皇城镇店子村	20	男	1942 年 12 月
齐相吉	临淄区齐都镇南门村	33	男	1942 年
徐超然	临淄区齐都镇西关南村	24	男	1942 年
邵春芳	临淄区齐都镇邵家村	27	男	1942 年
李杏田	临淄区齐都镇督府村	24	男	1942 年
王好友	临淄区齐都镇崔家村	19	男	1942 年
赵炳南	临淄区齐都镇赵王村	—	男	1942 年
赵炳南之妻	临淄区齐都镇赵王村	—	女	1942 年
赵馥世	临淄区齐都镇赵王村	—	男	1942 年
张凤楼	临淄区齐都镇赵王村	28	男	1942 年
孙胜荣之母	临淄区朱台镇前夏东村	60	女	1942 年
张相成	临淄区朱台镇大夫店村	20	男	1942 年
赵克伦	临淄区朱台镇大夫店村	26	男	1942 年
周崇浩	临淄区朱台镇王营村	28	男	1942 年
周延江	临淄区朱台镇王营村	17	男	1941 年 12 月
耿殿生	临淄区朱台镇耿家村	—	男	1942 年
常承源	临淄区朱台镇槐务北村	20	男	1942 年
谭景全	临淄区朱台镇槐务北村	18	男	1942 年
郭士英	临淄区皇城镇皇城村	32	男	1942 年
李银京	临淄区皇城镇南卧石村	45	男	1942 年
崔允乾	临淄区皇城镇崔郭村	52	男	1942 年
高荣昌	临淄区皇城镇麻卸村	31	男	1942 年
裴怀营	临淄区皇城镇麻卸村	18	男	1942 年
彭金玉	临淄区皇城镇麻卸村	21	男	1942 年
于兰芳	临淄区皇城镇麻卸村	22	女	1942 年

姓 名	籍 贯	年 龄	性 别	死难时间
吴光春	临淄区皇城镇崖头村	35	男	1942 年
崔海峰	临淄区皇城镇韩六端村	38	男	1942 年
徐金荣	临淄区皇城镇杨王六端村	23	男	1942 年
王象益	临淄区皇城镇五路村	22	男	1942 年
赵清斋	临淄区皇城镇小马岱村	29	男	1942 年
杨景闵	临淄区皇城镇大马岱村	37	男	1942 年
蔡国俊	临淄区皇城镇大马岱村	42	男	1942 年
杨宗臣	临淄区皇城镇大马岱村	—	男	1942 年
崔象贤	临淄区皇城镇崔郭村	22	男	1942 年
崔桂林	临淄区皇城镇崔郭村	19	男	1942 年
崔德方	临淄区皇城镇崔郭村	24	男	1942 年
李茂华	临淄区皇城镇南卧石村	21	男	1942 年
张得祥	临淄区皇城镇郑辛村	28	男	1942 年
黄守义	临淄区皇城镇东官村	30	男	1942 年
张希贵	临淄区皇城镇前下村	31	男	1942 年
许增祥	临淄区皇城镇许家村	33	男	1942 年
李文正	临淄区皇城镇店子村	21	男	1942 年
徐玉甫	临淄区皇城镇东南羊村	25	男	1942 年
徐继冉	临淄区皇城镇东南羊村	19	男	1942 年
于道声	临淄区皇城镇西上村	20	男	1942 年
王三聘	临淄区皇城镇西上村	25	男	1942 年
王秉成	临淄区梧台镇王青村	27	男	1942 年
耿希纯	临淄区梧台镇王青村	26	男	1942 年
马曰明	临淄区梧台镇北王村	15	男	1942 年
王唯一	临淄区梧台镇北曹村	25	男	1942 年
路福申	临淄区梧台镇北曹村	37	男	1942 年
孙荣亮	临淄区梧台镇北安合村	19	男	1942 年
于荣宗	临淄区梧台镇刘地村	20	男	1941 年
扈文学	临淄区梧台镇刘地村	24	男	1942 年
崔若贤	临淄区梧台镇刘地村	27	男	1940 年
王来庆	临淄区梧台镇王青村	33	男	1942 年
倪华山	临淄区梧台镇水牛村	25	男	1942 年
王景启	临淄区梧台镇王青村	21	男	1942 年
李洪信	临淄区梧台镇林家村	16	男	1942 年

姓　名	籍　贯	年　龄	性　别	死难时间
王丹凤	临淄区梧台镇柴北村	21	男	1942 年
范修堂	临淄区梧台镇于家村	20	男	1942 年
王长嵩	临淄区梧台镇于家村	23	男	1942 年
于友三	临淄区梧台镇于家村	22	男	1942 年
苏方贵	临淄区梧台镇李家桥村	94	男	1942 年
王干清	临淄区梧台镇柴南村村	36	男	1942 年
王子明	临淄区梧台镇王青村	23	男	1942 年
边凤明	临淄区凤凰镇西召村	31	男	1942 年
刘绪清	临淄区凤凰镇中金村	20	男	1942 年
王福和	临淄区凤凰镇小张王村	25	男	1942 年
侯乐德	临淄区凤凰镇侯家屯村	22	男	1942 年
邱继儒	临淄区边河乡南术北村	26	男	1942 年
杨奉甲	临淄区边河乡西刘村	22	男	1942 年
王有才	临淄区辛店街道安里村	25	男	1942 年
王明盘	临淄区辛店街道安里村	19	男	1942 年
石毓福	临淄区辛店街道矮槐村	—	男	1942 年
苗长清	临淄区辛店街道矮槐村	—	男	1942 年
田长林	临淄区辛店街道矮槐村	—	男	1942 年
郭洪扬	临淄区辛店街道齐园社区	26	男	1942 年
孙宗响	临淄区稷下街道东孙村	75	男	1942 年
王治慎	临淄区稷下街道孙娄东村	24	男	1942 年
杜绍珠	临淄区稷下街道杜家村	21	男	1942 年
赵允端	临淄区稷下街道董褚村	21	男	1942 年
郑书林	临淄区齐陵街道郑家沟村	27	男	1942 年
韩维礼	临淄区齐陵街道石庙孝陵村	38	男	1942 年
魏洪来	临淄区边河乡西张村	47	男	1942 年
于振东	临淄区齐都镇龙贯村	24	男	1943 年 1 月
张中源	临淄区敬仲镇呈羔东村	38	男	1943 年 1 月
邵洪文	临淄区敬仲镇石桥村	22	男	1943 年 1 月
曹俊才	临淄区敬仲镇蔡店村	21	男	1943 年 1 月
曹高峰	临淄区朱台镇麻王村	24	男	1943 年 1 月
崔一七	临淄区朱台镇麻王村	23	男	1943 年 1 月
朱同喜	临淄区朱台镇麻王村	22	男	1943 年 1 月
徐金溪	临淄区朱台镇徐屯村	25	男	1943 年 1 月

姓 名	籍 贯	年 龄	性 别	死难时间
徐振习	临淄区朱台镇徐屯村	—	男	1943 年 1 月
王文军	临淄区皇城镇大蓬村	25	男	1943 年 1 月
高奉琮	临淄区皇城镇坡子村	23	男	1943 年 1 月
崔永安	临淄区皇城镇东蓬科村	22	男	1943 年 1 月
于素梅	临淄区皇城镇南卧石村	18	女	1943 年 1 月
边树言	临淄区凤凰镇南坞东村	22	男	1943 年 1 月
王敬亭	临淄区雪宫街道西高村	21	男	1943 年 1 月
李登亭	临淄区敬仲镇李南村	38	男	1943 年 2 月
王振群	临淄区敬仲镇东柳村	27	男	1943 年 2 月
张培芳	临淄区敬仲镇东柳村	25	男	1943 年 2 月
王长春	临淄区敬仲镇西周村	28	男	1943 年
王怀志	临淄区朱台镇花沟村	30	男	1943 年
张培栋	临淄区敬仲镇东柳村	31	男	1943 年 2 月 2 日
寇衍庆	临淄区敬仲镇大寇村	55	男	1943 年
王申修	临淄区敬仲镇蔡店村	19	男	1943 年 3 月
崔师文	临淄区敬仲镇许家屯村	28	男	1943 年 3 月
宗乐元	临淄区敬仲镇北朱家村	33	男	1943 年 3 月
崔桂辉	临淄区敬仲镇白兔丘南村	30	男	1943 年
赵克勇	临淄区朱台镇大夫店村	19	男	1939 年 3 月
陈大学	临淄区朱台镇大夫店村	19	男	1939 年 3 月
李月新	临淄区皇城镇南卧石村	23	男	1943 年 3 月
郑喜年	临淄区皇城镇郑辛村	20	男	1943 年 3 月
王条年	临淄区皇城镇西上村	29	男	1943 年 3 月
张方属	临淄区敬仲镇河沟村	30	男	1943 年 3 月 23 日
张新胜	临淄区敬仲镇河沟村	28	男	1943 年 3 月 23 日
孙继公	临淄区辛店街道陈家村	—	男	1943 年
常绪学	临淄区齐都镇常家村	38	男	1943 年 4 月
常兆怀	临淄区齐都镇常家村	19	男	1943 年 4 月
王洪臣	临淄区齐都镇大王村	32	男	1943 年 4 月
张永禄	临淄区齐都镇刘家寨村	38	男	1943 年 4 月
赵炳章	临淄区齐都镇赵王村	25	男	1943 年 4 月
许振清	临淄区齐都镇赵王村	21	男	1943 年 4 月
周德生	临淄区敬仲镇西姬村	40	男	1943 年 4 月
李光荣	临淄区敬仲镇褚家村	25	男	1943 年 4 月

姓 名	籍 贯	年 龄	性 别	死难时间
刘志成	临淄区敬仲镇北冯家村	22	男	1943 年 4 月
袁学义	临淄区敬仲镇二张村	15	男	1943 年 4 月
崔世经	临淄区敬仲镇东胡村	—	男	1943 年 4 月
崔元吉	临淄区敬仲镇大寇村	22	男	1943 年 4 月
李新堂	临淄区敬仲镇李东村	38	男	1943 年 4 月
边全杰	临淄区朱台镇上河西村	35	男	1943 年 4 月
王向柯	临淄区朱台镇王营村	20	男	1943 年 4 月
耿玉芝	临淄区朱台镇耿家村	25	男	1943 年 4 月
王向环	临淄区朱台镇耿家村	—	男	1943 年 4 月
赵文杰	临淄区皇城镇四官村	21	男	1943 年 4 月
王善纪	临淄区皇城镇坡子村	29	男	1943 年 4 月
张锡九	临淄区皇城镇郑六端村	34	男	1943 年 4 月
李德剑	临淄区皇城镇大马岱村	21	男	1943 年 4 月
于高升	临淄区皇城镇于家村	23	男	1943 年 4 月
张建国	临淄区皇城镇淄东张村	28	男	1943 年 4 月
张德河	临淄区皇城镇淄东张村	20	男	1943 年 4 月
崔春荣	临淄区皇城镇崔郭村	23	男	1943 年 4 月
率希明	临淄区皇城镇訾李村	36	男	1943 年 4 月
范允恒	临淄区皇城镇北羊村	32	男	1943 年 4 月
郑金明	临淄区皇城镇东南羊村	23	男	1943 年 4 月
王继宾	临淄区梧台镇柴南村	24	男	1943 年 4 月
王立信	临淄区梧台镇柴南村	24	男	1943 年 4 月
李金堂	临淄区稷下街道董褚村	27	男	1943 年 4 月
闫培祥	临淄区稷下街道闫家村	22	男	1943 年 4 月
冯郡光	临淄区齐陵街道老刘村	22	男	1943 年 4 月
杨景武	临淄区齐陵街道太平村	43	男	1943 年 4 月
杨原田	临淄区齐陵街道太平村	46	男	1943 年 4 月
张洪远	临淄区齐陵街道胡家村	18	男	1943 年 4 月
李 双	临淄区敬仲镇褚家村	39	男	—
李尚子	临淄区敬仲镇李东村	30	男	1943 年
张炳言	临淄区敬仲镇河沟村	37	男	1943 年
许尧青	临淄区敬仲镇西姬村	36	男	1943 年
许玉杰	临淄区敬仲镇东姬村	27	男	1943 年
许佃熙	临淄区敬仲镇东姬村	53	男	1943 年

姓 名	籍 贯	年 龄	性 别	死难时间
孙成信	临淄区朱台镇东单村	26	男	1943 年 5 月
李维新	临淄区梧台镇王青村	23	男	1943 年 5 月
王宽荣	临淄区梧台镇柴南村	18	男	1943 年 5 月
王维汉	临淄区凤凰镇西申村	22	男	1943 年 5 月
王云林	临淄区凤凰镇小张王村	29	男	1943 年 5 月
冯月斌	临淄区凤凰镇南坞东村	—	男	1943 年 5 月 1 日
于 ×	临淄区齐陵街道宋家村	20	男	1943 年 5 月
崔修范	临淄区敬仲镇东周村	32	男	—
刘怀德	临淄区敬仲镇刘家村	22	男	1943 年 5 月 28 日
李汝南	临淄区敬仲镇李家西村	—	男	1943 年
李培兴	临淄区敬仲镇褚家村	41	男	1943 年 6 月
崔师周	临淄区敬仲镇许家屯村	25	男	1943 年 6 月
许士杰	临淄区敬仲镇西姬村	25	男	1943 年 6 月
许建周	临淄区敬仲镇西姬村	23	男	1943 年 6 月
许凤烈	临淄区敬仲镇西姬村	33	男	1943 年 6 月
张本甲	临淄区敬仲镇呈羔东村	28	男	1943 年 6 月
代学诗	临淄区敬仲镇辛路村	25	男	1943 年 6 月
陈佩玉	临淄区敬仲镇李官村	43	男	1943 年 6 月
崔师固	临淄区敬仲镇许家屯村	30	男	1943 年 6 月
李宝鑫	临淄区朱台镇大夫店村	19	男	1943 年 6 月
王树森	临淄区朱台镇王营村	18	男	1943 年 6 月
王 兴	临淄区朱台镇大柳村	25	男	1943 年 6 月
许景堂	临淄区朱台镇宁王南村	23	男	1943 年 6 月
高洪远	临淄区皇城镇高六端村	29	男	1943 年 6 月
于俊杰	临淄区皇城镇锡腊村	23	男	1943 年 6 月
郑亭修	临淄区皇城镇郑六端村	16	男	1943 年 6 月 1 日
王春山	临淄区皇城镇刘家辛村	21	男	1943 年 6 月
李庆福	临淄区皇城镇埠头村	24	男	1943 年 6 月
李象尧	临淄区皇城镇大铁村	31	男	1943 年 6 月
于登彬	临淄区凤凰镇中金村	19	男	1943 年 6 月
王建兴	临淄区闻韶街道张家居委会	24	男	1943 年 6 月
丁传习	临淄区稷下街道槐行村	25	男	1943 年 6 月
丁传庆	临淄区稷下街道槐行村	27	男	1943 年 6 月
刘学禹	临淄区齐陵街道老刘村	30	男	1943 年 6 月

姓　名	籍　贯	年　龄	性　别	死难时间
徐浦奎	临淄区雪宫街道堠皋村	30	男	1943 年
王前修	临淄区敬仲镇蔡店村	22	男	1943 年 7 月
寇曰英	临淄区敬仲镇小寇村	18	男	1943 年 7 月
许志功	临淄区敬仲镇西姬村	37	男	1943 年
王身修	临淄区敬仲镇蔡店村	22	男	1943 年
张学元	临淄区朱台镇大柳村	—	男	1943 年 7 月
吴方吉	临淄区梧台镇彩家村	20	男	1943 年 7 月
耿大安	临淄区梧台镇彩家村	21	男	1943 年 7 月
韩尚福	临淄区齐陵街道望寺村	32	男	1943 年 7 月
国景三	临淄区齐都镇国家村	18	男	1943 年 8 月
朱贞颐	临淄区朱台镇朱东村	22	男	1943 年 8 月 1 日
王　钰	临淄区朱台镇大柳村	20	男	1943 年 8 月
曹森林	临淄区朱台镇大柳村	19	男	1943 年 8 月
辛延章	临淄区凤凰镇北龙村	50	男	1943 年 8 月
于友城	临淄区皇城镇大马岱村	20	男	1943 年 8 月
张锡瑶	临淄区皇城镇郑六端村	24	男	1943 年 8 月
崔逢春	临淄区皇城镇东蓬科村	33	男	1943 年 8 月
闫书松	临淄区皇城镇前孔村	26	男	1943 年 8 月
崔西功	临淄区敬仲镇辛路村	26	男	1943 年 8 月
苗朋云	临淄区辛店街道西夏居	22	男	1943 年 8 月
战化龙	临淄区金岭镇金三村	20	男	1943 年
徐式孝	临淄区敬仲镇徐家圈村	18	男	1943 年 9 月
钟秀英	临淄区朱台镇罗家村	43	女	1943 年 9 月
高建明	临淄区朱台镇罗家村	42	男	1943 年 9 月
钟李氏	临淄区朱台镇罗家村	45	女	1943 年 9 月
杨文奎	临淄区朱台镇史家村	38	男	1943 年 9 月
王冠玉	临淄区皇城镇曹村	23	男	1943 年 9 月
李殿元	临淄区皇城镇南卧石村	25	男	1943 年 9 月
赵宪章	临淄区皇城镇西上村	31	男	1943 年 9 月
寇俊青之弟	临淄区敬仲镇大寇村	20	男	1943 年
刘宝槐	临淄区边河乡黎金山村	24	男	1943 年 10 月
徐效礼	临淄区敬仲镇徐家圈村	28	男	1943 年 10 月
李兴堂	临淄区敬仲镇小寇村	30	男	1943 年 10 月
李崔氏	临淄区敬仲镇小寇村	23	女	1943 年 10 月

姓　名	籍　贯	年　龄	性　别	死难时间
寇俊青	临淄区敬仲镇大寇村	25	男	1943 年 10 月
崔金生之父	临淄区敬仲镇大寇村	27	男	1943 年 10 月
崔志文	临淄区敬仲镇大寇村	20	男	1943 年 10 月
王德昌	临淄区齐都镇粉庄村	—	男	1943 年 11 月
刘中田	临淄区齐都镇东石村	22	男	1943 年 11
高汉九	临淄区齐都镇南马坊村	21	男	1943 年 11 月
于仲春	临淄区齐都镇龙贯村	19	男	1943 年 11 月
寇芳田	临淄区敬仲镇大寇村	34	男	1943 年 5 月
寇芝田	临淄区敬仲镇大寇村	28	男	1943 年 11 月
许树根	临淄区敬仲镇西姬村	24	男	1943 年 11 月
许崇吉	临淄区敬仲镇西姬村	22	男	1943 年 11 月
王德升	临淄区朱台镇王营村	21	男	1943 年 11 月
李洪元	临淄区皇城镇郑六端村	33	男	1943 年 11 月
焦炳贤	临淄区皇城镇郑六端村	35	男	1943 年 11 月
杨景岳	临淄区皇城镇大马岱村	20	男	1943 年 11 月
訾梅村	临淄区皇城镇訾李村	54	男	1943 年 11 月
王景良	临淄区皇城镇刘家辛村	23	男	1943 年 11 月
李恩禄	临淄区皇城镇南卧石村	48	男	1943 年 11 月
崔道忠	临淄区皇城镇北羊村	19	男	1943 年 11 月
张俊三	临淄区皇城镇大铁村	19	男	1943 年 11 月
王继彦	临淄区梧台镇柴南村	30	男	1943 年 11 月
路增美	临淄区凤凰镇西路村	25	男	1943 年 11 月
边凤亭	临淄区凤凰镇东召北村	22	男	1943 年 11 月
苏清海	临淄区齐陵街道东刘家村	18	男	1943 年 11 月
卢凤云	临淄区皇城镇北羊村	19	男	1943 年 12 月
卢窦氏	临淄区皇城镇北羊村	35	女	1943 年 12 月
卢　×	临淄区皇城镇北羊村	6	女	1943 年 12 月
谢光亭	临淄区齐都镇西门村	26	男	1943 年
王桂林	临淄区齐都镇粉庄村	—	男	1943 年
刘端正	临淄区齐都镇西石村	25	男	1942 年 9 月
朱同庚	临淄区齐都镇长胡村	20	男	1943 年
赵正贤	临淄区朱台镇大夫店村	27	男	1943 年
王洪吉	临淄区朱台镇王营村	26	男	1943 年
朱荣德	临淄区朱台镇于官村	—	男	—

姓　名	籍　贯	年　龄	性　别	死难时间
崔汉文	临淄区皇城镇崔郭村	49	男	1943 年
于守成	临淄区皇城镇皇城村	20	男	1943 年
荣衍浩	临淄区皇城镇荣家村	28	男	1943 年
顾明堂	临淄区皇城镇顾邵六端村	21	男	1943 年
杨维平	临淄区皇城镇五路村	20	男	1943 年
杨英三	临淄区皇城镇五路村	23	男	1943 年
高万森	临淄区皇城镇小马岱村	36	男	1943 年
焦英杰	临淄区皇城镇郑六端村	19	男	1943 年
于洪宾	临淄区皇城镇于家村	16	男	1943 年
王方兴	临淄区皇城镇刘家辛村	42	男	1943 年
郑升云	临淄区皇城镇郑郭村	25	男	1943 年
郑绪俭	临淄区皇城镇郑郭村	33	男	1943 年
郑汝光	临淄区皇城镇郑辛村	22	男	1943 年
郑荣玉	临淄区皇城镇郑辛村	39	男	1943 年
宗汝海	临淄区皇城镇北羊村	17	男	1943 年
李新堂	临淄区皇城镇西上村	28	男	1943 年
李成业	临淄区梧台镇北曹村	27	男	1943 年
王秉基	临淄区梧台镇王青村	24	男	1941 年
边传业	临淄区凤凰镇东召北村	30	男	1943 年
常清恩	临淄区边河乡西张村	25	男	1943 年
常志德	临淄区边河乡崔碾村	23	男	1943 年
刁华之	临淄区辛店街道西夏居	27	男	1943 年
武建元	临淄区辛店街道小武村	—	男	1943 年
曹家鹏	临淄区辛店街道曹家村	35	男	1943 年
王家振	临淄区闻韶街道西王居	21	男	1943 年
翟佃奎	临淄区稷下街道范家村	44	男	1943 年
李增成	临淄区齐陵街道刘家村	42	男	1943 年
刘奉道	临淄区齐陵街道刘营村	45	男	1943 年
刘福昌	临淄区齐陵街道刘营村	28	男	1943 年
刘玉林	临淄区齐陵街道淄河村	21	男	1943 年
胡俊卿	临淄区齐陵街道石庙孝陵村	24	男	1943 年
刘树庄	临淄区齐陵街道后丁村	20	男	1943 年
李公田	临淄区齐陵街道刘家终村	32	男	1943 年
于延智	临淄区皇城镇石槽村	22	男	1944 年 2 月

姓　名	籍　贯	年　龄	性　别	死难时间
边凤武	临淄区凤凰镇北金村	23	男	1944 年 2 月
郑立经	临淄区南王镇南仇北村	47	男	1944 年 2 月 18 日
李景相	临淄区皇城镇南卧石村	21	男	1944 年 3 月
于同阶	临淄区皇城镇皇城村	19	男	1944 年 3 月
李东江	临淄区皇城镇南卧石村	24	男	1944 年 3 月
姜洪文	临淄区敬仲镇大寇村	20	男	1944 年 4 月
崔德润	临淄区敬仲镇大寇村	20	男	1944 年 4 月
寇永清	临淄区敬仲镇大寇村	15	男	1944 年 4 月
崔英才	临淄区敬仲镇白兔丘南村	40	男	1944 年
宋美英	临淄区皇城镇南卧石村	25	女	1944 年 4 月
胡代云	临淄区敬仲镇西胡村	28	男	1944 年
崔长兴	临淄区敬仲镇东胡村	29	男	1944 年
刘香廷	临淄区敬仲镇毕家村	34	男	1944 年
霍爱堂	临淄区皇城镇坡子村	20	男	1944 年 5 月
刘俊华	临淄区皇城镇坡子村	19	男	1944 年 5 月
高奉琛	临淄区皇城镇坡子村	21	男	1944 年 5 月
郑锡寿	临淄区皇城镇郑六端村	27	男	1944 年 5 月
张聿荣	临淄区齐陵街道太平村	25	男	1944 年 5 月
马英明	临淄区齐陵街道南山村	18	男	1944 年 5 月
李培楷	临淄区敬仲镇褚家村	23	男	1944 年
崔占俊	临淄区敬仲镇西柳村	50	男	1944 年
连东礼	临淄区敬仲镇毛家村	24	男	1944 年 6 月
李芹修	临淄区皇城镇南卧石村	24	男	1944 年 6 月
李玉庆	临淄区皇城镇南卧石村	60	男	1944 年 6 月
李荣华	临淄区皇城镇南卧石村	31	男	1944 年 6 月
徐潮平	临淄区金岭回族镇金岭三村	16	男	1944 年 7 月
张敦桐	临淄区敬仲镇小东王村	28	男	1944 年 7 月
王福功	临淄区稷下街道孙娄东村	37	男	1944 年 7 月
朱文标	临淄区齐都镇邵家村	41	男	1944 年 8 月
王梅五	临淄区齐都镇河崖村	19	男	1944 年 8 月
张文英	临淄区齐都镇刘家寨村	29	男	1944 年 8 月
王云升	临淄区齐都镇郎家村	30	男	1944 年 8 月
李长德	临淄区金岭回族镇金岭三村	20	男	1944 年 8 月
李希谋	临淄区金岭回族镇金岭六村	28	男	1944 年 8 月

姓　名	籍　贯	年　龄	性　别	死难时间
崔建堂	临淄区敬仲镇西王官村	39	男	1944 年
谢立祥	临淄区朱台镇谢家村	28	男	1944 年 8 月
曹东升	临淄区朱台镇大柳村	22	男	1944 年 8 月
杨景忠	临淄区皇城镇大马岱村	19	男	1944 年 8 月
郭秀文	临淄区皇城镇西上村	24	男	1944 年 8 月
陈东海	临淄区稷下街道陈家村	26	男	1944 年 8 月
王新宽	临淄区齐都镇河崖村	24	男	1944 年 9 月
张炳文	临淄区敬仲镇东柳村	28	男	1944 年 9 月
李安兰	临淄区敬仲镇李家村	17	男	1944 年
崔庆福	临淄区敬仲镇北陈家村	28	男	1944 年
谢曰起	临淄区朱台镇谢家村	32	男	1944 年 9 月
霍成德	临淄区皇城镇大蓬科村	20	男	1944 年 9 月
李希风	临淄区齐陵街道小交流村	40	男	1944 年 9 月
史志范	临淄区敬仲镇大寇村	25	男	1944 年
陈秀英	临淄区朱台镇耿家村	50	女	1944 年 10 月
高洪德	临淄区皇城镇锡腊村	28	男	1944 年 10 月
李树柏	临淄区皇城镇堰头村	26	男	1944 年 11 月
崔瑶林	临淄区敬仲镇西柳村	39	男	1944 年 12 月
丁爱林	临淄区齐陵街道后丁村	22	男	1944 年 12 月
齐光照	临淄区齐都镇南门村	24	男	1944 年
郭升堂	临淄区朱台镇殷家村	19	男	1944 年
王德正	临淄区皇城镇杨王村	23	男	1944 年
李登吉	临淄区皇城镇五路村	27	男	1944 年
张云香	临淄区皇城镇郑六端村	19	女	1944 年
张光祖	临淄区皇城镇大马岱村	34	男	1944 年
于真花	临淄区皇城镇崖付村	22	女	1944 年
崔士彦	临淄区皇城镇崔郭村	25	男	1944 年
訾长荣	临淄区皇城镇訾李村	27	男	1944 年
曹福德	临淄区皇城镇訾李村	24	男	1944 年
崔建章	临淄区皇城镇前下村	36	男	1944 年
卢桂太	临淄区梧台镇辛兴村	20	男	1943 年
冯维新	临淄区梧台镇王青村	23	男	1944 年
王有年	临淄区梧台镇王青村	19	男	1944 年
孙富同	临淄区凤凰镇南金村	44	男	1944 年

姓　名	籍　贯	年　龄	性　别	死难时间
孙　柏	临淄区边河乡北崖村	18	男	1944 年
常清富	临淄区边河乡西张村	26	男	1944 年
崔乐贤	临淄区辛店街道齐园居	21	男	1944 年
孙学曾	临淄区稷下街道东孙村	93	男	1944 年
徐宪文	临淄区稷下街道官道村	30	男	1944 年
徐宪英	临淄区稷下街道官道村	19	女	1944 年
贾万卷	临淄区齐陵街道后丁村	50	男	1944 年
赵维杰	临淄区齐陵街道付辛村	27	男	1945 年 6 月
王安森	临淄区皇城镇崖付村	32	男	1945 年 1 月
李梅堂	临淄区敬仲镇小寇村	20	男	1945 年 1 月
王志昌	临淄区齐都镇河崖村	23	男	1945 年 2 月
王者兴	临淄区稷下街道耿王村	23	男	1945 年 2 月 1 日
李廷楦	临淄区齐都镇刘家寨村	25	男	1945 年 3 月 1 日
吴中月	临淄区敬仲镇西周村	42	男	1945 年 3 月
陈有年	临淄区敬仲镇西周村	20	男	1945 年 3 月
崔福禄	临淄区敬仲镇白兔丘南村	25	男	1945 年
段习乐	临淄区边河乡西太平村	27	男	1945 年 3 月
吴树森	临淄区敬仲镇西周村	23	男	1945 年 3 月
安玉章	临淄区凤凰镇侯屯村	50	男	1945 年
安　×	临淄区凤凰镇侯屯村	20	男	1945 年
徐德贞	临淄区敬仲镇西周村	33	男	1945 年 4 月
孙友成	临淄区敬仲镇北朱家村	25	男	1945 年 4 月
杨景珠	临淄区皇城镇大马岱村	33	男	1945 年 4 月
乔凤桐	临淄区皇城镇后下村	17	男	1945 年 4 月
王润福	临淄区凤凰镇小张王村	25	男	1945 年 4 月
马文德	临淄区边河乡阎下村	21	男	1945 年 4 月
许来云	临淄区敬仲镇西姬村	25	男	1945 年 5 月
张允楷	临淄区敬仲镇双庙村	24	男	1945 年
李德亭	临淄区皇城镇南卧石村	31	男	1945 年 5 月
李秀山	临淄区皇城镇南卧石村	29	男	1945 年 5 月
史建章	临淄区梧台镇史家村	35	男	1945 年
路凤祥	临淄区凤凰镇大路南村	20	男	1945 年 5 月
王安太	临淄区齐都镇韶院村	17	男	1945 年 6 月
许士奎之父	临淄区敬仲镇西姬村	40	男	1945 年 6 月

姓 名	籍 贯	年 龄	性 别	死难时间
孙祥文	临淄区敬仲镇东柳村	25	男	1945 年
冯保善	临淄区敬仲镇东张王村	25	男	1945 年
朱相文	临淄区朱台镇朱西村	29	男	1945 年 6 月
朱锡英	临淄区朱台镇魏家村	38	女	1945 年 6 月
訾曰祥	临淄区皇城镇訾李村	20	男	1945 年 6 月
王树美	临淄区皇城镇刘家辛村	25	男	1945 年 6 月
宗志德	临淄区皇城镇北羊村	23	男	1945 年 6 月
李保富	临淄区辛店街道西夏居	32	男	1945 年 6 月
马洪祯	临淄区齐陵街道南山村	26	男	1945 年 6 月
宋荣昌	临淄区齐都镇长胡村	26	男	1945 年 7 月
李云吉	临淄区朱台镇宋桥村	22	男	1945 年 7 月
路高德	临淄区朱台镇宋桥村	22	男	1945 年 7 月
李云孝	临淄区朱台镇宋桥村	25	男	1945 年 7 月
高文祥	临淄区朱台镇桐林村	24	男	1945 年 7 月
曹泮清	临淄区朱台镇大柳村	37	男	1945 年 7 月
曹 清	临淄区朱台镇大柳村	—	男	1945 年 7 月
王恒吉	临淄区凤凰镇王桥村	16	男	1945 年 7 月
于登文	临淄区凤凰镇中金村	21	男	1945 年 7 月
崔建喜	临淄区敬仲镇西王官村	23	男	1945 年 8 月
徐兰信	临淄区敬仲镇徐家圈	24	男	1945 年 8 月
徐兰秀	临淄区敬仲镇徐家圈	21	男	1945 年 8 月
徐玉成	临淄区敬仲镇徐家圈	17	男	1945 年 8 月
崔立方	临淄区敬仲镇西柳村	26	男	1945 年 8 月
王锦辉	临淄区皇城镇南蓬科	37	男	1945 年 8 月
崔炳章	临淄区皇城镇北羊村	25	男	1945 年 8 月
路林文之母	临淄区凤凰镇山庄村	51	女	1945 年 8 月
孙忠厚	张店区卫固镇卫固村	16	男	1945 年 8 月
路良元	临淄区凤凰镇山庄村	37	男	1945 年 8 月
刘兆德	临淄区凤凰镇蒋家村	41	男	1945 年 8 月
孙高声	临淄区辛店街道渠村	42	男	1945 年 8 月
王重爵	临淄区凤凰镇王桥村	20	男	1945 年 8 月
王云亭	临淄区齐都镇粉庄村	28	男	1945 年
刘俊田	临淄区齐都镇东石村	24	男	1945 年
刘春芳	临淄区朱台镇香坊村	27	男	1945 年

姓 名	籍 贯	年 龄	性 别	死难时间
郭允选	临淄区朱台镇香坊村	40	男	1945 年
郑德成	临淄区皇城镇东南羊村	35	男	1945 年
徐清亮	临淄区皇城镇东南羊村	38	男	1945 年
刘子云	临淄区皇城镇刘家辛村	30	男	1945 年
李良源	临淄区皇城镇南卧石村	27	男	1945 年
徐象尧	临淄区皇城镇郑郭村	30	男	1945 年
王农忠	临淄区梧台镇西老村	29	男	1945 年
周洪仁	临淄区梧台镇北王村	17	男	1945 年
王福来	临淄区梧台镇柴南村	27	男	1945 年
王兴业	临淄区梧台镇王青村	21	男	1945 年
郗克用	临淄区辛店街道窝托村	30	男	1945 年
张连魁	临淄区辛店街道窝托村	25	男	1945 年
苗胜三	临淄区辛店街道西夏居	29	男	1945 年
商传溪	临淄区稷下街道商王村	44	男	1945 年
崔一章	临淄区齐陵街道聂仙村	25	男	1945 年
朱安之	临淄区齐都镇崔家村	—	男	—
王民静	临淄区齐都镇崔家村	—	男	—
朱胜芝	临淄区齐都镇崔家村	—	男	—
王义新	临淄区稷下街道孙娄西村	—	男	—
常训德	临淄区边河乡崔碾村	24	男	—
王洪恩	临淄区稷下街道孙娄西村	—	男	—
荣月英	临淄区皇城镇史王村	21	女	—
孙希成之叔	临淄区朱台镇东单村	—	男	—
朱东岳	临淄区朱台镇枣园村	—	男	—
朱树恩	临淄区朱台镇枣园村	—	男	—
朱羡彦	临淄区朱台镇枣园村	—	男	—
姚启顺	临淄区齐都镇田家村	—	男	—
王传涌	临淄区辛店街道合顺店村	—	男	1938 年 3 月 31 日
沂 水	临淄区辛店街道合顺店村	—	男	1938 年 3 月 31 日
孙清林	临淄区稷下街道西安村	26	男	1938 年 6 月 1 日
孙传朱	临淄区辛店街道安里村	18	男	1938 年 10 月 31 日
孙道荣	临淄区辛店街道安里村	26	男	1938 年 10 月
孙富书	临淄区辛店街道安里村	18	男	1938 年 10 月
张福立	临淄区齐都镇赵王村	26	男	1938 年

姓　名	籍　贯	年　龄	性　别	死难时间
张福同	临淄区齐都镇赵王村	71	男	1938 年
张友臣	临淄区辛店街道窝托村	23	男	1938 年
杨玉梅	临淄区皇城镇杨王村	17	男	1939 年
关长深之岳父	临淄区凤凰镇朱家屯村	55	男	1939 年 7 月 20 日
周栓子	临淄区辛店街道矮槐村	—	男	1939 年
石玉鹏	临淄区辛店街道矮槐村	—	男	1939 年
石立建	临淄区辛店街道矮槐村	—	男	1939 年
冯天保	临淄区齐都镇苏家村	21	男	1939 年
苏同芳	临淄区齐都镇苏家村	27	男	1939 年
杨日文	临淄区皇城镇杨王村	30	男	1939 年
徐华军	临淄区皇城镇四官村	18	男	1939 年
苗楚云	临淄区辛店街道西夏村	21	男	1939 年
闫禄祥	临淄区稷下街道闫家村	36	男	1939 年
徐联银	临淄区敬仲镇徐家圈村	27	男	1940 年 1 月
李登堂	临淄区敬仲镇小寇村	25	男	1940 年 1 月
李玉堂	临淄区敬仲镇小寇村	21	男	1940 年 1 月
相习成	临淄区闻韶街道相家村	55	男	1940 年 1 月 1 日
路余年	临淄区凤凰镇郝家村	18	男	1940 年 8 月 1 日
路谓祥	临淄区凤凰镇大路北村	45	男	1940 年 8 月 15 日
路方曾	临淄区凤凰镇大路北村	46	男	1940 年 8 月 15 日
冯长贵	临淄区齐都镇苏家村	23	男	1940 年 9 月
于汉江之子	临淄区皇城镇石槽村	18	男	1940 年
韩洪亮	临淄区齐都镇南马坊村	—	男	1940 年
于林光	临淄区皇城镇石槽村	35	男	1940 年
武保山	临淄区辛店街道小武村	—	男	1940 年
王义之	临淄区辛店街道陈家村	—	男	1940 年
王义之之妻	临淄区辛店街道陈家村	—	女	1940 年
王义之之子	临淄区辛店街道陈家村	—	男	1940 年
王义之之女	临淄区辛店街道陈家村	—	女	1940 年
孙长清	临淄区稷下街道陈家村	—	男	1940 年
李守朴	临淄区齐陵街道杨东村	33	男	1940 年
李　×	临淄区齐陵街道杨东村	42	男	1940 年
周克民	临淄区齐陵街道前李村	27	男	1941 年
朱仁义	临淄区齐陵街道胡家村	18	男	1941 年

姓 名	籍 贯	年 龄	性 别	死难时间
钟读荣	临淄区凤凰镇大薄村	20	男	1941 年
钟读孝	临淄区凤凰镇大薄村	20	男	1941 年
石延楚	临淄区辛店街道上庄村	—	男	1941 年
苗守志	临淄区辛店街道上庄村	—	男	1941 年
陈步云	临淄区皇城镇史王村	52	男	1941 年
刘延吉	临淄区辛店街道东夏村	19	男	1941 年
于桂芬	临淄区皇城镇小铁村	25	女	1941 年
郝经川	临淄区辛店街道陈家村	34	男	1941 年
徐锡田	临淄区稷下街道徐家村	37	男	1942 年
贾文轩	临淄区闻韶街道张家社区	33	男	1942 年 3 月
张立祥	临淄区闻韶街道张家社区	35	男	1942 年 3 月
张守拙	临淄区闻韶街道张家社区	17	男	1942 年 3 月
张希后	临淄区闻韶街道张家社区	40	男	1942 年 3 月
贺发贤	临淄区辛店街道合顺店	39	男	1942 年 3 月
徐安仁	临淄区皇城镇东南羊村	36	男	1942 年
王　×	临淄区凤凰镇朱家屯村	17	女	1942 年 10 月 3 日
徐汉源	临淄区皇城镇小铁村	40	男	1942 年
徐景昌	临淄区皇城镇小铁村	18	男	1942 年
王华邦	临淄区皇城镇东南羊村	33	男	1942 年
徐继绪	临淄区皇城镇东南羊村	41	男	1942 年
徐若吉	临淄区皇城镇东南羊村	20	男	1942 年
贾化善	临淄区辛店街道仇行村	40	男	1942 年
贾化南	临淄区辛店街道仇行村	44	男	1942 年
王××	临淄区辛店街道仇行村	33	男	1942 年
许可荣	临淄区辛店街道仇行村	54	男	1942 年
赵家伦	临淄区辛店街道仇行村	60	男	1942 年
王守礼	临淄区辛店街道仇行村	47	男	1942 年
李高亭	临淄区辛店街道小武村	—	男	1942 年
曹家增	临淄区辛店街道曹家村	43	男	1942 年
石子宝	临淄区稷下街道小杨村	56	男	1942 年
孙士秀	临淄区齐陵街道南山村	21	男	1942 年
李连举	临淄区辛店街道窝托村	—	男	1943 年
孙长清	临淄区辛店街道渠村	30	男	1943 年 3 月
王庆臣	临淄区辛店街道渠村	29	男	1943 年 4 月

姓　名	籍　贯	年　龄	性　别	死难时间
常绪学	临淄区齐都镇常家村	38	男	1943 年 4 月
常兆槐	临淄区齐都镇常家村	19	男	1943 年 4 月
孙希芝	临淄区辛店街道于家村	—	男	1943 年
李同春	临淄区辛店街道于家村	—	男	1943 年
韩毓夏	临淄区辛店街道上庄村	—	男	—
薛可谋	临淄区辛店街道上庄村	—	男	—
石司关	临淄区辛店街道上庄村	—	男	—
石启仿	临淄区辛店街道上庄村	—	男	—
孙占奎	临淄区辛店街道于家村	—	男	1943 年
翟信氏	临淄区稷下街道范家村	30	女	1943 年
刘明章	临淄区稷下街道槐行村	—	男	1943 年
丁传信	临淄区稷下街道槐行村	—	男	1943 年
李　×	临淄区齐陵街道南齐村	50	男	1943 年
王佃安	临淄区齐陵街道郑家沟村	31	男	1943 年
李宗峰	临淄区辛店街道窝托村	—	男	1944 年 3 月 31 日
小　牛	临淄区辛店街道窝托村	—	男	—
丁学海	临淄区辛店街道窝托村	—	男	—
李春亭之子	临淄区辛店街道窝托村	—	男	—
李茂深	临淄区辛店街道窝托村	—	男	—
丁谓之弟	临淄区辛店街道窝托村	—	男	—
李保平	临淄区辛店街道窝托村	—	男	—
高佃亮	临淄区辛店街道高家村	25	男	1944 年 3 月 31 日
刘玉茂	临淄区齐都镇苏家村	30	男	1944 年 8 月
冯长兴	临淄区齐都镇苏家村	25	男	1944 年 8 月
吴义德	临淄区齐都镇西关南村	—	男	1944 年
吴云武	临淄区齐都镇西关南村	—	男	1944 年
苏世长	临淄区齐都镇苏家村	24	男	1944 年
冯天锡	临淄区齐都镇苏家村	32	男	1944 年
孙玉禄	临淄区稷下街道东孙村	82	男	1944 年
闫法祥	临淄区稷下街道闫家村	41	男	1944 年
王砚田	临淄区齐陵街道郑家沟村	28	男	1944 年
刘长文	临淄区敬仲镇东周村	25	男	1945 年 4 月 28 日
付文学	临淄区敬仲镇东周村	27	男	1945 年 4 月 28 日
吴东岳	临淄区敬仲镇西周村	38	男	1945 年 4 月 28 日

姓 名	籍 贯	年 龄	性 别	死难时间
徐德经	临淄区敬仲镇西周村	39	男	1945 年 4 月 28 日
吴淑堂	临淄区敬仲镇西周村	47	男	1945 年 4 月 28 日
张保山	临淄区凤凰镇中金村	21	男	1945 年 4 月 28 日
边荣武	临淄区凤凰镇中金村	20	男	1945 年 4 月 28 日
杜玉亭	临淄区凤凰镇中金村	28	男	1945 年 4 月 28 日
石 氏	临淄区凤凰镇中金村	—	女	1945 年 4 月 28 日
于永正	临淄区凤凰镇中金村	30	男	1945 年 4 月 28 日
郑全兴	临淄区齐陵街道郑家沟村	40	男	1945 年
毕义明	临淄区金岭镇艾庄村	20	男	—
宗相同	临淄区敬仲镇白兔丘北村	28	男	1943 年
合 计	**1741**			

责任人：李富涛　侯卫东　　　　核实人：刘永辉　唐爱华　　　　填表人：刘晨芳
　　　　　　　　　　　　　　　　　　　刘晨芳　张　迪

填报单位（签章）：淄博市临淄区委党史办公室　　　　　　填报时间：2009 年 5 月 7 日

桓台县抗日战争时期死难者名录

姓 名	籍 贯	年 龄	性 别	死难时间
张聿篆	桓台县索镇小辛村	24	男	1937 年
刘西苓	桓台县荆家镇东刘村	39	男	1937 年
宋田成	桓台县果里镇东付村	18	男	1937 年
刘俊儒	桓台县果里镇面窝村	—	男	1937 年
孙士朋	桓台县果里镇官中村	—	男	1937 年
孙小二	桓台县果里镇官中村	20	男	1937 年
徐成春	桓台县果里镇官中村	30	男	1937 年
张恩兰	—	—	男	1937 年
李功太	桓台县果里镇面窝村	—	男	1937 年
高延河	桓台县索镇东镇村	28	男	1937 年
高庆春	桓台县索镇东镇村	29	男	1937 年
高庆钰	桓台县索镇东镇村	20	男	1937 年
高允利	桓台县索镇东镇村	62	男	1937 年
高老八	桓台县索镇东镇村	30	男	1937 年
陈 辈	桓台县起凤镇乌河村	24	男	1937 年
张重藩	桓台县起凤镇乌河村	38	男	1937 年
孙元起	桓台县起凤镇乌河村	50	男	1937 年
曹高禄	桓台县起凤镇乌河村	50	男	1937 年
于希春	桓台县起凤镇乌河村	50	男	1937 年
孙曰春	桓台县起凤镇乌河村	61	男	1937 年
魏老五	桓台县起凤镇乌河村	38	男	1937 年
王玉礼	桓台县起凤镇乌河村	42	男	1937 年
李永富	桓台县起凤镇乌河村	28	男	1937 年
孙曰香	桓台县起凤镇乌河村	40	女	1937 年
张根子	桓台县起凤镇乌河村	35	男	1937 年
韩常富之叔	桓台县起凤镇乌河村	30	男	1937 年
孙风岑之父	桓台县起凤镇乌河村	65	男	1937 年
周 二	桓台县起凤镇乌河村	50	男	1937 年
李乃祥之姐	桓台县起凤镇乌河村	29	女	1937 年
孙曰箴之妹	桓台县起凤镇乌河村	32	女	1937 年
魏老四	桓台县起凤镇乌河村	40	男	1937 年

姓 名	籍 贯	年 龄	性 别	死难时间
孙曰仁	桓台县起凤镇乌河村	32	女	1937 年
魏凡普	桓台县起凤镇华沟村	—	男	1937 年
张玉来	桓台县起凤镇华沟村	—	男	1937 年
孙茂考之姑	桓台县起凤镇乌北村	40	女	1937 年
巩申运	桓台县起凤镇乌北村	40	男	1937 年
张顺兴	桓台县起凤镇付庙村	—	男	1937 年
张顺兴之妻	桓台县起凤镇付庙村	—	女	1937 年
毕精一	桓台县唐山镇徐店村	44	男	1937 年
郭良号	桓台县田庄镇付桥村	23	男	1937 年
郭方砚	桓台县田庄镇付桥村	21	男	1937 年
荆五奎	桓台县荆家镇荆三村	29	男	1937 年
崔凤苞	桓台县邢家镇黄家村	39	男	1937 年
伊和尚	桓台县邢家镇郎家村	50	男	1937 年
高允永	桓台县索镇东辛庄	—	男	1937 年
石玉汝	桓台县果里镇东付村	17	男	1937 年
田承功	桓台县果里镇东付村	17	男	1937 年
郑希昌	桓台县马桥镇北岔村	40	男	1938 年 1 月
金茂柱	桓台县马桥镇马桥村	43	男	1938 年 1 月
甘会智	桓台县唐山镇仁和村	25	男	1938 年 2 月 11 日
田承福	桓台县起凤镇夏二村	—	男	1938 年 3 月
张连颜	桓台县马桥镇祁家村	37	男	1938 年 3 月
曹瑞宝之叔	桓台县马桥镇五庄村	30	男	1938 年 4 月
张方池之弟	桓台县马桥镇康杨村	20	男	1938 年 4 月
许荣信	桓台县马桥镇齐马村	28	男	1938 年 5 月
刘树勤	桓台县果里镇马王庄	22	男	1938 年 5 月
荆向田	桓台县荆家镇荆三村	46	男	1938 年 5 月
荆聿学	桓台县荆家镇荆三村	40	男	1938 年 5 月
张湖臣	桓台县荆家镇荆一村	36	男	1938 年 5 月
田淑谏	桓台县起凤镇夏四村	52	男	1938 年 5 月 25 日
荆聿学之妻	桓台县荆家镇荆家庄	—	女	1938 年 6 月 27 日
荆玉连之妻	桓台县荆家镇荆家庄	—	女	1938 年 6 月 27 日
塔 灰	桓台县荆家镇荆家庄	—	男	1938 年 6 月 27 日
郭方渠	桓台县荆家镇荆家庄	—	男	1938 年 6 月 27 日
任开春	桓台县唐山镇薛庙村	32	男	1938 年 6 月

姓　名	籍　贯	年龄	性别	死难时间
荆象元之母	桓台县荆家镇荆四村	30	女	1938 年 6 月
荆象店	桓台县荆家镇荆四村	42	男	1938 年 6 月
韩成善	桓台县新城镇三里村	21	男	1938 年 6 月
周立广之父	桓台县起凤镇乌南村	—	男	1938 年 8 月 11 日
宋开太	桓台县起凤镇乌南村	—	男	1938 年 8 月 11 日
魏加典	桓台县荆家镇王庄村	22	男	1938 年 8 月 16 日
魏凡星	桓台县荆家镇王庄村	24	男	1938 年 8 月 16 日
伊若近	桓台县荆家镇王庄村	21	男	1938 年 8 月 16 日
曲本信	桓台县荆家镇王庄村	21	男	1938 年 8 月 16 日
刘德温	桓台县荆家镇王庄村	19	男	1938 年 8 月 16 日
董京林	桓台县荆家镇王庄村	18	男	1938 年 8 月 16 日
王洪奎	桓台县荆家镇王庄村	31	男	1938 年 8 月 16 日
王世能	桓台县荆家镇王庄村	24	男	1938 年 8 月 16 日
王　旭	桓台县荆家镇王庄村	23	男	1938 年 8 月 16 日
郑继栋	桓台县荆家镇王庄村	45	男	1938 年 8 月 16 日
董兆奎	桓台县荆家镇王庄村	25	男	1938 年 8 月 16 日
刘茂文	桓台县荆家镇王庄村	32	男	1938 年 8 月 16 日
王佃栋	桓台县荆家镇王庄村	32	男	1938 年 8 月 16 日
陈焕章	桓台县荆家镇王庄村	44	男	1938 年 8 月 16 日
耿明剑	桓台县荆家镇王庄村	38	男	1938 年 8 月 16 日
李维仁	桓台县荆家镇王庄村	31	男	1938 年 8 月 16 日
王士贤之女	桓台县荆家镇王庄村	19	女	1938 年 8 月 16 日
王士贤之孙	桓台县荆家镇王庄村	童	男	1938 年 8 月 16 日
李维信	桓台县荆家镇王庄村	32	男	1938 年 8 月 16 日
李维信之妻	桓台县荆家镇王庄村	30	女	1938 年 8 月 16 日
魏启栋之妻	桓台县荆家镇王庄村	26	女	1938 年 8 月 16 日
魏怀志之母	桓台县荆家镇王庄村	42	女	1938 年 8 月 16 日
伊若芹	桓台县起凤镇夏二村	—	—	1938 年 8 月
任继登	桓台县周家镇楼里村	—	男	1938 年 8 月
靳圣龙	桓台县周家镇楼里村	—	男	1938 年 8 月
邢善义	桓台县果里镇甘家村	23	男	1938 年 8 月
尹德荣	桓台县果里镇前鲁庄	22	男	1938 年 8 月
曹汝重	淄博市高新区四宝山街道曹村	17	男	1938 年 9 月 24 日
曹永坦	淄博市高新区四宝山街道曹村	31	男	1938 年 9 月 24 日

姓　名	籍　贯	年　龄	性　别	死难时间
曹维温	淄博市高新区四宝山街道曹村	17	男	1938 年 9 月 24 日
曹永房	淄博市高新区四宝山街道曹村	42	男	1938 年 9 月 24 日
张齐氏	淄博市高新区四宝山街道尚庄村	39	女	1938 年 9 月 24 日
张隽氏	淄博市高新区四宝山街道尚庄村	46	女	1938 年 9 月 24 日
张小妮	淄博市高新区四宝山街道尚庄村	2	女	1938 年 9 月 24 日
张方俭	淄博市高新区四宝山街道尚庄村	12	男	1938 年 9 月 24 日
刘张氏	淄博市高新区四宝山街道尚庄村	17	女	1938 年 9 月 24 日
张方钵	淄博市高新区四宝山街道尚庄村	30	男	1938 年 9 月 24 日
孟继本	淄博市高新区四宝山街道尚庄村	52	男	1938 年 9 月 24 日
孟召渭	淄博市高新区四宝山街道尚庄村	22	男	1938 年 9 月 24 日
张方清	淄博市高新区四宝山街道尚庄村	25	男	1938 年 9 月 24 日
张张氏	淄博市高新区四宝山街道尚庄村	46	女	1938 年 9 月 24 日
李兴祚	淄博市高新区四宝山街道曹村	30	男	1938 年 9 月 24 日
李兴祚之妻	淄博市高新区四宝山街道曹村	28	女	1938 年 9 月 24 日
李希祚	淄博市高新区四宝山街道曹村	43	男	1938 年 9 月 24 日
张宝琨	淄博市高新区四宝山街道曹村	20	男	1938 年 9 月 24 日
冯德贤	淄博市高新区四宝山街道曹村	39	男	1938 年 9 月 24 日
李成斋	淄博市高新区四宝山街道曹村	46	男	1938 年 9 月 24 日
李任祚	淄博市高新区四宝山街道曹村	58	男	1938 年 9 月 24 日
李福祚	淄博市高新区四宝山街道曹村	60	男	1938 年 9 月 24 日
李道成	淄博市高新区四宝山街道曹村	28	男	1938 年 9 月 24 日
王茂忠	淄博市高新区四宝山街道曹村	37	男	1938 年 9 月 24 日
李宗友	淄博市高新区四宝山街道街子村	30	男	1938 年 9 月 24 日
李宗友之妻	淄博市高新区四宝山街道街子村	32	女	1938 年 9 月 24 日
刘俊德	淄博市高新区四宝山街道街子村	51	男	1938 年 9 月 24 日
刘俊德之妻	淄博市高新区四宝山街道街子村	40	女	1938 年 9 月 24 日
王允英	淄博市高新区四宝山街道街子村	38	男	1938 年 9 月 24 日
李墩头	淄博市高新区四宝山街道街子村	20	男	1938 年 9 月 24 日
胡廷信	淄博市高新区四宝山街道街子村	39	男	1938 年 9 月 24 日
孙凤坤	淄博市高新区四宝山街道街子村	50	男	1938 年 9 月 24 日
孙恩恩	淄博市高新区四宝山街道街子村	35	男	1938 年 9 月 24 日
王允仕	淄博市高新区四宝山街道街子村	33	男	1938 年 9 月 24 日
齐业坤之姑夫	淄博市高新区四宝山街道曹村	21	男	1938 年 9 月 24 日
曹元德	淄博市高新区四宝山街道曹村	27	男	1938 年 9 月 24 日

姓 名	籍 贯	年 龄	性 别	死难时间
张洪军	淄博市高新区四宝山街道曹村	28	男	1938 年 9 月 24 日
李篮田	淄博市高新区四宝山街道万盛村	45	男	1938 年 9 月 24 日
李经章	淄博市高新区四宝山街道万盛村	16	男	1938 年 9 月 24 日
王守勇	淄博市高新区四宝山街道万盛村	36	男	1938 年 9 月 24 日
孙兆梅	淄博市高新区四宝山街道万盛村	24	男	1938 年 9 月 24 日
杨春富	淄博市高新区四宝山街道万盛村	28	男	1938 年 9 月 24 日
李佃恩	淄博市高新区四宝山街道万盛村	58	男	1938 年 9 月 24 日
胡凤林	桓台县田庄镇胡东村	39	男	1938 年 9 月 24 日
陈公禄	桓台县索镇小辛村	28	男	1938 年 9 月
李兴武	桓台县唐山镇王茂村	22	男	1938 年 9 月
金树中	桓台县马桥镇后金村	38	男	1938 年 9 月
王玉芝	桓台县荆家镇高王村	38	男	1938 年 9 月
马洪军	桓台县荆家镇高王村	37	男	1938 年 9 月
马洪凤	桓台县荆家镇高王村	36	男	1938 年 9 月
张明筠	桓台县荆家镇荆一村	47	男	1938 年 9 月
张名审	桓台县荆家镇荆一村	39	男	1938 年 9 月
王丙柳	桓台县索镇北王村	18	男	1938 年 9 月
张予生	桓台县索镇后毕村	37	男	1938 年 9 月
宋开熙	桓台县起凤镇华沟村	24	男	1938 年 9 月
石作忠	桓台县果里镇西付村	—	男	1938 年 10 月
周鲁杰	桓台县唐山镇仁和村	31	男	1938 年 10 月
张建尊	桓台县马桥镇张庄村	30	男	1938 年 10 月
张建友	桓台县马桥镇北岔村	30	男	1938 年 10 月
杨保审之子	桓台县马桥镇南营村	19	男	1938 年 10 月
孙梦臣之子	桓台县马桥镇东圈村	15	男	1938 年 10 月
冯居礼	桓台县马桥镇冯马村	40	男	1938 年 10 月
王树荣	桓台县田庄镇宗王村	30	男	1938 年 10 月
李振华	桓台县马桥镇南营村	30	男	1938 年 11 月
冯振翼	桓台县马桥镇冯马村	40	男	1938 年 11 月
冯希珍	桓台县马桥镇冯马村	40	男	1938 年 11 月
冯希俊	桓台县马桥镇冯马村	25	男	1938 年 11 月
冯希甲	桓台县马桥镇冯马村	40	男	1938 年 11 月
李功显	桓台县田庄镇付文村	40	男	1938 年 11 月
肖鸣凤	桓台县周家镇郝园村	26	男	1938 年 11 月

姓 名	籍 贯	年 龄	性 别	死难时间
李东明	—	—	男	1938 年 11 月
曹永伟	—	—	男	1938 年 11 月
宋锡湘	—	—	男	1938 年 11 月
孟宪洪	—	—	男	1938 年 11 月
穆守通	桓台县起凤镇穆寨村	—	男	1938 年 11 月 2 日
高凤川	桓台县起凤镇穆寨村	—	男	1938 年 12 月 25 日
于空杰	桓台县果里镇东沙村	—	男	1938 年 12 月
张方顶	桓台县果里镇东沙村	—	男	1938 年 12 月
孙茂海	桓台县马桥镇西圈村	31	男	1938 年 12 月
魏凤祚	桓台县起凤镇桥南村	34	男	1938 年 12 月
王际良	桓台县索镇马家村	—	男	1938 年 12 月
魏凡胜	桓台县索镇镇赵家村	20	男	1938 年腊月
张仲乐	桓台县索镇镇赵家村	20	男	1938 年腊月
韩其汝	桓台县果里镇东付村	16	男	1938 年
张经龙	桓台县果里镇面窝村	—	男	1938 年
王金顶	桓台县果里镇杨桥村	—	男	1938 年
边敦仁	桓台县果里镇西边村	—	男	1938 年
边有銮	桓台县果里镇西边村	—	男	1938 年
边和领	桓台县果里镇西边村	—	男	1938 年
伊曰湖	桓台县果里镇西边村	—	男	1938 年
边平安	桓台县果里镇西边村	—	男	1938 年
朱庆连	桓台县果里镇侯庄村	—	男	1938 年
苗芳庭	桓台县果里镇侯庄村	—	男	1938 年
吴怀英	桓台县果里镇吴磨村	—	男	1938 年
李学让	桓台县果里镇吴磨村	—	男	1938 年
李金成	桓台县果里镇吴磨村	—	男	1938 年
邓吉山	桓台县果里镇马王村	—	男	1938 年
吴庆齐	桓台县果里镇西付村	22	男	1938 年
徐克文	桓台县索镇建国村	—	男	1938 年
高延涛	桓台县索镇东镇村	30	男	1938 年
张二开	桓台县索镇赵家村	—	男	1938 年
王德海	桓台县索镇赵家村	—	男	1938 年
毕公德	桓台县索镇前毕村	—	男	1938 年
耿玉富之叔	桓台县索镇耿桥村	—	男	1938 年

姓 名	籍 贯	年 龄	性 别	死难时间
刘开行之子	桓台县起凤镇华沟村	—	男	1938 年
田守湘	桓台县起凤镇夏一村	45	男	1938 年
张昭兴	桓台县起凤镇付庙村	—	男	1938 年
杨西田	桓台县马桥镇南营村	30	男	1938 年
高延勤	桓台县索镇北王村	31	男	1938 年
毕麦黄	桓台县索镇前毕村	16	男	1938 年
章保安	桓台县新城镇城东村	22	男	1938 年
耿曰德	桓台县新城镇昝家村	29	男	1938 年
伊若尧	桓台县邢家镇白辛村	45	男	1938 年
伊若舜	桓台县邢家镇白辛村	40	男	1938 年
崔明文	桓台县邢家镇黄家村	59	男	1938 年
崔凤堤	桓台县邢家镇黄家村	—	男	1938 年
荆安然	桓台县邢家镇后诸村	12	男	1938 年
胡保胜	桓台县邢家镇郭店村	23	男	1938 年
张舒占	桓台县邢家镇郭店村	29	男	1938 年
柱　子	桓台县邢家镇东营村	25	男	1938 年
宗刘子	桓台县邢家镇东营村	24	男	1938 年
张怀禄	桓台县邢家镇郇家村	35	男	1938 年
陈来田	桓台县新城镇张苏村	21	男	1939 年 1 月 20 日
赵玉京	桓台县田庄镇西家村	38	男	1939 年 1 月 20 日
荣若林	桓台县唐山镇西马村	24	男	1939 年 2 月
王××	桓台县唐山镇唐四村	18	女	1939 年 2 月 6 日
王振举	桓台县唐山镇唐三村	45	男	1939 年 2 月 7 日
金茂梓	桓台县马桥镇北岭村	30	男	1939 年 3 月
李恒龙	桓台县荆家镇后孙村	47	男	1939 年 3 月
刘石氏	桓台县荆家镇荆一村	21	女	1939 年 3 月
毕助先	桓台县索镇前毕村	34	男	1939 年 3 月
毕财绪	桓台县索镇前毕村	18	男	1939 年 3 月
耿玉生	桓台县果里镇老官庄	24	男	1939 年 3 月
田俊恭	桓台县起凤镇夏四村	30	男	1939 年 3 月 21 日
金树太	桓台县马桥镇前金村	35	男	1939 年 4 月
李丙臣	桓台县陈庄镇罗家村	22	男	1939 年 4 月
荣若贵	桓台县索镇北王村	26	男	1939 年 4 月
张永经	桓台县果里镇前鲁庄	21	男	1939 年 4 月

姓　名	籍　贯	年　龄	性　别	死难时间
耿子厚	桓台县新城镇耆家村	40	男	1939 年 4 月
吴杰三	桓台县果里镇吴家磨村	28	男	1939 年 4 月
宋元干之父	桓台县起凤镇华沟村	—	男	1939 年 4 月 4 日
宋佩楚之父	桓台县起凤镇华沟村	—	男	1939 年 4 月 4 日
宋佩楚之叔	桓台县起凤镇华沟村	—	男	1939 年 4 月 4 日
胡安河	桓台县马桥镇胡马村	31	男	1939 年 5 月
尹秀亭	桓台县陈庄镇郝家寨	31	男	1939 年 5 月
田承江	桓台县果里镇西张埠	23	男	1939 年 5 月
刘佰祥	桓台县起凤镇夏七村	77	男	1939 年 5 月 25 日
巩献成	桓台县起凤镇夏七村	—	男	1939 年 5 月 25 日
田淑栋	桓台县起凤镇夏七村	52	男	1939 年 5 月 25 日
田锡广	桓台县起凤镇夏七村	45	男	1939 年 5 月 25 日
田守质	桓台县起凤镇夏七村	15	男	1939 年 5 月 25 日
巩献生	桓台县起凤镇夏七村	25	男	1939 年 5 月 25 日
田宝秀	桓台县起凤镇夏七村	—	男	1939 年 5 月 25 日
田茂泉之祖母	桓台县起凤镇夏七村	—	女	1939 年 5 月 25 日
周敬彦	桓台县马桥镇辛庄村	20	男	1939 年 6 月
毕宽先	桓台县索镇前毕村	19	男	1939 年 6 月
孙广燊	桓台县陈庄镇东宰村	21	男	1939 年 6 月
耿庆杰	桓台县果里镇西张埠	20	男	1939 年 6 月
罗大海	桓台县果里镇陈家斜沟	25	男	1939 年 6 月
许胞修	桓台县马桥镇齐马村	25	男	1939 年 6 月
林兆凤	桓台县马桥镇辛庄	24	男	1939 年 6 月
郭良印	桓台县马桥镇辛庄	20	男	1939 年 6 月
许荣志	桓台县马桥镇齐马村	26	男	1939 年 7 月
孙茂诺	桓台县马桥乡东圈村	50	男	1939 年 7 月
周庆理	桓台县索镇南李村	23	男	1939 年 7 月
高奎熙	桓台县邢家镇郇家村	21	男	1939 年 7 月
孙广昌	桓台县陈庄镇东宰村	18	男	1939 年 7 月
刘建禹	—	—	男	1939 年 7 月
张贯英	—	29	男	1939 年 7 月 22 日
鲍士永	—	33	男	1939 年 7 月 22 日
吉泽勇藏	—	—	男	1939 年 7 月 22 日
马耀南	周村区北郊镇北旺村	37	男	1939 年 7 月 22 日

姓　名	籍　贯	年　龄	性　别	死难时间
周庆理	—	23	男	1939 年 7 月 22 日
高奎熙	—	21	男	1939 年 7 月 22 日
滕聿强	—	24	男	1939 年 7 月 22 日
马明廷	桓台县荆家镇大元村	41	男	1939 年 8 月
孙淑丰	桓台县马桥镇西孙庄	21	男	1939 年 8 月
杨本贵	桓台县果里镇杨家桥	17	男	1939 年 8 月
郭振兰	桓台县唐山镇西毕村	26	男	1939 年 8 月 9 日
周克宝	桓台县起凤镇乌南村	—	男	1939 年 8 月 14 日
宋开勤	桓台县起凤镇乌南村	—	男	1939 年 8 月 14 日
张方太之妻	桓台县果里镇东沙村	—	女	1939 年 9 月
张维法	桓台县果里镇东沙村	—	男	1939 年 9 月
荣若清	桓台县唐山镇西马村	17	男	1939 年 9 月
郑桂云	桓台县马桥镇北岔村	24	男	1939 年 9 月
邢福忠	桓台县荆家镇里仁村	41	男	1939 年 9 月
孙小成	桓台县荆家镇里仁村	39	男	1939 年 9 月
格俊成	桓台县荆家镇里仁村	24	男	1939 年 9 月
王纪兰	桓台县果里镇老官庄	15	男	1939 年 9 月
高沂水	桓台县索镇东镇村	29	男	1939 年 10 月
孙美民	桓台县起凤镇乌南村	—	男	1939 年 10 月
孙云霞之曾祖父	桓台县起凤镇乌南村	—	男	1939 年 10 月
孙茂斗	桓台县马桥镇西圈村	31	男	1939 年 10 月
李之亮	桓台县马桥镇南营村	20	男	1939 年 10 月
王树昌	桓台县马桥镇冯马村	40	男	1939 年 10 月
周荆氏	桓台县荆家镇周董村	51	女	1939 年 10 月
周宋氏	桓台县荆家镇周董村	55	女	1939 年 10 月
周小妹	桓台县荆家镇周董村	31	女	1939 年 10 月
刘聿令	桓台县荆家镇前刘村	26	男	1939 年 10 月
刘聿岱	桓台县荆家镇前刘村	24	男	1939 年 10 月
刘聿环	桓台县荆家镇前刘村	20	男	1939 年 10 月
吴庆顺	桓台县果里镇杨家桥	15	男	1939 年 10 月
刘克杰	桓台县果里镇侯庄村	26	男	1939 年 10 月
周马氏	桓台县荆家镇周董村	60	女	1939 年 10 月 21 日
张修普	桓台县荆家镇周董村	75	男	1939 年 10 月 21 日
周常善	桓台县荆家镇周董村	40	男	1939 年 10 月 24 日

姓 名	籍 贯	年 龄	性 别	死难时间
于洪法	桓台县唐山镇于堤村	43	男	1939 年秋
张狗义	桓台县唐山镇楼二村	27	男	1939 年秋
荆聿顺	桓台县马桥镇罗道村	30	男	1939 年 11 月
王光才	桓台县马桥镇五庄村	31	男	1939 年 11 月
王成冉	桓台县马桥镇马桥村	25	男	1939 年 11 月
寇承福	桓台县周家镇郝园村	27	男	1939 年 11 月
耿丙文	桓台县周家镇周家村	25	男	1939 年 11 月
李干敏	桓台县果里镇徐斜村	—	男	1939 年 12 月
崔业修	桓台县索镇赵家村	28	男	1939 年 12 月
张修深	桓台县果里镇伊家庄	24	男	1939 年 12 月
张建三	桓台县果里镇西义和村	23	男	1939 年 12 月
李干民	桓台县果里镇练家庄	28	男	1939 年 12 月
伊若玉	桓台县果里镇西龙村	28	男	1939 年 12 月
阎福河	桓台县果里镇西龙村	20	男	1939 年 12 月
张经路	桓台县荆家镇荆家庄	—	男	1939 年 12 月
张经占	桓台县荆家镇荆家庄	—	男	1939 年 12 月
徐文喜	桓台县索镇花园村	—	男	1939 年 12 月
王二妮	桓台县唐山镇	18	女	1939 年 12 月 6 日
刘开黄之子	桓台县起凤镇鱼龙村	—	男	1939 年 12 月 25 日
荆荣林	桓台县荆家镇荆家庄	—	男	1939 年 12 月 30 日
于孝唐	桓台县唐山镇于堤村	41	男	1939 年冬
徐文泉	桓台县索镇花园村	—	男	1939 年腊月
刘元志	桓台县果里镇面窝村	—	男	1939 年
孙盖秀	桓台县果里镇姜坊村	—	男	1939 年
吴 杰	桓台县果里镇吴磨乡	—	男	1939 年
王应身	桓台县果里镇马王村	—	男	1939 年
周万功	桓台县果里镇玉皇阁村	—	男	1939 年
田俊奎	桓台县果里镇玉皇阁村	—	男	1939 年
田淑全	桓台县果里镇玉皇阁村	—	男	1939 年
田王氏	桓台县果里镇面窝村	—	女	1939 年
孙立顺	桓台县果里镇东付村	—	男	1939 年
刘建诩	桓台县索镇刘茅村	—	男	1939 年
高允英	桓台县索镇花园村	24	男	1939 年
张开运	桓台县索镇花园村	22	男	1939 年

姓 名	籍 贯	年 龄	性 别	死难时间
高允景	桓台县索镇花园村	60	男	1939 年
张 芳	桓台县唐山镇楼二村	21	女	1939 年
毕永元	桓台县索镇前毕村	—	男	1939 年
张思礼	桓台县索镇前毕村	—	男	1939 年
王 成	桓台县索镇耿桥村	—	男	1939 年
寇丕基	桓台县周家镇郝园村	27	男	1939 年
寇丕论	桓台县周家镇郝园村	40	男	1939 年
麻光兰	桓台县周家镇麻家村	45	男	1939 年
麻老五	桓台县周家镇麻家村	30	男	1939 年
麻大顺	桓台县周家镇麻家村	24	男	1939 年
孙梅文	桓台县周家镇闫家村	—	男	1939 年
王希海	桓台县周家镇苇河村	—	男	1939 年
成正梅	桓台县周家镇苇河村	—	男	1939 年
韩长仆	桓台县新城镇昝家村	—	男	1939 年
王子衡	桓台县新城镇昝家村	—	男	1939 年
张方明	桓台县新城镇城南村	—	男	1939 年
李乃文之子	桓台县邢家镇前诸村	20	男	1939 年
潘德荣	桓台县邢家镇莫王村	20	男	1939 年
王曰海	桓台县索镇北辛庄	—	男	1939 年
王际昌	桓台县索镇北辛庄	—	男	1939 年
刘信谷	桓台县邢家镇莫王村	39	男	1939 年
刘新睦	桓台县邢家镇莫王村	35	男	1939 年
荆象凤	桓台县邢家镇吉托村	28	男	1939 年
罗为田	桓台县邢家镇吉托村	29	男	1939 年
郭汝英	桓台县邢家镇吉托村	—	男	1939 年
田家环	桓台县邢家镇后诸村	20	男	1939 年
甘公云	桓台县邢家镇邢家村	40	男	1939 年
胡向全	桓台县邢家镇郭店村	31	男	1939 年
荆象宏	桓台县邢家镇东营村	26	男	1939 年
荆聿宏	桓台县邢家镇东营村	30	男	1939 年
周善英之伯	桓台县邢家镇东营村	25	男	1939 年
荆义夫	桓台县邢家镇东营村	32	男	1939 年
孙窑匠	桓台县邢家镇郓家村	35	男	1939 年
朱仲连	桓台县索镇兰柳树村	18	男	1939 年

姓 名	籍 贯	年 龄	性 别	死难时间
孙连绪	桓台县果里镇伊家庄	23	男	1939 年
张思立	桓台县果里镇东义和村	26	男	1939 年
吕昌祥	桓台县果里镇龙南村	21	男	1939 年
鲁绪柱	桓台县果里镇东沙河村	25	男	1939 年
徐成安	桓台县索镇北辛庄	—	男	1939 年
刘 四	桓台县索镇北辛庄	—	男	1939 年
张经祥	桓台县果里镇龙北村	29	男	1939 年
张冠英	桓台县唐山镇前七村	28	男	1940 年 1 月
王新一	桓台县索镇马家庄	41	男	1940 年 1 月
张方义	桓台县唐山镇古城村	32	男	1940 年 1 月 11 日
张正温	桓台县唐山镇古城村	30	男	1940 年 1 月 11 日
王庆莪	桓台县索镇	—	男	1940 年 1 月 20 日
巩子顺	桓台县索镇	—	男	1940 年 1 月 20 日
王佃安	桓台县果里镇杨家桥	17	男	1940 年 2 月
张奎朋	桓台县果里镇龙南庄	16	男	1940 年 2 月
张承普	桓台县索镇	—	男	1940 年 2 月
张予柱	桓台县索镇	—	男	1940 年 2 月
张予柱之父	桓台县索镇	—	男	1940 年 2 月
巩应益	桓台县起凤镇鱼一村	—	男	1940 年 2 月 10 日
宫佃甲	桓台县马桥镇北岔村	21	男	1940 年 3 月
孙希纯	桓台县马桥镇胡马村	42	男	1940 年 3 月
魏守训	桓台县马桥镇胡马村	32	男	1940 年 3 月
赵丙成	桓台县果里镇东店村	18	男	1940 年 3 月
王元鸿	桓台县马桥镇冯马村	24	男	1940 年 3 月
王兆祥	桓台县果里镇老官庄	17	男	1940 年 3 月
张伯言	桓台县起凤镇鱼龙村	—	男	1940 年 3 月
耿希和	桓台县起凤镇鱼龙村	—	男	1940 年 3 月 18 日
巩保县	桓台县起凤镇华沟村	—	男	1940 年 3 月 21 日
巩应易	桓台县起凤华沟村	—	男	1940 年 3 月 21 日
王赐津	桓台县唐山镇石店村	27	男	1940 年春
李英海	桓台县马桥镇东岔村	25	男	1940 年 4 月
荆向禹	桓台县马桥镇东岔村	25	男	1940 年 4 月
郭瑞章	桓台县马桥镇辛庄村	30	男	1940 年 4 月
姜振海之妻	桓台县马桥镇姜家村	26	女	1940 年 4 月

姓 名	籍 贯	年 龄	性 别	死难时间
崔业文	桓台县索镇赵家村	19	男	1940 年 4 月
鲁瑞瀛	桓台县索镇宫家庄	32	男	1940 年 4 月
张希林	桓台县果里镇东边坊	14	男	1940 年 4 月
孙光志	桓台县陈庄镇宰相村	27	男	1940 年 4 月 25 日
张方正之弟	桓台县马桥镇康杨村	20	男	1940 年 5 月
毕绪法	桓台县果里镇龙北村	23	男	1940 年 5 月
刘淑功	桓台县周家镇小刘家村	18	男	1940 年 5 月
张诺修	桓台县果里镇老官庄	26	男	1940 年 5 月
牟家伯	桓台县果里镇官西村	—	男	1940 年 6 月
郑继水之弟	桓台县马桥镇北一村	22	男	1940 年 6 月
郑继水之弟	桓台县马桥镇北一村	20	男	1940 年 6 月
袁崇贤	桓台县马桥镇北三村	40	男	1940 年 6 月
伊善武	桓台县马桥镇北三村	21	男	1940 年 6 月
王树南	桓台县周家镇康家村	42	男	1940 年 6 月
王立春	桓台县周家镇康家村	27	男	1940 年 6 月
王希韩	桓台县周家镇康家村	45	男	1940 年 6 月
王立生	桓台县周家镇康家村	26	男	1940 年 6 月
王希山	桓台县周家镇康家村	—	男	1940 年 6 月
王玉胜	桓台县周家镇康家庄	—	男	1940 年 6 月
王克贤	桓台县周家镇康家庄	—	男	1940 年 6 月
王克贤之父	桓台县周家镇康家庄	—	男	1940 年 6 月
王希义	桓台县周家镇康家庄	—	男	1940 年 6 月
王希勤	桓台县周家镇康家庄	—	男	1940 年 6 月
王玉湖	桓台县周家镇康家庄	—	男	1940 年 6 月
李志太之妹	桓台县周家镇康家庄	—	女	1940 年 6 月
王树云	桓台县周家镇康家庄	—	男	1940 年 6 月
王茂海	桓台县周家镇康家庄	—	男	1940 年 6 月
王玉敬	桓台县周家镇康家庄	—	男	1940 年 6 月
王玉珍	桓台县周家镇康家庄	—	男	1940 年 6 月
王 七	桓台县周家镇黄家庄	—	男	1940 年 6 月 18 日
王 六	桓台县周家镇黄家庄	—	男	1940 年 6 月 18 日
宫士林	桓台县马桥镇北岔村	19	男	1940 年 7 月
王进功	桓台县马桥镇冯马村	23	男	1940 年 7 月
胡安玉	桓台县马桥镇胡马村	35	男	1940 年 7 月

姓　名	籍　贯	年　龄	性　别	死难时间
何恒堂之母	桓台县陈庄镇黄郭村	29	女	1940 年 7 月
史兆贞	桓台县陈庄镇姚郭村	38	男	1940 年 7 月
孙得温	桓台县陈庄镇东宰村	20	男	1940 年 7 月
金树梅	桓台县马桥镇前金庄	16	男	1940 年 7 月
张玉生	桓台县唐山镇前大村	29	男	1940 年 7 月 8 日
孙淑正之兄	桓台县马桥镇西圈村	20	男	1940 年 8 月
金树义	桓台县马桥镇前金村	30	男	1940 年 8 月
高延春	桓台县索镇北王村	31	男	1940 年 8 月
杨岳东	桓台县周家镇郭家村	—	男	1940 年 8 月
孙传文	桓台县周家镇郭家村	—	男	1940 年 8 月
张方阁	桓台县周家镇郭家村	—	男	1940 年 8 月
曹文会	桓台县起凤镇乌南村	—	男	1940 年 9 月
孙元飞之祖父	桓台县起凤镇乌南村	—	男	1940 年 9 月
宋开来之哥	桓台县起凤镇乌南村	—	男	1940 年 9 月
于助海之叔	桓台县起凤镇乌南村	—	男	1940 年 9 月
孙相格之祖父	桓台县起凤镇乌南村	—	男	1940 年 9 月
宗　盛	桓台县唐山镇郑家村	17	男	1940 年 9 月
金现贵	桓台县马桥镇后金村	31	男	1940 年 9 月
金现发	桓台县马桥镇后金村	28	男	1940 年 9 月
金茂监	桓台县马桥镇前金村	40	男	1940 年 9 月
金树玺	桓台县马桥镇前金村	40	男	1940 年 9 月
金树会	桓台县马桥镇前金村	40	男	1940 年 9 月
金留×	桓台县马桥镇前金村	20	男	1940 年 9 月
孙宝家之兄	桓台县马桥镇东圈村	30	男	1940 年 9 月
成方平	桓台县周家镇阎家村	24	男	1940 年 9 月
吕令贵	桓台县周家镇太平村	30	男	1940 年 9 月
窦清海	桓台县果里镇东果里村	31	男	1940 年 9 月
王孝起	桓台县果里镇西付村	17	男	1940 年 9 月
吕昌佑	桓台县田庄镇大寨村	17	男	1940 年秋
马孝南	桓台县果里镇西付村	—	男	1940 年 10 月
石　满	桓台县马桥镇北岭村	16	男	1940 年 10 月
杨钦长	桓台县马桥镇北三村	20	男	1940 年 10 月
王元朋	桓台县马桥镇冯马村	50	男	1940 年 10 月
田顺成	桓台县田庄镇田家村	21	男	1940 年 10 月

姓 名	籍 贯	年龄	性别	死难时间
刘恩修	桓台县索镇刘家村	—	男	1940 年 11 月
曹凤光	桓台县索镇刘家村	—	男	1940 年 11 月
刘洪绪	桓台县索镇刘家村	—	男	1940 年 11 月
胡庆尊	桓台县马桥镇胡马村	32	男	1940 年 11 月
胡向新	桓台县马桥镇胡马村	33	男	1940 年 11 月
胡向庆	桓台县马桥镇胡马村	30	男	1940 年 11 月
曹安和	桓台县马桥镇五庄村	20	男	1940 年 11 月
杨公勤	桓台县马桥镇北三村	20	男	1940 年 11 月
王进孝	桓台县马桥镇冯马村	25	男	1940 年 11 月
孔繁华	桓台县田庄镇于铺村	20	男	1940 年 11 月
王立业	桓台县果里镇后鲁庄	26	男	1940 年 12 月
段淑胜	桓台县果里镇东果里村	25	男	1940 年 12 月
窦清春	桓台县果里镇东果里村	41	男	1940 年 12 月
张本修	桓台县果里镇东付村	22	男	1940 年
刘慧元	桓台县果里镇面窝村	—	男	1940 年
刘俊祜	桓台县果里镇面窝村	—	男	1940 年
刘元才	桓台县果里镇面窝村	—	男	1940 年
张经文	桓台县果里镇面窝村	—	男	1940 年
刘元水	桓台县果里镇面窝村	—	男	1940 年
王茂会	桓台县果里镇杨桥村	—	男	1940 年
王茂柳	桓台县果里镇杨桥村	—	男	1940 年
王士林	桓台县果里镇马王村	36	男	1940 年
曹振家	桓台县果里镇马王村	—	男	1940 年
张敬行	桓台县唐山镇前大村	19	男	1940 年
邓洪让	桓台县果里镇马王村	—	男	1940 年
王士翠	桓台县果里镇马王村	—	男	1940 年
宋开富	桓台县果里镇东付村	21	男	1940 年
王树标	桓台县果里镇东付村	60	男	1940 年
周善亭	桓台县果里镇西沙村	—	男	1940 年
李年丰	桓台县果里镇西沙村	—	男	1940 年
许年增	桓台县果里镇西沙村	—	男	1940 年
周唐林	桓台县果里镇西沙村	—	男	1940 年
张××	桓台县果里镇后埠村	—	男	1940 年
刘锡璜	桓台县索镇刘茅村	—	男	1940 年

姓　名	籍　贯	年龄	性别	死难时间
刘锡林	桓台县索镇刘茅村	—	男	1940 年
高万通	桓台县索镇东镇村	31	男	1940 年
耿玉岩之母	桓台县索镇耿桥村	—	女	1940 年
宗怀亭	桓台县果里镇老官庄	—	男	1940 年
吕敬芝	桓台县周家镇景楼村	—	男	1940 年
陈献海	桓台县新城镇乔南村	20	男	1940 年
赵木刀之子	桓台县新城镇乔南村	20	男	1940 年
鲍宗×	桓台县新城镇城南村	—	男	1940 年
宁××	桓台县新城镇城南村	—	男	1940 年
史茂通	桓台县陈庄镇西史村	26	男	1940 年
宗开银	桓台县邢家镇前诸村	30	男	1940 年
宋开波之父	桓台县邢家镇前诸村	40	男	1940 年
刘义善	桓台县邢家镇莫王村	30	男	1940 年
刘义后	桓台县邢家镇莫王村	19	男	1940 年
潘德康	桓台县邢家镇莫王村	21	男	1940 年
刘义荣	桓台县邢家镇莫王村	20	男	1940 年
宋开民	桓台县邢家镇后许村	40	男	1940 年
王遇文	桓台县邢家镇后许村	26	男	1940 年
田　青	桓台县邢家镇田孟村	37	男	1940 年
李　路	桓台县邢家镇吉托村	41	男	1940 年
高庆敏	桓台县邢家镇吉托村	38	男	1940 年
李崇会	桓台县邢家镇吉托村	40	男	1940 年
李宜功	桓台县邢家镇吉托村	38	男	1940 年
宋作福	桓台县邢家镇后许村	30	男	1940 年
黄学赞	桓台县邢家镇演马村	30	男	1940 年
耿丙初	桓台县邢家镇演马村	22	男	1940 年
耿玉迪之父	桓台县邢家镇演马村	21	男	1940 年
伊若梅	桓台县邢家镇郇家村	30	男	1940 年
赵德义	桓台县周家镇杨家楼村	17	男	1940 年
王志坤	桓台县田庄镇西家庄	24	男	1940 年
胡士先	桓台县唐山镇前大王村	39	男	1940 年
张文锡	桓台县唐山镇前大王村	31	男	1940 年
张连英	桓台县果里镇东果里村	30	男	1940 年
王玉泉	桓台县荆家镇高王村	25	男	1940 年

姓 名	籍 贯	年 龄	性 别	死难时间
宫修德	桓台县马桥镇齐马村	24	男	1940 年
崔增业	桓台县新城镇邢庙村	23	男	1940 年
胡安礼	桓台县新城镇崔楼村	17	男	1940 年
张守新	桓台县果里镇西龙村	22	男	1940 年
张高勇	桓台县马桥镇岔河村	—	男	1940 年
张予凯	—	—	男	1940 年
王中兴	桓台县索镇北王村	—	男	1940 年
高延春	桓台县索镇北王村	—	男	1940 年
牟际海	桓台县果里乡官西村	—	男	1941 年 1 月
魏世昌	桓台县起凤镇夏庄村	38	男	1941 年 1 月
魏 衡	桓台县起凤镇西三村	46	男	1941 年 1 月
孙向明	桓台县陈庄乡宰相村	26	男	1941 年 2 月
张若训	桓台县果里镇龙东村	19	男	1941 年 2 月
张奎俭	桓台县果里镇龙南村	17	男	1941 年 2 月
张仲友	桓台县果里镇龙南村	21	男	1941 年 2 月
曹怀集	桓台县马桥镇五庄村	28	男	1941 年 3 月
金茂财	桓台县马桥镇后金村	30	男	1941 年 3 月
伊云芳之妻	桓台县陈庄镇顺河村	23	女	1941 年 3 月
张经礼	桓台县索镇北辛村	31	男	1941 年 3 月
王际随	桓台县索镇马家庄	43	男	1941 年 3 月
赵丙阁	桓台县果里镇东店村	18	男	1941 年 3 月
高金佳	桓台县果里镇西付村	—	男	1941 年 4 月
曹瑞兆	桓台县马桥镇西岔村	20	男	1941 年 4 月
于巨源	桓台县邢家镇波扎店	43	男	1941 年 4 月
邢宗义	桓台县果里镇前鲁庄	23	男	1941 年 4 月
邢宗礼	桓台县果里镇前鲁庄	23	男	1941 年 4 月
王进秀	桓台县马桥镇冯马村	25	男	1941 年 4 月
胥寿法	桓台县新城镇义和村	39	男	1941 年 4 月
张 布	桓台县唐山镇前大村	20	男	1941 年 5 月
张敬禹	桓台县唐山镇前大村	22	男	1941 年 5 月
张若吉	桓台县索镇逯家村	19	男	1941 年 5 月
耿玉兰	桓台县索镇耿家桥	24	男	1941 年 5 月
董与泗	桓台县周家镇杨家楼村	23	男	1941 年 5 月
于修功	桓台县果里镇西沙河村	26	男	1941 年 5 月

姓 名	籍 贯	年 龄	性 别	死难时间
任德芳	桓台县周家镇楼里村	—	男	1941 年 6 月
张文传	桓台县果里镇凤鸣村	18	男	1941 年 6 月
董与吉	桓台县果里镇东果里村	30	男	1941 年 6 月
王玉龙	桓台县果里镇南王庄	32	男	1941 年 6 月
石玉禄	桓台县果里镇东付村	24	男	1941 年 6 月
王胜财	桓台县新城镇乔家村	24	男	1941 年 6 月 24 日
于 超	桓台县唐山镇于堤村	32	男	1941 年 7 月
孙继功	桓台县马桥镇西圈村	30	男	1941 年 7 月
于修銮	桓台县唐山镇于家堤子	32	男	1941 年 7 月
孟昭祥	桓台县果里镇周坊	15	男	1941 年 7 月
金树玉	桓台县马桥镇前金庄	21	男	1941 年 7 月
金树洋	桓台县马桥镇前金庄	23	男	1941 年 7 月
王玉言	桓台县荆家镇姬桥村	47	男	1941 年 8 月
荆光汗	桓台县荆家镇姬桥村	31	男	1941 年 8 月
王丙军	桓台县荆家镇姬桥村	60	男	1941 年 8 月
胡念筠	桓台县荆家镇高王村	26	男	1941 年 8 月
邢俊祥	桓台县唐山镇唐二村	27	男	1941 年 9 月
槐兴智	桓台县周家镇郝园村	19	男	1941 年 9 月
张士俊	桓台县周家镇郝园村	33	男	1941 年 9 月
李光前	桓台县周家镇阎家村	50	男	1941 年 9 月
宋传林	桓台县陈庄南薛村	30	男	1941 年 9 月
王金英	桓台县索镇马家庄	22	男	1941 年 9 月
杨占魁	桓台县索镇东镇村	壮年	男	1941 年秋
孙玉镇之母	桓台县田庄镇仇王村	55	女	1941 年秋
苗宜德	桓台县索镇北辛村	19	男	1941 年 11 月
孙夏云	桓台县陈庄镇东宰村	30	男	1941 年 11 月
董与禄	桓台县果里镇东果里村	16	男	1941 年 11 月
李林庆	桓台县果里镇东果里村	21	男	1941 年 11 月
张经财	桓台县果里镇龙南村	24	男	1941 年 11 月
王赐新	桓台县唐山镇石店村	23	男	1941 年 12 月
伊允莪	桓台县荆家镇伊家村	45	男	1941 年 12 月
尹宝亭	桓台县陈庄镇辛桥村	26	男	1941 年 12 月
王锡成	桓台县果里镇后鲁庄	23	男	1941 年 12 月
王茂草	桓台县果里镇杨桥村	—	男	1941 年

姓 名	籍 贯	年 龄	性 别	死难时间
张希山	桓台县果里镇后埠村	—	男	1941 年
王际良	桓台县索镇马家村	60	男	1941 年
王际武	桓台县索镇马家村	61	男	1941 年
王际胃	桓台县索镇马家村	55	男	1941 年
张若显	桓台县索镇张茅村	—	男	1941 年
刘向山	桓台县索镇张茅村	—	男	1941 年
张灵之子	桓台县索镇张茅村	—	男	1941 年
张财五	桓台县索镇张茅村	—	男	1941 年
曹××	桓台县起凤镇乌河村	—	男	1941 年
宋开英之父	桓台县起凤镇华沟村	—	男	1941 年
宋开英之叔	桓台县起凤镇华沟村	—	男	1941 年
宋丰谓大伯	桓台县起凤镇华沟村	—	男	1941 年
宋祥池	桓台县起凤镇华沟村	—	男	1941 年
宋开英	桓台县起凤镇华沟村	—	男	1941 年
巩望远	桓台县起凤镇乌河村	—	男	1941 年
巩常运	桓台县起凤镇乌河村	—	男	1941 年
巩免运	桓台县起凤镇西巩村	—	男	1941 年
巩成运	桓台县起凤镇西巩村	—	男	1941 年
沈希久	桓台县周家镇沈家村	—	男	1941 年
鲍宗×	桓台县新城镇城南村	—	男	1941 年
陈法良	桓台县陈庄镇东杨村	29	男	1941 年
吕亭之	桓台县荆家镇东孙村	37	男	1941 年
孟卫献	桓台县邢家镇田孟村	27	男	1941 年
田淑松之哥	桓台县邢家镇田孟村	26	男	1941 年
刘　震	桓台县邢家镇吉托村	39	男	1941 年
周留住	桓台县邢家镇演马村	20	男	1941 年
仇柳斗	桓台县邢家镇郇家村	19	男	1941 年
宗怀修	桓台县索镇夏家村	21	男	1941 年
王庆明	桓台县田庄镇西家村	17	男	1941 年
田淑经	桓台县田庄镇西家村	17	男	1941 年
李兴元	桓台县果里镇西张埠	36	男	1941 年
吴庆常	桓台县果里镇杨家桥	20	男	1941 年
宋丑汝	桓台县果里镇东付村	27	男	1941 年
韩其平	桓台县果里镇东付村	28	男	1941 年

姓　名	籍　贯	年　龄	性　别	死难时间
路在厚	桓台县果里镇侯庄村	22	男	1941 年
杨传志	桓台县果里镇侯庄村	27	男	1941 年
耿斌亭	桓台县索镇	—	男	1941 年
刘树勤	桓台县索镇	—	男	1941 年
刘元财	桓台县索镇	—	男	1941 年
伊允楚	桓台县荆家镇荆家庄	—	男	1941 年
伊允籽	桓台县荆家镇荆家庄	—	男	1941 年
宋树乙	桓台县荆家镇荆家庄	—	男	1941 年
刘聿南	桓台县荆家镇荆家庄	—	男	1941 年
于鲁川	张店区中埠镇于家村	31	男	1941 年
张东峰	—	—	男	1941 年
杨子江	—	—	男	1941 年
邢乐英	—	—	男	1941 年
朱道遵	—	—	男	1941 年
高允蔡	桓台县索镇东索镇	22	男	1942 年 1 月
冯希润	桓台县马桥镇冯马村	20	男	1942 年 2 月
马兢生	淄博市高新区四宝山街道马庄村	26	男	1942 年 2 月 22 日
郑希乾	桓台县马桥镇北岔村	24	男	1942 年 3 月
田成功	桓台县果里镇东付村	23	男	1942 年 3 月
张协一	桓台县陈庄镇辛桥村	50	男	1942 年 4 月
刘常德之父	桓台县陈庄镇辛桥村	28	男	1942 年 4 月
冯希会	桓台县马桥镇冯马村	25	男	1942 年 4 月
冯希路	桓台县马桥镇冯马村	22	男	1942 年 4 月
冯希滋	桓台县马桥镇冯马村	23	男	1942 年 4 月
王毓瓒	桓台县周家镇黄家村	36	男	1942 年 6 月
王毓琰	桓台县周家镇黄家村	33	男	1942 年 6 月
赵　四	桓台县周家镇	32	男	1942 年 6 月
李功德	桓台县周家镇	24	男	1942 年 6 月
陈李氏	桓台县荆家镇前高村	36	女	1942 年 6 月
荆罗氏	桓台县荆家镇前高村	38	女	1942 年 6 月
杨怀生	桓台县果里镇杨家桥	47	男	1942 年 6 月
张祥义	桓台县周家镇太平村	32	男	1942 年 7 月
吕则恭	桓台县周家镇太平村	25	男	1942 年 7 月
张士道	桓台县唐山镇巴王村	21	男	1942 年 8 月

姓 名	籍 贯	年 龄	性 别	死难时间
张孝钦	桓台县马桥镇张庄村	20	男	1942 年 8 月
荣若琪	桓台县周家镇太平村	27	男	1942 年 8 月
金树禹	桓台县马桥镇前金庄	33	男	1942 年 8 月
齐守照	桓台县马桥镇齐马村	25	男	1942 年 8 月
张宇良	—	—	男	1942 年 8 月
张峪安	—	—	男	1942 年 8 月
曹功九	—	—	男	1942 年 8 月
吴庆明	桓台县果里镇西付村	—	男	1942 年 9 月
王继山	桓台县马桥镇冯马村	24	男	1942 年 9 月
王希田	桓台县周家镇康家村	21	男	1942 年 9 月
黄玉成	桓台县陈庄镇黄郭村	28	男	1942 年 9 月
何同梅	桓台县陈庄镇陈二村	28	男	1942 年 9 月
金树凤	桓台县马桥镇前金庄	35	男	1942 年 9 月
岳可才	桓台县果里镇侯庄村	25	男	1942 年 9 月
耿茂元	桓台县马桥镇辛庄村	64	男	1942 年 10 月
何临玉	桓台县索镇孟家	25	男	1942 年 10 月
徐维利	桓台县荆家镇荆家村	38	男	1942 年 10 月
芦兴义	桓台县果里镇侯庄村	23	男	1942 年 10 月
董淑亮	桓台县果里镇龙东村	27	男	1942 年 10 月
张克镇	桓台县唐山镇后七村	21	男	1942 年 11 月
胡庆发	桓台县马桥镇胡马村	30	男	1942 年 11 月
李长秀	桓台县果里镇东果里村	41	男	1942 年 11 月
何同堂	桓台县马桥镇五庄村	35	男	1942 年 12 月
张锡山	桓台县果里镇龙东村	21	男	1942 年 12 月
吴效铎	桓台县果里镇吴磨村	—	男	1942 年
张玉增	桓台县果里镇前鲁村	—	男	1942 年
高坤章	桓台县果里镇面窝村	—	男	1942 年
高金角	桓台县果里镇面窝村	—	男	1942 年
吴桂更	桓台县果里镇面窝村	—	男	1942 年
吴庆风	桓台县果里镇面窝村	—	男	1942 年
赵明得	桓台县果里镇面窝村	—	男	1942 年
马祖岗	桓台县果里镇面窝村	—	男	1942 年
马孝奇	桓台县果里镇面窝村	—	男	1942 年
高金华	桓台县果里镇面窝村	—	男	1942 年

姓　名	籍　贯	年　龄	性　别	死难时间
高金铎	桓台县果里镇西付村	22	男	1942 年
高金云	桓台县果里镇西付村	—	男	1942 年
高金奎	桓台县果里镇西付村	—	男	1942 年
周茂祥	桓台县果里镇前鲁村	—	男	1942 年
郑希文	桓台县果里镇前鲁村	—	男	1942 年
张振宗	桓台县果里镇三龙村	—	男	1942 年
董文林	桓台县果里镇三龙村	—	男	1942 年
张信传	桓台县果里镇龙北村	32	男	1942 年
毕绪禄	桓台县索镇前毕村	—	男	1942 年
毕永为	桓台县索镇前毕村	—	男	1942 年
毕保先	桓台县索镇前毕村	—	男	1942 年
毕祥成	桓台县索镇前毕村	—	男	1942 年
李永富	桓台县起凤镇华沟村	—	男	1942 年
宗永河	桓台县果里镇老官庄	—	男	1942 年
崔凤元	桓台县田庄镇元南村	44	男	1942 年
李崇金	桓台县周家镇郝园村	40	男	1942 年
陈王氏	桓台县周家镇麻家村	57	女	1942 年
王希悦	桓台县周家镇康家村	32	男	1942 年
曹　三	桓台县周家镇邓家村	33	男	1942 年
杨修真之妻	桓台县陈庄镇辛桥村	28	女	1942 年
刘元财	桓台县果里镇面窝村	19	男	1942 年
荆道林	桓台县荆家镇荆三村	23	男	1942 年
刘文清	桓台县索镇北辛村	21	男	1942 年
王际业	桓台县索镇马家庄	25	男	1942 年
高　明	桓台县索镇后毕村	22	男	1942 年
刘锡珩	桓台县索镇刘家茅托	19	男	1942 年
李象冉	桓台县周家镇郭家庄	27	男	1942 年
于光先	桓台县田庄镇西家村	21	男	1942 年
张士珩	桓台县果里镇前张埠	24	男	1942 年
孙登岗	桓台县果里镇甘家村	21	男	1942 年
李庆泗	桓台县果里镇东果里村	23	男	1942 年
周家芳	桓台县马桥镇辛庄	28	男	1942 年
徐文华	桓台县果里镇龙南村	24	男	1942 年
李维茂	桓台县果里镇东付村	27	男	1942 年

姓　名	籍　贯	年　龄	性　别	死难时间
马祖刚	桓台县果里镇西付村	21	男	1942 年
李功盛	桓台县周家镇	28	男	1942 年
孙稼修	桓台县起凤镇乌河村	—	男	1942 年
史兆奎	桓台县荆家镇荆家庄	—	男	1942 年
石玉城	桓台县起凤镇夏庄村	17	男	1943 年 3 月
荆丰产	桓台县荆家镇荆家村	33	男	1943 年 3 月
王元亮	桓台县周家镇太平村	23	男	1943 年 4 月
姜维岭	桓台县果里镇姜坊村	31	男	1943 年 4 月
贾象生	桓台县索镇李贾村	—	男	1943 年 6 月
金茂朋	桓台县马桥镇后金村	25	男	1943 年 8 月
金　静	桓台县马桥镇前金村	24	男	1943 年 8 月
张鸣亮	桓台县果里镇龙东村	22	男	1943 年 8 月
张佃贤	桓台县马桥镇辛庄	24	男	1943 年 8 月
胡德范	桓台县新城镇崔楼村	21	男	1943 年 8 月
吕令仪	桓台县周家镇太平村	28	男	1943 年 9 月
王德禄	桓台县马桥镇冯马村	20	男	1943 年 9 月
周镜勤	桓台县马桥镇辛庄村	24	男	1943 年 10 月
冯希恩	桓台县马桥镇冯马村	25	男	1943 年 10 月
周廷元	桓台县新城镇昝家村	22	男	1943 年 10 月
高昆章	桓台县果里镇西付村	20	男	1943 年 10 月
石献廷	桓台县唐山镇石店村	22	男	1943 年 11 月
刘方胜	桓台县马桥镇北二村	48	男	1943 年 11 月
杨延章	桓台县新城镇邢庙村	23	男	1943 年 11 月
张京云	桓台县陈庄镇辛桥村	29	男	1943 年 12 月
张玉海	桓台县唐山镇前大村	21	男	1943 年冬
张玉堂	桓台县唐山镇前大村	24	男	1943 年冬
董书行	桓台县果里镇三龙村	—	男	1943 年
耿景虞	桓台县唐山镇唐一村	54	男	1943 年
耿传诗	桓台县唐山镇唐一村	35	男	1943 年
孙崇阶	桓台县唐山镇宋店村	29	男	1943 年
李法功	桓台县周家镇绍北村	—	男	1943 年
李力功	桓台县周家镇绍北村	—	男	1943 年
靳玉太	桓台县周家镇楼里村	28	男	1943 年
岳宗台	桓台县周家镇楼里村	34	男	1943 年

姓　名	籍　贯	年　龄	性　别	死难时间
罗可全	桓台县周家镇楼里村	23	男	1943 年
浅尚志	桓台县周家镇万家村	—	男	1943 年
李崇树	桓台县周家镇景楼村	—	男	1943 年
黄同景	桓台县陈庄镇黄郭村	24	男	1943 年
陈永田	桓台县陈庄镇陈一村	22	男	1943 年
孙唐云	桓台县陈庄镇宰相村	32	男	1943 年
张守正	桓台县果里镇凤鸣村	22	男	1943 年
巩宪成	桓台县邢家镇黄家村	—	男	1943 年
于勤修	桓台县索镇西镇村	34	男	1943 年
苏子玉	桓台县索镇张家桥	21	男	1943 年
李志功	桓台县周家镇郭家庄	17	男	1943 年
郭良佑	桓台县田庄镇付家桥	29	男	1943 年
孙崇楷	桓台县唐山镇宋家店子	29	男	1943 年
张希树	桓台县果里镇前张埠	22	男	1943 年
隽开安	桓台县果里镇前鲁庄	22	男	1943 年
刘太祥	桓台县果里镇前鲁庄	23	男	1943 年
孙奉山	桓台县果里镇伊家庄	24	男	1943 年
王新斋	桓台县果里镇东马庄	52	男	1943 年
荆聿渠	桓台县荆家镇荆家村	32	男	1943 年
周克俊	桓台县马桥镇辛庄	21	男	1943 年
王进福	桓台县马桥镇冯马村	28	男	1943 年
王金星	桓台县果里镇杨家桥	23	男	1943 年
苗永周	桓台县果里镇老官庄	24	男	1943 年
刘淑凤	桓台县果里镇老官庄	20	男	1943 年
苗永春	桓台县果里镇老官庄	25	男	1943 年
王士明	桓台县果里镇龙南村	22	男	1943 年
王克胜	桓台县果里镇龙南村	22	男	1943 年
王克朋	桓台县果里镇龙南村	22	男	1943 年
陈连富	桓台县果里镇侯庄村	25	男	1943 年
赵明德	桓台县果里镇西付村	37	男	1943 年
张树廷	桓台县果里镇老官庄	36	男	1943 年
李本荣	桓台县马桥镇北岭村	27	男	1943 年
耿殿福	桓台县新城镇西巴王村	19	男	1944 年 1 月
尹佃伦	桓台县陈庄镇中薛村	22	男	1944 年 3 月

姓 名	籍 贯	年 龄	性 别	死难时间
杨在信	桓台县陈庄镇辛桥村	21	男	1944 年 3 月
徐成海	桓台县索镇兰柳树村	23	男	1944 年 4 月
张子山	桓台县马桥镇西孙庄	28	男	1944 年 4 月
李恒德	桓台县果里镇后鲁庄	35	男	1944 年 5 月
胡庆连	桓台县马桥镇后金村	31	男	1944 年 6 月
杨本芝	桓台县果里镇杨家桥	26	男	1944 年 6 月
周振祥	桓台县马桥镇辛庄村	20	男	1944 年 7 月
李茂海	桓台县马桥镇东岔村	26	男	1944 年 7 月
孙甲茂	桓台县马桥镇马车桥	18	男	1944 年 7 月
刘 超	桓台县新城镇邢庙村	29	男	1944 年 7 月
崔光照	桓台县索镇东雅和村	38	男	1944 年 8 月
王先忠	桓台县马桥镇辛庄	20	男	1944 年 9 月
吴桂俭	桓台县果里镇杨家桥	26	男	1944 年 9 月
周敬树	桓台县马桥镇辛庄村	25	男	1944 年 10 月
张登禹	桓台县周家镇万家村	—	男	1944 年 11 月
张予华	桓台县索镇	29	男	1944 年 11 月 19 日
张同江	桓台县周家镇太平村	22	男	1944 年 12 月
李崇苗	桓台县新城镇河南村	18	男	1944 年 12 月
付朝明	桓台县起凤镇夏七村	32	男	1944 年 12 月 25 日
付 田	桓台县起凤镇夏七村	20	男	1944 年 12 月 25 日
梁 桑	桓台县起凤镇夏七村	16	男	1944 年 12 月 25 日
梁父之子	桓台县起凤镇夏七村	16	男	1944 年 12 月 25 日
太和之子	桓台县起凤镇华沟村	31	男	1944 年 12 月 25 日
张光修之妻	桓台县起凤镇华沟村	39	女	1944 年 12 月 25 日
张 氏	桓台县起凤镇华沟村	—	女	1944 年 12 月 25 日
杨本德	桓台县果里镇杨桥村	—	男	1944 年
吴效滨	桓台县果里镇吴磨村	—	男	1944 年
周同佐	桓台县果里镇马王村	20	男	1944 年
吴志胜	桓台县果里镇马王村	19	男	1944 年
张士杭	桓台县果里镇东付村	18	男	1944 年
任花远	桓台县周家镇楼里村	—	男	1944 年
郑保荣	桓台县周家镇绍南村	—	男	1944 年
张守松	桓台县果里镇凤鸣村	23	男	1944 年
高庆壁	桓台县邢家镇郇家村	45	男	1944 年

姓　名	籍　贯	年　龄	性　别	死难时间
李贤智	桓台县周家镇郭家庄	22	男	1944 年
李象渭	桓台县周家镇郭家庄	17	男	1944 年
张连起	桓台县果里镇王斜村	21	男	1944 年
李庆长	桓台县果里镇甘家村	29	男	1944 年
郑纪祥	桓台县果里镇甘家村	29	男	1944 年
李清亮	桓台县果里镇西果里村	25	男	1944 年
赵宗瑞	桓台县马桥镇马车桥	23	男	1944 年
周形芳	桓台县马桥镇辛庄	20	男	1944 年
耿茂贞	桓台县新城镇城南村	21	男	1944 年
王佃明	桓台县果里镇杨家桥	21	男	1944 年
丁宝和	桓台县果里镇三龙村	21	男	1944 年
孟先富	桓台县果里镇侯庄村	30	男	1944 年
路在传	桓台县果里镇侯庄村	27	男	1944 年
高金玉	桓台县果里镇西付村	20	男	1944 年
宫六哥	桓台县周家镇董家庄	—	男	1944 年
王砚田	—	—	男	1944 年
张乐亭	—	—	男	1944 年
张勋臣	—	—	男	1945 年 1 月
胡庆祥	桓台县马桥镇胡马村	35	男	1945 年 3 月
胡顺业	桓台县马桥镇胡马村	32	男	1945 年 3 月
徐祖昌	桓台县陈庄镇南薛村	32	男	1945 年 3 月
吴怀道	桓台县果里镇吴家磨村	33	男	1945 年 3 月
胡庆喜之婶	桓台县马桥镇胡马村	30	女	1945 年 4 月
王玉钿	桓台县起凤镇西三村	26	男	1945 年 4 月
李崇珍	桓台县果里镇西张埠	19	男	1945 年 4 月
田茂芸	桓台县果里镇西张埠	17	男	1945 年 4 月
孟兆景	桓台县果里镇龙南村	23	男	1945 年 4 月
周敬风	桓台县马桥镇辛庄村	28	男	1945 年 5 月
韩秀兰	桓台县马桥镇冯马村	45	女	1945 年 5 月
曹永芝	桓台县果里镇韩庙村	17	男	1945 年 5 月
杨得明	桓台县马桥镇康杨村	26	男	1945 年 5 月
毕水华	桓台县索镇前毕村	23	男	1945 年 7 月
周学成	桓台县马桥镇康杨村	26	男	1945 年 7 月
李传良	桓台县果里镇侯庄村	14	男	1945 年 7 月

姓　名	籍　贯	年　龄	性　别	死难时间
祝瑞庭	桓台县陈庄镇顺河村	28	男	1945 年 8 月
耿象春	桓台县田庄镇宗王庄	19	男	1945 年 8 月
沈希勤	桓台县周家镇沈家村	—	男	1945 年 9 月
刘玉芳	桓台县新城镇刘三里村	49	男	1945 年 9 月
王子英	桓台县新城镇刘三里村	46	男	1945 年 9 月
曹玉法	桓台县陈庄镇东宰村	24	男	1945 年 9 月
曹玉盛	桓台县陈庄镇东宰村	26	男	1945 年 9 月
王丙新	桓台县新城镇城南村	27	男	1945 年 9 月
张经明	桓台县果里镇龙南村	24	男	1945 年 9 月
吴庆凤	桓台县果里镇西付村	25	男	1945 年 9 月
高延友	桓台县索镇东镇村	24	男	1945 年
孙玉良	桓台县果里镇老官庄	—	男	1945 年
孔繁茂	桓台县周家镇孔家村	—	男	1945 年
李功太	桓台县周家镇李王村	—	男	1945 年
杜所文	桓台县周家镇楼里村	—	男	1945 年
张连亭	桓台县索镇孟家	30	男	1945 年
宗可成	桓台县邢家镇东营村	21	男	1945 年
耿佃友	桓台县周家镇郭家庄	17	男	1945 年
吕元贞	桓台县荆家镇荆家村	25	男	1945 年
伊允成	桓台县荆家镇后孙桥	24	男	1945 年
张玉福	桓台县果里镇老官庄	25	男	1945 年
曾传新	桓台县果里镇玉皇阁村	—	男	1945 年
曾付鼎	桓台县果里镇玉皇阁村	—	男	1945 年
周竞风	桓台县果里镇辛庄	—	男	1945 年
周敬海	桓台县周家镇周家村	40	男	—
宗怀修	桓台县周家镇夏家村		男	—
王玉亨	桓台县新城镇洼子村	—	男	—
崔谨恒	桓台县索镇崔家茅托	25	男	—
崔　峰	桓台县索镇崔家茅托	22	男	—
崔亦荣	桓台县索镇崔家茅托	35	男	—
杨怀洪	桓台县陈庄镇陈二村	40	男	1938 年 4 月
杨怀荣	桓台县陈庄镇陈二村	38	男	1938 年 4 月
杨开田	桓台县陈庄镇陈二村	20	男	1938 年 4 月
何家申	桓台县陈庄镇罗家村	28	男	1938 年 4 月

姓 名	籍 贯	年 龄	性 别	死难时间
孙栓子	桓台县马桥镇西孙村	20	男	1939 年 11 月
岳可花	桓台县唐山镇唐二村	28	男	1939 年冬
崔明江	桓台县陈庄镇黄郭村	22	男	1940 年 6 月
杨公正	桓台县马桥镇北三村	25	男	1940 年 10 月
岳可文	桓台县唐山镇唐二村	29	男	1940 年冬
岳可武	桓台县唐山镇唐二村	30	男	1940 年冬
张其勤	桓台县果里镇官中村	—	男	1940 年
于修禄	桓台县果里镇徐斜村	—	男	1940 年
杨怀祥	桓台县果里镇杨桥村	—	男	1940 年
吴立生	桓台县果里镇杨桥村	—	男	1940 年
张其光	桓台县果里镇官西村	—	男	1940 年
张守军	桓台县果里镇龙南村	—	男	1940 年
于亦恒	桓台县果里镇凤鸣村	—	男	1941 年 5 月
张茂武	桓台县果里镇凤鸣村	—	男	1941 年 5 月
于亦圣	桓台县果里镇凤鸣村	—	男	1942 年 11 月
岳维孝	桓台县唐山镇唐二村	27	男	1942 年冬
曹安河	桓台县马桥镇五庄村	28	男	1943 年 4 月
周竞堂	桓台县马桥镇辛庄村	31	男	1944 年 11 月
史兆纲	桓台县马桥镇北岭村	24	男	1945 年
合 计	**934**			

责任人：王 华　　　　　　核实人：王 艳　　　　　　填表人：杨 华

填报单位（签章）：桓台县委党史办公室　　　　　　填报时间：2009 年 5 月 5 日

高青县抗日战争时期死难者名录

姓　名	籍　贯	年　龄	性　别	死难时间
张振河	高青县木李镇结网刘村	30	男	1937 年
索廷森	高青县赵店镇索家村	27	男	1937 年
王福敬	高青县唐坊镇东王村	—	男	1937 年
刘子南	高青县唐坊镇南刘村	—	男	1937 年
王　喜	高青县黑里寨镇店头王村	31	男	1937 年
朱连武	高青县黑里寨镇义王寨村	48	男	1937 年
胡本业	高青县花沟镇老鸦赵村	20	男	1938 年 3 月
李佳厚	高青县花沟镇曹坡村	41	男	1938 年 3 月
王茂章	高青县花沟镇西寺村	35	男	1938 年 4 月
李京章	高青县花沟镇西寺村	51	男	1938 年 4 月
郑希梦	高青县花沟镇宋套村	41	男	1938 年 4 月
郭立远	高青县田镇镇郭家	23	男	1938 年 4 月
郭立姚	高青县田镇镇郭家	52	男	1938 年 4 月
邢安泰	高青县花沟镇东口一村	41	男	1938 年 8 月
韩本传之父	高青县花沟镇东口一村	34	男	1938 年 8 月
向义训	高青县花沟镇西口村	20	男	1938 年 8 月
贾信远	高青县花沟镇双柳村	23	男	1938 年 11 月
范宗文	高青县花沟镇双柳村	32	男	1938 年 12 月
程林森	高青县花沟镇龙虎村	18	男	1938 年 12 月
吕希昌	高青县花沟镇新立村	17	男	1938 年春
李卫勋	高青县花沟镇胡官村	24	男	1938 年春
杨士贞	高青县花沟镇西口村	19	男	1938 年
张德龙	高青县花沟镇韩连村	40	男	1938 年秋
曹家杰	高青县花沟镇韩连村	20	男	1938 年春
王福堂	高青县唐坊镇东王村	—	男	1938 年
魏传成	高青县唐坊镇魏家村	20	男	1938 年
殷继森	高青县唐坊镇梁孙村	34	男	1938 年
王千一	高青县唐坊镇东官村	42	男	1938 年
刘清香	高青县唐坊镇南刘村	—	男	1938 年
方士昌	高青县唐坊镇方家村	19	男	1938 年
高振绪	高青县唐坊镇高家村	50	男	1938 年

姓　名	籍　贯	年　龄	性　别	死难时间
张德元	高青县常家镇大杜家村	40	男	1938 年秋
孙以寿	高青县常家镇大杜家村	20	男	1938 年秋
孙滨州	高青县常家镇大杜家村	25	男	1938 年秋
杜南海	高青县常家镇大杜家村	28	男	1938 年冬
贺银论	高青县常家镇大杜家村	25	男	1938 年秋
杜卫生	高青县常家镇大杜家村	20	男	1938 年秋
杜卫生之兄	高青县常家镇大杜家村	28	男	1938 秋年
杜小文	高青县常家镇大杜家村	20	男	1938 年秋
李云亭	高青县高城镇和平村	40	男	1938 年
赵宝长	高青县高城镇沙东村	24	男	1938 年
孙以永	高青县田镇镇和平街	17	男	1938 年秋
王合文	高青县黑里寨镇西泮村	20	男	1938 年
吴言芳	高青县黑里寨镇吴家村	19	男	1938 年
吴元庆	高青县黑里寨镇吴家村	17	男	1938 年
王京诚	高青县花沟镇魏家村	48	男	1939 年 1 月
王京柱	高青县花沟镇魏家村	30	男	1939 年 1 月
王立岩	高青县花沟镇魏家村	60	男	1939 年 1 月
殷继申	高青县唐坊镇梁孙村	25	男	1939 年 1 月
程瑞浦	高青县田镇镇寨子村	28	男	1939 年 5 月
朱焕德	高青县常家镇说约李村	30	男	1939 年 5 月
孟召熙	高青县高城镇石槽村	14	男	1939 年 6 月
韩俊秀	高青县花沟镇西口村	41	男	1939 年 6 月
蔡振环	高青县唐坊镇玉皇堂村	27	男	1939 年 7 月
孙守斋	高青县花沟镇孙坊村	19	男	1939 年 7 月
李荣兰	高青县田镇镇寨子村	32	男	1939 年 8 月
王新日	高青县田镇镇寨子村	33	男	1939 年 8 月
刘回恩	高青县田镇镇寨子村	31	男	1939 年 8 月
傅其生	高青县田镇镇大官村	30	男	1939 年 8 月
邵义珠	高青县花沟镇西八里村	23	男	1939 年 9 月
刘建信	高青县唐坊镇武东村	32	男	1939 年 10 月
邹向文	高青县田镇镇邹家村	25	男	1939 年 11 月
孙福远	高青县唐坊镇孙集村	—	男	1940 年
徐志学	高青县唐坊镇东关庄村	24	男	1939 年 11 月
毛福隆	高青县花沟镇毛李村	22	男	1939 年 11 月

姓　名	籍　贯	年　龄	性　别	死难时间
向义山	高青县花沟镇西口村	65	男	1939 年 12 月
韩秀臣	高青县花沟镇西口村	67	男	1939 年 12 月
姜贵田	高青县田镇镇姜家村	18	男	1939 年 12 月
张成水	高青县花沟镇龙套村	20	男	1939 年 12 月
成固三	高青县常家镇成家村	49	男	1939 年 12 月 13 日
许文胜	高青县常家镇成家村	45	男	1939 年 12 月 13 日
成凤照	高青县常家镇成家村	32	男	1939 年 12 月 13 日
怀　子	高青县花沟镇东寺村	27	男	1939 年
生　子	高青县花沟镇东寺村	18	男	1939 年
李春江	高青县花沟镇八前村	23	男	1939 年春
王金岭	高青县花沟镇东寺村	65	男	1939 年春
王吉云	高青县花沟镇东寺村	32	男	1939 年秋
毛福利	高青县花沟镇毛李村	20	男	1939 年秋
孙树林	高青县花沟镇孙坊村	54	男	1939 年秋
孙和林	高青县花沟镇孙坊村	70	男	1939 年秋
孙连江	高青县花沟镇孙坊村	72	男	1939 年秋
三玉子	高青县花沟镇孙坊村	18	男	1939 年
蒋龙彬	高青县唐坊镇西高村	—	男	1939 年
高案书	高青县唐坊镇西高村	—	男	1939 年
吕向武	高青县唐坊镇吕寨村	50	男	1939 年
吕驹子	高青县唐坊镇吕寨村	9	男	1939 年
杜振军	高青县唐坊镇杜家村	16	男	1939 年
吴长远	高青县唐坊镇吴家村	—	男	1939 年
董永祥之兄	高青县唐坊镇刘三仁村	—	男	1939 年
王怀甫	高青县唐坊镇东官村	43	男	1939 年
孙登杨	高青县唐坊镇东官村	46	女	1939 年
刘杭州	高青县唐坊镇南刘村	36	男	1939 年
刘　守	高青县唐坊镇南刘村	39	男	1939 年秋
张京田之女	高青县常家镇屋子村	18	女	1939 年秋
张吉福之兄	高青县常家镇屋子村	20	男	1939 年秋
王恒修	高青县常家镇付王村	37	男	1939 年秋
刘士杰	高青县常家镇三合村	18	男	1939 年
张建芳	高青县常家镇大李东村	35	男	1939 年
张守成	高青县青城镇小河沟村	—	男	1939 年秋

姓　名	籍　贯	年　龄	性　别	死难时间
张喜娥	高青县田镇镇官庄村	19	女	1939 年冬
崔瑞增	高青县田镇镇大庄村	50	男	1939 年冬
任长修	高青县田镇镇大庄村	30	男	1939 年冬
长　命	高青县田镇镇寨子村	21	男	1939 年秋
刘蕴山	—	—	男	1939 年
尹学亮	高青县田镇镇大官村	33	男	1939 年
李光林	高青县田镇镇大官村	23	男	1939 年
张泮清	高青县田镇镇大官村	34	男	1939 年
张汉兴	高青县田镇镇徐董村	28	男	1939 年
崔振傲	高青县田镇镇大庄村	31	男	1939 年
崔宝峰	高青县田镇镇大庄村	25	男	1939 年
王永功	高青县田镇镇王坡村	29	男	1939 年
崔其明	高青县花沟镇胡家店村	19	男	1939 年
贾廷木	高青县花沟镇贾家村	30	男	1939 年
张瑞昌	高青县田镇镇正理村	20	男	1940 年 2 月
李玉普	高青县花沟镇西南寺村	28	男	1940 年 3 月
韩光言	高青县花沟镇东口三村	20	男	1940 年 3 月
孙乃贤	高青县花沟镇孙坊村	20	男	1940 年 4 月
韩克孝	高青县花沟镇东口三村	19	男	1940 年 4 月
岳玉远	高青县花沟镇岳家村	20	男	1940 年 4 月
付春花	高青县赵店镇大芦村	23	男	1940 年 4 月
陈　氏	高青县花沟镇陈庄村	27	女	1940 年 5 月
史梅车	高青县田镇镇魏堡村	21	男	1940 年 5 月
韩京线	高青县花沟镇西口村	23	男	1940 年 6 月
谢仁永	高青县田镇镇谢苍村	19	男	1940 年 6 月
陈秀清	高青县唐坊镇西关庄村	20	男	1943 年 12 月
李冠三	高青县花沟镇后池村	27	男	1940 年 6 月
贾在同	高青县花沟镇双柳村	24	男	1940 年 6 月
徐方山之妻	高青县花沟镇东寺村	34	女	1940 年 7 月
张旺子	高青县花沟镇东寺村	25	男	1940 年 7 月
王保贞	高青县花沟镇东寺村	27	男	1940 年 7 月
高希勤	高青县花沟镇东寺村	28	男	1940 年 7 月
王瑞兰	高青县唐坊镇中杨村	21	男	1940 年 7 月
尚怀保	高青县木李镇新徐村	34	男	1940 年 7 月 12 日

姓　名	籍　贯	年　龄	性　别	死难时间
郑行凰	高青县黑里寨镇桑家村	23	男	1940 年 8 月
张福吉	高青县花沟镇后池村	20	男	1940 年 8 月
邢长庚	高青县花沟镇东口村	38	男	1940 年 8 月
李铁成	高青县花沟镇榆林村	28	男	1940 年 8 月
王乐堂	高青县高城镇沙西	33	男	1940 年 9 月
刘学刚	高青县唐坊镇武西村	18	男	1940 年 9 月
曹成财	高青县唐坊镇西曹村	21	男	1940 年 9 月
孙以海	高青县田镇镇胜利街	19	男	1940 年 10 月
徐志前	高青县花沟镇曹家村	27	男	1940 年 10 月
谭祖本	—	—	男	1940 年 10 月 26 日
胡秀英之三叔公	高青县花沟镇龙湾套	—	男	1940 年 10 月 27 日
张继功	高青县唐坊镇西王村	20	男	1940 年 11 月
孙守三	高青县花沟镇孙坊村	23	男	1940 年 11 月
孙本和	高青县花沟镇孙坊村	22	男	1940 年 11 月
贾廷柱	高青县花沟镇贾家村	23	男	1940 年 11 月
张玉彬	高青县田镇镇建设街	26	男	1940 年 12 月
蔡振国	高青县唐坊镇玉皇堂村	28	男	1940 年 12 月
蔡振刚	高青县唐坊镇玉皇堂村	40	男	1940 年 12 月
郑龙云	高青县花沟镇龙套村	42	男	1940 年 12 月
刘光居	高青县花沟镇贾寨村	28	男	1940 年
刘圣奎	高青县花沟镇张家村	50	男	1940 年
刘圣奎之妻	高青县花沟镇张家村	51	女	1940 年
刘圣奎之女	高青县花沟镇张家村	30	女	1940 年
刘圣奎之外孙	高青县花沟镇张家村	7	男	1940 年
高福坤	高青县花沟镇高旺村	72	男	1940 年
朱小田	高青县赵店镇付光辉村	30	男	1940 年
付尚志	高青县赵店镇付光辉村	30	男	1940 年
高心娥	高青县唐坊镇西高村	—	男	1940 年
刘卢氏	高青县唐坊镇荆官村	48	女	1940 年
孙玉芝	高青县唐坊镇洼里王村	25	男	1940 年
孙红俊	高青县唐坊镇洼里王村	26	男	1940 年
孙成普	高青县唐坊镇西洼村	—	男	1940 年
张同和之父	高青县唐坊镇东曹村	—	男	1940 年
张杰三	高青县唐坊镇东曹村	—	男	1940 年

姓 名	籍 贯	年 龄	性 别	死难时间
孙义斋	高青县唐坊镇孙集村	—	男	1940 年
孙木昌	高青县唐坊镇孙集村	—	男	1940 年
孙木厂	高青县唐坊镇孙集村	—	男	1940 年
孙义豁	高青县唐坊镇孙集村	—	男	1940 年
刘建忠	高青县唐坊镇孙集村	—	男	1940 年
孙义家	高青县唐坊镇孙集村	—	男	1940 年
宋纪新	高青县唐坊镇孙集村	—	男	1940 年
于希岭	高青县唐坊镇玉皇村	50	男	1940 年
蔡树河	高青县唐坊镇玉皇村	20	男	1940 年
彭综太	高青县唐坊镇彭家村	60	男	1940 年
吴新同	高青县唐坊镇吴家村	24	男	1940 年
吴子文	高青县唐坊镇吴家村	—	男	1940 年
吴瑞民	高青县唐坊镇吴家村	—	男	1940 年
吴荣远	高青县唐坊镇吴家村	—	男	1940 年
吴新贞	高青县唐坊镇吴家村	—	男	1940 年
董文枝	高青县唐坊镇西官村	—	男	1940 年
董友先	高青县常家镇屋子村	50	男	1940 年
位增善	高青县常家镇屋子村	50	男	1940 年
刘福昌	高青县常家镇刘春村	41	男	1940 年
许 喜	高青县常家镇许管村	18	男	1940 年
翟 发	高青县常家镇翟寺村	60	男	1940 年
樊振普	高青县常家镇岳家村	40	男	1940 年
李孝先	高青县高城镇前营	—	男	1940 年
刑光普	高青县高城镇石槽	30	男	1940 年
刘次芬	高青县高城镇堤上刘	47	男	1940 年
崔书国	高青县田镇镇民主街	45	男	1940 年
杨捉州	高青县田镇镇和平街	14	男	1940 年
李义增	高青县田镇镇李星耀	34	男	1940 年
冯佃国	高青县田镇镇司家官庄	25	男	1940 年
任瑞亭	高青县田镇镇大庄村	50	男	1940 年
李收俭	高青县黑里寨镇黄家村	38	男	1940 年
郭德元	高青县黑里寨镇急公村	32	男	1940 年
李尊跃之父	高青县黑里寨镇仁里村	—	男	1940 年
孙庆峰	高青县黑里寨镇仁里村	22	男	1940 年

姓 名	籍 贯	年 龄	性 别	死难时间
刘小滨	高青县黑里寨镇后刘村	40	男	1940 年
李连众	高青县黑里寨镇义王寨村	20	男	1940 年
史美菊	高青县田镇镇魏堡村	16	男	1940 年
崔丙旭	高青县木李镇樊家村	35	男	1941 年 1 月
张居元	高青县田镇镇湾头村	20	男	1941 年 2 月
李珠富	高青县花沟镇榆林村	28	男	1941 年 2 月
高德训	高青县花沟镇老鸦赵村	69	男	1941 年 3 月
张孝让	高青县高城镇西关	50	男	1941 年 3 月
马光兴	高青县田镇镇马家	28	男	1941 年 3 月
翟庆云	高青县田镇镇壮李村	35	男	1941 年 3 月
广文华	高青县田镇镇前杨村	28	男	1941 年 3 月
李希珍	高青县常家镇许官村	20	男	1941 年 3 月
王树丰	高青县唐坊镇梁孙村	25	男	1941 年 3 月
谢同明	高青县唐坊镇谢家村	33	男	1941 年 3 月
董连桂	高青县花沟镇杨庄村	19	男	1941 年 3 月
郭子英	高青县花沟镇郭坊村	43	男	1941 年 3 月
王维典	高青县花沟镇位家村	17	男	1941 年 3 月
邹东恒	高青县田镇镇邹家村	21	男	1941 年 5 月
徐良珍	高青县田镇镇徐家村	16	男	1941 年 5 月
张孝武	高青县唐坊镇吕寨村	19	男	1941 年 5 月
韩京堂	高青县花沟镇东口二村	76	男	1941 年 6 月
韩京营	高青县花沟镇东口二村	78	男	1941 年 6 月
韩学树	高青县花沟镇东口二村	36	男	1941 年 6 月
管同伦	高青县常家镇许官村	33	男	1941 年 6 月
董其明	高青县花沟镇庄头村	22	男	1941 年 6 月
刘新斋	高青县黑里寨镇后刘村	21	男	1941 年 6 月
郑希栋	高青县花沟镇宋套村	34	男	1941 年 7 月
韩光银	高青县花沟镇东口二村	35	男	1941 年 7 月
吕喜昌	高青县花沟镇新立村	19	男	1941 年 7 月
张孝孔	高青县花沟镇邱耿村	36	男	1941 年 7 月
王孝范	高青县木李镇段王村	24	男	1941 年 7 月
周敬文	高青县赵店镇赵店村	32	男	1941 年 7 月
刘炳希	高青县田镇镇寨子村	34	男	1941 年 8 月
杨成祥	高青县青城镇南彭村	27	男	1941 年 8 月

姓 名	籍 贯	年 龄	性 别	死难时间
阮明奎	高青县赵店镇付光辉村	19	男	1941 年 8 月
郑连群	高青县花沟镇宋套村	33	男	1941 年 9 月
王传典	高青县常家镇三合村	23	男	1941 年 9 月
李尚芳	高青县常家镇双庙村	34	男	1941 年 9 月
孙振远	高青县唐坊镇孙集村	22	男	1941 年 9 月
马士文	高青县花沟镇新立村	25	男	1941 年 9 月
李会东	高青县花沟镇曹坡村	45	男	1941 年 10 月
董守清	高青县花沟镇庄头村	16	男	1941 年 10 月
曲福胜	高青县花沟镇新立村	20	男	1941 年 10 月
夏 联	—	—	男	1941 年 11 月 24 日
郑丕义	—	—	男	1941 年 11 月 24 日
谢春光	—	—	男	1941 年 11 月 24 日
陈家忠	—	—	男	1941 年 11 月 24 日
庄文华	—	—	男	1941 年 11 月 24 日
胡秀英之丈夫	高青花沟镇龙湾套	—	男	1941 年 11 月 27 日
韩本生	高青县花沟镇东口一村	26	男	1941 年 11 月
张纪富	高青县田镇镇正理村	30	男	1941 年 11 月
姜孝路	高青县田镇镇崔东村	28	男	1941 年 11 月
李兆贤	高青县田镇镇崔东村	17	男	1941 年 11 月
刘元梦	高青县田镇镇崔西村	31	男	1941 年 11 月
孙贾文	高青县唐坊镇东关庄村	24	男	1941 年 11 月
李维能	高青县花沟镇胡官村	17	男	1941 年 11 月
窦克华	高青县花沟镇胡官村	28	男	1941 年 11 月
李会堂	高青县花沟镇曹坡村	29	男	1941 年 11 月
王献臣	高青县花沟镇龙套村	27	男	1941 年 11 月
郭守礼	高青县花沟镇杜郭村	42	男	1941 年 11 月
管福仁	高青县常家镇许官村	33	男	1941 年 12 月
孙传经	高青县唐坊镇孙集村	20	男	1941 年 12 月
蔡朋江	高青县唐坊镇玉皇堂村	24	男	1941 年 12 月
胡树成	高青县花沟镇胡家村	19	男	1941 年 12 月
田怀锦	高青县花沟镇田官村	38	男	1941 年
田怀玉	高青县花沟镇田官村	35	男	1941 年
逯佃文	高青县花沟镇胡官村	35	男	1941 年
逯振鹤	高青县花沟镇胡官村	55	男	1941 年

姓 名	籍 贯	年 龄	性 别	死难时间
逯佃樑	高青县花沟镇胡官村	24	男	1941 年
韩秀美	高青县花沟镇西口村	44	男	1941 年
张焕成	高青县赵店镇张道传村	20	男	1941 年
张 铜	高青县赵店镇张道传村	20	男	1941 年
阮大臣	高青县赵店镇付光辉村	20	男	1941 年
孙大庭	高青县赵店镇苟士孙村	20	男	1941 年
孙木子	高青县赵店镇苟士孙村	20	男	1941 年
张光军	高青县唐坊镇郭家村	20	男	1941 年
张连臣	高青县唐坊镇郭家村	19	男	1941 年
张孝云	高青县唐坊镇郭家村	18	男	1941 年
景发子	高青县唐坊镇郭家村	—	男	1941 年
景 磊	高青县唐坊镇郭家村	—	男	1941 年
马振寻	高青县唐坊镇荆官村	—	男	1941 年
蔡鹤年	高青县唐坊镇玉皇村	25	男	1941 年
蔡 禾	高青县唐坊镇玉皇村	71	男	1941 年
蔡振清	高青县唐坊镇玉皇村	42	男	1941 年
杜振富	高青县唐坊镇杜家村	—	男	1941 年
周焕文	高青县唐坊镇梁孙村	32	男	1941 年
刘梁氏	高青县唐坊镇西刘村	—	女	1941 年
何维田	高青县唐坊镇北张庄村	—	男	1941 年
曹家利	高青县唐坊镇唐坊村	30	男	1941 年
朱其梓	高青县常家镇说约李村	—	男	1941 年
李发家	高青县常家镇说约李村	—	男	1941 年
胡凤月之妻	高青县常家镇说约李村	—	女	1941 年
李福厚	高青县常家镇三合村	20	男	1941 年
孙宝玉	高青县田镇镇胜利街	26	男	1941 年
李树德	高青县田镇镇石坡村	25	男	1941 年
司传会	高青县田镇镇司家官庄	60	男	1941 年
蔡栋芳之父	高青县田镇镇蔡家村	60	男	1941 年
孙乃庆	高青县黑里寨镇西泮村	20	男	1941 年
赵赵氏	高青县黑里寨镇大郭村	60	女	1941 年
陈伟新	高青县黑里寨镇陈南村	23	男	1941 年
贾道贵	高青县唐坊镇崔家村	37	男	1941 年
张本顺	高青县赵店镇张道传村	21	男	1941 年

姓 名	籍 贯	年 龄	性 别	死难时间
张恩清	高青县赵店镇河沟赵村	21	男	1941 年
马竞生	张店区四宝山马庄	27	男	1942 年 1 月
王如臣	高青县田镇镇王家村	17	男	1942 年 1 月
梁树岭	高青县唐坊镇梁孙村	34	男	1942 年 1 月
王怀德	高青县木李镇段王村	21	男	1942 年 1 月
王子明	—	—	男	1942 年 1 月 13 日
李付全	高青县田镇镇义西	28	男	1942 年 2 月
刘炳真	高青县田镇镇寨子村	20	男	1942 年 2 月
刘付芝	高青县田镇镇寨子村	18	男	1942 年 2 月
杜振香	高青县唐坊镇杜家村	18	男	1942 年 2 月
杨由伦	高青县唐坊镇荆官村	35	男	1942 年 2 月
张福林	高青县花沟镇后池村	25	男	1942 年 2 月
郑龙云	高青县花沟镇西口村	28	男	1942 年 3 月
郑希让	高青县黑里寨镇油郑村	21	男	1942 年 3 月
孙林亭	高青县黑里寨镇孙庙	33	男	1942 年 3 月
谢俊田	高青县田镇镇谢苍村	27	男	1942 年 3 月
刘化岭	高青县田镇镇寨子村	18	男	1942 年 3 月
刘曰军	高青县田镇镇寨子村	19	男	1942 年 3 月
刘曰连	高青县田镇镇寨子村	33	男	1942 年 3 月
巩佩清	高青县田镇镇后巩村	18	男	1942 年 3 月
蔡连祥	高青县田镇镇蔡家村	24	男	1942 年 3 月
姜志俊	高青县田镇镇姜家村	16	男	1942 年 3 月
杜彩云	高青县常家镇北杜村	25	男	1942 年 3 月
毛贻近	高青县唐坊镇毛家村	22	男	1942 年 3 月
曹狗蛋	高青县高城镇北门里	12	男	1942 年 4 月
尹卓章	高青县田镇镇南尹家	34	男	1942 年 4 月
巩瑞宗	高青县田镇镇后巩村	25	男	1942 年 4 月
巩向林	高青县田镇镇后巩村	70	男	1942 年 4 月
巩振川	高青县田镇镇后巩村	68	男	1942 年 4 月
巩配青	高青县田镇镇后巩村	23	男	1942 年 4 月
巩瑞普	高青县田镇镇后巩村	30	男	1942 年 4 月
巩兰蒙	高青县田镇镇后巩村	38	男	1942 年 4 月
巩配英	高青县田镇镇后巩村	56	男	1942 年 4 月
巩佃莹	高青县田镇镇后巩村	52	男	1942 年 4 月

姓 名	籍 贯	年龄	性别	死难时间
小 同	高青县田镇镇后巩村	16	男	1942 年 4 月
巩文符	高青县田镇镇后巩村	61	男	1942 年 4 月
巩佃傲	高青县田镇镇后巩村	58	男	1942 年 4 月
刘忠源	高青县花沟镇天师村	28	男	1942 年 4 月
乔兰亭	高青县田镇镇乔家村	23	男	1942 年 5 月
乔万歧	高青县田镇镇乔家村	20	男	1942 年 5 月
崔保孝	高青县田镇镇蔡家村	18	男	1942 年 5 月
孙作明	高青县唐坊镇东洼村	24	男	1942 年 5 月
韩雪峰	高青县花沟镇东口村	32	男	1942 年 5 月
韩成堂	高青县花沟镇东口村	38	男	1942 年 5 月
韩明理	高青县花沟镇东口三村	23	男	1942 年 5 月
王秀升	高青县常家镇说约李村	22	男	1942 年 6 月
崔其浩	高青县常家镇说约李村	18	男	1942 年 6 月
朱其辉	高青县常家镇朱家村	23	男	1942 年 6 月
彭忠义	高青县唐坊镇唐坊村	41	男	1942 年 6 月
张子成	高青县唐坊镇卫灵公村	29	男	1942 年 6 月
杨方和	高青县花沟镇东刘村	22	男	1942 年 6 月
郑希恩	高青县花沟镇西口村	51	男	1942 年 7 月
韩艳庆	高青县花沟镇东口二村	61	男	1942 年 7 月
韩光西	高青县花沟镇东口二村	62	男	1942 年 7 月
孙光利	高青县花沟镇东口二村	20	男	1942 年 7 月
邢 富	高青县花沟镇东口二村	53	男	1942 年 7 月
阳 子	高青县花沟镇东口二村	54	男	1942 年 7 月
韩 壮	高青县花沟镇东口二村	53	男	1942 年 7 月
李翠善	高青县常家镇大李西村	34	男	1942 年 7 月
孙东廷	高青县唐坊镇东关庄村	30	男	1942 年 7 月
李秀聚	高青县花沟镇后池村	21	男	1942 年 7 月
韩学恕	高青县花沟镇东口二村	34	男	1942 年 7 月
史华文	高青县赵店镇河沟李村	59	男	1942 年 7 月
张继荣	高青县花沟镇任马寨村	17	男	1942 年 8 月
二胜子	高青县花沟镇西口村	22	男	1942 年 8 月
三胜子	高青县花沟镇西口村	17	男	1942 年 8 月
刘开禄	高青县田镇镇寨子村	41	男	1942 年 8 月
李玉山	高青县田镇镇义东村	22	男	1942 年 8 月

姓 名	籍 贯	年 龄	性 别	死难时间
史文彬	高青县青城镇义东村	22	男	1942 年 8 月
刘德生	高青县常家镇说约李村	17	男	1942 年 8 月
孙义振	高青县唐坊镇孙集村	34	男	1942 年 8 月
刘学辉	高青县唐坊镇武东村	23	男	1942 年 8 月
刘玉坤	高青县唐坊镇武东村	18	男	1942 年 8 月
郭成堂	高青县唐坊镇寺前村	17	男	1942 年 8 月
杨维新	高青县花沟镇东刘村	29	男	1942 年 8 月
韩学连	高青县花沟镇东口三村	25	男	1942 年 8 月
孙光利	高青县花沟镇西口村	24	男	1942 年 8 月
朱家庆	高青县赵店镇朱泗湟村	24	男	1943 年
张行安	高青县黑里寨镇桑家村	24	男	1942 年 9 月
孙以信	高青县田镇镇和平街	20	男	1942 年 9 月
巩兰明	高青县田镇镇后巩村	18	男	1942 年 9 月
刘凯兴	高青县田镇镇寨子村	50	男	1942 年 10 月
路振汉	高青县田镇镇路家村	30	男	1942 年 10 月
赵宝公	高青县田镇镇路家村	55	男	1942 年 10 月
赵小刚	高青县田镇镇路家村	9	男	1942 年 10 月
孙宝銮	高青县田镇镇胜利街	34	男	1942 年 10 月
张瑞浮	高青县田镇镇正理村	22	男	1942 年 10 月
张循谋	高青县唐坊镇刘三仁村	26	男	1942 年 10 月
石近尧	高青县唐坊镇卫灵公村	19	男	1942 年 10 月
韩佃沛	高青县花沟镇韩连村	20	男	1942 年 10 月
郭守训	高青县花沟镇杜郭村	27	男	1942 年 10 月
胡守福	高青县花沟镇胡家村	44	男	1942 年 11 月
胡守伦	高青县花沟镇胡家村	30	男	1942 年 11 月
胡友珍	高青县花沟镇胡家村	35	男	1942 年 11 月
胡守业	高青县花沟镇胡家村	50	男	1942 年 11 月
胡守智	高青县花沟镇胡家村	20	男	1942 年 11 月
胡守信	高青县花沟镇胡家村	19	男	1942 年 11 月
胡守远	高青县花沟镇胡家村	40	男	1942 年 11 月
姜孝勤	高青县田镇镇崔东村	29	男	1942 年 11 月
王元配	高青县田镇镇崔东村	28	男	1942 年 11 月
宋振华	高青县田镇镇寨子村	22	男	1942 年 11 月
耿士明	高青县青城镇西史家村	18	男	1942 年 11 月

姓 名	籍 贯	年 龄	性 别	死难时间
孙传英	高青县唐坊镇孙集村	22	男	1942 年 11 月
孙成远	高青县唐坊镇孙集村	22	男	1942 年 11 月
孙传家	高青县唐坊镇孙集村	17	男	1942 年 11 月
张继功	高青县唐坊镇王家村	20	男	1942 年 11 月
李乐三	高青县花沟镇后池村	33	男	1942 年 11 月
韩茂成	高青县花沟镇西口村	21	男	1942 年 11 月
郑凌云	高青县花沟镇龙套村	35	男	1942 年 12 月
聂守庭	高青县黑里寨镇聂寺村	42	男	1942 年 12 月
王宝清	高青县田镇镇大庄村	27	男	1942 年 12 月
王成勤	高青县田镇镇王坡村	29	男	1942 年 12 月
孙谋恒	高青县唐坊镇孙集村	30	男	1942 年 12 月
吴子敬	高青县唐坊镇吴家村	21	男	1942 年 12 月
蔡文东	高青县唐坊镇玉皇堂村	40	男	1942 年 12 月
张仲锦	高青县唐坊镇达马店村	27	男	1942 年 12 月
牛申芝	高青县花沟镇店东村	24	男	1942 年 12 月
张以府	高青县花沟镇东寺村	19	男	1942 年
张振生之妻	高青县花沟镇中寺村	40	女	1942 年
刘凤喜	高青县花沟镇龙虎村	25	男	1942 年
张凤喜	高青县花沟镇张家村	20	男	1942 年
王志喜	高青县花沟镇袁家村	47	男	1942 年
毛芝文	高青县唐坊镇毛家村	—	男	1942 年
毛进奇	高青县唐坊镇毛家村	—	男	1942 年
梁维义	高青县唐坊镇梁孙村	38	男	1942 年
刘元货之妻	高青县唐坊镇西刘村	—	女	1942 年
孙五嫂	高青县唐坊镇东官村	26	女	1942 年
耿本仁	高青县唐坊镇中杨村	34	男	1942 年
蔡狮毛	高青县唐坊镇韩家村	32	男	1942 年
崔瑞房	高青县唐坊镇唐坊村	18	男	1942 年
杨学安之妻	高青县唐坊镇杨李村	22	女	1942 年
杨太春	高青县唐坊镇杨李村	60	男	1942 年
石进义	高青县唐坊镇石家村	12	男	1942 年
崔大和	高青县常家镇说约李村	30	男	1942 年
张老三	高青县常家镇说约李村	48	男	1942 年
朱树田	高青县常家镇朱家村	—	男	1942 年

姓 名	籍 贯	年 龄	性 别	死难时间
赵太臣	高青县常家镇赵家村	21	男	1942 年
赵梦林	高青县常家镇岳家村	16	男	1942 年
李玉宗	高青县常家镇大李东村	50	男	1942 年
崔玉堂	高青县田镇镇民主街	33	男	1942 年
张怀元	高青县田镇镇官庄村	35	男	1942 年
张振坤	高青县田镇镇官庄村	—	男	1942 年
张玉滨	高青县田镇镇建设街	25	男	1942 年
田希谷	高青县田镇镇建设街	61	男	1942 年
崔守义	高青县田镇镇大庄村	45	男	1942 年
崔振岩	高青县田镇镇大庄村	52	男	1942 年
崔保文	高青县田镇镇大庄村	42	男	1942 年
高昌福	高青县田镇镇寨子村	40	男	1942 年
王连奎	高青县田镇镇寨子村	27	男	1942 年
蔡连贞	高青县田镇镇蔡家村	30	男	1942 年
玉　岭	高青县田镇镇王坡村	25	男	1942 年
王清太	高青县田镇镇后宋	51	男	1942 年
王传诚	高青县黑里寨镇刘镇村	—	男	1942 年
李俊峰	高青县黑里寨镇张官店村	—	男	1942 年
李凤祥	高青县黑里寨镇仁里村	54	男	1942 年
司继吉	高青县田镇镇司管村	18	男	1942 年
王化爱	高青县田镇镇王家村	18	男	1942 年
王如忠	高青县田镇镇王家村	17	男	1942 年
傅元利	高青县常家镇付家村	18	男	1942 年
傅道士	高青县常家镇付家村	22	男	1942 年
许丙喜	高青县常家镇许官村	26	男	1942 年
孙传道	高青县唐坊镇孙集村	23	男	1942 年
刘志成	高青县唐坊镇荆官村	15	男	1942 年
高林祥	高青县花沟镇高旺村	20	男	1942 年
韩本义	高青县花沟镇贾寨村	23	男	1942 年
刘风楚	高青县花沟镇龙虎村	19	男	1942 年
朱万庆	高青县唐坊镇西张村	—	男	1942 年
张洪书	高青县青城镇张家村	21	男	1943 年 1 月
张兰亭	高青县唐坊镇韩家村	24	男	1943 年 1 月
张传贵	高青县木李镇张吾村	26	男	1943 年 1 月

姓　名	籍　贯	年　龄	性　别	死难时间
樊玉堂	高青县木李镇樊家村	21	男	1943 年 1 月
樊　亨	高青县木李镇樊家村	24	男	1943 年 1 月
芦保环	高青县赵店镇大芦村	27	男	1943 年 1 月
芦培花	高青县赵店镇大芦村	19	男	1943 年 1 月
张敬美	高青县赵店镇张道传村	22	男	1943 年 1 月
郭立奎	高青县田镇镇郭家村	57	男	1943 年 2 月
孙玉祥	高青县田镇镇台陈村	42	男	1943 年 2 月
张怀华	高青县田镇镇官庄村	21	男	1943 年 2 月
魏克俭	高青县田镇镇寨子村	25	男	1943 年 2 月
赵忠太	高青县田镇镇北赵村	23	男	1943 年 2 月
陈立刚	高青县常家镇双庙村	22	男	1943 年 2 月
吴新月	高青县唐坊镇吴家村	26	男	1943 年 2 月
韩子恒	高青县花沟镇西口村	35	男	1943 年 2 月
樊成爱	高青县花沟镇保证村	23	男	1943 年 2 月
张敬光	高青县赵店镇小安定村	32	男	1943 年 2 月
韩学岱之妻	高青县花沟镇东口一村	35	女	1943 年 3 月
李金海	高青县花沟镇东刘村	49	男	1943 年 3 月
乔立伦	高青县田镇镇乔家村	20	男	1943 年 3 月
崔现章之母	高青县田镇镇乔家村	27	女	1943 年 3 月
崔象燕	高青县田镇镇乔家村	25	男	1943 年 3 月
徐　氏	高青县田镇镇青徐	28	女	1943 年 3 月
尹怀禄	高青县田镇镇尹家村	21	男	1943 年 3 月
邹太文	高青县田镇镇邹家村	40	男	1943 年 3 月
李玉凯	高青县常家镇大李东村	22	男	1943 年 3 月
史树森	高青县常家镇史家村	23	男	1943 年 3 月
梁维新	高青县唐坊镇梁孙村	29	男	1943 年 3 月
朱万成	高青县唐坊镇西张村	30	男	1943 年 3 月
毛玉连	高青县唐坊镇毛家村	22	男	1943 年 3 月
张俊林	高青县唐坊镇王家村	35	男	1943 年 3 月
韩本善	高青县花沟镇东口一村	32	男	1943 年 4 月
李道恩	高青县常家镇鼓张村	—	男	1943 年 4 月
李红斌	高青县常家镇鼓张村	—	男	1943 年 4 月
隋光熙	高青县高城镇孟家村	—	男	1943 年 4 月
孟庆和	高青县高城镇孟家村	—	男	1943 年 4 月

姓 名	籍 贯	年 龄	性 别	死难时间
孙向成	高青县田镇镇台孙村	23	男	1943 年 4 月
孙向武	高青县田镇镇台孙村	27	男	1943 年 4 月
张业财	高青县田镇镇南马村	22	男	1943 年 4 月
张瑞尧	高青县田镇镇正理村	19	男	1943 年 4 月
邹真林	高青县田镇镇邹家村	24	男	1943 年 4 月
崔宝华	高青县田镇镇大庄村	22	男	1943 年 4 月
杜恩义	高青县常家镇杜家村	21	男	1943 年 4 月
杨树梓	高青县常家镇北刘家村	44	男	1943 年 4 月
刘 乙	高青县常家镇北刘家村	21	男	1943 年 4 月
魏瑞龙	高青县唐坊镇魏寺村	23	男	1943 年 4 月
贾恒尧	高青县赵店镇贾家村	21	男	1943 年 4 月
石宝峰	—	—	男	1943 年 4 月 28 日
赵玉明	高青县田镇镇赵家村	22	男	1943 年 5 月
李兆云	高青县田镇镇李官村	23	男	1943 年 5 月
陈家森	高青县田镇镇周陈村	17	男	1943 年 5 月
郭成秀	高青县田镇镇冯郭村	20	男	1943 年 5 月
刘曰顺	高青县田镇镇寨子村	29	男	1943 年 5 月
李有秀	高青县常家镇大李东村	19	男	1943 年 5 月
王会普	高青县常家镇踹古张村	24	男	1943 年 5 月
孙玉山	高青县唐坊镇东洼村	26	男	1943 年 5 月
刘建博	高青县唐坊镇武东村	24	男	1943 年 5 月
李建贞	高青县唐坊镇于家村	26	男	1943 年 5 月
孙洪近	高青县唐坊镇王家村	16	男	1943 年 5 月
李金富	高青县唐坊镇荆官村	26	男	1943 年 5 月
魏功成	高青县唐坊镇魏寺村	26	男	1943 年 5 月
韩学俭	高青县花沟镇东口村	42	男	1943 年 5 月
牛风章	高青县花沟镇店东村	22	男	1943 年 5 月
于景林	高青县赵店镇李常奇村	20	男	1943 年 5 月
董金岭	高青县赵店镇夏楼村	16	男	1943 年 5 月
董祯一	高青县赵店镇夏楼村	22	男	1943 年 5 月
郑保祥之父	高青县花沟镇龙套村	25	男	1943 年 6 月
翟 芬	高青县常家镇翟寺村	20	男	1943 年 6 月
翟可均	高青县常家镇翟寺村	21	男	1943 年 6 月
翟曰朋	高青县常家镇踹鼓张村	34	男	1943 年 6 月

姓名	籍贯	年龄	性别	死难时间
孙登肖	高青县唐坊镇东关庄村	27	男	1943年6月
刘江龙	高青县花沟镇龙虎村	40	男	1943年6月
韩秀云之弟	高青县花沟镇东口一村	23	男	1943年7月
韩光西	高青县花沟镇东口一村	52	男	1943年7月
孙虎弟	高青县花沟镇东口一村	22	男	1943年7月
孙仁祥	高青县田镇镇台孙村	25	男	1943年7月
朱宝珂	高青县常家镇朱家村	20	男	1943年7月
吴新城	高青县唐坊镇吴家村	25	男	1943年7月
宋兰全	高青县唐坊镇崔家村	19	男	1943年7月
刘学温	高青县唐坊镇武西村	22	男	1943年7月
孙玉芝	高青县唐坊镇王家村	25	男	1940年
吕象胡	高青县唐坊镇吕寨村	29	男	1943年7月
韩本言	高青县花沟镇东口村	23	男	1943年7月
樊铜屋	高青县花沟镇拥护村	43	男	1943年8月
胡东兴	高青县花沟镇拥护村	35	男	1943年8月
雪 子	高青县花沟镇程尔头村	22	男	1943年8月
狗 子	高青县花沟镇程尔头村	19	男	1943年8月
德 子	高青县花沟镇程尔头村	19	男	1943年8月
连 举	高青县花沟镇程尔头村	20	男	1943年8月
张树文	高青县花沟镇程尔头村	19	男	1943年8月
田 增	高青县花沟镇程尔头村	21	男	1943年8月
马三元之妻	高青县花沟镇前池村	42	女	1943年8月
李翠堂	高青县花沟镇前池村	39	男	1943年8月
孙文平	高青县花沟镇前池村	28	男	1943年8月
孙保叔	高青县花沟镇前池村	39	男	1943年8月
李汝财之父	高青县花沟镇前池村	29	男	1943年8月
水 子	高青县花沟镇前池村	26	男	1943年8月
李保庭	高青县花沟镇前池村	27	男	1943年8月
孙元洲	高青县花沟镇前池村	24	男	1943年8月
王传梦	高青县花沟镇前池村	23	男	1943年8月
臧 燃	高青县常家镇鼓张村	—	男	1943年8月
赵忠太	高青县常家镇赵家村	23	男	1943年8月
杨风之	高青县田镇镇南尹家	40	男	1943年8月
李玉衡	高青县田镇镇石坡村	26	男	1943年8月

姓 名	籍 贯	年 龄	性 别	死难时间
李惠田	高青县田镇镇石坡村	22	男	1943 年 8 月
张纪诗	高青县田镇镇正理村	26	男	1943 年 8 月
张俊坤	高青县唐坊镇达马店村	24	男	1943 年 8 月
张汝德	高青县唐坊镇达马店村	23	男	1943 年 8 月
张汝会	高青县唐坊镇达马店村	27	男	1943 年 8 月
董文岗	高青县唐坊镇西官庄村	20	男	1943 年 8 月
吴敬信	高青县唐坊镇和店村	23	男	1943 年 8 月
张循智	高青县唐坊镇郭家村	23	男	1943 年 8 月
张广君	高青县唐坊镇郭家村	27	男	1943 年 8 月
杜延湖	高青县花沟镇杜郭村	41	男	1943 年 8 月
大木子	高青县花沟镇义和村	33	男	1943 年 9 月
张广仁	高青县赵店镇李长奇村	27	男	1943 年 9 月
赵士学	高青县常家镇赵家村	43	男	1943 年 9 月
石宗昌	高青县田镇镇南尹家	19	男	1943 年 9 月
孙以春	高青县田镇镇和平街	24	男	1943 年 9 月
高居元	高青县田镇镇崔东村	23	男	1943 年 9 月
董连举	高青县花沟镇杨庄村	20	男	1943 年 9 月
李玉水	高青县赵店镇温家村	30	男	1943 年 9 月
郑法云	高青县花沟镇西口村	23	男	1943 年 10 月
张文英	—	—	男	1943 年 10 月
刘春忱	高青县田镇镇寨子村	21	男	1943 年 10 月
刘景宝	高青县田镇镇徐董村	20	男	1943 年 10 月
张树武	高青县田镇镇徐董村	20	男	1943 年 10 月
赵传启	高青县田镇镇徐董村	21	男	1943 年 10 月
崔孝有	高青县田镇镇大庄村	23	男	1943 年 10 月
姜聪明	高青县田镇镇姜家村	17	男	1943 年 10 月
孙光荣	高青县唐坊镇东洼村	29	男	1943 年 10 月
李忱三	高青县花沟镇后池村	21	男	1943 年 10 月
孙茂龙	高青县花沟镇前池村	27	男	1943 年 10 月
王献忠	高青县花沟镇花二村	27	男	1943 年 10 月
王玉乃	高青县花沟镇王旺村	19	男	1943 年 10 月
二行子	高青县花沟镇东口一村	21	男	1943 年 11 月
宗立坤	高青县花沟镇西口村	19	男	1943 年 11 月
徐尊前	高青县田镇镇青徐	18	男	1943 年 11 月

姓 名	籍 贯	年 龄	性 别	死难时间
徐尊亭	高青县田镇镇宫家村	22	男	1943 年 11 月
张士奎	高青县田镇镇湾头村	29	男	1943 年 11 月
孙以刚	高青县田镇镇和平街	22	男	1943 年 11 月
孙以彬	高青县田镇镇和平街	25	男	1943 年 11 月
吴恩远	高青县唐坊镇吴家村	35	男	1943 年 11 月
李兆之	高青县花沟镇胡李村	19	男	1943 年 11 月
张瑞山	高青县田镇镇正理村	22	男	1943 年 12 月
韩光庚	高青县花沟镇东口村	26	男	1943 年 12 月
李维堂	高青县花沟镇前池村	27	男	1943 年 12 月
孙九州	高青县花沟镇前池村	29	男	1943 年 12 月
李志富	高青县花沟镇榆林村	27	男	1943 年 12 月
贾子辉	高青县花沟镇双柳村	28	男	1943 年
孔庆四	高青县花沟镇大官村	48	男	1943 年
曲秀元	高青县花沟镇东口一村	31	男	1943 年
金 曾	高青县花沟镇东口一村	28	男	1943 年
小寿子	高青县花沟镇东口一村	26	男	1943 年
韩秀云	高青县花沟镇西口村	24	男	1943 年
韩秀田	高青县花沟镇西口村	58	男	1943 年
韩佩玉	高青县花沟镇西口村	41	男	1943 年
陈凤美	高青县花沟镇道口村	23	男	1943 年
王明美	高青县花沟镇西十村	15	男	1943 年
刘作财	高青县花沟镇龙虎村	60	男	1943 年
刘卧龙	高青县花沟镇龙虎村	54	男	1943 年
田怀玉	高青县花沟镇龙虎村	35	男	1943 年
刘得龙	高青县花沟镇龙虎村	30	男	1943 年
马洪照	高青县花沟镇东八里村	20	男	1943 年
王泽民	高青县花沟镇天师村	21	男	1943 年
杨卫信	高青县花沟镇东刘村	30	男	1943 年
王玉增	高青县花沟镇王旺村	40	男	1943 年
谢克波	高青县唐坊镇谢家村	32	男	1943 年
郑万光	高青县唐坊镇谢家村	28	男	1943 年
于景文	高青县唐坊镇于家村	86	男	1943 年
于守义	高青县唐坊镇于家村	—	男	1943 年
孙玉茂	高青县唐坊镇洼里王村	26	男	1943 年

姓　名	籍　贯	年　龄	性　别	死难时间
张含东	高青县唐坊镇洼里王村	27	男	1943 年
孙慈善	高青县唐坊镇西洼村	—	男	1943 年
孙玉良	高青县唐坊镇东洼村	—	男	1943 年
孙玉荣之兄	高青县唐坊镇东洼村	—	男	1943 年
孙玉兰之兄	高青县唐坊镇东洼村	—	男	1943 年
赵公堂	高青县唐坊镇赵家村	—	男	1943 年
秘生廷	高青县唐坊镇西秘村	—	男	1943 年
宫伟侦	高青县唐坊镇宫家村	—	男	1943 年
崔振环	高青县唐坊镇崔家村	—	男	1943 年
祝新春	高青县唐坊镇程家村	18	男	1943 年
石老头	高青县唐坊镇程家村	18	男	1943 年
魏开三之兄	高青县唐坊镇沈家村	—	男	1943 年
何传龙	高青县唐坊镇西刘村	—	男	1943 年
王汝亭	高青县唐坊镇西刘村	—	男	1943 年
步孟毕	高青县唐坊镇步家村	—	男	1943 年
张云起	高青县唐坊镇北张庄村	—	男	1943 年
蔡兆祥	高青县唐坊镇韩家村	30	男	1943 年
张　文	高青县唐坊镇唐坊村	20	男	1943 年
刘索镇	高青县唐坊镇唐坊村	36	男	1943 年
杨克刚	高青县唐坊镇杨李村	20	男	1943 年
白福德	高青县唐坊镇杨李村	65	女	1943 年
刘义海	高青县木李镇内清村	—	男	1943 年
付元利	高青县常家镇东付家村	—	男	1943 年
李秀街	高青县常家镇常家村	—	男	1943 年
李氏章	高青县常家镇常家村	—	男	1943 年
史巨田	高青县常家镇史家村	—	男	1943 年
史麦田	高青县常家镇史家村	—	男	1943 年
史树贵	高青县常家镇史家村	—	男	1943 年
碌碡	高青县常家镇史家村	—	男	1943 年
张和元	高青县常家镇大张村	—	男	1943 年
张贞元	高青县常家镇大张村	—	男	1943 年
小　栓	高青县常家镇大张村	—	男	1943 年
李更臣	高青县常家镇大张村	—	男	1943 年
张恒顺	高青县常家镇大张村	—	男	1943 年

姓 名	籍 贯	年 龄	性 别	死难时间
焦存元	高青县常家镇水牛李村	—	男	1943 年
杨宗香	高青县常家镇北油王村	—	男	1943 年
张京西	高青县常家镇张木村	34	男	1943 年
李玉太	高青县常家镇大李东村	53	男	1943 年
信守连	高青县高城镇信家	—	男	1943 年
李金杰	高青县青城镇大李夏村	—	男	1943 年
李传信	高青县青城镇新李村	—	男	1943 年
李光福	高青县青城镇大李夏村	—	男	1943 年
李福星	高青县青城镇菜园村	—	男	1943 年
张贵子	高青县田镇镇建设街	20	男	1943 年
崔保兴	高青县田镇镇大庄村	30	男	1943 年
孙华祥之父	高青县田镇镇台孙村	35	男	1943 年
郑现举	高青县黑里寨镇小郑村	32	男	1943 年
赵守亭	高青县黑里寨镇演马村	26	男	1943 年
王敬龙	高青县黑里寨镇演马村	29	男	1943 年
张庭湖	高青县黑里寨镇大郭村	30	男	1943 年
卜 氏	高青县黑里寨镇李家村	39	女	1943 年
刘俊儿	高青县黑里寨镇大圣寺村	13	女	1943 年
王希华	—	—	男	1943 年
艾明圣	高青县黑里寨镇贾艾村	23	男	1943 年
巩瑞扑	高青县田镇镇后巩村	30	男	1943 年
张继颜	高青县田镇镇徐董村	28	男	1943 年
李曰波	高青县田镇镇丁家村	17	男	1943 年
王京仁	高青县田镇镇司管村	25	男	1942 年
王如德	高青县田镇镇王家村	18	男	1943 年
周汝祥	高青县田镇镇魏堡村	19	男	1943 年
张风尧	高青县青城镇张家村	19	男	1943 年
吕象成	高青县唐坊镇吕寨村	18	男	1943 年
马勋臣	高青县高城镇马庄村	27	男	1943 年
王保德	高青县花沟镇大官村	27	男	1943 年
高风功	高青县花沟镇高旺村	42	男	1943 年
高云献	高青县花沟镇高旺村	21	男	1943 年
牛风财	高青县花沟镇店东村	20	男	1943 年
张金堂	高青县常家镇赵家村	21	男	1944 年 1 月

姓　名	籍　贯	年　龄	性　别	死难时间
孟庆同之弟	高青县青城镇小孟村	—	男	1944年1月16日
宋悦生	高青县田镇镇冯王村	16	男	1944年2月
李汉云	高青县常家镇台李村	34	男	1944年2月
史梅田	高青县常家镇史家村	23	男	1944年2月
王建元	高青县唐坊镇司马庄村	27	男	1944年2月
朱印增	高青县高城镇北门里	45	男	1944年3月
孙佃文	高青县田镇镇台孙村	27	男	1944年3月
尹守山	高青县田镇镇尹家村	37	男	1944年3月
李中平	高青县常家镇常家村	22	男	1944年3月
吴新玉	高青县唐坊镇吴家村	27	男	1944年3月
耿德玺	高青县高城镇耿家村	24	男	1944年3月
王太玉	高青县花沟镇后池村	17	男	1944年3月
刘光恒	高青县花沟镇贾寨村	39	男	1944年4月
吕京祥	高青县花沟镇吕家村	31	男	1944年4月
吕京祯	高青县花沟镇吕家村	30	女	1944年4月
杜美芳	高青县花沟镇龙套村	33	男	1944年4月
刘希禹	高青县高城镇东关村	48	男	1944年4月
李禄田	高青县田镇镇石坡村	17	男	1944年4月
杜廷伸	高青县田镇镇吕八村	17	男	1944年4月
宁云顺	高青县田镇镇宁家村	18	男	1944年4月
陈立都	高青县田镇镇台陈村	26	男	1944年4月
蔡日坦	高青县田镇镇蔡家村	27	男	1944年4月
崔保龙	高青县田镇镇蔡家村	23	男	1944年4月
赵传礼	高青县唐坊镇郑埝村	21	男	1944年4月
孙玉亭	高青县唐坊镇东洼村	21	男	1944年4月
吕象和	高青县唐坊镇吕寨村	21	男	1944年4月
李光晓	高青县高城镇前营村	27	男	1944年4月
陈寿廷	高青县花沟镇前池村	21	男	1944年4月
岳忠远	高青县花沟镇岳家村	21	男	1944年4月
赵　炎	—	—	男	1944年4月5日
何延佐	—	—	男	1944年4月5日
刘玉森之妻	高青县田镇镇台陈村	34	女	1944年5月
谢守东	高青县田镇镇谢苍村	31	男	1944年5月
许小运	高青县田镇镇大官村	25	男	1944年5月

姓　名	籍　贯	年　龄	性　别	死难时间
刘连堂	高青县田镇镇大官村	25	男	1944 年 5 月
曹德民	高青县田镇镇徐董村	35	男	1944 年 5 月
赵　兴	高青县田镇镇后赵村	25	男	1944 年 5 月
赵承荣	高青县田镇镇后赵村	18	男	1944 年 5 月
赵宋俊	高青县田镇镇前赵村	23	男	1944 年 5 月
孙继功	高青县田镇镇孙庄村	21	男	1944 年 5 月
李宝玉	高青县常家镇沙李村	20	男	1944 年 5 月
李小街	高青县唐坊镇和店村	13	男	1944 年 5 月
曹瑞同	高青县唐坊镇和店村	19	男	1944 年 5 月
郑保丁	高青县唐坊镇郑埝村	14	男	1944 年 5 月
石保贤	高青县唐坊镇郑埝村	24	男	1944 年 5 月
杨新春	高青县唐坊镇耿家村	23	男	1944 年 5 月
柴延年	高青县唐坊镇柴家村	22	男	1944 年 5 月
崔瑞仁	高青县唐坊镇柴家村	20	男	1944 年 5 月
随广清	高青县高城镇务陈村	21	男	1944 年 5 月
牛爱芝	高青县花沟镇店东村	27	男	1944 年 5 月
李光乐	高青县田镇镇壮李村	23	男	1944 年 6 月
邢敬水	高青县花沟镇东口村	38	男	1940 年 8 月
牛旭芝	高青县花沟镇店东村	53	男	1944 年 6 月
巩兰恒	高青县田镇镇后巩村	27	男	1944 年 7 月
陈继宋	高青县田镇镇后宋村	16	男	1944 年 7 月
马玉昔	高青县田镇镇后巩村	30	男	1944 年 7 月
巩佃俊	高青县田镇镇后巩村	36	男	1944 年 7 月
郝光法	高青县田镇镇郝家村	21	男	1944 年 7 月
陈春华	高青县唐坊镇德胜村	21	男	1944 年 7 月
王尧富	高青县唐坊镇村庄村	25	男	1944 年 7 月
王传尧	高青县唐坊镇司马庄村	31	男	1944 年 7 月
周林德	高青县花沟镇新立村	31	男	1944 年 7 月
仁德芳	高青县花沟镇新立村	29	男	1944 年 7 月
高复员	高青县花沟镇新立村	27	男	1944 年 7 月
李怀清	高青县花沟镇宋套村	25	男	1944 年 7 月
高景仁	高青县花沟镇高旺村	21	男	1944 年 7 月
崔风林	高青县木李镇小田村	20	男	1944 年 7 月
张常瑞	高青县赵店镇道堂李村	21	男	1944 年 7 月

姓 名	籍 贯	年 龄	性 别	死难时间
卞义选	高青县赵店镇索家村	25	男	1944 年 7 月
董保岭	高青县赵店镇夏楼村	38	男	1944 年 7 月
杜加浩	高青县木李镇杜集村	49	男	1944 年 7 月 16 日
杜孝泉	高青县木李镇杜集村	32	男	1944 年 7 月 16 日
友　子	高青县木李镇杜集村	32	男	1944 年 7 月 16 日
杜可太	高青县木李镇杜集村	33	男	1944 年 7 月 16 日
杜加村	高青县木李镇杜集村	21	男	1944 年 7 月 16 日
杜可训	高青县木李镇杜集村	21	男	1944 年 7 月 16 日
杜可洋	高青县木李镇杜集村	38	男	1944 年 7 月 16 日
黄山子	高青县木李镇杜集村	27	男	1944 年 7 月 16 日
杜可福	高青县木李镇杜集村	27	男	1944 年 7 月 16 日
杜孝珍	高青县木李镇杜集村	29	男	1944 年 7 月 16 日
狗贤子	高青县木李镇杜集村	31	男	1944 年 7 月 16 日
杜孝元	高青县木李镇杜集村	21	男	1944 年 7 月 16 日
杜孝祥	高青县木李镇杜集村	30	男	1944 年 7 月 16 日
杨克富	高青县木李镇石家村	46	男	1944 年 7 月 16 日
连　身	高青县木李镇杜集村	17	男	1944 年 7 月 16 日
杜春生	高青县木李镇杜集村	30	男	1944 年 7 月 16 日
成　子	惠民县	30	男	1944 年 7 月 16 日
过　道	惠民县	—	男	1944 年 7 月 16 日
李××	高青县常家镇踹鼓张村	—	男	1943 年
董宪孝	高青县木李镇东董村	36	男	1944 年 7 月 16 日
董曰好	高青县花沟镇庄头村	32	男	1944 年 8 月
董效英	高青县花沟镇庄头村	32	男	1944 年 8 月
高恒通	高青县花沟镇庄头村	28	男	1944 年 8 月
弭敬一	高青县花沟镇后池村	72	男	1944 年 8 月
李远书	高青县花沟镇后池村	60	男	1944 年 8 月
张福贵	高青县花沟镇后池村	27	男	1944 年 8 月
李俊三	高青县花沟镇后池村	57	男	1944 年 8 月
樊成论	高青县花沟镇忠信村	24	男	1944 年 8 月
樊宜英	高青县花沟镇保证村	32	男	1944 年 8 月
杜庭湖	高青县花沟镇杜郭村	29	男	1944 年 8 月
马玉惜	高青县田镇镇后巩村	35	男	1944 年 8 月
陈参云	高青县常家镇双庙村	23	男	1944 年 8 月

姓　名	籍　贯	年龄	性别	死难时间
孙贻森	高青县唐坊镇孙集村	27	男	1944 年 8 月
蔡振茗	高青县唐坊镇玉皇堂村	28	男	1944 年 8 月
芦　会	高青县唐坊镇芦家村	20	男	1944 年 8 月
魏士勤	高青县唐坊镇魏家村	20	男	1944 年
刘树章	高青县唐坊镇武西村	21	男	1944 年 8 月
孙玉森	高青县花沟镇孙坊村	20	男	1944 年 8 月
李汝增	高青县花沟镇胡李村	25	男	1944 年 8 月
宫明俭	高青县花沟镇宫旺村	31	男	1944 年 8 月
李成富	高青县花沟镇贾家村	22	男	1944 年 8 月
李其信	高青县木李镇中李赵村	22	男	1944 年 8 月
朱树祯	高青县赵店镇付光辉村	23	男	1944 年 8 月
许　昆	—	—	男	1944 年 8 月 10 日
崔宪怀	高青县田镇镇建设街	25	男	1944 年 9 月
陈乐减	高青县田镇镇台陈村	26	男	1944 年 9 月
孙岩田	高青县田镇镇郭家村	23	男	1944 年 9 月
孙宝真	高青县田镇镇和平街	23	男	1944 年 9 月
李保环	高青县田镇镇寨子村	21	男	1944 年 9 月
郝克祥	高青县田镇镇郝家村	16	男	1944 年 9 月
李保清	高青县田镇镇石槽村	22	男	1944 年 9 月
李思贤	高青县常家镇双庙村	15	男	1944 年 9 月
韩克俭	高青县花沟镇西口村	26	男	1944 年 9 月
杜廷宝	高青县花沟镇杜郭村	23	男	1944 年 9 月
杨宗照	高青县黑里寨镇急公村	20	男	1944 年 9 月
李全贤	高青县木李镇南李村	19	男	1944 年 9 月
周增田	高青县赵店镇赵店村	18	男	1944 年 9 月
宫明安	高青县花沟镇宫旺村	21	男	1944 年 9 月
董其弟	高青县花沟镇庄头村	37	男	1944 年 10 月
李兴宗	高青县田镇镇孟李村	40	男	1944 年 10 月
崔瑞宗	高青县田镇镇大官庄村	32	男	1944 年 10 月
崔瑞成	高青县田镇镇大官庄村	26	男	1944 年 10 月
魏增庆	高青县田镇镇大官庄村	16	男	1944 年 10 月
付玉田	高青县田镇镇付家村	27	男	1944 年 10 月
孙玉春	高青县田镇镇付家村	29	男	1944 年 10 月
孙玉梅	高青县田镇镇付家村	28	男	1944 年 10 月

姓　名	籍　贯	年　龄	性　别	死难时间
孙光耀	高青县田镇镇付家村	35	男	1944 年 10 月
孙光增	高青县田镇镇付家村	32	男	1944 年 10 月
孙光增之子	高青县田镇镇付家村	14	男	1944 年 10 月
孙明书	高青县田镇镇付家村	30	男	1944 年 10 月
高玉资	高青县田镇镇北尹家村	19	男	1944 年 10 月
高玉堂	高青县田镇镇北尹家村	32	男	1944 年 10 月
高玉田	高青县田镇镇北尹家村	27	男	1944 年 10 月
尹连顺	高青县田镇镇北尹家村	20	男	1944 年 10 月
赵希然	高青县唐坊赵家村	21	男	1944 年 10 月
张士良	高青县赵店镇小安定村	21	男	1944 年 10 月
魏增祥	高青县田镇镇大官庄村	19	男	1944 年 10 月
孟广湖	高青县田镇镇孟李村	25	男	1944 年 10 月
孙德秀	高青县田镇镇付家村	—	男	1944 年 10 月
纪树申	高青县花沟镇沙高村	20	男	1944 年 4 月
李旦军	高青县田镇镇石槽村	31	男	1944 年 11 月
李长义	高青县田镇镇石槽村	20	男	1944 年 11 月
董凤章	高青县田镇镇湾头村	38	男	1944 年 11 月
董金章	高青县田镇镇湾头村	55	男	1944 年 11 月
李玉顶	高青县田镇镇苗家村	19	男	1944 年 11 月
张金堂	高青县田镇镇北赵村	21	男	1944 年 11 月
李月先	高青县常家镇双庙村	22	男	1944 年 11 月
刘税清	高青县唐坊镇西刘村	24	男	1944 年 11 月
张循和	高青县唐坊镇西刘村	25	男	1944 年 11 月
刘希汤	高青县花沟镇段家村	30	男	1944 年 11 月
杜延沛	高青县花沟镇杜郭村	45	男	1944 年 11 月
胡庆生	高青县花沟镇肖胡村	22	男	1944 年 11 月
张孝之	—	—	男	1944 年 11 月 11 日
冯文成	—	—	男	1944 年 11 月 11 日
崔瑞房	—	—	男	1944 年 11 月 11 日
李洪生	高青县花沟镇明理村	27	男	1944 年 12 月
李细生	高青县花沟镇明理村	26	男	1944 年 12 月
刘增祥	高青县木李镇刘念吾村	—	男	1944 年 12 月
杨荣叶	高青县木李镇尚家村	—	男	1944 年 12 月
赵可梅	高青县木李镇王老三村	—	男	1944 年 12 月

姓　名	籍　贯	年　龄	性　别	死难时间
周福青	—	—	男	1944 年 12 月
杨波亭	—	—	男	1944 年 12 月
韩庆义	—	—	男	1944 年 12 月
杨维霞	—	—	男	1944 年 12 月
刘法子	—	—	男	1944 年 12 月
邵维岭	—	—	男	1944 年 12 月
张树森	高青县青城镇西张村	24	男	1944 年 12 月
张中岭	高青县青城镇胥令公村	20	男	1944 年 12 月
张中法	高青县青城镇胥令公村	19	男	1944 年 12 月
杨维禹	高青县青城镇温坊村	28	男	1944 年 12 月
杨维杰	高青县青城镇温坊村	15	男	1944 年 12 月
韩庆贻	高青县青城镇韩小村	19	男	1944 年 12 月
王荣恩	高青县青城镇白马陈村	23	男	1944 年 12 月
付举成	高青县青城镇付家村	18	男	1944 年 12 月
付举友	高青县青城镇付家村	16	男	1944 年 12 月
陈克明	高青县花沟镇东窦村	20	男	1944 年 12 月
杨怀信	高青县木李镇杨坊村	16	男	1944 年 12 月
杨志福	高青县木李镇杨坊村	25	男	1944 年 12 月
彭德训	高青县木李镇彭庙家村	42	男	1944 年 12 月
李元财	高青县木李镇彭庙家村	20	男	1944 年 12 月
宫志辉	高青县木李镇宫家村	24	男	1944 年 12 月
孟兆儒	高青县木李镇宫家村	19	男	1944 年 12 月
杨荣业	高青县木李镇尚家村	18	男	1944 年 12 月
耿奎文	高青县赵店镇夏楼村	46	男	1944 年 12 月
陈继茂	高青县青城镇白马陈村	27	男	1944 年 12 月 12 日
陈继法	高青县青城镇白马陈村	20	男	1944 年 12 月 12 日
周廷伟	高青县青城镇西周村	38	男	1944 年 12 月 12 日
邵维明	高青县青城镇西邵村	—	男	1944 年 12 月 12 日
杨可尧	高青县青城镇沙窝杨村	15	男	1944 年 12 月 12 日
石宝成	高青县青城镇沙窝杨村	21	男	1944 年 12 月 12 日
张书森	高青县青城镇东张旺村	—	男	1944 年 12 月 12 日
庄佃元	高青县青城镇庄家村	—	男	1944 年 12 月 12 日
孙乃芝	高青县青城镇小孙村	—	男	1944 年 12 月 12 日
姚振南	高青县青城镇香姚村	—	男	1944 年 12 月 12 日

姓 名	籍 贯	年 龄	性 别	死难时间
孟宪林	高青县木李镇老孟口村	16	男	1944 年 12 月 12 日
孟兆路	高青县木李镇老孟口村	21	男	1944 年 12 月 12 日
孟兆辉	高青县木李镇西宫村	19	男	1944 年 12 月 12 日
魏老七	高青县唐坊魏家村	—	男	1944 年 12 月 23 日
张循德	高青县高城镇北县合村	25	男	1944 年 12 月 30 日
王希臣	高青县高城镇北县合村	26	男	1944 年 12 月 30 日
王士银	高青县花沟镇沟王村	35	男	1944 年
王保启	高青县花沟镇大官村	26	男	1944 年
庄庆祥	高青县花沟镇庄家村	41	男	1944 年
韩德亭	高青县花沟镇西口村	48	男	1944 年
闫茂兰	高青县花沟镇闫家村	35	男	1944 年
闫凤俊	高青县花沟镇闫家村	23	男	1944 年
闫长增	高青县花沟镇闫家村	38	男	1944 年
周金亮	高青县花沟镇周家村	29	男	1944 年
毛洪礼	高青县花沟镇毛李村	18	男	1944 年
李月俊	高青县花沟镇东刘村	50	男	1944 年
孙向云	高青县花沟镇孙坊村	40	男	1944 年
张大镇	高青县赵店镇河沟赵村	20	男	1944 年
吴凤森	高青县赵店镇吴家村	22	男	1944 年
张小增	高青县唐坊镇武西村	—	男	1944 年
刘学志	高青县唐坊镇武西村	—	男	1944 年
刘 朴	高青县唐坊镇武西村	—	男	1944 年
刚	高青县唐坊镇武西村	—	男	1944 年
赵同生	高青县唐坊镇西高村	—	男	1944 年
刘建国	高青县唐坊镇武东村	60	男	1944 年
李兆德	高青县唐坊镇武东村	30	男	1944 年
刘学珠	高青县唐坊镇武东村	60	男	1944 年
刘建孔	高青县唐坊镇武东村	30	男	1944 年
刘向儒	高青县唐坊镇武东村	40	男	1944 年
刘学志	高青县唐坊镇武东村	40	男	1944 年
张希鹏	高青县唐坊镇耿家村	40	男	1944 年
张光会	高青县唐坊镇耿家村	30	男	1944 年
崔子恩	高青县唐坊镇崔家村	—	男	1944 年
程玉章	高青县唐坊镇程家村	35	男	1944 年

姓 名	籍 贯	年 龄	性 别	死难时间
程东路	高青县唐坊镇程家村	20	男	1944 年
程永发	高青县唐坊镇程家村	22	男	1944 年
程国祯	高青县唐坊镇程家村	42	男	1944 年
程天信	高青县唐坊镇程家村	28	男	1944 年
张太安	高青县唐坊镇程家村	18	男	1944 年
祝永宿	高青县唐坊镇程家村	32	男	1944 年
祝爱兵	高青县唐坊镇程家村	25	男	1944 年
祝爱国	高青县唐坊镇程家村	23	男	1944 年
程赵氏	高青县唐坊镇程家村	40	女	1944 年
苏玉坤	高青县唐坊镇魏家村	18	男	1944 年
魏士良	高青县唐坊镇魏家村	28	男	1944 年
魏士勤	高青县唐坊镇魏家村	20	男	1944 年
李士西	高青县唐坊镇魏家村	18	男	1944 年
刘继先	高青县唐坊镇和店村	—	男	1944 年
曹继丑	高青县唐坊镇和店村	19	男	1944 年
任长其	高青县唐坊镇和店村	—	男	1944 年
李小安	高青县唐坊镇和店村	19	男	1944 年
张小广	高青县唐坊镇和店村	—	男	1944 年
曹瑞然	高青县唐坊镇和店村	—	男	1944 年
张训芳	高青县唐坊镇和店村	—	男	1944 年
王同山	高青县唐坊镇西王村	—	男	1944 年
刘宗贤之弟	高青县唐坊镇南刘村	41	男	1944 年
刘瀚文	高青县唐坊镇南刘村	24	男	1944 年
李唐氏	高青县唐坊镇许家村	41	女	1944 年
唐友信	高青县唐坊镇灵公村	30	男	1944 年
张子和	高青县唐坊镇灵公村	25	男	1944 年
刘金臣	高青县木李镇彭家庙村	54	男	1944 年
刘树林	高青县常家镇刘家村	—	男	1944 年
焦　氏	高青县常家镇水牛李村	—	女	1944 年
岳　氏	高青县常家镇水牛李村	—	女	1944 年
李汉云	高青县常家镇台李村	—	男	1944 年
李有华	高青县常家镇大李东村	50	男	1944 年
高岩堂	高青县高城镇北关村	23	男	1944 年
马树礼	高青县高城镇马庄村	28	男	1944 年

姓 名	籍 贯	年 龄	性 别	死难时间
耿士明	高青县青城镇耿家村	—	男	1944 年
张忠岭	高青县青城镇胥令公村	—	男	1944 年
张忠法	高青县青城镇胥令公村	—	男	1944 年
胥志胜	高青县青城镇胥令公村	—	男	1944 年
孙法仁	高青县青城镇胥令公村	—	男	1944 年
孙亭基	高青县青城镇大孙村	—	男	1944 年
王同明	高青县青城镇连五村	—	男	1944 年
杜乃贤	高青县青城镇西杜村	—	男	1944 年
杨青辉	高青县青城镇界牌张村	—	男	1944 年
发 呢	高青县青城镇界牌杨村	—	男	1944 年
李东候	高青县田镇镇石坡村	51	男	1944 年
李守俭	高青县田镇镇石坡村	52	男	1944 年
司连武	高青县田镇镇司家官庄	40	男	1944 年
李树营	高青县田镇镇孟李村	35	男	1944 年
李友庆	高青县田镇镇大庄村	24	男	1944 年
苗胜林	高青县田镇镇苗家村	20	男	1944 年
蔡连珠	高青县田镇镇蔡家村	26	男	1944 年
孙元尊	高青县田镇镇王坡村	28	男	1944 年
孙谦祥之母	高青县田镇镇台孙村	29	女	1944 年
陈景宝	高青县田镇镇周家村	20	男	1944 年
周玉义	高青县田镇镇周家村	42	男	1944 年
王晓孔	高青县田镇镇周家村	29	男	1944 年
杨宪凤	高青县田镇镇崔西村	33	男	1944 年
杨京村	高青县田镇镇崔西村	35	男	1944 年
周德选	高青县黑里寨镇桑家村	17	男	1944 年
李现举	高青县黑里寨镇小郑村	26	男	1944 年
李现伟	高青县黑里寨镇小郑村	17	男	1944 年
房守田	高青县黑里寨镇西小王村	—	男	1944 年
聂光合之兄	高青县黑里寨镇聂寺村	30	男	1944 年
张茂俊	高青县黑里寨镇黑一村	23	男	1944 年
李思俊	高青县黑里寨镇义王寨村	23	男	1944 年
王东明	—	—	男	1944 年
董焕章	—	—	男	1944 年
张守德	高青县田镇镇徐董村	21	男	1944 年

姓 名	籍 贯	年 龄	性 别	死难时间
陈家中	高青县田镇镇丁家村	17	男	1944 年
陈家兴	高青县田镇镇丁家村	17	男	1944 年
陈树桐	高青县田镇镇丁家村	24	男	1944 年
张家祯	高青县青城镇大河沟村	25	男	1944 年
顾善斋	高青县青城镇顾家村	33	男	1944 年
段振喜	高青县常家镇北段村	24	男	1944 年
于立江	高青县常家镇阎家村	20	男	1944 年
张聿珍	高青县唐坊镇和店村	25	男	1944 年
李希传	高青县唐坊镇和店村	28	男	1944 年
李同奎	高青县花沟镇胡官村	37	男	1944 年
岳思玉	高青县花沟镇岳家村	21	男	1944 年
张志清	高青县木李镇杂姓刘村	19	男	1944 年
张家庆	高青县赵店镇道堂李村	21	男	1944 年
付尚贤	高青县赵店镇付光辉村	35	男	1944 年
张树武	高青县赵店镇河沟赵村	25	男	1944 年
冯千里	高青县赵店镇河沟赵村	20	男	1944 年
王敬福	高青县唐坊镇王家村	21	男	1945 年 1 月
郑守智	高青县黑里寨镇大郑村	26	男	1945 年 2 月
赵绍九	—	—	男	1945 年 2 月
董现廷	高青县花沟镇庄头村	34	男	1945 年 2 月
郑希法	高青县花沟镇宋套村	36	男	1945 年 2 月
耿庆林	高青县花沟镇北耿村	25	男	1945 年 2 月
董来祥	高青县木李镇木里村	24	男	1945 年 2 月
赵宝坤	高青县田镇镇路家村	17	男	1945 年 3 月
司纪禄	高青县田镇镇蔡家村	17	男	1945 年 3 月
魏文瑞	高青县田镇镇大庄村	31	男	1945 年 3 月
史山田	高青县常家镇史家村	24	男	1945 年 3 月
史美新	高青县常家镇史家村	18	男	1945 年 3 月
孙宝刚	高青县常家镇后孙村	24	男	1945 年 3 月
高法周	高青县唐坊镇东秘村	20	男	1945 年 3 月
耿化深	高青县唐坊镇中杨村	24	男	1945 年 3 月
唐家富	高青县唐坊镇唐坊村	19	男	1945 年 3 月
张玉桐	高青县唐坊镇东曹村	24	男	1945 年 3 月
程开太	高青县唐坊镇宫家村	26	男	1945 年 3 月

姓 名	籍 贯	年 龄	性 别	死难时间
马明尧	高青县花沟镇韩连村	22	男	1945 年 3 月
于立顺	高青县木李镇内于村	17	男	1945 年 3 月
周克温	高青县赵店镇赵店村	27	男	1945 年 3 月
崔焕文	高青县赵店镇崔家村	24	男	1945 年 3 月
孙永文	高青县田镇镇台孙村	24	男	1945 年 4 月
高家福	高青县田镇镇徐家村	22	男	1945 年 4 月
王凤山	高青县田镇镇前孙村	24	男	1945 年 4 月
张小生	高青县常家镇大张村	12	男	1945 年 4 月
孙贻传	高青县唐坊镇孙集村	26	男	1945 年 4 月
魏忠诚	高青县唐坊镇魏寺村	34	男	1945 年 4 月
张兴仁	高青县唐坊镇元河村	17	男	1945 年 4 月
樊校河	高青县花沟镇忠信村	27	男	1945 年 4 月
陈太恒	—	—	男	1945 年 4 月 5 日
崔 勇	—	—	男	1945 年 4 月 5 日
李德违	高青县田镇镇苗家村	24	男	1945 年 5 月
李保峨	高青县田镇镇寨子村	21	男	1945 年 5 月
李有孝	高青县常家镇大李东村	31	男	1945 年 5 月
崔自良	高青县唐坊镇崔家村	24	男	1945 年 5 月
吕佩贤	高青县唐坊镇吕寨村	17	男	1945 年 5 月
孟宪法	高青县高城镇孟家村	22	男	1945 年 5 月
李汝生	高青县花沟镇新立村	21	男	1945 年 5 月
贾兹辉	高青县花沟镇双柳村	31	男	1945 年 5 月
张长喜	高青县花沟镇东南寺村	32	男	1945 年 5 月
韩秀先	高青县花沟镇东口二村	26	男	1945 年 5 月
高景房	高青县花沟镇高旺村	32	男	1945 年 5 月
杨建功	—	—	男	1945 年 5 月 5 日
李苦争	高青县花沟镇后池村	24	男	1945 年 5 月 9 日
崔应财	高青县田镇镇民主街村	19	男	1945 年 6 月
宋同德	高青县田镇镇徐家村	26	男	1945 年 6 月
路洪福	高青县田镇镇路家村	20	男	1945 年 6 月
李福海	高青县常家镇三合村	26	男	1945 年 6 月
焦存让	高青县常家镇水牛李村	22	男	1945 年 6 月
张云其	高青县唐坊镇张家村	31	男	1945 年 6 月
董家栋	高青县花沟镇庄头村	29	男	1945 年 6 月

姓 名	籍 贯	年 龄	性 别	死难时间
张福胜	高青县花沟镇后池村	23	男	1945 年 6 月
韩德云	高青县花沟镇西口村	38	男	1945 年 6 月
徐敬忠	高青县花沟镇东口村	19	男	1945 年 6 月
孙茂田	高青县花沟镇东口村	19	男	1945 年 6 月
韩秀安	高青县花沟镇西口村	30	男	1945 年 6 月
郭汉章	高青县花沟镇韩连村	30	男	1945 年 6 月
崔兆训	高青县木李镇樊家村	20	男	1945 年 6 月
孙炳伦	高青县赵店镇苟士孙村	26	男	1945 年 6 月
潘士效	高青县赵店镇史家村	19	男	1945 年 6 月
韩德廷	高青县花沟镇西口村	38	男	1945 年 6 月
杜守勤	高青县花沟镇杜郭村	23	男	1945 年 6 月
宗立道	高青县花沟镇西口村	40	男	1945 年 7 月
赵士清	高青县田镇镇吕八村	17	男	1945 年 7 月
董景贤	高青县田镇镇王风村	26	男	1945 年 7 月
董振玉	高青县田镇镇王风村	29	男	1945 年 7 月
邹宝山	高青县田镇镇邹家村	18	男	1945 年 7 月
蔡日美	高青县田镇镇蔡家村	22	男	1945 年 7 月
李兴佃	高青县常家镇台子李村	24	男	1945 年 7 月
段桃运	高青县常家镇南段村	24	男	1945 年 7 月
孙月江	高青县唐坊镇西官庄村	30	男	1945 年 7 月
李振庆	高青县花沟镇胡李村	26	男	1945 年 7 月
程玉岗	高青县花沟镇宋套村	22	男	1945 年 7 月
李佃凯	高青县木李镇高家村	23	男	1945 年 7 月
吕玉信	高青县田镇镇吕八村	21	男	1945 年 7 月
王友忠	高青县田镇镇吕八村	20	男	1945 年 7 月
孙以增	高青县田镇镇和平街	22	男	1945 年 7 月
李福寿	高青县田镇镇义西村	21	男	1945 年 7 月
李福元	高青县田镇镇义西村	21	男	1945 年 7 月
孟召俭	高青县唐坊镇崔家村	24	男	1945 年 7 月
刘光保	高青县花沟镇贾寨村	21	男	1945 年 7 月
张金銮	高青县田镇镇北赵村	20	男	1945 年 8 月
张刘氏	高青县高城镇和平	28	女	1945 年 8 月
张福增	高青县常家镇史家村	16	男	1945 年 8 月
翟日明	高青县常家镇蹋古张村	18	男	1945 年 8 月

姓 名	籍 贯	年 龄	性 别	死难时间
赵滨州	高青县常家镇水牛李村	25	男	1945 年 8 月
王庆武	高青县唐坊镇西王村	24	男	1945 年 8 月
王同科	高青县唐坊镇西王村	25	男	1945 年 8 月
韩成温	高青县花沟镇东口二村	25	男	1945 年 8 月
纪连礼	高青县木李镇蔡家村	31	男	1945 年 8 月
苗连杰	高青县田镇镇苗家村	24	男	1945 年 8 月
邹宝里	高青县田镇镇邹家村	28	男	1945 年 8 月
巩佃英	高青县田镇镇后巩村	29	男	1945 年 8 月
张金銮	高青县田镇镇北赵村	20	男	1945 年 8 月
阮振绪	高青县田镇镇阮家村	19	男	1945 年 8 月
范学诗	高青县青城镇赵家村	34	男	1945 年 8 月
赵可美	高青县青城镇王老三村	24	男	1945 年 8 月
张国军	高青县唐坊镇武西村	27	男	1945 年 8 月
王长祥	高青县高城镇石槽村	20	男	1945 年 8 月
韩功成	高青县花沟镇东口村	26	男	1945 年 8 月
毛洪立	高青县花沟镇毛李村	18	男	1945 年 8 月
马明义	高青县花沟镇韩连村	25	男	1945 年 8 月
王庆元	高青县黑里寨镇格家村	19	男	1945 年 8 月
张培武	高青县花沟镇中寺村	27	男	1945 年
赵收粮	高青县赵店镇河沟赵村	23	男	1945 年
孙兴帮	高青县唐坊镇西洼村	—	男	1945 年
孙光云	高青县唐坊镇西洼村	—	男	1945 年
张月臣之伯父	高青县唐坊镇北张庄村	—	男	1945 年
冯文祥	高青县唐坊镇唐坊村	50	男	1945 年
田数春	高青县唐坊镇方家村	35	男	1945 年
方梅文	高青县唐坊镇方家村	25	男	1945 年
方复文	高青县唐坊镇方家村	31	男	1945 年
杨学吾	高青县唐坊镇杨李村	25	男	1945 年
赵文晴	高青县唐坊镇店子村	28	男	1945 年
毛文明	高青县常家镇毛家村	30	男	1945 年
李伦德	高青县常家镇大李东村	30	男	1945 年
李玉全	高青县常家镇大李东村	30	男	1945 年
张循含	高青县高城镇北关	20	男	1945 年
王心甲	高青县高城镇大王村	24	男	1945 年

姓　名	籍　贯	年　龄	性　别	死难时间
孟宪伍	高青县常家镇下孟村	22	男	1945 年
阮墩贤	高青县常家镇大阮村	23	男	1945 年
阎维兴	高青县常家镇阎家村	20	男	1945 年
孟宪堂	高青县田镇镇孟李村	19	男	1945 年
李德宝	高青县田镇镇前杨村	21	男	1945 年
张兆盛	高青县青城镇香姚村	21	男	1945 年
韩佃珍	高青县花沟镇韩连村	22	男	1945 年
张敦功	高青县赵店镇河沟赵村	16	男	1945 年
赵英贤	高青县赵店镇河沟赵村	26	男	1945 年
张汝哲	高青县赵店镇河沟赵村	22	男	1945 年
于修林	高青县赵店镇石庙于村	19	男	1945 年
成兴三	高青县青城镇成安村	—	男	—
孟宪功	高青县青城镇小孟村	—	男	—
宋淑祥	高青县黑里寨镇宋家村	19	男	—
吕新仁	高青县常家镇于家村	34	男	—
秘新德之子	—	—	男	—
柴培章之叔	高青县柴家村	—	男	—
刘青林	高青县花沟镇胡官村	20	男	1937 年
韩卫昌之父	高青县花沟镇韩连村	30	男	1938 年
李茂林	高青县花沟镇东刘村	25	男	1938 年
孟兆之	高青县青城镇孙家村	—	男	1938 年
李麦林	高青县花沟镇东刘村	27	男	1939 年
刘金峰	高青县花沟镇东刘村	24	男	1939 年
刘玉志	高青县花沟镇东刘村	26	男	1939 年
李贵林	高青县花沟镇东刘村	21	男	1939 年
张敬兰	高青县高城镇十里铺	25	男	1939 年
韩洪生	高青县花沟镇韩连村	23	男	1940 年
李云朋	高青县常家镇五合村	28	男	1940 年
吴清增	高青县常家镇五合村	29	男	1940 年
刘×亭	高青县常家镇刘坊村	—	男	1940 年
刘×云	高青县常家镇刘坊村	—	男	1940 年
王人建	高青县高城镇小套村	—	男	1940 年
李希某	高青县高城镇前营村	—	男	1940 年
耿化里	高青县高城镇耿家村	18	男	1940 年

姓　名	籍　贯	年　龄	性　别	死难时间
张孝义	高青县青城镇岳家村	—	男	1940 年
岳廷良	高青县青城镇岳家村	—	男	1940 年
马安义	高青县田镇镇魏家堡	22	男	1940 年
郭怀年	高青县田镇镇李星耀	31	男	1940 年
孙洪尧	高青县田镇镇李星耀	40	男	1940 年
于瑞林	高青县唐坊镇西刘村	—	男	1941 年 5 月
闫希杰	高青县田镇镇闫家	18	男	1941 年 7 月
李忠信	高青县木李镇于刘村	32	男	1941 年 9 月
樊培华	—	—	男	1941 年 11 月 24 日
韩本生	高青县花沟镇东一村	26	男	1941 年
小　高	高青县赵店镇业继王村	30	男	1941 年
跟　卯	高青县赵店镇业继王村	30	男	1941 年
吕曰岭	高青县唐坊镇吕寨村	—	男	1941 年
吕丙温	高青县唐坊镇吕寨村	—	男	1941 年
于明文	高青县唐坊镇西于村	—	男	1941 年
杨纪信	高青县青城镇彭家村	—	男	1941 年
陈孝树	高青县田镇镇丁家村	27	男	1941 年
张成孝	高青县田镇镇大官村	32	男	1941 年
杨东现	高青县田镇镇崔西村	38	男	1941 年
李宗起	高青县田镇镇李官村	17	男	1941 年
韩学英	高青县花沟镇东一村	23	男	1942 年
李庆才	高青县青城镇五里坊村	—	男	1942 年
李庆善	高青县青城镇五里坊村	—	男	1942 年
赵经礼	高青县田镇镇司家官庄	40	男	1942 年
赵经礼次子	高青县田镇镇司家官庄	9	男	1942 年
赵经礼三子	高青县田镇镇司家官庄	7	男	1942 年
巩德元	高青县田镇镇后巩村	—	男	1943 年 1 月
孙玉仁	高青县高城镇北门里村	46	男	1943 年 5 月
王　亭	高青县唐坊镇东官村	—	男	1943 年 5 月
孙　亭	高青县唐坊镇东官村	—	男	1943 年 5 月
舟　子	高青县唐坊镇东官村	—	男	1943 年 5 月
法　子	高青县唐坊镇东官村	—	男	1943 年 5 月
孙玉山	高青县唐坊镇东官村	—	男	1943 年 5 月
王介世	高青县唐坊镇梁孙村	—	男	1943 年 5 月

姓　名	籍　贯	年　龄	性　别	死难时间
于学亮	高青县花沟镇胡官村	23	男	1943 年
王克勤	高青县花沟镇胡官村	18	男	1943 年
孙慎子之弟	高青县花沟镇东一村	22	男	1943 年
郑云梯	高青县花沟镇西口村	21	男	1943 年
翟德敖	高青县花沟镇曹坡村	24	男	1943 年
刘淑仁	高青县花沟镇曹坡村	31	男	1943 年
李守胜	高青县花沟镇曹坡村	20	男	1943 年
李洪斋	高青县花沟镇明理村	29	男	1943 年
袁志道	高青县花沟镇袁家村	30	男	1943 年
王心鹤	高青县高城镇大王村	19	男	1943 年
刘丙真	高青县田镇镇寨子	20	男	1943 年
陈京美	高青县田镇镇侯家村	27	男	1944 年 4 月
高俱祥	高青县花沟镇高旺村	52	男	1944 年 4 月 17 日
王心恩	高青县花沟镇沙高村	29	男	1944 年 4 月 17 日
董记林	高青县花沟镇前陈村	26	男	1944 年 4 月 17 日
王结实	高青县花沟镇沟王村	22	男	1944 年
贾善星	高青县花沟镇曹家村	20	男	1944 年
李凤桃	高青县花沟镇东寺村	25	男	1944 年
王玉安	高青县花沟镇中寺村	25	男	1944 年
张信荣	高青县花沟镇杨庄村	28	男	1944 年
耿玉启	高青县花沟镇西寺村	36	男	1944 年
李秀清	高青县花沟镇后池村	28	男	1944 年
张福祥	高青县花沟镇后池村	26	男	1944 年
樊树振	高青县花沟镇忠信村	20	男	1944 年
程春来	高青县赵店镇河沟赵村	18	男	1944 年
董京原	高青县唐坊镇西官村	31	男	1944 年
王孝先	高青县唐坊镇东官村	30	男	1944 年
盼	高青县唐坊镇东官村	22	男	1944 年
小　发	高青县唐坊镇东官村	30	男	1944 年
小　亭	高青县唐坊镇东官村	22	男	1944 年
孙玉凤	高青县唐坊镇东官村	42	男	1944 年
难　看	高青县唐坊镇东官村	21	男	1944 年
老婆亭	高青县唐坊镇东官村	21	男	1944 年
王林驰	高青县常家镇北油王村	23	男	1944 年

姓　名	籍　贯	年　龄	性　别	死难时间
于有春	高青县常家镇颜家村	—	男	1944 年
郭郊惠	高青县常家镇郭家村	22	男	1944 年
崔瑞峰	高青县田镇镇大庄	27	男	1944 年
任立德	高青县黑里寨镇西小王村	—	男	1944 年
聂光祥	高青县黑里寨镇聂寺村	30	男	1944 年
杨向能	高青县高城镇南县合村	46	男	1945 年 8 月 2 日
陈尚信	高青县青城镇大河沟村	—	男	—
张相贵	高青县青城镇小河沟村	—	男	—
于春祥	高青县青城镇大于村	—	男	—
李振山	高青县青城镇北张村	—	男	—
吴振德	高青县青城镇柳树高村	—	男	—
姚承木	高青县青城镇香姚村	—	男	—
姣　子	高青县青城镇大孙村	—	女	—
温　子	高青县青城镇大孙村	—	女	—
孙会列	高青县青城镇菜园村	—	男	—
杨秀贞	高青县青城镇菜园村	—	男	—
合　计	**1271**			

责任人：孟呈文　苏立群　　　　核实人：樊守献　苏立群　孙　磊　　　填表人：樊守献
　　　　　　　　　　　　　　　　　　　马志远　张　玲　董行军

填报单位（签章）：高青县委党史办公室　　　　　　　　填报时间：2009 年 4 月 27 日

沂源县抗日战争时期死难者名录

姓 名	籍 贯	年龄	性 别	死难时间
徐佃远	沂源县南麻镇涝坡河村	46	男	1937 年 12 月 23 日
武 三	沂源县西里镇徐马庄村	22	男	1937 年 12 月
孙连昊	沂源县徐家庄乡西埠村	32	男	1937 年秋
孙连富	沂源县徐家庄乡西埠村	16	男	1937 年秋
亓量言	沂源县南麻镇苍粮村	27	男	1937 年
刘启忠	沂源县鲁村镇北官庄村	26	男	1937 年
耿学江	沂源县东里镇马家沟村	21	男	1937 年
耿学京	沂源县东里镇马家沟村	17	男	1937 年
刘 成	沂源县西里镇杨家庄村	21	男	1938 年 1 月
高怀德	沂源县西里镇杨家庄村	19	男	1938 年 1 月
张茂余	沂源县西里镇柳枝峪村	42	男	1938 年 1 月
张圣才之祖父	沂源县西里镇柳枝峪村	56	男	1938 年 1 月
薛立成	沂源县中庄镇马连峪村	21	男	1938 年 1 月
刘希忠	沂源县中庄镇马连峪村	20	男	1938 年 1 月
王 二	沂源县中庄镇马连峪村	18	男	1938 年 1 月
张立群	沂源县大张庄镇张家旁峪村	17	男	1938 年 3 月
唐学庄	沂源县鲁村镇沙沟村	—	男	1938 年 3 月
翟 玉	沂源县西里镇翟家庄村	27	男	1938 年 4 月
翟王氏	沂源县西里镇翟家庄村	65	女	1938 年 4 月
詹秀德	沂源县西里镇翟家庄村	25	男	1938 年 4 月
张化文	沂源县大张庄镇北村	40	男	1938 年 4 月
宋李氏	沂源县东里镇前河南村	—	女	1938 年 4 月
张洪星	沂源县大张庄镇北村	23	男	1938 年 4 月 21 日
张大慢	沂源县大张庄镇北村	20	男	1938 年 4 月 21 日
张大祥	沂源县大张庄镇北村	20	男	1938 年 4 月 21 日
任进家	沂源县东里镇后绳庄村	41	男	1938 年 4 月 23 日
董兆清	沂源县西里镇翟家庄村	23	男	1938 年 4 月
张树干	沂源县西里镇金星村	22	男	1938 年 5 月
王洪云	沂源县徐家庄乡北徐家庄村	—	男	1938 年 5 月 7 日
张芬道	沂源县徐家庄乡北徐家庄村	31	男	1938 年 5 月 7 日
张三道	沂源县徐家庄乡北徐家庄村	26	男	1938 年 5 月 7 日

姓　名	籍　贯	年 龄	性 别	死难时间
左连德	沂源县徐家庄乡北徐家庄村	22	男	1938 年 5 月 7 日
左连义之妻	沂源县徐家庄乡北徐家庄村	23	女	1938 年 5 月 7 日
王延勋	沂源县鲁村镇黄埠岭村	—	男	1938 年 5 月 8 日
李法贤	沂源县三岔乡南水沟村	21	男	1938 年 5 月 16 日
王建文	沂源县西里镇石拉村	21	男	1938 年 5 月
段玉柱	沂源县石桥乡后大泉村	71	男	1938 年 6 月 19 日
段进举	沂源县石桥乡后大泉村	43	男	1938 年 6 月 19 日
丁浩善之弟	沂源县鲁村镇南官庄村	26	男	1938 年 8 月 9 日
田茂礼	沂源县石桥乡松峪村	21	男	1938 年 8 月 22 日
郝道德	沂源县石桥乡松峪村	22	男	1938 年 8 月 22 日
范　文	沂源县西里镇崮东万村	22	男	1938 年 9 月
江秀合	沂源县西里镇崮东万村	20	男	1938 年 9 月
江玉鲁	沂源县西里镇崮东万村	65	男	1938 年 9 月
范泗军	沂源县西里镇崮东万村	21	男	1938 年 9 月
江佰志	沂源县西里镇崮东万村	62	男	1938 年 9 月
江佰礼	沂源县西里镇崮东万村	22	男	1938 年 9 月
范泗花	沂源县西里镇崮东万村	58	女	1938 年 9 月
江兆常	沂源县西里镇崮东万村	21	男	1938 年 9 月
王　德	沂源县东里镇东可乐山村	36	男	1938 年 10 月
朱友二	沂源县西里镇清泉村	25	男	1938 年 10 月
沈西泉	沂源县石桥乡石龙官庄村	41	男	1938 年 12 月
李刚义	沂源县石桥乡石龙官庄村	40	男	1938 年 12 月
王朝荣	沂源县石桥乡黄墩河村	58	男	1938 年 12 月 23 日
王佐缝	沂源县石桥乡黄墩河村	37	男	1938 年 12 月 23 日
王学闵	沂源县石桥乡黄墩河村	35	男	1938 年 12 月 23 日
沈玉新	沂源县石桥乡黄墩河村	19	男	1938 年 12 月 23 日
程全友	沂源县西里镇东升村	21	男	1938 年 12 月
程全武	沂源县西里镇东升村	21	男	1938 年 12 月
杜全山	沂源县西里镇东升村	19	男	1938 年 12 月
王付信	沂源县西里镇东升村	20	男	1938 年 12 月
王尊兰之长子	沂源县西里镇东升村	23	男	1938 年 12 月
王尊兰之次子	沂源县西里镇东升村	21	男	1938 年 12 月
孙永斌	沂源县西里镇薛家峪村	21	男	1938 年
孙永海	沂源县西里镇薛家峪村	19	男	1938 年

姓 名	籍 贯	年 龄	性 别	死难时间
刘宝斌	沂源县西里镇薛家峪村	24	男	1938 年
徐希富之祖父	沂源县西里镇薛家峪村	56	男	1938 年
丁文平	沂源县西里镇柳枝峪村	22	男	1938 年
任照永	沂源县西里镇刘家庄村	17	男	1938 年
董志汉之父	沂源县南麻镇西下高庄村	26	男	1938 年
宋作祥	沂源县悦庄镇东埠村	23	男	1938 年
杜润章	沂源县悦庄镇儒林集村	24	男	1938 年
房成亮	沂源县大张庄镇东唐庄村	26	男	1938 年
房成训	沂源县大张庄镇东唐庄村	28	男	1938 年
崔务远	沂源县大张庄镇东唐庄村	40	男	1938 年
崔义喜之母	沂源县大张庄镇东唐庄村	58	女	1938 年
左孝安	沂源县大张庄镇赤板村	18	男	1938 年
邢维海之子	沂源县中庄镇富家庄村	5	男	1938 年
邢维海之女	沂源县中庄镇富家庄村	7	女	1938 年
张李氏	沂源县东里镇韩旺三村	20	女	1938 年
张权一	沂源县东里镇韩旺三村	30	男	1938 年
张玉瑞	沂源县东里镇韩旺三村	36	男	1938 年
耿佃杨	沂源县东里镇韩旺一村	21	男	1938 年
任全宽	沂源县东里镇后绳庄村	40	男	1938 年
徐春之妻	沂源县东里镇韩旺四村	25	女	1938 年
徐美凤	沂源县东里镇韩旺四村	3	女	1938 年
田明可	沂源县石桥乡毫山村	40	男	1938 年
杨立泉之母	沂源县石桥乡毫山村	50	女	1938 年
王加业	沂源县西里镇裕华村	24	男	1939 年 1 月
王秀峰	沂源县西里镇裕华村	19	男	1939 年 1 月
连 起	沂源县西里镇裕华村	21	男	1939 年 1 月
宋增礼之妻	沂源县西里镇裕华村	46	女	1939 年 1 月
刘佃友	沂源县三岔乡东鲍庄村	23	男	1939 年 1 月 5 日
窦成增	沂源县三岔乡东鲍庄村	25	男	1939 年 1 月 5 日
聂 平	沂源县三岔乡东鲍庄村	30	男	1939 年 1 月 5 日
赵士才	沂源县西里镇金星村	26	男	1939 年 2 月
刘加美	沂源县西里镇金星村	25	男	1939 年 2 月
刘双希	沂源县大张庄镇北村	35	男	1939 年 3 月
刘双希之女	沂源县大张庄镇北村	5 个月	女	1939 年 3 月

姓 名	籍 贯	年龄	性别	死难时间
吕纪友之女	沂源县大张庄镇北村	13	女	1939年3月
田希文	沂源县大张庄镇北村	12	男	1939年3月
郑作文	沂源县悦庄镇八仙官庄村	25	男	1939年3月14日
陈进奎	沂源县悦庄镇黄山子村	36	男	1939年春
陈元俊	沂源县悦庄镇黄山子村	40	男	1939年春
陈恒江	沂源县悦庄镇黄山子村	38	男	1939年春
任德学	沂源县西里镇金星村	22	男	1939年4月
房照洪	沂源县大张庄镇南村	70	男	1939年4月
张成举	沂源县大张庄镇新村	60	男	1939年4月
老姚三	沂源县燕崖乡刘庄村	—	男	1939年4月7日
陈清伦	沂源县大张庄镇上于土地村	30	男	1939年4月20日
于在江之兄	沂源县东里镇东里西村	5	男	1939年4月20日
江宗林	沂源县东里镇东里西村	70	男	1939年4月20日
翟作志	沂源县东里镇东里东村	43	男	1939年4月20日
翟所满之兄	沂源县东里镇东里东村	11	男	1939年4月20日
杨相兰	沂源县东里镇东里东村	—	—	1939年4月20日
高老师	沂源县东里镇东里东村	—	男	1939年4月20日
高老师之妻	沂源县东里镇东里东村	—	女	1939年4月20日
何兴标之母	沂源县东里镇东里东村	62	女	1939年4月20日
翟所燕之母	沂源县东里镇东里东村	32	女	1939年4月20日
翟所燕之父	沂源县东里镇东里东村	33	男	1939年4月20日
翟所燕之兄	沂源县东里镇东里东村	8	男	1939年4月20日
翟所燕之姐	沂源县东里镇东里东村	5	女	1939年4月20日
翟所燕之弟	沂源县东里镇东里东村	3	男	1939年4月20日
翟所祐之妹	沂源县东里镇东里东村	20	女	1939年4月20日
张富祥	沂源县东里镇东里东村	22	男	1939年4月20日
徐明义之叔	沂源县东里镇东里东村	19	男	1939年4月20日
翟所江之母	沂源县东里镇东里东村	40	女	1939年4月20日
白现恩之妻	沂源县南麻镇南麻二村	50	女	1939年4月21日
吴子升	沂源县鲁村镇青杨圈村	35	男	1939年4月21日
吴子信	沂源县鲁村镇青杨圈村	40	男	1939年4月21日
刘道良	沂源县鲁村镇青杨圈村	43	男	1939年4月21日
刘道良之妻	沂源县鲁村镇青杨圈村	45	女	1939年4月21日
高廷基	沂源县鲁村镇青杨圈村	35	男	1939年4月21日

姓 名	籍 贯	年 龄	性 别	死难时间
小王四	沂源县鲁村镇青杨圈村	28	男	1939 年 4 月 21 日
齐 三	沂源县鲁村镇青杨圈村	18	男	1939 年 4 月 21 日
大 四	沂源县鲁村镇青杨圈村	18	男	1939 年 4 月 21 日
王玉琢	沂源县鲁村镇青杨圈村	40	男	1939 年 4 月 21 日
高玉珠	沂源县鲁村镇青杨圈村	38	男	1939 年 4 月 21 日
王富锦	沂源县鲁村镇王家石沟村	48	男	1939 年 4 月 21 日
李启祥之母	沂源县南麻镇南麻二村	55	女	1939 年 4 月 22 日
魏白氏	沂源县南麻镇重喜官庄村	85	女	1939 年 4 月 22 日
刘传训	沂源县中庄镇店头村	20	男	1939 年 4 月 23 日
高 氏	沂源县中庄镇店头村	32	女	1939 年 4 月 23 日
刘玉增	沂源县西里镇南月庄村	21	男	1939 年 4 月
庄奎祥之弟	沂源县西里镇公家场村	—	男	1939 年 4 月
王恩奎	沂源县张家坡镇西流泉村	—	男	1939 年 4 月
王恩运	沂源县张家坡镇西流泉村	40	男	1939 年 4 月
王奇文	沂源县张家坡镇西流泉村	43	男	1939 年 4 月
王恩运之弟	沂源县张家坡镇西流泉村	25	男	1939 年 4 月
沈 ×	沂源县张家坡镇西流泉村	9	男	1939 年 4 月
王常太之母	沂源县张家坡镇西流泉村	67	女	1939 年 4 月
王步珂之子	沂源县张家坡镇西流泉村	19	男	1939 年 4 月
王相之子	沂源县张家坡镇西流泉村	21	男	1939 年 4 月
李长水之妻	沂源县大张庄镇南村	30	女	1939 年 5 月
王守伍	沂源县大张庄镇南村	25	男	1939 年 5 月
吕胜远	沂源县大张庄镇南村	8	男	1939 年 5 月
吕纪胜之妻	沂源县大张庄镇南村	20	女	1939 年 5 月
吕纪友之女	沂源县大张庄镇南村	9	女	1939 年 5 月
张云常	沂源县大张庄镇新村	25	男	1939 年 5 月
张云龙之兄	沂源县大张庄镇东上峪村	22	男	1939 年 5 月
刘树顺之兄	沂源县大张庄镇东上峪村	15	男	1939 年 5 月
李长水之子	沂源县大张庄镇南村	19	男	1939 年 5 月 2 日
李长水之儿媳	沂源县大张庄镇南村	20	女	1939 年 5 月
付纪同	沂源县徐家庄乡北后坡村	40	男	1939 年 5 月
李长水之儿媳	沂源县大张庄镇南村	20	女	1939 年 5 月
付成顺	沂源县徐家庄乡北后坡村	19	男	1939 年 5 月 6 日
刘光选	沂源县鲁村镇刘家石沟村	45	男	1939 年 5 月 7 日

姓　名	籍　贯	年　龄	性　别	死难时间
胡德平	沂源县鲁村镇刘家石沟村	40	男	1939 年 5 月 7 日
刘成善	沂源县鲁村镇刘家石沟村	41	男	1939 年 5 月 7 日
刘成进	沂源县鲁村镇刘家石沟村	36	男	1939 年 5 月 7 日
胡德弟	沂源县鲁村镇刘家石沟村	42	男	1939 年 5 月 7 日
房　氏	沂源县南麻镇赵家庄村	50	女	1939 年 5 月 8 日
娄家才之母	沂源县燕崖乡刘庄村	—	女	1939 年 5 月 8 日
王富和	沂源县鲁村镇王家石沟村	35	男	1939 年 5 月 8 日
张公松	沂源县大张庄镇回峪村	21	男	1939 年 5 月 8 日
周庆文	沂源县徐家庄乡涝坡村	26	男	1939 年 5 月 8 日
尚怀庆	沂源县徐家庄乡四门地村	50	男	1939 年 5 月 8 日
亓夏龙	沂源县徐家庄乡四门地村	60	男	1939 年 5 月 8 日
亓云龙	沂源县徐家庄乡四门地村	56	男	1939 年 5 月 8 日
赵玉福	沂源县徐家庄乡四门地村	51	男	1939 年 5 月 8 日
赵永瑞	沂源县徐家庄乡四门地村	20	男	1939 年 5 月 8 日
房思功	沂源县徐家庄乡四门地村	51	男	1939 年 5 月 8 日
房立军	沂源县徐家庄乡四门地村	20	男	1939 年 5 月 8 日
王光珍之弟	沂源县徐家庄乡四门地村	1	男	1939 年 5 月 8 日
杨　氏	沂源县南麻镇赵家庄村	47	女	1939 年 5 月 9 日
吴　氏	沂源县燕崖乡刘庄村	—	女	1939 年 5 月 9 日
孙立木	沂源县大张庄镇大三地村	37	男	1939 年 5 月 9 日
刘京春	沂源县大张庄镇大三地村	52	男	1939 年 5 月 9 日
刘京道	沂源县大张庄镇大三地村	53	男	1939 年 5 月 9 日
张化泉之外祖父	沂源县大张庄镇大三地村	53	男	1939 年 5 月 9 日
付纪同	沂源县大张庄镇大三地村	50	男	1939 年 5 月 9 日
赵自厚	沂源县大张庄镇大三地村	35	男	1939 年 5 月 9 日
赵自义	沂源县大张庄镇大三地村	37	男	1939 年 5 月 9 日
孟祥锦	沂源县大张庄镇大三地村	52	男	1939 年 5 月 9 日
王　×	沂源县燕崖乡刘庄村	—	男	1939 年 5 月 10 日
尚传水之母	沂源县鲁村镇石门村	53	女	1939 年 5 月 10 日
张　氏	沂源县西里镇桑树峪村	57	女	1939 年 5 月
杨　氏	沂源县西里镇桑树峪村	62	女	1939 年 5 月
张胜平	沂源县西里镇桑树峪村	21	男	1939 年 5 月
张德平	沂源县西里镇桑树峪村	22	男	1939 年 5 月
刘德荣	沂源县西里镇桑树峪村	49	女	1939 年 5 月

姓 名	籍 贯	年 龄	性 别	死难时间
庄奎孝之妻	沂源县西里镇公家场村	56	女	1939 年 5 月
王加增	沂源县西里镇凤凰峪村	20	男	1939 年 5 月
刘 生	沂源县西里镇凤凰峪村	30	男	1939 年 5 月
唐作文	沂源县土门镇孟坡村	44	男	1939 年 5 月
唐兆来	沂源县土门镇孟坡村	36	男	1939 年 5 月
唐兆陇之妻	沂源县土门镇孟坡村	40	女	1939 年 5 月
张王氏	沂源县东里镇郑家旺村	32	女	1939 年 6 月
唐光秀	沂源县鲁村镇沙沟村	36	男	1939 年 6 月 7 日
王学友	沂源县鲁村镇石门村	56	男	1939 年 6 月 9 日
李开庭	沂源县西里镇公家场村	20	男	1939 年 6 月
王见收	沂源县西里镇石拉村	22	男	1939 年 6 月
翟作志之母	沂源东里镇东里东村	68	女	1939 年 4 月 20 日
翟作志之父	沂源东里镇东里东村	69	男	1939 年 4 月 20 日
张连义	沂源鲁村镇青杨圈村	46	男	1939 年 6 月
张连义之女	沂源鲁村镇青杨圈村	20	女	1939 年 6 月
赵光恩	沂源县东里镇吴家北峪村	19	男	1939 年 7 月
田茂停	沂源县石桥乡东北庄村	39	男	1939 年 7 月 6 日
王得丹	沂源县西里镇周上庄村	—	女	1939 年 7 月 14 日
孙 伍	沂源县西里镇周上庄村	—	男	1939 年 7 月 14 日
刘 长	沂源县西里镇周上庄村	—	男	1939 年 7 月 14 日
刘长庆之父	沂源县西里镇周上庄村	—	男	1939 年 7 月 14 日
周仲胜	沂源县西里镇周上庄村	—	男	1939 年 7 月 14 日
王有学之妹	沂源县西里镇周上庄村	—	女	1939 年 7 月 14 日
王保全之妹	沂源县西里镇周上庄村	—	女	1939 年 7 月 14 日
陈 九	沂源县西里镇周上庄村	—	男	1939 年 7 月 14 日
包贵景	沂源县西里镇周上庄村	—	男	1939 年 7 月 14 日
祁丙祥	沂源县西里镇涌泉村	34	男	1939 年 8 月
武成松	沂源县石桥乡茶峪村	50	男	1939 年 9 月 13 日
武成房	沂源县石桥乡茶峪村	65	男	1939 年 9 月 13 日
武成林	沂源县石桥乡茶峪村	52	男	1939 年 9 月 13 日
丁文友	沂源县西里镇涌泉村	28	男	1939 年 9 月
田清太	沂源县燕崖乡井子峪村	28	男	1939 年 9 月
宋 二	沂源县悦庄镇李家庄村	40	男	1939 年 10 月 1 日
王武吉	沂源县西里镇涌泉村	27	男	1939 年 10 月

姓　名	籍　贯	年　龄	性　别	死难时间
董元和	沂源县西里镇涌泉村	40	男	1939 年 11 月
李老汉	沂源县南麻镇南麻二村	57	男	1939 年 12 月 1 日
白咸永之子	沂源县南麻镇南麻二村	6	男	1939 年 12 月 1 日
徐上鲁之妻	沂源县石桥乡马庄村	46	女	1939 年 12 月 23 日
徐上鲁之弟	沂源县石桥乡马庄村	20	男	1939 年 12 月 23 日
王道生	沂源县石桥乡马庄村	18	男	1939 年 12 月 23 日
徐上俭	沂源县石桥乡马庄村	40	男	1939 年 12 月 23 日
徐上同之妻	沂源县石桥乡马庄村	38	女	1939 年 12 月 23 日
韦敬业	沂源县中庄镇河东村	19	男	1939 年 12 月 27 日
宋志成	沂源县悦庄镇消水村	32	男	1939 年 12 月 27 日
刘　传	沂源县西里镇涌泉村	39	男	1939 年 12 月
郝佃俊	沂源县西里镇辛庄村	32	男	1939 年
郝佃普	沂源县西里镇辛庄村	37	男	1939 年
苏连全	沂源县土门镇董家庄村	17	男	1939 年
盛立堂	沂源县南麻镇盛家庄村	36	男	1939 年
陈水后	沂源县南麻镇天井峪村	42	男	1939 年
陈水传	沂源县南麻镇天井峪村	39	男	1939 年
郭庆海	沂源县南麻镇天井峪村	27	男	1939 年
崔京水	沂源县土门镇西岭村	21	男	1939 年
唐信田	沂源县土门镇东岭村	23	男	1939 年
张荣田	沂源县土门镇黄崖村	44	男	1939 年
徐可信	沂源县土门镇茨峪村	23	男	1939 年
王元修	沂源县燕崖乡牛郎村	—	男	1939 年
刘明仁	沂源县燕崖乡牛郎村	—	男	1939 年
王彦修	沂源县燕崖乡山水河村	—	男	1939 年
双仁子	沂源县燕崖乡山水河村	—	男	1939 年
王法成	沂源县中庄镇马家河西村	—	男	1939 年
赵玉成	沂源县张家坡镇保泉村	33	男	1939 年
刘启永	沂源县张家坡镇刘家峪村	28	男	1939 年
张兆高之兄	沂源县张家坡镇大石沟村	25	男	1939 年
江东成	沂源县张家坡镇冶炉坡村	28	男	1939 年
王　云	沂源县张家坡镇冶炉坡村	24	男	1939 年
吴怀祥	沂源县大张庄镇茧场村	38	男	1939 年
刘安友	沂源县三岔乡西鲍庄村	27	男	1939 年

姓 名	籍 贯	年 龄	性 别	死难时间
韩纪路	沂源县中庄镇西柳峪村	18	男	1939 年
公方友之叔	沂源县中庄镇西柳峪村	18	男	1939 年
司传珍	沂源县中庄镇列里村	21	男	1939 年
王士法之姐	沂源县东里镇吴家北峪村	70	女	1939 年
高炎全	沂源县东里镇吴家北峪村	85	男	1939 年
王学空之兄	沂源县东里镇王家庄村	35	男	1939 年
王友德之父	沂源县东里镇王家庄村	63	男	1939 年
王为柱之父	沂源县东里镇王家庄村	68	男	1939 年
王学玉	沂源县东里镇王家庄村	30	男	1939 年
耿学洪	沂源县东里镇马家沟村	25	男	1939 年
耿桂顾	沂源县东里镇黄崖子村	40	女	1939 年
王恒祥	沂源县东里镇黄崖子村	51	男	1939 年
杨德汉	沂源县东里镇黄崖子村	42	男	1939 年
唐慎之	沂源县东里镇黄崖子村	27	男	1939 年
翟慎清	沂源县东里镇黄崖子村	17	男	1939 年
高吉英之兄	沂源县东里镇大沟村	32	男	1939 年
江东月	沂源县东里镇东里西村	21	男	1939 年
于文田	沂源县东里镇香么村	80	男	1939 年
丁忠萍	沂源县东里镇东村	25	男	1939 年
纪贵贞	莱芜市黄庄镇茄子峪	27	男	1939 年
田立东	沂源县中庄镇北坡村	32	男	1940 年 1 月 3 日
王兴仁	沂源县中庄镇北坡村	21	男	1940 年 1 月 3 日
来 子	沂源县中庄镇北坡村	20	男	1940 年 1 月 3 日
田立忠	沂源县中庄镇北坡村	24	男	1940 年 1 月 3 日
崔佃者	沂源县南麻镇南埠东村	27	男	1940 年 3 月
郭公会	沂源县土门镇水么头村	20	男	1940 年 3 月
刘永转	沂源县土门镇董家庄村	27	男	1940 年 3 月
唐兆池之妻	沂源县土门镇上土门村	65	女	1940 年 4 月
张德修之子	沂源县土门镇上土门村	16	男	1940 年 4 月
杜希成	沂源县悦庄镇北疃庄村	50	男	1940 年 4 月 12 日
刘分成之妻	沂源县大张庄镇回峪村	23	女	1940 年 4 月 21 日
刘分成之妹	沂源县大张庄镇回峪村	20	女	1940 年 4 月 21 日
徐 坚	沂源县东里镇前绳庄村	60	男	1940 年 4 月 21 日
杨自移之妻	沂源县石桥乡东北庄村	37	女	1940 年 4 月 29 日

姓 名	籍 贯	年 龄	性 别	死难时间
杨本方之妻	沂源县石桥乡东北庄村	22	女	1940 年 4 月 29 日
杨自移	沂源县石桥乡东北庄村	38	男	1940 年 4 月 29 日
鞠方男	沂源县三岔乡陈家庄村	41	男	1940 年 6 月
齐京禹之妻	沂源县鲁村镇南官庄村	45	女	1940 年 8 月 6 日
李广成	沂源县悦庄镇西悦庄村	50	男	1940 年 9 月
申永南	沂源县东里镇下柳沟村	28	男	1940 年 9 月
齐光昌	沂源县鲁村镇南官庄村	40	男	1940 年 9 月 10 日
祝玉欣	沂源县南麻镇南麻一村	18	女	1940 年 12 月 22 日
祝周氏	沂源县南麻镇南麻一村	57	女	1940 年 12 月 23 日
牛庆国	沂源县西里镇梭背岭村	—	男	1940 年
崔义德	沂源县土门镇西岭村	19	男	1940 年
张学平	沂源县张家坡镇张家坡村	19	男	1940 年
李 法	沂源县张家坡镇张家坡村	22	男	1940 年
杜春厚	沂源县悦庄镇儒林集村	26	男	1940 年
刘中言	沂源县中庄镇马河西村	27	男	1940 年
高炎勇	沂源县东里镇吴家北峪村	82	男	1940 年
申怀甫	沂源县东里镇下柳沟村	28	男	1940 年
耿学让	沂源县东里镇马家沟村	17	男	1940 年
杨平安	沂源县东里镇黄崖子村	41	男	1940 年
王二祥	沂源县东里镇黄崖子村	26	男	1940 年
康仲满	沂源县徐家庄乡小张庄村	35	男	1940 年
刘汉青	莱芜市黄庄镇官庄村	22	男	1940 年
苗本才	沂源县中庄镇苗河西村	23	男	1940 年秋
王法武	沂源县中庄镇马河西村	26	男	1940 年夏
崔京顺	沂源县土门镇水北村	30	男	1941 年 1 月
杨中方	沂源县石桥乡西北庄村	62	男	1941 年 3 月 8 日
杨自柏之妻	沂源县石桥乡西北庄村	38	女	1941 年 3 月 8 日
任进贵	沂源县东里镇后绳庄村	38	男	1941 年 4 月 11 日
崔庆风	沂源县徐家庄乡月庄村	40	男	1941 年 4 月 22 日
刘都成	沂源县三岔乡璞邱村	21	男	1941 年 6 月 16 日
李绍义	沂源县大张庄镇下于土地村	23	男	1941 年 8 月
桑 资	沂源县大张庄镇石柱村	21	男	1941 年 8 月
陈清玉	沂源县大张庄镇上于土地村	28	男	1941 年 8 月
张清明	沂源县大张庄镇上于土地村	27	男	1941 年 8 月

姓　名	籍　贯	年　龄	性　别	死难时间
孙效富	沂源县大张庄镇下升科村	49	男	1941 年 8 月
崔学良	沂源县鲁村镇南官庄村	32	男	1941 年 8 月 16 日
崔学民	沂源县鲁村镇南官庄村	30	男	1941 年 8 月 16 日
吕　成	沂源县徐家庄乡月庄村	43	男	1941 年 8 月 21 日
陈维斗	沂源县土门镇黄崖村	18	男	1941 年 9 月
魏任仁	沂源县张家坡镇陈家沟村	—	男	1941 年 9 月
马万秋	沂源县鲁村镇三黄沟村	57	男	1941 年 10 月 2 日
崔常平	沂源县鲁村镇小黄庄村	35	男	1941 年 10 月 21 日
孟凡良	沂源县鲁村镇小黄庄村	28	男	1941 年 10 月 21 日
毕四明	沂源县鲁村镇小黄庄村	30	男	1941 年 10 月 21 日
侯克传	沂源县土门镇茨峪村	55	男	1941 年 10 月
侯克士	沂源县土门镇茨峪村	57	男	1941 年 10 月
高敏新	沂源县土门镇茨峪村	67	男	1941 年 10 月
牛春茂之父	沂源县土门镇茨峪村	53	男	1941 年 10 月
唐作丙之母	沂源县土门镇茨峪村	41	女	1941 年 10 月
侯德三之母	沂源县土门镇茨峪村	31	女	1941 年 10 月
房际玉	沂源县中庄镇北刘庄村	22	男	1941 年 12 月 27 日
盛万春	沂源县南麻镇盛家庄村	30	男	1941 年
唐秀夫	沂源县土门镇芦芽村	22	男	1941 年
丁会兰	沂源县土门镇下土北村	29	男	1941 年
唐兆忠	沂源县土门镇芝芳村	27	男	1941 年
唐作礼	沂源县土门镇芝芳村	25	男	1941 年
刘德厚	沂源县土门镇孟坡村	24	男	1941 年
王树林	沂源县燕崖乡河西村	21	男	1941 年
赵学友	沂源县鲁村镇王村	29	男	1941 年
丁善之	沂源县鲁村镇草埠村	26	男	1941 年
郑东林	沂源县鲁村镇三村	28	男	1941 年
张梁氏	沂源县大张庄镇赤板村	26	女	1941 年
褚立行	莱芜市黄庄镇官庄村	27	男	1941 年
张东民	沂源县中庄镇中韩庄村	21	男	1941 年
张俊杰之子	沂源县中庄镇南刘庄村	8	男	1941 年
张俊汝之女	沂源县中庄镇南刘庄村	6	女	1941 年
张俊沂	沂源县中庄镇南刘庄村	31	男	1941 年
张元吉之妻	沂源县中庄镇刘大峪村	23	女	1941 年

姓　名	籍　贯	年　龄	性　别	死难时间
邢元辰	沂源县中庄镇富家庄村	30	男	1941 年
邢新田	沂源县中庄镇富家庄村	57	男	1941 年
于俊友之父	沂源县中庄镇杨家庄村	25	男	1941 年
张永功之姐	沂源县中庄镇杨家庄村	17	女	1941 年
张志友	沂源县东里镇韩旺一村	25	男	1941 年
王义修	沂源县东里镇马家沟村	18	男	1941 年
曹子周	沂源县东里镇马家沟村	28	男	1941 年
梅文明	沂源县东里镇梅家坡村	44	男	1941 年
翟义方	沂源县东里镇柴家庄村	51	男	1941 年
李志启	沂源县徐家庄乡小张庄村	28	男	1941 年
李学圣	沂源县徐家庄乡小张庄村	30	男	1941 年
王芹芳之子	沂源县徐家庄乡小张庄村	2	男	1941 年
崔京都	沂源县土门镇水么头河南村	30	男	1942 年 1 月 2 日
崔京顺	沂源县土门镇水么头河南村	30	男	1942 年 1 月 2 日
崔东生	沂源县土门镇水么头河南村	30	男	1942 年 1 月 2 日
李乐臣	沂源县大张庄镇小北旋峰村	30	男	1942 年 1 月 4 日
李乐臣之妻	沂源县大张庄镇小北旋峰村	32	女	1942 年 1 月 4 日
聂怀录	沂源县土门镇芦芽村	30	男	1942 年 1 月
崔佃玉	沂源县土门镇下土北村	30	男	1942 年 1 月
唐作朋	沂源县土门镇芝芳村	24	男	1942 年 1 月
唐作江	沂源县土门镇芝芳村	20	男	1942 年 1 月
陈丙昌	沂源县鲁村镇小黄庄村	43	男	1942 年 2 月 16 日
张玉田	沂源县大张庄镇小官庄村	26	男	1942 年 3 月
李明英	沂源县徐家庄乡杨庄村	16	女	1942 年 3 月
刘居铭	莱芜市黄庄镇沙岭子村	22	男	1942 年 4 月
陶兴春	沂源县西里镇姚宅村	41	男	1942 年 4 月
谢洪才	沂源县西里镇姚宅村	28	男	1942 年 4 月
王印新	沂源县张家坡镇东流泉村	57	男	1942 年 4 月
王恩新	沂源县张家坡镇东流泉村	62	男	1942 年 4 月
王玉科之祖父	沂源县张家坡镇东流泉村	54	男	1942 年 4 月
王恩奎	沂源县张家坡镇东流泉村	52	男	1942 年 4 月
伊数圣	沂源县鲁村镇小黄庄村	42	男	1942 年 4 月 6 日
李增余	沂源县西里镇梅家庄村	37	男	1942 年 4 月 10 日
李光厚	沂源县大张庄镇南旋峰村	19	男	1942 年 5 月

姓 名	籍 贯	年 龄	性 别	死难时间
李焕廷	沂源县大张庄镇南旋峰村	21	男	1942 年 5 月
张 氏	沂源县大张庄镇南旋峰村	20	女	1942 年 5 月
柳清荣	沂源县张家坡镇西流泉村	47	男	1942 年 7 月 15 日
李义斌	沂源县大张庄镇小官庄村	21	男	1942 年 8 月
张玉广	沂源县东里镇东安村	38	男	1942 年 8 月
唐光香	沂源县鲁村镇沙沟村	45	男	1942 年 8 月 16 日
吕长远	沂源县大张庄镇曹家庄村	32	男	1942 年 8 月 18 日
李同全	沂源县大张庄镇曹家庄村	28	男	1942 年 8 月 18 日
唐守华	沂源县鲁村镇上头庄村	20	男	1942 年 8 月
任传祥	沂源县中庄镇朱泉村	21	男	1942 年 9 月
任秀来	沂源县中庄镇朱泉村	—	男	1942 年 9 月
郭风明	沂源县悦庄镇龙王官庄村	27	男	1942 年 10 月 1 日
吕秀明	沂源县悦庄镇龙王官庄村	67	男	1942 年 10 月 1 日
赵维德	沂源县悦庄镇东辽军埠村	46	男	1942 年 10 月 1 日
任 氏	沂源县悦庄镇东辽军埠村	50	女	1942 年 10 月 1 日
王宗会	沂源县悦庄镇东悦庄村	46	男	1942 年 10 月 1 日
任元群	沂源县悦庄镇东悦庄村	17	男	1942 年 10 月 1 日
任班整	沂源县悦庄镇东悦庄村	52	男	1942 年 10 月 1 日
王太成	沂源县悦庄镇东悦庄村	58	男	1942 年 10 月 1 日
李广义	沂源县悦庄镇西悦庄村	50	男	1942 年 10 月 1 日
秦光祥	沂源县悦庄镇北张良村	30	男	1942 年 10 月 1 日
陈启明	沂源县悦庄镇北崿庄村	30	男	1942 年 10 月 1 日
杜纯武	沂源县悦庄镇北崿庄村	32	男	1942 年 10 月 1 日
秦文深	沂源县悦庄镇南张良村	62	男	1942 年 10 月 1 日
任明玉	沂源县悦庄镇中张良村	33	男	1942 年 10 月 1 日
武 银	沂源县悦庄镇前石臼村	50	男	1942 年 10 月 1 日
任庆明	沂源县悦庄镇寨里村	30	男	1942 年 10 月 1 日
任瑞茂	沂源县悦庄镇寨里村	幼儿	男	1942 年 10 月 1 日
杨照英	沂源县悦庄镇寨里村	32	女	1942 年 10 月 1 日
于天芝	沂源县大张庄镇南岩五村	41	男	1942 年 10 月
任清波	沂源县悦庄镇西赵庄村	39	男	1942 年 10 月
陈其华之妻	沂源县悦庄镇西赵庄村	20	女	1942 年 10 月
陈立效	沂源县悦庄镇西赵庄村	22	男	1942 年 10 月
陈希太	沂源县悦庄镇北消水村	34	男	1942 年 10 月

姓 名	籍 贯	年 龄	性 别	死难时间
曾亿典之母	沂源县悦庄镇北消水村	50	女	1942 年 10 月
王 ×	沂源县悦庄镇东赵三村	16	男	1942 年 10 月
周荣文	沂源县悦庄镇东消水村	48	男	1942 年 10 月
宋文枝	沂源县悦庄镇西十字路村	42	男	1942 年 10 月
宋京力	沂源县悦庄镇中消水村	45	男	1942 年 10 月
宋恒才	沂源县悦庄镇中消水村	30	男	1942 年 10 月
张中圣	沂源县悦庄镇东赵二村	50	男	1942 年 10 月
李明智	沂源县东里镇西桃花村	14	男	1942 年 12 月
李同伦之子	沂源县东里镇西桃花村	27	男	1942 年 12 月
李同伦之儿媳	沂源县东里镇西桃花村	29	女	1942 年 12 月
李同伦之孙女	沂源县东里镇西桃花村	6	女	1942 年 12 月
李同伦之孙	沂源县东里镇西桃花村	3	男	1942 年 12 月
李永太之妻	沂源县东里镇西桃花村	50	女	1942 年 12 月
胡道德	沂源县燕崖乡胡围村	—	男	1942 年 12 月 28 日
叶其遂	沂源县土门镇池埠村	20	男	1942 年
许庆茂	沂源县燕崖乡刘庄村	—	男	1942 年
张芳花之祖父	沂源县张家坡镇东王庄村	—	男	1942 年
张加宾	沂源县张家坡镇桃花坪村	—	男	1942 年
刘成玲	沂源县张家坡镇桃花坪村	—	男	1942 年
于天慎	沂源县大张庄镇南岩六村	23	男	1942 年
于功臣	沂源县大张庄镇南岩六村	19	男	1942 年
孟 氏	沂源县大张庄镇南岩六村	—	女	1942 年
李才保	沂源县大张庄镇东唐庄村	48	男	1942 年
李之喜	沂源县大张庄镇东唐庄村	40	男	1942 年
刘圣来	沂源县大张庄镇赤板村	24	男	1942 年
刘宗禄	沂源县大张庄镇赤板村	26	男	1942 年
刘宗存	沂源县大张庄镇赤板村	40	男	1942 年
徐志才	沂源县大张庄镇明末峪村	19	男	1942 年
曾 四	沂源县大张庄镇明末峪村	—	男	1942 年
陈玉连	沂源县三岔乡毛台村	23	男	1942 年
朱大庆	沂源县中庄镇石沟村	21	男	1942 年
徐 祥	沂源县东里镇韩旺二村	25	男	1942 年
陈玉平	沂源县东里镇西长旺村	39	男	1942 年
陈永合	沂源县东里镇西桃花坪村	23	男	1942 年

姓 名	籍 贯	年 龄	性 别	死难时间
高庆松	莱芜市黄庄镇上厉山村	26	男	1942 年
杜清宜	沂源县悦庄镇北疃庄村	42	男	1943 年 1 月
高元良	沂源县悦庄镇西辽军埠村	21	男	1943 年 1 月
王连元	沂源县三岔乡陈家庄村	42	男	1943 年 1 月 1 日
赵德成	沂源县悦庄镇赵家峪村	50	男	1943 年 1 月
熊自生	沂源县大张庄镇南岩村	27	男	1943 年 2 月
孙希华	沂源县徐家庄乡刘家庄村	33	男	1943 年 2 月 22 日
孙孝思	沂源县徐家庄乡刘家庄村	32	男	1943 年 2 月 22 日
刘东田	沂源县大张庄镇回峪村	30	男	1943 年 3 月
王政仁	沂源县徐家庄乡姬家峪村	27	男	1943 年 3 月 10 日
唐守祯	沂源县鲁村镇沙沟村	42	男	1943 年 3 月 24 日
朱明新之母	沂源县大张庄镇栗洼村	55	女	1943 年 4 月
耿连三	沂源县东里镇东安村	35	男	1943 年 4 月 9 日
张洪青	沂源县东里镇东安村	25	男	1943 年 4 月 9 日
张玉宾之祖母	沂源县东里镇东安村	78	女	1943 年 4 月 9 日
杜荣兰	沂源县南麻镇东儒林村	47	男	1943 年 5 月
张 昌	沂源县徐家庄乡杨庄村	60	男	1943 年 6 月
柳清荣	沂源县张家坡镇后峪村	46	男	1943 年 6 月 30 日
李之义	沂源县鲁村镇福吉山村	42	男	1943 年 8 月 16 日
单传活	沂源县鲁村镇福吉山村	40	男	1943 年 8 月 16 日
李庆福	沂源县鲁村镇福吉山村	45	男	1943 年 8 月 16 日
吕继传	沂源县大张庄镇新村	24	男	1943 年 9 月
公茂志	沂源县大张庄镇南岩四村	22	男	1943 年 10 月
孙即贵	沂源县徐家庄乡月庄村	22	男	1943 年 10 月 8 日
叶本明	沂源县土门镇池埠村	21	男	1943 年 10 月
娄玉伟	沂源县燕崖乡山水河村	26	男	1943 年 10 月
苗公民	沂源县中庄镇东孝村	24	男	1943 年 11 月
陈立顺	沂源县东里镇东长旺村	60	男	1943 年 11 月
唐建化	沂源县鲁村镇鲁村五村	30	男	1943 年 12 月 20 日
齐立观之妻	沂源县鲁村镇鲁村五村	35	女	1943 年 12 月 20 日
王玉明之父	沂源县鲁村镇鲁村五村	45	男	1943 年 12 月 20 日
秦立三之兄	沂源县鲁村镇鲁村五村	30	男	1943 年 12 月 20 日
王在连	沂源县西里镇新华村	48	男	1943 年 12 月
隽风安	沂源县西里镇西唐庄村	20	男	1943 年

姓 名	籍 贯	年 龄	性 别	死难时间
杨兴旺	沂源县西里镇杨家峪村	—	男	1943 年
王在楼	沂源县西里镇新华村	—	男	1943 年
窦　×	沂源县南麻镇西下高庄村	27	男	1943 年
薛　×	沂源县南麻镇西下高庄村	29	男	1943 年
朱学进	沂源县南麻镇朱家峪村	27	男	1943 年
刘德元	沂源县土门镇董家庄村	30	男	1943 年
刘传雨	沂源县土门镇董家庄村	26	男	1943 年
苏万春	沂源县土门镇董家庄村	26	男	1943 年
苏培正	沂源县土门镇董家庄村	23	男	1943 年
刘永礼	沂源县土门镇董家庄村	35	男	1943 年
唐兆永	沂源县土门镇芝芳村	21	男	1943 年
杨成明	沂源县张家坡镇张家坡村	13	男	1943 年
郭怀让	沂源县悦庄镇东悦庄村	30	男	1943 年
闫瑞山	沂源县大张庄镇太平庄村	—	男	1943 年
王化明	沂源县大张庄镇太平庄村	—	男	1943 年
亓春明	沂源县大张庄镇太平庄村	19	男	1943 年
王发明	沂源县大张庄镇太平庄村	25	男	1943 年
董玉春	沂源县大张庄镇宋家峪村	21	男	1943 年
李敬美	沂源县大张庄镇小北旋峰村	50	女	1943 年
李同秀之妻	沂源县大张庄镇小北旋峰村	34	女	1943 年
李佐斌	沂源县大张庄镇小北旋峰村	32	男	1943 年
房义海	沂源县大张庄镇曹家庄村	55	男	1943 年
熊加香	沂源县大张庄镇南岩村	29	男	1943 年
文振田	沂源县大张庄镇茧场村	37	男	1943 年
张立本	沂源县中庄镇南刘庄村	47	男	1943 年
耿学增	沂源县东里镇东安村	36	男	1943 年
姚京山	沂源县东里镇东桃花坪村	24	男	1943 年
尚庆来	莱芜市黄庄镇上历山村	28	男	1943 年
娄承道	沂源县大张庄镇娄家铺子村	21	男	1943 年秋
薛云瑞	沂源县石桥乡薛家官庄村	85	男	1943 年秋
李登鹏	沂源县大张庄镇保安庄村	60	男	1943 年冬
李汉三	沂源县大张庄镇保安庄村	42	男	1943 年冬
杨　×	沂源县大张庄镇保安庄村	30	男	1943 年冬
薛庆东	沂源县三岔乡三岔店村	39	男	1944 年 1 月 11 日

姓 名	籍 贯	年 龄	性 别	死难时间
王政芳	沂源县徐家庄乡姬家峪村	30	男	1944 年 1 月 12 日
亓学梦	沂源县徐家庄乡姬家峪村	31	男	1944 年 1 月 12 日
王在京	沂源县西里镇李家庄村	—	男	1944 年 1 月
王在礼	沂源县西里镇李家庄村	—	男	1944 年 1 月
朱文秀	沂源县悦庄镇朱家庄村	27	男	1944 年 1 月
朱广刚	沂源县悦庄镇朱家庄村	30	男	1944 年 1 月
张俊仁	沂源县鲁村镇四村	17	男	1944 年 2 月
左兴龙	沂源县大张庄镇赵家旁峪村	60	男	1944 年 3 月
李文明	沂源县大张庄镇东唐庄村	27	男	1944 年 3 月
张三友	沂源县大张镇松崮村	46	男	1944 年 3 月
房成同	沂源县大张镇松崮村	27	男	1944 年 3 月
张士发	沂源县中庄镇盖冶村	30	男	1944 年 3 月
王元县	沂源县中庄镇盖冶村	25	男	1944 年 3 月
张瑞生	沂源县东里镇东安村	40	男	1944 年 3 月
刘成士	沂源县鲁村镇王村	19	男	1944 年 4 月
赵自中	沂源县大张庄镇南村	40	男	1944 年 4 月
左兴会	沂源县大张庄镇左家旁峪村	36	男	1944 年 4 月
老郑三	沂源县三岔乡丝窝村	42	男	1944 年 4 月
左厚田之妻	沂源县大张庄镇左家旁峪村	20	女	1944 年 4 月
唐齐氏	沂源县鲁村镇沙沟村	35	女	1944 年 4 月
董学祥	沂源县土门镇九会村	22	男	1944 年 5 月
秦元后	沂源县徐家庄乡姬家峪村	21	男	1944 年 6 月 19 日
孟凡伯	沂源县西里镇李家庄村	24	男	1944 年 6 月
徐敬坤	沂源县悦庄镇张家庄村	50	男	1944 年 6 月
宋训儒	沂源县悦庄镇张家庄村	54	男	1944 年 6 月
张兴本	沂源县悦庄镇张家庄村	50	男	1944 年 6 月
陈瑞传	沂源县大张庄镇新村	21	男	1944 年 9 月
娄丙凤	沂源县大张庄镇新村	22	男	1944 年 9 月
吕传孝	沂源县大张庄镇新村	27	男	1944 年 9 月
吕纪前之弟	沂源县大张庄镇新村	23	男	1944 年 9 月
房聿叶	沂源县大张庄镇东唐庄村	30	男	1944 年 9 月
王登臣	沂源县大张庄镇小官庄村	40	男	1944 年 9 月
孔庆和	沂源县南麻镇许村	45	男	1944 年 10 月 1 日
郑建河之妻	沂源县悦庄镇上花水村	26	女	1944 年 10 月 1 日

姓 名	籍 贯	年 龄	性 别	死难时间
刘成叶	沂源县悦庄镇中营村	40	男	1944 年 10 月
赵成怀	沂源县大张庄镇尧峪村	21	男	1944 年 10 月
刘景安	沂源县大张庄镇小官庄村	23	男	1944 年 10 月
刘景泰	沂源县大张庄镇小官庄村	22	男	1944 年 10 月
公光太	沂源县大张庄镇尧峪村	41	男	1944 年 10 月
毕玉忠	沂源县土门镇大坡村	21	男	1944 年 10 月
王同宝	沂源县张家坡镇西流泉村	25	男	1944 年 11 月
唐作英	沂源县南麻镇西北麻村	18	男	1944 年 11 月 12 日
周保实	沂源县南麻镇西北麻村	62	男	1944 年 11 月 12 日
周崔氏	沂源县南麻镇西北麻村	70	女	1944 年 11 月 12 日
长柱子	沂源县南麻镇西北麻村	20	男	1944 年 11 月 12 日
郑茂青	沂源县南麻镇西北麻村	23	男	1944 年 11 月 12 日
徐贞泉	沂源县西里镇西唐庄村	20	男	1944 年
谢代绪	沂源县土门镇董家庄村	30	男	1944 年
曲光明	沂源县鲁村镇小黄庄村	21	男	1944 年
张宗杰	沂源县鲁村镇刁崖村	20	男	1944 年
齐立资	沂源县鲁村镇西官庄村	23	男	1944 年
刘金平	沂源县悦庄镇前石臼村	20	男	1944 年
杜春波	沂源县悦庄镇儒林集村	32	男	1944 年
李绍斌	沂源县大张庄镇旋峰村	22	男	1944 年
彭万胜	沂源县大张庄镇西唐庄村	33	男	1944 年
娄加森	沂源县大张庄镇洼子村	38	男	1944 年
崔家义	沂源县大张庄镇茧场村	40	男	1944 年
刘　才	莱芜市黄庄镇官庄村	23	男	1944 年
耿学治之妻	沂源县东里镇韩旺一村	35	女	1944 年
耿学治之子	沂源县东里镇韩旺一村	2	男	1944 年
耿文德之妻	沂源县东里镇韩旺一村	41	女	1944 年
黄元菊	沂源县东里镇韩旺一村	15	女	1944 年
李怀成	沂源县东里镇马家沟村	22	男	1944 年
刘方才	沂源县东里镇黄崖子村	24	男	1944 年
杨德春	沂源县东里镇黄崖子村	37	男	1944 年
亓意来	沂源县徐家庄乡四门地村	23	男	1944 年
侯印成	沂源县徐家庄乡姬家峪村	30	男	1944 年
王勇之妻	沂源县土门镇上土门村	21	女	1945 年 1 月

姓 名	籍 贯	年龄	性别	死难时间
王玉珩	沂源县悦庄镇南营村	34	男	1945 年 2 月
陈常庆	沂源县悦庄镇王家泉村	19	男	1945 年 2 月
孙兆平	沂源县徐家庄乡月庄村	6	男	1945 年 2 月
赵文太	沂源县悦庄镇东悦庄村	34	男	1945 年 3 月
杨中功	沂源县石桥乡石桥村	41	男	1945 年 3 月
杨纪同	沂源县石桥乡石桥村	40	男	1945 年 3 月
杨本兴之妻	沂源县石桥乡西北庄村	43	女	1945 年 3 月
小 连	沂源县南麻镇许村	12	男	1945 年 3 月 8 日
崔学常	沂源县土门镇池埠村	35	男	1945 年 3 月
陈振全	沂源县土门镇朱阿村	23	男	1945 年 3 月
刘学勇	沂源县鲁村镇刁崖村	24	男	1945 年 4 月
唐慎洗	沂源县土门镇上土门村	31	男	1945 年 6 月
宋玉淮	沂源县张家坡镇前瓜峪村	45	男	1945 年 6 月
陈洪栋	沂源县张家坡镇前瓜峪村	32	男	1945 年 6 月
李同英	沂源县大张庄镇向阳峪村	38	女	1945 年 10 月 1 日
张兴帮	沂源县大张庄镇向阳峪村	32	男	1945 年 10 月 1 日
朱文杰	沂源县西里镇西唐庄村	50	男	1945 年
张士良之母	沂源县西里镇后西里村	—	女	1945 年
刘 氏	沂源县西里镇高家坡村	—	女	1945 年
张法一	沂源县西里镇薛家峪村	21	男	1945 年
黄子财	沂源县西里镇前河南村	20	男	1945 年
杨淑汉	沂源县南麻镇高堂峪村	15	男	1945 年
杨淑俊	沂源县南麻镇高堂峪村	26	男	1945 年
吴西增	沂源县南麻镇吴家官庄村	18	男	1945 年
许建水	沂源县南麻镇侯家官庄村	18	男	1945 年
朱锦宝	沂源县南麻镇古泉村	25	男	1945 年
戚公连	沂源县燕崖乡东白峪村	40	男	1945 年
公方德	沂源县燕崖乡井子峪村	26	男	1945 年
齐贵廷	沂源县鲁村镇王家庄村	24	男	1945 年
王作武	沂源县鲁村镇小北庄村	22	男	1945 年
长纪荣	沂源县悦庄镇西埠村	23	男	1945 年
赵地臣	沂源县悦庄镇北辽军埠村	26	男	1945 年
陈德成	沂源县悦庄镇王家泉村	22	男	1945 年
娄成要	沂源县大张庄镇娄家铺子村	23	男	1945 年

姓 名	籍 贯	年 龄	性 别	死难时间
刘志田	莱芜市黄庄镇官庄村	27	男	1945 年
李义德	沂源县三岔乡南流水村	30	男	1945 年
马忠法	沂源县三岔乡东鲍庄村	25	男	1945 年
刘 庆	沂源县中庄镇富家庄村	23	男	1945 年
任纪德	沂源县中庄镇朱家泉村	22	男	1945 年
关东客	—	—	女	1945 年
于 三	沂源县石桥乡天井官庄村	55	男	1945 年
桑元凖	莱芜市黄庄镇南通香峪村	22	男	1945 年
张保山	沂源县燕崖乡石板村	28	男	—
王 二	沂源县东里镇里峪村	18	男	—
徐尚俭	沂源县石桥乡葛庄村	32	男	—
赵中才	沂源县西里镇柳枝峪村	25	男	1938 年 1 月 1 日
丁道令	沂源县西里镇柳枝峪村	26	男	1938 年 1 月 1 日
任纪富	沂源县东里镇东里东村	25	男	1938 年 4 月 20 日
翟所户之妹	沂源县东里镇东里东村	20	女	1938 年 4 月 20 日
任可英	沂源县东里镇东里东村	22	女	1938 年 4 月 20 日
任全志	沂源县东里镇后绳庄村	43	女	1938 年 4 月 23 日
张富一	沂源县东里镇韩旺三村	35	男	1938 年
申兴贵	沂源县石桥乡天井官庄村	20	男	1938 年
申青依	沂源县石桥乡天井官庄村	20	男	1938 年
翟日全之兄	沂源县东里镇东里西村	—	男	1939 年 4 月
王德金	沂源县东里镇黄崖子村	—	男	1939 年 4 月 24 日
石升昊	沂源县徐家庄乡楼子村	24	男	1939 年 7 月
丁凤昌	沂源县徐家庄乡楼子村	35	男	1939 年 7 月
刘玉增	沂源县徐家庄乡楼子村	34	男	1939 年 7 月
任宽德	沂源县西里镇裕华村	23	男	1939 年 11 月
刘 氏	沂源县西里镇裕华村	46	女	1939 年 11 月
江东福	沂源县西里镇苗庄村	22	男	1939 年 11 月
江玉贞	沂源县西里镇苗庄村	23	男	1939 年 11 月
徐仲春	沂源县西里镇苗庄村	54	男	1939 年 11 月
高 升	沂源县西里镇辛庄村	35	男	1939 年 12 月
苗怀礼	沂源县西里镇张家泉村	34	男	1939 年 12 月
蔡春胜	沂源县西里镇张家泉村	27	男	1939 年 12 月
高增吉	沂源县西里镇前西里村	22	男	1939 年冬

姓　名	籍　贯	年　龄	性　别	死难时间
高遵吉	沂源县西里镇前西里村	21	男	1939 年冬
刘成英	沂源县南麻镇酸枣峪村	—	女	1939 年
丁慎忠	沂源县徐家庄乡楼子村	22	男	1940 年 6 月
张中讲	沂源县悦庄镇北石臼村	18	男	1940 年 8 月 2 日
梅文科	沂源县东里镇梅家坡村	25	男	1940 年
杜万顺之父	沂源县东里镇东安村	51	男	1940 年
申兴柱	沂源县石桥乡天井官庄村	24	男	1940 年
张中琳	沂源县悦庄镇北石臼村	19	男	1941 年 6 月 10 日
江玉圣之弟	沂源县东里镇东安村	15	男	1941 年
李家安之妻	沂源县鲁村镇福吉山村	30	女	1942 年 6 月 10 日
赵清云	沂源县悦庄镇东辽军埠村	50	男	1942 年 10 月 1 日
赵学军	沂源县悦庄镇赵家峪村	40	男	1942 年 10 月 1 日
杜西圣	沂源县悦庄镇赵家峪村	25	男	1942 年 10 月 1 日
任清贵	沂源县悦庄镇赵家峪村	30	男	1942 年 10 月 1 日
张代新	沂源县悦庄镇赵家峪村	24	男	1942 年 10 月 1 日
赵学言	沂源县悦庄镇赵家峪村	40	男	1942 年 10 月 1 日
郗恒产	沂源县悦庄镇北张良村	30	男	1942 年 10 月 1 日
张承荣	沂源县悦庄镇北石臼村	童	男	1942 年 10 月 1 日
郗元江	沂源县悦庄镇北张良村	40	男	1942 年 10 月 1 日
郑建全	沂源县悦庄镇苗山村	21	男	1942 年 10 月 1 日
杜丙理之妻	沂源县悦庄镇北石臼村	20	女	1942 年 10 月 2 日
杜洪锅	沂源县东里镇东安村	60	男	1942 年
宋京常	沂源县悦庄镇龙王官庄村	60	男	1943 年 1 月
宋文英	沂源县悦庄镇龙王官庄村	41	男	1943 年 1 月
吕明伦	沂源县悦庄镇龙王官庄村	60	男	1943 年 1 月
杜希连	沂源县悦庄镇龙王官庄村	60	男	1943 年 1 月
宋文训	沂源县悦庄镇龙王官庄村	51	男	1943 年 1 月
陈　四	沂源县悦庄镇西悦庄村	52	男	1943 年 1 月
陈学嵩	沂源县悦庄镇西悦庄村	20	男	1943 年 1 月
李广明	沂源县悦庄镇西悦庄村	40	男	1943 年 1 月
陈学二	沂源县悦庄镇西悦庄村	30	男	1943 年 1 月
李广明之兄	沂源县悦庄镇西悦庄村	43	男	1943 年 1 月
陈大儒	沂源县悦庄镇抗子沟村	40	男	1943 年 1 月
苗永德	沂源县悦庄镇西辽军埠村	42	男	1943 年 1 月

姓　名	籍　贯	年　龄	性　别	死难时间
任元庆	沂源县悦庄镇西辽军埠村	37	男	1943 年 1 月
孔凡忠	沂源县南麻镇许村	—	男	1943 年
刘传太	沂源县土门镇董家庄村	—	男	1943 年
刘吕氏	沂源县土门镇董家庄村	—	女	1943 年
刘王氏	沂源县土门镇董家庄村	—	女	1943 年
翟修本	沂源县土门镇董家庄村	—	男	1943 年
刘传春	沂源县土门镇董家庄村	—	男	1943 年
刘传军	沂源县土门镇董家庄村	—	男	1943 年
孟光前	沂源县土门镇董家庄村	—	男	1943 年
朱文阶	沂源县悦庄镇朱家庄村	32	男	1944 年 1 月
徐风英	沂源县悦庄镇张家庄村	24	男	1944 年 6 月
刘方家	沂源县东里镇黄崖子村	41	男	1944 年
吴汉贵	沂源县土门镇九会村	—	男	1944 年
石来学	沂源县徐家庄乡楼子村	27	男	1945 年 2 月
王得池	沂源县悦庄镇阿陀村	30	男	1945 年 6 月 2 日
张纪赫	沂源县东里镇下柳沟村	—	男	—
王德顺之父	沂源县东里镇院峪村	—	男	—
合　计	**728**			

责任人：贾德范　郭中锋　　　　核实人：贾德范　郭中锋　沈玉彬　　　　填表人：崔峻峰
填报单位（签章）：沂源县委党史办公室　　　　　　　　　　　填报时间：2009 年 5 月 5 日

后　记

在中央党史研究室组织指导下，山东省于2006年开展了抗日战争时期人口伤亡和财产损失大型调研活动（以下简称"抗损调研"）。抗损调研的成果之一，是通过全省普遍的乡村走访调查，广泛收集见证人和知情人的口述资料，如实记录伤亡者的姓名、籍贯、性别、年龄、死难时间等信息，编纂一部《山东省抗日战争时期伤亡人员名录》（以下简称《名录》）。《名录》于2010年编纂完成后，共收录抗日战争时期日军造成的山东现行政区域范围内的伤亡人员46.9万余名。以《名录》为基础，我们选择信息比较完整、填写比较规范的100个县（市、区）抗日战争时期死难人员名录，经省市县三级党史部门进一步整理、编纂，形成了《山东省百县（市、区）抗日战争时期死难者名录》，共收录死难者169173人。

2005年，中央党史研究室部署开展《抗日战争时期中国人口伤亡和财产损失》这一重大课题的调研工作。考虑到这项课题是一项艰巨复杂的浩大工程，山东省委党史研究室确定先行试点，在取得经验的基础上全面展开。2006年3月，山东省委党史研究室在全省17个市选择30个县（市、区）作为抗损调研试点单位。在中央党史研究室指导下，山东省委党史研究室按照全国调研工作方案确定的指导思想、组织领导、调研项目、工作步骤、基本要求等，制定下发了《山东省抗日战争时期人口伤亡和财产损失调研试点工作方案》。各试点县（市、区）建立了两支调研队伍：一是县（市、区）建立由党史、档案、史志等单位人员组成的档案与文献资料查阅队伍；二是乡（镇）、村建立走访调查队伍。调查的方式是：以村为单位，以70岁以上老人为重点，走访调查见证人和知情人，调查人员根据访问情况填写调查表，被调查人员确认填写的内容准确无误后签字（按手印）；以乡（镇）为单位对调查表记录的人员伤亡和财产损失情况进行汇总统计；以县（市、区）为单位查阅历史档案和文献资料，细致梳理人员伤亡和财产损失情况记录，汇总统计本县（市、区）人口伤亡和财产损失情况。试点工作于7月底结束。

试点期间，中央党史研究室不仅从方案规划设计，调研方法步骤确定，以及走访调查和档案查阅等各个环节需要把握的问题，给予我们精心指导，而且一再提出把调研工作做成"基础工程、精品工程、警世工程、传世工程"的标准要求，不断提升我们对这项工作的认识高度。

在中央党史研究室的悉心指导下，试点工作不仅取得重要成果，而且深化了我们对抗损调研工作的认识，增强了我们做好这项工作的责任意识。

一是收集了大量历史档案和文献资料，掌握了历史上山东省对抗损问题的调研情况，对如何深化调研取得了新的认识。

试点期间，30个试点县（市、区）共查阅历史档案2.36万卷，文献资料6859册，收集档案、文献资料3.72万份。主要包括：抗日战争胜利后，山东解放区政府、冀鲁豫解放区政府和国民党山东省政府、国民党青岛市政府对抗日战争时期山东省境内人口伤亡和财产损失所做的调查资料；新中国成立后，为收集日本战犯罪行证据，由山东省人民政府统一组织领导，各级公安、检察机关所做的调查资料；20世纪五六十年代和改革开放以来，各级党史、史志、文史部门，社科研究单位和民间人士对抗日战争时期发生在山东省境内的人口伤亡和财产损失重大事件所做的典型调查资料等。

通过分析这些资料，可以看到，解放区政府和国民党政府所做的调查，调查时间是抗战胜利后至1946年初，调查方法是按照联合国救济总署设定的战争灾害损失调查项目进行的，调查目的在于战后救济与善后，着重于人口伤亡和财产损失的数据统计，其调查覆盖山东全境，统计数据全面、可靠，但缺少伤亡者具体信息的记录。新中国成立后及改革开放新时期的调查，留存了日本战犯和受害人、当事人的大量口供和证词。这些口供和证词记录了伤亡者姓名、被害经过等许多具体信息，但仅限于部分重大事件中的少数伤亡者。据此，我们认识到，虽然通过系统整理散落在各级档案馆、图书馆、博物馆的档案和文献中的历次调查资料，可以在确凿的历史档案、文献资料以及人证、物证等证据的基础上，进一步查明山东省抗日战争时期人口伤亡和财产损失的情况，但还是难以在全省范围内查明伤亡者更多的具体信息。因此，还需要我们做更多的工作。

二是收集了大量见证人、知情人口述资料，掌握了乡村走访调查的样本选择和操作方法，深化了对直接调查重要性的认识。

30个试点县（市、区）走访调查19723个村庄、103.6万人，召开座谈会13.13万人次，收集证人证言22.42万份。这些证言证词记载了当年日军的累累罪行。虽然时间已经过去了六七十年，见证人的有些记忆已很不完整、有些仅是片段式的，但亲眼目睹过同胞亲人惨遭劫难的老人们，仍能清晰讲述出其刻骨铭心的深刻记忆；虽然有些村庄已经消失，有些家族整个被日军杀绝，从而导致一些信息中断，但大多数村庄仍然保留有历史记忆，大量死难者有亲人或后人在世。

基于对证言证词的分析，我们认识到：村落是民族记忆的历史载体、家族生活的社会单元，保留着家族绵延续绝的历史信息；70 岁以上老人在抗日战争胜利时已有十几岁，具备准确记忆的能力。以行政村为调查样本、以全省609 万在世的 70 岁以上老人为重点人群，采用乡村走访调查的方法，可以收集更多的抗日战争时期伤亡人员信息，以弥补过去历次调查留下的缺憾。

三是查阅了世界其他国家对二战时期死难者调查的文献资料，增强了我们对历史负责、对死难者亡灵负责、对国际社会和人类文明负责的民族担当意识。

试点期间，山东省委党史研究室组织研究人员查阅了世界各国对二战时期死难者调查和纪念的相关资料。"尊重每一个生命，珍惜每一个人的存亡"，在第二次世界大战灾难的调查和纪念中得到充分体现。2004 年，以色列纪念纳粹大屠杀的主题是"直到最后一个犹太人，直到最后一个名字"。在美国建立的珍珠港纪念碑上，死难者有名有姓，十分具体。在泰国、缅甸交界的二战遗址桂河大桥旁，盟军死难者纪念公墓整齐刻写着死难者的名字。铭记死难者的名字，抚平创伤让死难者安息，成为国际社会通行的做法。但是，日本全面侵华战争中造成数百万山东人民伤亡，60 多年来在尘封的历史档案中记录的多是一串串伤亡数字，至今没有一部记录死难者相关信息的大型专著。随着当事人和见证者相继逝去，再不完成这方面的调查，将会成为无法弥补的历史缺憾。推动开展一次乡村普遍调查，尽可能多地查找死难者的名字、记录死难者的相关信息，既可告慰死难者的冤魂亡灵，又可留存日军残酷暴行的铁证。这是我们历史工作者的良心所在，责任所在！

中央党史研究室对山东试点工作及取得的成果给予充分肯定和高度评价，同意山东省委党史研究室对试点成果的分析和对抗损调研工作的认识，提出了开展山东省抗日战争时期人口伤亡和财产损失大型调研活动的指导意见，并要求努力实现以下两个主要目标：

一是在收集整理以往历次抗损调研成果的基础上，准确查明山东省抗日战争时期人口伤亡和财产损失的情况。即由省市县三级党史、史志、档案等部门具有一定研究能力的人员，广泛收集散落在各地档案馆、图书馆、博物馆的抗损资料，在系统整理、深入分析研究 60 多年来各级政府、社会团体、研究机构等调查和研究成果的基础上，准确查明山东省抗日战争时期人口伤亡和财产损失的情况；

　　二是开展一次普遍的乡村走访调查，尽可能多地调查记录伤亡者的信息，弥补以往历次调查的不足。即按照统一方法步骤，由乡村两级组成走访调查队伍，以行政村为调查样本、以 70 岁以上老人为重点调查人群，通过进村入户走访调查，广泛收集见证人和知情人的口述资料，如实记录死难者的姓名、性别、年龄、籍贯、伤亡时间、伤亡原因等信息。

　　在中央党史研究室的指导下，山东省委党史研究室研究制定了《山东省抗日战争时期人口伤亡和财产损失课题调研工作方案》，明确了抗损调研的指导思想、目标任务、方法步骤和保障措施等要求。在中央党史研究室的推动下，山东省成立了由党史、财政、史志、档案、民政、文化、出版、统计、司法等单位组成的大型调研活动领导小组，下设课题研究办公室（重大专项课题组）。

　　2006 年 10 月中旬，山东省抗损调研领导小组研究通过并下发了《山东省抗日战争时期人口伤亡和财产损失课题调研工作方案》及关于录制走访取证声像资料、重大惨案进行司法公证、编写抗损大事记等相关配套方案，统一复制并下发了由中央党史研究室设计制定的"抗日战争时期人口伤亡调查表"、"抗日战争时期财产损失调查表"、"抗日战争时期人口伤亡统计表"、"抗日战争时期财产损失统计表"。

　　各市、县（市、区）按照方案要求进行了筹备部署：

　　一是组织调研队伍。各市、县（市、区）成立了抗损调查委员会，从党史、史志、档案、民政、统计、图书馆等单位抽调 10～20 名人员组成抗损课题办公室，主要负责本地调研工作的组织协调，历史档案和文献资料的查阅、收集、分析整理、汇总统计等任务。全省共组织档案文献查阅人员 3910 名。各乡（镇）抽调 5～10 人组成走访调查取证组，具体承担本乡（镇）各村的走访调查取证工作。全省各乡（镇）调查组依托村党支部、村委会共组织走访调查取证人员 32 万余名。

　　二是培训调研人员。各市培训所属县（市、区）骨干调研队伍，培训主要采取以会代训的形式，重点推广试点县（市、区）调研工作中的成功做法。各县（市、区）培训所属乡（镇）调研队伍，培训采取选择一个典型村或镇进行集中调研、现场观摩的形式。

　　三是乡（镇）以行政村为单位对辖区内 70 岁以上老人登记造册，统一印制并向 70 岁以上老人发放了"抗日战争时期人口伤亡和财产损失入户调查明白纸"，告知调查的目的和有关事项。

2006 年 10 月 25 日，山东省抗损调研领导小组召开了全省抗损调研动员会议。10 月 26 日，走访取证工作在全省乡村全面展开。各乡（镇）走访调查取证组携带录音、录像设备和"抗日战争时期人口伤亡调查表"、"抗日战争时期财产损失调查表"等深入辖区行政村走访调查。调查人员主要由乡（镇）调查组人员和村党支部、村委会成员以及离退休老干部和退休教师组成。调查对象是各村 70 岁以上老人。

调查人员按照"抗日战争时期人口伤亡调查表"设置的栏目，主要询问被调查人所知道的抗日战争时期伤亡者姓名、年龄，伤亡时间、地点、经过（被日军枪杀、烧杀、活埋、砍杀、奸杀、溺水等情节）、伤亡者人数等情况。被调查人讲述，调查人员如实记录。记录完成后调查人员当场向被调查人宣读记录，被调查人确认无误后签名或盖章、按手印，调查人同时填写调查单位、调查人姓名、调查日期。证人讲述的死难者遇难现场遗址存在或部分存在的，调查组在证人指证的遗址现场（田埂、河沟、大树、坟地、小桥、水井、宅基地等）拍摄照片、录制声像资料。至此，形成一份完整的证言证词。

对于文献资料中记载的一次伤亡 10 人以上的惨案，各县（市、区）课题办公室组织党史、档案、史志等部门专业人员进行了专题调查，调查主要采取召开见证人、知情人座谈会的形式，调查过程全程录音、录像。对证言证词准确完整、具备司法公证条件的惨案，司法公证部门进行了司法公证。

为加强对调研工作的协调和指导，确保乡村走访调查目标的实现，山东省抗损课题研究办公室建立了督导制度、联系点制度、信息通报制度。省市县三级抗损课题研究办公室主任负责本辖区调研工作的督查指导，分别深入市、县（市、区）、乡（镇）检查调研工作开展情况。各市抗损课题研究办公室向所属县（市、区）派出督导员，深入乡（镇）、村检查指导调查取证工作，解决遇到的具体问题。省、市抗损课题研究办公室每位成员确定一个县（市、区）或一个乡（镇）为联系点，各县（市、区）抗损课题研究办公室每位成员联系一个乡（镇）或一个重点村，具体指导调研工作开展。为交流经验，落实措施，山东省抗损课题研究办公室编发课题调研《工作简报》150 多期。

截止到 2006 年 12 月中旬，大规模的乡村走访取证工作结束，全省乡村两级走访调查队伍共走访调查 8 万余个行政村、507 万余名 70 岁以上老人，分别占全省行政村总数和 70 岁以上老人总数的 95% 和 80% 以上，共收集证言证词 79 万余份。录制了包括证人讲述事件过程、事件遗址、有关实物证据等内容的大量影像资料，其中拍摄照片 7376 幅（同一底片者计为一幅），录音录像 49678 分钟，制作光盘 2037 张，并对专题调查的 301 个惨案进行了司法公证。

自 2006 年 12 月中旬开始，调研工作进入回头检查和分类汇总调研材料阶段。各乡（镇）调查组回头检查走访调查取证是否有遗漏的重点村庄和重点人群，收集的证言证词中证人是否签名、盖章、留下指纹，证言是否表述准确，调查人、调查单位、调查日期等是否填写齐全。在回头检查的基础上，将有关事件、伤亡者信息等如实记载下来，填写"抗日战争时期人口伤亡统计表"、"抗日战争时期财产损失统计表"。

12 月 16 日，山东省抗损课题研究办公室印制并下发了《山东省抗日战争时期伤亡人员名录》表格。《名录》包括死难人员和受伤人员的"姓名"、"籍贯"、"年龄"、"性别"、"伤亡时间"、"伤亡地点"、"伤亡原因"等要素。《名录》以乡（镇）为单位填写，以县（市、区）为单位汇总，于 2007 年 7 月完成。

自 2007 年 8 月开始，山东省抗损课题研究办公室对各地上报的调研资料进行分类整理和分析研究，发现《名录》明显存在以下不足：一是《名录》收录的伤亡人员数远远少于档案资料中记载的抗日战争时期全省伤亡人数。山东解放区政府和冀鲁豫解放区政府调查统计的山东省平民伤亡人口为 518 万余人，国民党山东省政府和青岛市政府调查统计的全省平民伤亡人口为 653 万余人，《名录》收录的查清姓名的伤亡人员仅有 46 万余人，不到全省实际伤亡人口数的十分之一。分析其中原因，从见证人、知情人的层面看，主要是此次调研距抗日战争胜利已达 61 年之久，大多数见证人、知情人已经去世，加之部分村庄消失、搬迁，大量人口流动，调研活动中接受调查的 70 岁以上老人仅是当时见证人和知情人中的极少部分，而且他们中有些当时年龄较小、记忆模糊，只能回忆印象深刻的部分。从死难者的层面看，主要是记录伤亡者名字信息的家谱、墓碑在"文化大革命"时期大多已被销毁、损坏，许多名字随着时间流逝难以被后人记住。受农村传统习俗的影响，大多数农村妇女没有具体名字，而许多儿童在名字还没有固定下来时就已遇难。许多家族灭绝的遇难者，因没有留下后人而造成信息中断，难以通过知情人准确回忆姓名等信息。二是各县（市、区）名录收录的查清姓名的伤亡人员在人数的多少上与实际伤亡人数的多少不成正比，其中部分县（市、区）在抗日战争时期遭日军破坏程度接近，但所收录的伤亡人员在数量上存在较大差异。主要原因是调研活动的走访调查阶段，各县（市、区）对此项工作的重视程度、投入力量和走访调查的深入细致程度存在较大差异，有些县（市、区）在走访调查中遗漏见证人和知情人，有的在证言证词的梳理中遗漏伤亡者的填写。三是《名录》确定的各项要素有的填写不全，有些填写不完整、不规范。主要原因是，《名录》所依据的"证言证词"记录的要素有许多本身就不完整、不全面，而《名录》填写者来自乡（镇）调查组的数万名调查人员，在填写规范上也难以达到一致。

根据中央党史研究室关于编纂《抗日战争时期中国人口伤亡和财产损失调研丛书》的要求，针对《名录》中存在的主要问题，山东省抗损课题研究办公室于2009年初制定下发了《关于编纂〈山东省抗日战争时期伤亡人员名录〉有关要求的通知》（以下简称《通知》）。《通知》要求各市、县（市、区）党史部门以对历史高度负责的精神，集中时间、集中力量，对《名录》进行逐一核实和修订，真正把《名录》编纂成经得起历史检验和各方质疑的精品工程、传世工程、警世工程。《通知》明确了各市、县（市、区）的编纂任务和责任要求，各市委党史研究室负责所辖县（市、区）、高新技术开发区、经济开发区伤亡人员名录补充和核实校订工作的具体部署、组织指导、督促检查和汇总上报工作。各市委党史研究室主任为第一责任人，对本市所辖县（市、区）伤亡人员名录核实校订工作质量和完成时限负总责；确定一名科长为具体责任人，协助第一责任人做好工作部署和组织指导工作，具体做好督促检查和汇总上报工作。各县（市、区）委党史研究室具体负责本县（市、区）伤亡人员名录的补充、核实和校订工作。县（市、区）委党史研究室主任为责任人，对伤亡人员名录的真实性、可靠性负总责。各县（市、区）分别确定1至2名填表人和核实人。填表人根据《名录》表格的规范标准认真填写，确保无遗漏、无错误。《名录》正式出版后，责任人和填表人、核实人具体负责对来自各方的质询进行答疑。责任人、核实人、填表人在本县（市、区）伤亡人员名录最后一页页尾签名，并注明填报单位和填报时间。

《通知》下发后，各市委党史研究室确定了本市抗日战争时期伤亡人员名录编纂工作第一责任人和直接责任人。全省140个县（市、区）和16个经济开发区、高新技术开发区共确定了460余名责任人、核实人、填表人，并明确了责任。各县（市、区）党史研究室根据《通知》要求，细致梳理调研资料特别是走访调查资料，认真核实伤亡人员各要素，补充遗漏的伤亡人员。部分县（市、区）还针对调研资料中存在的伤亡人员基本要素表述不清、填写不完整等情况，进行实地回访或电话回访，补充了部分遗漏和填写不完整的要素。各县（市、区）抗日战争时期伤亡人员名录补充、核实工作完成后，各市委党史研究室按照《通知》提出的要求，进行了认真审核把关，对达不到要求的，返回县（市、区）进一步修订。

至 2010 年 10 月，全省 140 个县（市、区）和 16 个经济开发区、高新技术开发区共 156 个区域单位全部完成了《名录》的补充、核实和校订工作，共收录抗日战争时期因战争因素造成的、查清姓名的伤亡人员 46 万余名。此后，中央党史研究室安排中共党史出版社对《名录》进行多次编校，但终因《名录》存在伤亡原因、伤亡地点等要素不规范、不完整和缺失较多等诸多因素，未能正式出版。

2014 年初，中央党史研究室组织展开新一轮抗损课题调研成果审核出版工作，并把《名录》纳入《抗日战争时期中国人口伤亡和财产损失调研丛书》第一批出版。按照中央党史研究室的部署要求，山东省抗损课题研究办公室组织力量对 2010 年整理编纂的《名录》再次进行认真审核，从中选择死难者信息比较完整、规范的 100 个县（市、区）死难者名录，组织力量集中进行编纂。在编纂中，删除了信息缺失较多的死难者死难原因、死难地点等要素，保留了信息比较完整的姓名、籍贯、性别、年龄、死难时间等 5 项要素。2014 年 8 月，《山东省百县（市、区）抗日战争时期死难者名录》编纂完成后，山东省抗损课题研究办公室将其下发各市和相关县（市、区）进行了再次核对。

山东省抗日战争时期人口伤亡和财产损失大型调研活动和《山东省百县（市、区）抗日战争时期死难者名录》的编纂工作是一项极其复杂的系统工程。这项工程自始至终按照中央党史研究室设定的调研项目、方法步骤和基本要求开展，自始至终得到中央党史研究室的精心指导，倾注着中央党史研究室领导和专家的智慧和心血；这项工程得到了全省各级各有关部门和广大基层干部的积极支持和热情参与，包含着全省数十万名调研人员的辛勤奉献和全省各级党史部门数百名编纂人员历时数年的艰辛付出。

在调研活动和《名录》编纂过程中，每位死难者的名字，都激起亲历者、知情人难以言尽的惨痛回忆和血泪控诉，他们的所说令人震颤、催人泪下。我们深知：通过系统、详尽、具体的调查，将当年山东人民的巨大伤亡和损失尽可能完整地记载下来，上可告慰死难者的冤魂亡灵，表达后人的祭奠和怀念，下可教育子孙后代"牢记历史、珍爱和平"。我们深感：对发生在六七十年前的巨大灾难进行调查，由于资料散失、在世证人越来越少，调查和研究的难度难以想象，但良心和责任驱使我们力求使调查更加扎实、有力、具体和准确，给历史、给子孙一个负责任的交代。由于对那场巨大的战争灾难进行调查研究，毕竟是一项复杂的浩大工程，需要经过一个长期的研究过程，我们对许多调研资料的梳理还不够细致全面，对调研资料的研究还需进一步深化，我们目前取得的调研成果和研究编纂成果，都与中央党史研究室的要求存在一定差距。我们将以对历史负责、对人民负责、对死难者负责、对子孙负责的态度，不断深化研究，陆续推出阶段性研究成果，为推动人类和平和文明进步作出应有的贡献。

山东省抗损课题研究办公室
山东省委党史研究室重大专项课题组
2014 年 8 月